Schwerpunkte   Degenhart · Klausurenkurs im Staatsrecht

Klausurenkurs im Staatsrecht I

Staatsorganisationsrecht, Grundrechte, Verfassungsprozessrecht

Ein Fall- und Repetitionsbuch für Anfänger

von

Dr. Christoph Degenhart

Professor an der Universität Leipzig
Richter am Sächsischen Verfassungsgerichtshof

4., neu bearbeitete Auflage

 C.F. Müller

Bibliografische Information der Deutschen Nationalbibliothek

Die Deutsche Nationalbibliothek verzeichnet diese Publikation in der Deutschen Nationalbibliografie; detaillierte bibliografische Daten sind im Internet über http://dnb.d-nb.de abrufbar.

ISBN 978-3-8114-4364-8

E-Mail: kundenservice@cfmueller.de
Telefon: +49 89 2183 7923
Telefax: +49 89 2183 7620

www.cfmueller.de
www.cfmueller-campus.de

© 2016 C.F. Müller GmbH, Waldhofer Straße 100, 69123 Heidelberg

Satz: Gottemeyer, Rot
Druck: Westermann-Druck Zwickau GmbH, Zwickau

Vorwort

Für die Neuauflage des auf die Anforderungen in Anfängerübung und Zwischenprüfung zugeschnittenen Klausurenbandes im Staatsrecht wurden die Klausurfälle und Repetitoriumsabschnitte unter Einbeziehung der neuesten Rechtsprechung aktualisiert und, soweit erforderlich, überarbeitet sowie teilweise um neue Textabschnitte ergänzt, in denen **aktuelle Probleme und Entwicklungen** dargestellt werden. Erfahrungsgemäß tauchen derartige aktuelle Fragen mit nur geringer zeitlicher Verzögerung in Klausurfällen auf. Die Fälle 3, 4, 5, 14 und 15 sind neu. Weitere Fälle wurden aktualisiert.

Meinen gegenwärtigen Mitarbeiterinnen *Stefanie Schult LL.M.*, *Dorothea Heilmann*, *Patricia Helm*, *Lisa Seidl* und *Katrin Giere*, meinen Mitarbeitern *Oliver Bizuga*, *Richard Seltmann* und *Denis Saro* sowie meiner ehemaligen Mitarbeiterin Frau *Dr. Patricia Wendel* danke ich für vielfältige Anregungen. Ebenso danke ich für Anregungen aus dem Leserkreis, die stets willkommen sind.

Leipzig, im August 2016   *Christoph Degenhart*

V

Vorwort zur 1. Auflage

Dieser auf die Schwerpunkte-Bände *Staatsrecht I. Staatsorganisationsrecht* und *Grundrechte. Staatsrecht II* abgestimmte Klausurenkurs ist auf die Anforderungen im „kleinen Schein" und in der Zwischenprüfung ausgerichtet. Er folgt dem bewährten Konzept des Bandes „Klausurenkurs im Staatsrecht mit Bezügen zum Europarecht", der künftig als „Klausurenkurs im Staatsrecht II – mit Bezügen zum Europarecht" der konzentrierten Vorbereitung auf das Staatsexamen dienen soll. Diese Aufteilung des Stoffs entspricht einem vielfach geäußerten Wunsch der Leser.

In dem hier vorgelegten Band werden typische Musterklausuren aus kleiner Übung und Zwischenprüfung exemplarisch und realitätsnah gelöst, mit dem Ziel der Einarbeitung in die Technik der Fallbearbeitung und der Einübung typischer Argumentationsmuster, wie sie gerade im Staatsrecht so wichtig sind. Die Entstehung der Lösung kann dabei Schritt für Schritt nachvollzogen werden. Jeder Musterlösung folgt ein Abschnitt „Wiederholung und Vertiefung", in dem das Wichtigste zu besonders klausurrelevanten Problemen zusammengefasst wird.

Die in diesem Band enthaltenen 20 Fälle und die ihnen zugeordneten Wiederholungsabschnitte vermitteln einen Kernbestand des Wissens und decken damit prüfungsrelevante Fragenkreise zu einem erheblichen Teil ab.

Meinen ehemaligen Mitarbeitern Frau *Nannette Ruß* und Herrn Prof. Dr. *Stefan Haack* und meinen gegenwärtigen Mitarbeitern Frau *Stefanie Schult* und den Herren Diplomjuristen *Ansgar Koreng* und *Stephan Dietrich* danke ich für vielfältige Anregungen. Wie stets freue ich mich über Rückmeldungen aus dem Leserkreis (e-mail: degen@rz.uni-leipzig.de).

Leipzig, im August 2009   *Christoph Degenhart*

Inhaltsverzeichnis

1. Teil
Allgemeiner Teil

2. Teil
Klausurfälle

Abkürzungsverzeichnis und Verzeichnis der abgekürzt zitierten Literatur

Im Folgenden werden neben der abgekürzt zitierten Literatur einige häufig gebrauchte Abkürzungen wiedergegeben; iÜ werden die üblichen Abkürzungen gebraucht.

Gesetzesbestimmungen werden in abgekürzter Schreibweise zitiert, wie sie aus Zeitgründen auch in der Klausur gebraucht werden kann, also: Art. 5 Abs. 1 S. 2 = Art. 5 I 2.

aA	andere(r) Auffassung
aaO	am angegebenen Orte
AbgG	Abgeordnetengesetz
a.f.	anders für
aF	alter Fassung
AöR	Archiv des öffentlichen Rechts
APR	Allgemeines Persönlichkeitsrecht
Baldus/Grzeszick/ *Wienhues*	Staatshaftungsrecht, 4. Aufl., Heidelberg 2013
Bay	Bayern
BayVBl	Bayerische Verwaltungsblätter
BayVerfGH	Bayerischer Verfassungsgerichtshof
BGBl.	Bundesgesetzblatt
BbgVerfG	Verfassungsgericht des Landes Brandenburg
BerlVerfGH	Berliner Verfassungsgerichtshof
Bf.	Beschwerdeführer
BonnK	Kommentar zum Bonner Grundgesetz, Hamburg/Heidelberg 1950, zit. nach Bearbeitern
BVerfG	Bundesverfassungsgericht
BVerfGG	Bundesverfassungsgerichtsgesetz (Textbuch Nr. 20)
BWG	Bundeswahlgesetz (Textbuch Nr. 30)
CR	Computer und Recht (Zeitschrift)
Degenhart	Staatsrecht I – Staatsorganisationsrecht, 32. Aufl., Heidelberg 2016
DÖV	Die Öffentliche Verwaltung
Dreier I, II	Grundgesetz, Bd. I, 3. Aufl. 2013, Bd. II, 3. Aufl. 2015, zit. nach Bearbeitern
DVBl	Deutsches Verwaltungsblatt
e.A.	einstweilige Anordnung
EG	Europäische Gemeinschaft; als Gesetzestext: Vertrag über die Gründung der Europäischen Gemeinschaft
EGMR	Europäischer Gerichtshof für Menschenrechte
EJS	Erste Juristische Staatsprüfung
EMRK	Europäische Menschenrechtskonvention
EU	Europäische Union; als Gesetzestext: Vertrag über die Europäische Union
EuGH	Europäischer Gerichtshof
EuGRZ	Europäische Grundrechte-Zeitschrift

f./ff.	folgende (Seite)/folgenden
FAG	Finanzausgleichsgesetz
Fn	Fußnote
GeschOBT	Geschäftsordnung des Bundestags
GeschOBR	Geschäftsordnung des Bundesrats
ggf	gegebenenfalls
HdBStR	Isensee/Kirchhof (Hrsg.), Handbuch des Staatsrechts der Bundesrepublik Deutschland, 2./3. Aufl., zitiert nach Band und Auflage, Heidelberg
HessVGH	Hessischer Verwaltungsgerichtshof
Hillgruber/Goos	Verfassungsprozessrecht, 4. Aufl., Heidelberg 2015
hM	herrschende Meinung
Hufen	Staatsrecht II – Grundrechte, 5. Aufl., München 2016
idF	in der Fassung
idR	in der Regel
i.e.S.	im engeren Sinn
iFd	im Falle des
iSd	im Sinne des
iSv	im Sinne von
iÜ	im Übrigen
iVm	in Verbindung mit
iW	im Wesentlichen
JA	Juristische Arbeitsblätter
Jarass/Pieroth	Grundgesetz, Kommentar, 14. Aufl., München 2016
JURA	Juristische Ausbildung
JuS	Juristische Schulung
JZ	Juristenzeitung
Kloepfer I	Verfassungsrecht I, München 2011
lt.	laut
LKV	Landes- und Kommunalverwaltung
LVerfGMV	Landesverfassungsgericht Mecklenburg-Vorpommern
Maunz/Dürig	Grundgesetz, Kommentar, München 1958 ff., zit. nach Bearbeitern
MdB	Mitglied des Bundestags
mE	meines Erachtens
MMR	Multimedia und Recht
nF	neue Fassung
NJ	Neue Justiz
NJW	Neue Juristische Wochenschrift
NK	Normenkontrolle
NVwZ	Neue Zeitschrift für Verwaltungsrecht
NWVBl	Nordrhein-Westfälische Verwaltungsblätter
ö-r	öffentlich-rechtlich

PartG	Parteiengesetz (Textbuch Nr. 35)
Peine	Klausurenkurs im Verwaltungsrecht, 6. Aufl., Heidelberg 2016
Pestalozza	Verfassungsprozeßrecht, 3. Aufl., München 1991
Pieroth/Schlink/	Grundrechte Staatsrecht II, 31. Aufl., Heidelberg 2015
Kingreen/Poscher	
PUAG	Untersuchungsausschussgesetz (Textbuch Nr. 17)
RdE	Recht der Energiewirtschaft (Zeitschrift)
RhPfVerfGH	Verfassungsgerichtshof Rheinland-Pfalz
Rn	Randnummer
Rspr.	Rechtsprechung
S.	Seite
s	siehe
Sachs	Grundgesetz, Kommentar, 7. Aufl., München 2014, zit. nach Bearbeitern
SächsVBl	Sächsische Verwaltungsblätter
SächsVerfGH	Sächsischer Verfassungsgerichtshof
Schlaich/Korioth	Das Bundesverfassungsgericht, 9. Aufl., München 2012
st.	ständige
Stern I, II	Das Staatsrecht der Bundesrepublik Deutschland, Band I, 2. Aufl., München 1984, zit.: *Stern* I, Bd. II, München 1980, zit.: *Stern* II
Streinz	Europarecht, 10. Aufl., Heidelberg 2016
SV	Sachverhalt
Textbuch	Textbuch Deutsches Recht – Staats- und Verwaltungsrecht Bundesrepublik Deutschland, 55. Aufl., Heidelberg 2016
ThürVBl	Thüringer Verwaltungsblätter
ThürVerfGH	Thüringer Verfassungsgerichtshof
Übbl	Überblick
uÄ	und Ähnliches
uU	unter Umständen
VA	Vorauflage
VB	Verfassungsbeschwerde
vertretb.	vertretbar
vgl	vergleiche
v. Münch/Kunig I II	(Hrsg.), Grundgesetz-Kommentar, Bd. 1 und 2, 6. Aufl., München 2012, zit. nach Bearbeitern
VersG	Versammlungsgesetz (Bund), Textbuch Nr. 80
vMKS	von Mangoldt/Klein/Starck, Grundgesetz, Kommentar, 6. Aufl., Bd. 1: München 2010, Bd. 2: München 2010, Bd. 3: München 2010, zitiert nach Bearbeitern
VO	Verordnung
WahlprüfG	Wahlprüfungsgesetz
ZRP	Zeitschrift für Rechtspolitik
zT	zum Teil
zw	zweifelhaft

1. Teil

Allgemeiner Teil

1. Abschnitt

Zur Arbeit mit diesem Buch

Mit den nachstehenden 21 Klausurfällen sollen die für Anfängerübung und Zwischen- **1**
prüfung wichtigsten Themenbereiche des Staatsrechts, also des Staatsorganisationsrechts und der Grundrechte, abgedeckt werden. Einige Grundfragen europäischen Rechts
werden angesprochen, so die Bedeutung der EMRK und die verfassungsrechtlichen
Schranken der Integration – Basiswissen, für das der leider häufig anzutreffende „Mut
zur Lücke" gänzlich unangebracht ist. Dabei sollen auch die wichtigsten Fallkonstellationen durchgespielt werden, in denen diese Themenbereiche typischerweise zu behandeln sind. Deshalb werden in den Fällen Verfassungsbeschwerden gegen Einzelakte,
gegen Gesetze und Urteilsverfassungsbeschwerden ebenso behandelt wie Organstreitverfahren und Verfassungskonflikte im Bund-Länder-Verhältnis. Verfassungsrechtliche
Fragestellungen in verwaltungsrechtlicher Einkleidung sind, anders als in der Fortgeschrittenenübung und im Staatsexamen, in der Anfängerübung bzw in den Klausuren
der Zwischenprüfung nicht zu erwarten; einschlägige Fälle werden im Klausurenkurs
im Staatsrecht II (7. Auflage 2014) behandelt.

Selbstverständlich können die vorliegenden Fälle nicht den gesamten, für Anfänger- **2**
übung oder Zwischenprüfung relevanten Stoff abdecken. Der Klausurenband musste
sich insoweit auf das absolut Notwendige beschränken und kann die in den Schwerpunkte-Lehrbüchern angesprochenen Probleme nicht umfassend behandeln. Er enthält
vielmehr entsprechend der Konzeption der Reihe *Schwerpunkte Klausurenkurs* einen
Kernbestand des Wissens in dem für Anfängerübung und Zwischenprüfung erforderlichen Maße. Zu praktisch besonders wichtigen Themenbereichen, insbesondere zu den
Grundrechten, findet sich deshalb auch im Anhang zu den Falllösungen ein Abschnitt
„Wiederholung und Vertiefung". Hier sollen verallgemeinernd die wichtigsten Probleme
stichwortartig angedeutet und vor allem jene Fragen behandelt werden, mit denen sich
die Kandidaten nach den Erfahrungen des Verf. in der Fallbearbeitung meist besonders
schwer tun. Hier werden auch die gerade für das Staatsrecht so wichtigen Argumentationsmuster aufgezeigt, deren Kenntnis für eine rechtlich strukturierte Fallbearbeitung erforderlich ist. Formulierungsbeispiele erleichtern den Einstieg in die Problembehandlung.

Den Einzelklausuren vorangestellt ist der allgemeine Teil, der im folgenden 2. Abschnitt **3**
neben Hinweisen auf typische, häufig wiederkehrende Fallkonstellationen die wichtigsten Prüfungsreihenfolgen (Aufbauschemata) für staatsrechtliche Fälle enthält, auch hier
entsprechend dem Anliegen dieses Buches, die wichtigsten Fallkonstellationen zu erfassen. Der 3. Abschnitt gibt einen tabellarischen Überblick über die wichtigsten Problem-
bereiche, in denen Studierende nach Besuch der Vorlesungen Staatsrecht I und II zumindest Grundkenntnisse haben sollten. In dieser tabellarischen Übersicht wird auf die

Klausurlösungen verwiesen, in denen diese Probleme behandelt werden. Soweit sie in den Klausuren nicht enthalten sind, werden Hinweise auf die entsprechenden Fundstellen in den Schwerpunkte-Lehrbüchern von *Degenhart* bzw *Pieroth/Schlink/Kingreen/ Poscher* gegeben. Ferner werden die Fundstellen im vorliegenden Klausurenbuch wie auch in den Schwerpunktebänden genannt, in denen zu den hier behandelten Fragen weiter nachgelesen werden kann.

4 Zum **Schwierigkeitsgrad der Aufgaben** ist anzumerken, dass es sich durchweg um Klausuren handelt, die in der Anfängerübung bzw der Zwischenprüfung gestellt wurden oder gestellt werden könnten. Dabei ist es jedoch keineswegs ausgeschlossen, dass einzelne Fragestellungen auch Bestandteil von Examensklausuren sein könnten. Diese und anspruchsvollere Zwischenprüfungsklausuren unterscheiden sich mitunter eher durch ihre Länge, als durch den Schwierigkeitsgrad.

5 **Darstellung der Fälle – Herangehensweise:** Die Darstellung der einzelnen Fälle erfolgt jeweils nach einem vielfach bewährten Muster und orientiert sich an der Vorgehensweise in der schriftlichen Arbeit.

6 – An erster Stelle steht der Aufgabentext. Dass dieser und vor allem auch der Bearbeitervermerk („A legt Verfassungsbeschwerde ein – mit Aussicht auf Erfolg?" oder: „Der Bundespräsident möchte wissen, ob er die Ausfertigung des Gesetzes verweigern darf.") sorgfältig zu lesen sind, dürfte sich herumgesprochen haben.

7 – Dem Aufgabentext schließen sich Vorüberlegungen an, die der idealtypische Bearbeiter anstellen würde, ehe er in den Entwurf einer Arbeitsgliederung und in die schriftliche Ausarbeitung eintritt.

8 – Es folgt eine Gliederung, in der stichwortartig auch wesentliche Probleme benannt werden und die Lösung durch Symbole oder Kürzel angedeutet wird. Eine derartige Arbeitsgliederung sollte auch in der Prüfung angefertigt werden. Vorüberlegungen und Erstellung der Arbeitsgliederung sollten etwa ein Drittel, die schriftliche Ausarbeitung sollte dann etwa zwei Drittel der Arbeitszeit in Anspruch nehmen.

9 – Es folgt die eigentliche Klausurlösung, als Musterlösung nicht deshalb bezeichnet, weil sie die allein richtige Lösung darstellen soll, sondern weil sie beispielhaft das wiedergibt, was in der Bearbeitung erwartet würde. Die Lösung entspricht dem, was von einem guten bis sehr guten Kandidaten erwartet würde, geht aber anders als die Musterlösungen in den meisten Fallsammlungen nicht darüber hinaus. Der vorliegende Klausurenkurs soll eben gerade kein Lehrbuch in Klausurenform sein. Während die Vorüberlegungen auch Hinweise zum Aufbau enthalten, enthält der Text der Musterlösung selbst nur das, was auch in die Klausur gehört. Anmerkungen zum Aufbau, wie auch vertiefende und weiterführende Hinweise sind ausschließlich in den Fußnoten enthalten. Es schließt sich dann das schon erwähnte Repetitorium zu den wichtigsten in der Klausur behandelten Themenbereichen an. Es enthält abschließend die Rubrik „Zur Wiederholung – Aus der Ausbildungsliteratur – Aktuelle Rechtsprechung – Weitere Fälle im thematischen Zusammenhang". Hier wird auch auf aktuelle Entwicklungen und Probleme hingewiesen, mit denen in Übung und Prüfung zu rechnen ist.

10 Zwei unterschiedliche Vorgehensweisen bieten sich an, das Buch durchzuarbeiten. Zur Vorbereitung auf die Zwischenprüfung kann etwa die Stofftabelle am Ende des einführenden Teils durchgegangen werden, um gezielt die Themenbereiche einzuüben bzw zu

wiederholen, in denen Lücken gesehen werden. Oder aber die Klausuren werden der Reihe nach abgearbeitet. Bei der Durcharbeitung der einzelnen Klausuren ist es natürlich ideal, wenn zunächst in der angegebenen Zeit die Klausur bearbeitet und dann mit der Musterlösung verglichen wird, um schließlich Lücken gezielt zu schließen. Fehlt hierfür die Zeit, sollte doch zumindest für jeden Fall ohne weitere Hilfsmittel außer den Gesetzestexten eine Arbeitsskizze entsprechend der vorangestellten Gliederung in der hierfür vorgegebenen Zeit erarbeitet werden.

Für die Fallbearbeitung werden nur die in den zugelassenen Textsammlungen enthaltenen Gesetze benötigt, etwa weitere erforderliche Vorschriften werden wiedergegeben. Es wird dringend empfohlen, beim Durcharbeiten der Lösungen die angegebenen Vorschriften nachzulesen. Man wird feststellen, dass auch sehr vertraute Vorschriften mitunter überraschende Details enthalten, und man wird auf Vorschriften stoßen, die man noch nie bewusst aufgenommen hat. Wer aber in der Klausursituation zB mit einer Vorschrift wie der des Art. 87 GG konfrontiert ist und den Text der Vorschrift noch nie bewusst in sich aufgenommen hat, wird wertvolle Arbeitszeit verlieren, ehe er überhaupt zu einem Textverständnis der Vorschrift gelangt; ebenso der Bearbeiter, der bei der Gesetzesprüfung erstmals staunend den Kompetenzkatalog des Art. 74 GG zu erfassen sucht. **11**

2. Abschnitt

Staatsrecht in der Fallbearbeitung: Typische Fallkonstellationen – Aufbau

I. Die wichtigsten Fallkonstellationen

Fälle aus dem Staatsrecht werden sehr häufig – wenn auch nicht immer – in prozessualer Einkleidung gestellt. Die Beteiligten suchen um Rechtsschutz nach, wenden sich an das Gericht – in verfassungsrechtlichen Streitigkeiten ist dies das BVerfG, seltener das Verfassungsgericht eines Landes. Bei den Beteiligten kann es sich zum einen um Verfassungsorgane wie den Bundestag, die Bundesregierung oder auch die Regierung eines Landes handeln, um Teile dieser Verfassungsorgane wie zB eine Fraktion im Bundestag oder auch einzelne ihrer Mitglieder, einen einzelnen Abgeordneten, einen Bundesminister, den Bundeskanzler. Beteiligt kann aber auch ein Bürger sein, der sich in seinen verfassungsmäßigen Rechten beeinträchtigt sieht und dagegen das Verfassungsgericht anrufen will. **12**

In letzterem Fall kommt iW nur der Rechtsbehelf der **Verfassungsbeschwerde** in Betracht. Verfassungsbeschwerde kann nach Art. 93 I Nr. 4a GG „jedermann" mit der Begründung erheben, durch einen Akt öffentlicher Gewalt in einem seiner Grundrechte bzw grundrechtsgleichen Rechte verletzt zu sein. „Jedermann" bedeutet: jeder, der Träger von Grundrechten sein kann, also natürliche Personen und – wegen Art. 19 III GG – auch juristische Personen, wenn auch unter bestimmten, etwa in Fall 15, 19 näher ausgeführten Voraussetzungen, nicht aber: der Staat und seine Organe. Bei der Verfassungsbe- **13** schwerde geht es um Grundrechte – genauer: um die Beeinträchtigung von Grundrechten durch den Staat, durch Gesetze, Verwaltungsakte und gerichtliche Entscheidungen. Der materielle Schwerpunkt des Falles liegt also bei der Grundrechtsprüfung, hieran orientiert sich der Aufbau.

14 In **staatsorganisatorischen Fällen** sind die möglichen Ausgangslagen noch vielgestaltiger. Wohl häufigste Fallgestaltung ist die, dass die Beteiligten sich um gegenseitige Rechte und Pflichten streiten – Rechte und Pflichten aus dem Grundgesetz, aber auch aus einfachgesetzlichen Normen des Staatsrechts, wie dem Gesetz über die parlamentarischen Untersuchungsausschüsse (PUAG – Fall 7) oder dem Gesetz über die Zusammenarbeit von Bund und Ländern in Angelegenheiten der Europäischen Union (EuZBLG). In einer derartigen Fallkonstellation ist in erster Linie das Organstreitverfahren nach Art. 93 I Nr. 1 GG einschlägig. In diesem Verfahren geht es um Rechte und Pflichten aus dem Grundgesetz. Der Verfahrensgegenstand bestimmt auch hier den Aufbau: bei der Begründetheit geht es um die Frage, ob der Antragsgegner gegen das Grundgesetz verstoßen und hierdurch Rechte des Antragstellers verletzt hat. Dabei muss es sich stets um Rechte und Pflichten aus dem Grundgesetz handeln. Während im Organstreitverfahren nach Art. 93 I Nr. 1 GG über wechselseitige Rechte und Pflichten von Organen des Bundes zu entscheiden ist, sind entsprechende Streitigkeiten zwischen Bund und Ländern im Bund-Länder-Streit nach Art. 93 I Nr. 3 GG zu klären. Das Verfahren ist dem Organstreitverfahren nachgebildet. Für etwaige Verfassungskonflikte zwischen den Verfassungsorganen eines Landes sind die Organstreitverfahren nach der jeweiligen Landesverfassung einschlägig.

15 Eine Sonderstellung nehmen die **Normenkontrollverfahren** ein, also die abstrakte Normenkontrolle nach Art. 93 I Nr. 2 GG und die konkrete Normenkontrolle nach Art. 100 I GG. Das Verfahren der abstrakten Normenkontrolle ist ein „objektives" Verfahren – es gibt einen Antragsteller, aber keinen Antragsgegner. Die Begründetheitsprüfung erfolgt als Normprüfung; hieran orientiert sich der Aufbau. Dies gilt auch für die konkrete Normenkontrolle – auch hier steht dem Antragsteller, also dem vorlegenden Gericht, kein Antragsgegner gegenüber.

16 Insgesamt kann festgehalten werden, dass für Aufgaben mit Schwerpunkt im **staatsorganisatorischen** Bereich die häufigste prozessuale Einkleidung die des Organstreitverfahrens ist, seltener die des Bund-Länder-Streits und die der Normenkontrollverfahren. Mittelbar können hier auch grundrechtliche Fragen eine Rolle spielen, wenn hiervon das Verhalten eines Staatsorgans abhängt. So kann die Verpflichtung des Bundespräsidenten zur Ausfertigung eines Gesetzes dann entfallen, wenn dieses gegen Grundrechte verstößt. Die Verpflichtung der Bundesregierung, einem Untersuchungsausschuss des Bundestags Akten zugänglich zu machen, kann dann entfallen, wenn hierdurch schutzwürdige Grundrechtspositionen Privater, von denen in den fraglichen Akten die Rede ist, verletzt würden. Will der Bürger seine verfassungsmäßigen Rechte geltend machen, ist die prozessuale Einkleidung regelmäßig die der Verfassungsbeschwerde. Hier können wiederum in der Begründetheit Fragen des Staatsorganisationsrechts, etwa der Gesetzgebungskompetenzen oder des Gesetzgebungsverfahrens und allgemeine Verfassungsprinzipien wie das Rechtsstaatsprinzip eine Rolle spielen. Denn typische Fragestellung im Rahmen der Verfassungsbeschwerde ist die nach der Rechtfertigung eines Grundrechts-

eingriffs durch oder auf Grund eines Gesetzes. Hierzu muss das Gesetz in jeder Hinsicht verfassungsmäßig sein.

Abgrenzungsprobleme können sich dann ergeben, wenn der potenzielle Antragsteller **17** bzw Beschwerdeführer, der seine verfassungsmäßigen Rechte beeinträchtigt sieht, einerseits als Person **Grundrechtsträger**, andererseits auch **Beteiligter am Verfassungsleben** ist. Dies ist der Fall beim einzelnen Bundestagsabgeordneten. Er ist dann, wenn der Bundespräsident den Bundestag vorzeitig auflöst, im Bestand seines Mandats und damit als Beteiligter des Verfassungslebens betroffen. Demgegenüber ist er als Träger des grundrechtsgleichen passiven Wahlrechts aus Art. 38 II GG betroffen, wenn die Bundesregierung unzulässig in den Wahlkampf eingreift.[1] In ersterem Fall ist das Organstreitverfahren einschlägig, im letzteren die Verfassungsbeschwerde. Die **Verfassungsbeschwerde** konnte auch von jenen Bundestagsabgeordneten erhoben werden, die sich durch den **Vertrag von Lissabon** in ihren Rechten als Staatsbürger, insbesondere auch Art. 38 I 1 GG verletzt sahen.[2] Die Abgrenzung dieser beiden Verfahren ist von besonderer Bedeutung, wenn die rechtliche Stellung der politischen Parteien in Frage steht. Denn diese sind einerseits Grundrechtsträger, andererseits Beteiligte am Verfassungsleben.

Nicht jede Arbeit aus dem Staatsrecht wird in prozessualer Einkleidung gestellt – mitun- **18** ter wird auch schlicht eine materielle Rechtsfrage gestellt, etwa nach der Verfassungsmäßigkeit eines Gesetzes oder eines bestimmten Verhaltens eines Verfassungsorgans. Deshalb gilt für jede Klausur: der Bearbeitervermerk ist genau zu lesen. Wenn auf die Frage nach der Verfassungsmäßigkeit eines Gesetzes die Zulässigkeit einer Verfassungsbeschwerde geprüft wird, die einer der Beteiligten erheben könnte, ist dies nicht nur überflüssig, sondern falsch, davon abgesehen, dass der Bearbeiter die erfahrungsgemäß selten zu reichlich bemessene Bearbeitungszeit vergeudet.

Dies ist ein generelles Problem. Erfahrungsgemäß wird oft ein zu großer Anteil der Bearbeitungszeit auf die Zulässigkeitsprüfung verwandt. Tatsächlich jedoch liegt hier in aller Regel nicht der Schwerpunkt der Arbeit; in den seltensten Fällen wird der Zulässigkeitsteil mehr als ein Drittel des Umfangs der Klausurbearbeitung in Anspruch nehmen – wenn überhaupt.

II. Zum Aufbau: Zulässigkeit und Begründetheit

Wenn bereits ein Rechtsbehelf eingelegt wurde und nun nach dessen Erfolgsaussichten **19** gefragt wird, ist der Aufbau klar: Der Rechtsbehelf – sei es nun Verfassungsbeschwerde, Antrag im Organstreitverfahren oder Normenkontrollantrag – muss, um Erfolg zu haben, zulässig und begründet sein. In dieser Reihenfolge prüft das Gericht, in dieser Reihenfolge ist die Aufgabe zu bearbeiten. Sollte der Antrag unzulässig sein, ist die Begründetheit hilfsgutachtlich zu prüfen.

Dies ist iÜ der einzige Fall, in dem ein Hilfsgutachten erforderlich ist. Wenn demgegenüber sich zB in der Begründetheitsprüfung herausstellt, dass das Gesetz, das den

---

1 BVerfGE 63, 230.
2 Vgl BVerfGE 123, 267 (341 ff.); s Fall 21.

Gegenstand der Verfassungsbeschwerde oder des Normenkontrollantrags bildet, schon aus formellen Gründen nichtig ist, wird die materielle Verfassungsmäßigkeit nicht etwa in einem Hilfsgutachten geprüft, sondern unverändert im eigentlichen Gutachten. Der Bearbeiter hat <u>alle</u> zur Begründetheit des Rechtsbehelfs führenden Verfassungsverstöße zu untersuchen. Er ist auch nicht so frei wie das Gericht, das ggf die eine oder andere Frage, auf die es nicht mehr ankommt, offenlassen kann.

20 In der Reihenfolge Zulässigkeit – Begründetheit ist regelmäßig auch zu prüfen, wenn gefragt wird, ob ein Beteiligter *sich mit Aussicht auf Erfolg an das BVerfG wenden* kann; hier muss zunächst untersucht werden, welcher Rechtsbehelf in Betracht kommt. Wenn allerdings ein Beteiligter verfassungsrechtliche Bedenken – zB gegen ein Gesetz, gegen das Verhalten eines anderen Beteiligten – äußert und nun wissen will, ob seine Bedenken zu Recht bestehen und ob er ggf das Verfassungsgericht anrufen kann, sollte erst die materielle Rechtslage geprüft werden – entscheidend ist also immer der Bearbeitervermerk. Hier kann es auch geboten sein, die Zulässigkeit unterschiedlicher verfassungsgerichtlicher Verfahren zu erörtern. Insbesondere dann, wenn nur ganz allgemein davon die Rede ist, dass ein Beteiligter „das BVerfG anrufen" will, ist vor Eintritt in die Zulässigkeitsprüfung in einem eigenen Prüfungspunkt die **statthafte Verfahrensart** zu erörtern; vgl den Fall zum Rederecht des Abgeordneten, wo Organstreitverfahren und Verfassungsbeschwerde abzugrenzen sind: geht es um Statusrechte des Abgeordneten aus dem Grundgesetz, ist ersteres einschlägig.

III. Fälle mit Schwerpunkt im Staatsorganisationsrecht – insbesondere: Organstreitverfahren

21 Wenn im Sachverhalt von Auseinandersetzungen zwischen Verfassungsorganen die Rede ist, diese sich durch Maßnahmen oder auch Unterlassungen der jeweils anderen Seite in ihren Rechten verletzt sehen, so ist dies regelmäßig die Fallgestaltung des Organstreitverfahrens; dieses ist dann an erster Stelle zu prüfen. Im Organstreitverfahren entscheidet das BVerfG über die verfassungsmäßigen Rechte und Pflichten der obersten Bundesorgane und weiterer Beteiligter am Verfassungsleben. Kommt also der Bearbeiter im Zuge seiner Vorüberlegungen und der Erstellung der Arbeitsgliederung (s Rn 8) zu dem Ergebnis, dass das Organstreitverfahren für den Sachverhalt „passt", so beginnt die schriftliche Ausarbeitung mit der Überschrift.

1. Organstreitverfahren, Art. 93 I Nr. 1 GG, §§ 13 Nr. 5, 63 ff. BVerfGG

22 Hat einer der Beteiligten bereits einen Antrag zum BVerfG gestellt, so würde die Bearbeitung etwa mit der Formulierung beginnen:

> *„Der Antrag hat Aussicht auf Erfolg, wenn er zulässig und begründet ist. Er könnte als Antrag im Organstreitverfahren nach Art. 93 I Nr. 1 GG, §§ 63 ff. BVerfGG zulässig sein."* Ist noch kein Antrag gestellt, so würde entsprechend formuliert: *„A (also zB der Bundestag, der Abgeordnete A, die A-Fraktion, der Ausschuss) könnte gegen B (also zB die Bundesregierung, den Bundespräsidenten) einen Antrag im Organstreitverfahren nach Art. 93 I Nr. 1 GG, §§ 63 ff. BVerfGG stellen. Dieser müsste zulässig und begründet sein."*

Nach der Zwischenüberschrift:

A. Zulässigkeit (näher *Degenhart* Rn 816 ff.)

(derartige Zwischenüberschriften sollten den wesentlichen Gliederungspunkten vorangestellt sein) **23**
folgt nun die Prüfung der einzelnen Zulässigkeitsvoraussetzungen. Die nachstehende Reihenfolge
hat sich nicht nur als zweckmäßig erwiesen; sie gibt auch das Muster vor, nach dem sich die Zulässigkeit durchweg richtet. Wenn die Zuständigkeit des Gerichts feststeht, beziehen sich die ersten
Prüfungspunkte auf die Beteiligten: Im verfassungsgerichtlichen Verfahren ist das Recht, ein Verfahren einzuleiten, Partei in einem Verfahren zu sein, für jedes Verfahren besonders geregelt. Dies
gilt auch für die Frage, was überhaupt Gegenstand des Verfahrens sein kann – eine Handlung oder
eine Unterlassung des Gegners, ein Gesetz, eine anderweitige Maßnahme der öffentlichen Gewalt.
Der Antragsteller oder Beschwerdeführer muss sich in einer bestimmten Beziehung zum Gegenstand des Verfahrens befinden: er muss geltend machen, in seinen Rechten verletzt oder doch von
der Nichtigkeit des angegriffenen Gesetzes überzeugt zu sein. Schließlich sind wie in allen Verfahren bestimmte Formen einzuhalten und in aller Regel auch Fristen zu wahren. Vorab noch einen
eigenen Prüfungspunkt **„Zuständigkeit des BVerfG"** einzufügen, wie dies häufig in Musterlösungen und Aufbauschemata anzutreffen ist, halte ich für überflüssig, da die Zuständigkeit des BVerfG
ohnehin nur für die ausdrücklich vorgesehenen Verfahren besteht (Enumerativprinzip) und sich aus
deren Zulässigkeitsvoraussetzungen ohne Weiteres ergibt.

I. Beteiligtenfähigkeit

Die Beteiligtenfähigkeit ist im Organstreitverfahren stets sowohl auf Seiten des Antragstellers wie **24**
auf Seiten des Antragsgegners eigens und sorgfältig zu prüfen – das Organstreitverfahren ist nur
für bestimmte Beteiligte am Verfassungsleben eröffnet.

1. Beteiligtenfähigkeit des Antragstellers (Aktivseite)

– **Oberste Bundesorgane**, Art. 93 I Nr. 1 GG; sie sind aufgezählt in § 63 BVerfGG; **25**
– **Teile** dieser Organe: diese müssen durch das Grundgesetz oder eine Geschäftsordnung mit ei-
    genen Rechten ausgestattet sein – so etwa die Fraktion, die einerseits durch die GeschOBT mit
    eigenen Rechten ausgestattet ist, andererseits aber auch als notwendige Einrichtung des Verfas-
    sungslebens; es muss sich um ständige Untergliederungen des jeweiligen Verfassungsorgans
    handeln. Der einzelne Abgeordnete ist daher nicht als „Teil des Bundestags" beteiligtenfähig,
    sondern als „anderer Beteiligter".

Beteiligtenfähig sind auch **„andere Beteiligte"**, die durch das Grundgesetz mit eigenen Rechten
ausgestattet sind – dies folgt unmittelbar aus Art. 93 I Nr. 1 GG; anderer Beteiligter in diesem
Sinn ist das einzelne MdB, dessen Rechtsstellung sich aus Art. 38 I 2 GG – Grundsatz des freien
Mandats – ergibt; weiterhin sind hier die politischen Parteien zu nennen.[3] Wenn diese allerdings als
Grundrechtsträger betroffen sind – weil ihnen gegenüber zB ein Versammlungsverbot ausgespro-
chen wurde –, dann ist die Verfassungsbeschwerde die richtige Verfahrensart. Welches die richtige
Verfahrensart ist, kann entweder im Rahmen der Beteiligtenfähigkeit erörtert werden, oder aber in
einer Vorbemerkung zur Zulässigkeitsprüfung. Letzteres erscheint mir vorzugswürdig: erst wenn
der Bearbeiter sich darüber im Klaren ist, welche Verfahrensart in Betracht kommt, können deren
Zulässigkeitsvoraussetzungen i.e. erörtert werden.

Wenn der Antragsteller im Zeitraum zwischen Antragstellung und Entscheidung seinen Status
verliert, wenn also zB der Abgeordnete aus dem Bundestag ausscheidet, ist dies für seine Beteiligtenfähigkeit grundsätzlich unschädlich: Maßgeblich für die Parteifähigkeit von Abgeordneten im

---

3 Zur Stellung der Parteien im Verfassungsprozess s *Degenhart* Rn 64 f.

Organstreit ist ihr Status zu dem Zeitpunkt, zu dem sie den Verfassungsstreit anhängig gemacht haben.[4] Eine andere Frage ist, ob dann noch das Rechtsschutzbedürfnis zu bejahen ist, s.u. V.

2. Beteiligtenfähigkeit des Antragsgegners (Passivseite)

26 Hier gelten die gleichen Kriterien wie für die Aktivseite.

II. Gegenstand des Verfahrens (Streitgegenstand)

27 Es muss ein geeigneter Verfahrensgegenstand vorliegen – eine konkrete Maßnahme des Antragsgegners oder eine rechtlich relevante Unterlassung; eine Unterlassung ist dann einer positiven Handlung gleichzustellen, wenn eine Rechtspflicht zum Handeln besteht (etwa die grundsätzliche Verpflichtung des Bundespräsidenten, ein Gesetz auszufertigen).

III. Antragsbefugnis

28 Der Antragsteller im Organstreitverfahren muss geltend machen, dass er in seinen Rechten aus der Verfassung verletzt ist.

Es muss sich hierbei um **Rechte aus dem Grundgesetz** handeln – Bestimmungen der Geschäftsordnungen genügen hier also nicht. Rechte aus dem Grundgesetz können sich zum einen aus einzelnen Normen des Grundgesetzes ergeben, so zB aus Art. 23 V GG, wonach die Bundesregierung eine Stellungnahme des Bundesrats beachten muss, oder aus Art. 38 I 2 GG: in den Bestand des Mandats wird eingegriffen, wenn der Bundespräsident den Bundestag auflöst, ohne dass die verfassungsmäßigen Voraussetzungen dafür gegeben sind. Sehr häufig aber muss in staatsorganisationsrechtlichen Konflikten auf allgemeine Verfassungsgrundsätze zurückgegriffen werden. So ist zB das Recht des Bundestags, von der Bundesregierung Informationen zu verlangen, im Grundgesetz nicht erwähnt (anders als in einigen Landesverfassungen das entsprechende Recht des Landtags). Es muss dann auf die Kontrollfunktion des Parlaments im Verhältnis zur Bundesregierung zurückgegriffen werden. Auch die Rechtsstellung der Fraktion kann nur allgemein aus der Bedeutung für das parlamentarische Verfahren und damit die parlamentarische Demokratie und auch aus Art. 21 GG abgeleitet werden.

29 Soweit es sich beim Antragsteller um Teile eines Verfassungsorgans – zB eine Fraktion als Teil des Verfassungsorgans Bundestag – handelt, können auch Rechte des Organs geltend gemacht werden, dem der Antragsteller angehört. Die Fraktion kann also Rechte des Bundestags gegen die Bundesregierung geltend machen. Man spricht hier von gesetzlicher **„Prozessstandschaft"**. Dem einzelnen Abgeordneten kommt dieses Recht nicht zu. Er ist nicht „Organteil", sondern „anderer Beteiligter".[5]

Wie stets, sind im Rahmen der Zulässigkeit die materiellen Fragen nicht zu entscheiden; der Antragsteller muss die Verletzung seiner Rechte lediglich plausibel geltend machen, sie muss auf Grund seines Vortrags als möglich erscheinen.

Gleichwohl sollte der Bearbeiter sich bemühen, die möglicherweise verletzten Rechte des Antragstellers möglichst klar zu benennen – hierdurch erfolgt die entscheidende Weichenstellung für die Begründetheitsprüfung.

IV. Form und Frist

30 Die Notwendigkeit der Schriftform folgt aus § 23 BVerfGG.

Der Antrag ist fristgebunden. Es gilt die 6-Monats-Frist nach § 64 III BVerfGG ab Bekanntwerden der Maßnahme oder der Unterlassung.

---

4 BVerfGE 102, 224 (231).
5 BVerfGE 123, 267 (337).

V. Rechtsschutzbedürfnis

Dass ein Rechtsschutzbedürfnis besteht, ist an sich ungeschriebene Voraussetzung aller Verfahren vor dem BVerfG. Es wird jedoch grundsätzlich **vermutet**, wenn die Zulässigkeitsvoraussetzungen gegeben sind, kann ausnahmsweise aber entfallen. Hierauf ist nur einzugehen, wenn besondere Umstände konkrete Anhaltspunkte für fehlendes Rechtsschutzbedürfnis liefern, so im Fall BVerfGE 90, 286: Fraktion als Antragsteller, obwohl ihre Mitglieder als Mitglieder der Bundesregierung der Maßnahme zugestimmt hatten.

31

Ein Rechtsschutzbedürfnis ist auch dann gesondert festzustellen, wenn der Antragsteller, nachdem das Verfahren anhängig gemacht wurde, seine Beteiligtenstellung verloren hat, weil er zB aus dem Bundestag ausgeschieden ist,[6] oder wenn die geltend gemachte Rechtsverletzung in der Vergangenheit liegt.[7] Hier genügt jedoch, dass ein objektives Interesse daran besteht, die aufgeworfene Rechtsfrage zu klären. Dies liegt daran, dass es vor dem BVerfG nicht nur um subjektiven Rechtsschutz geht, sondern stets auch objektiv um den Schutz der Verfassung.

B. Begründetheit

Der Antrag ist begründet, wenn die streitgegenständliche Maßnahme verfassungswidrig war und hierdurch der Antragsteller (oder das Organ, dem er angehört) in seinen Rechten verletzt wird.

32

Auf die Formulierung des Obersatzes für die Begründetheitsprüfung ist stets besondere Sorgfalt zu verwenden. Denn hierdurch wird der weitere Aufbau vorgezeichnet, hieraus ergibt sich das Prüfprogramm. – Geht es um eine Unterlassung, könnte der Obersatz etwa wie folgt abgewandelt werden:

> *„… wenn die Unterlassung der Maßnahme gegen Normen der Verfassung verstieß und der Antragsteller einen Anspruch auf Erlass dieser Maßnahme hatte. "*

Ein bestimmtes Aufbauschema kann hier angesichts der Vielgestaltigkeit möglicher Verfassungskonflikte nicht gegeben werden; gleichwohl lassen sich bestimmte, regelmäßig wiederkehrende Fallgestaltungen ausmachen:

(1) Die **„Anspruchssituation"**: Ein Verfassungsorgan begehrt von einem anderen Verfassungsorgan ein Handeln, eine bestimmte „Leistung": Der Bundestag oder auch ein einzelner Abgeordneter begehrt von der Bundesregierung Informationen; diese lehnt die Beantwortung der Fragen ab. Hier wäre wie folgt aufzubauen:

33

– Zunächst wird die verfassungsrechtliche Grundlage für das Auskunftsverlangen ermittelt – hier hat es seine Grundlage in der verfassungsrechtlichen Stellung des Bundestags bzw des Abgeordneten: Kontrollfunktion des Bundestags im Verhältnis zur Bundesregierung;
– es sind dann i.e. die Voraussetzungen des Auskunftsverlangens zu prüfen: Erforderlichkeit für die Wahrnehmung der parlamentarischen Aufgaben;
– schließlich sind die Einwendungen der Bundesregierung zu würdigen – etwa Berufung auf „Kernbereich exekutiver Eigenverantwortung", sie sind in Ausgleich zu bringen mit den Aufgaben des Bundestags.

(2) Die **„Eingriffssituation"**: Ein Verfassungsorgan – der Antragsgegner – greift durch eine Maßnahme in Rechte eines anderen Verfassungsorgans – des Antragstellers – ein, zB die Bundesregierung durch eine Weisung an das Land bei der Auftragsverwaltung oder der Bundespräsident durch vorzeitige Auflösung des Bundestags in Rechte des Abgeordneten.

34

---

6 Vgl BVerfGE 102, 224 (232).
7 Vgl BVerfGE 121, 135 (151).

– Zunächst ist dann zu fragen: welches konkrete Recht des Antragstellers ist hier betroffen; dabei kann es sich um explizit im Grundgesetz normierte Rechte handeln – hier: das Mandat des Abgeordneten, Art. 38 I 2 GG in seinem Bestand –, oder aber um allgemeine Verfassungsgrundsätze, die dann näher begründet werden müssen;

– in einem zweiten gedanklichen Schritt ist festzustellen, worin nun genau die behauptete Rechtsverletzung – der „Eingriff" – liegt;

– im Folgenden ist dann zu prüfen, ob das Handeln des Antragsgegners verfassungsrechtlich gerechtfertigt ist, ob er also befugt war, die streitige Maßnahme zu treffen.

(3) Diese Aufbauhinweise passen für die Mehrzahl der Fälle; es wird also jeweils von der verfassungsrechtlichen Position der Antragsteller ausgegangen. Mitunter kann auch ein Aufbau sinnvoll sein, bei dem zunächst nach der Verfassungsmäßigkeit des Handelns des Antragsgegners gefragt und dann erörtert wird, ob der Antragsteller hierdurch in seinen Rechten verletzt wurde.

C. Entscheidung des BVerfG

In allen verfassungsgerichtlichen Verfahren ist abschließend festzustellen, wie das BVerfG entscheiden wird; dies ist für die einzelnen Verfahren unterschiedlich geregelt – für das Organstreitverfahren in § 67 BVerfGG.

Das BVerfG beschränkt sich im Organstreitverfahren auf eine **feststellende** Entscheidung, § 67 BVerfGG. Die Bearbeitung wird also im Fall der Begründetheit des Antrags mit dem Hinweis schließen:

> *„Das BVerfG wird feststellen, dass der Antragsgegner durch sein Handeln bzw Unterlassen gegen die Bestimmung zB des Art. 68 GG oder des Art. 82 GG verstoßen hat."*

2. Bund-Länder-Streit, Art. 93 I Nr. 3 GG, §§ 13 Nr. 7, 68 ff. BVerfGG

35 Der Bund-Länder-Streit wird dem Bearbeiter insgesamt wohl seltener begegnen, als das Organstreitverfahren oder auch die verschiedenen Normenkontrollverfahren. Kompetenzstreitigkeiten im Verhältnis von Bund und Ländern beziehen sich häufig auf den Erlass von Bundesgesetzen, die Frage der Gesetzgebungszuständigkeit oder auch der Mitwirkung des Bundesrats. Das Verfahren der abstrakten Normenkontrolle nach Art. 93 I Nr. 2 GG ist in diesem Fall für die Länder deutlich „interessanter": im Bund-Länder-Streit stellt das BVerfG wie im Organstreitverfahren nur den Verfassungsverstoß fest, im Normenkontrollverfahren erklärt es das verfassungswidrige Gesetz für nichtig. Im Normenkontrollverfahren wird das Gesetz umfassend am Grundgesetz geprüft, im Bund-Länder-Streit geht es nur um das Bund-Länder-Verhältnis, also iW um die Kompetenzen. Das Normenkontrollverfahren ist zudem nicht fristgebunden. Ein Bund-Länder-Streit kommt daher in erster Linie bei Maßnahmen des Bundes oder eines Landes in Betracht, die nicht im Erlass eines Gesetzes bestehen – so zB eine Weisung der Bundesregierung in der Auftragsverwaltung oder die Weigerung des Landes, ihr Folge zu leisten (Fall 9), die Errichtung einer Bundesbehörde, ohne dass dafür eine Zuständigkeit gegeben ist. Bei der von Bayern im Zuge der Flüchtlingskrise immer wieder angedrohten Verfassungsklage würde es sich um einen Bund-Länder-Streit handeln.

Das Verfahren ist ähnlich strukturiert wie das Organstreitverfahren; die Ausführungen **36** zur Vorgehensweise und zum Aufbau bei diesem können auf jenes übertragen werden. Der Bearbeiter wird also dann den Bund-Länder-Streit in Betracht ziehen, wenn ein Land sich durch eine konkrete Maßnahme oder Unterlassung des Bundes oder auch eines anderen Landes oder der Bund sich durch ein Land in verfassungsmäßigen Rechten aus dem Bundesstaatsverhältnis beeinträchtigt sieht.

Da das Verfahren dem Organstreitverfahren nachgebildet ist, gilt für die Formulierung des Eingangssatzes, was für dieses gesagt wurde (Rn 22). So könnte etwa formuliert werden:

> *Das Land A könnte gegen den Bund einen Antrag im Verfahren nach Art. 93 I Nr. 3 GG, §§ 68 ff. BVerfGG stellen. Dieser hat Erfolg, wenn er zulässig und begründet ist."*

A. Zulässigkeit (näher *Degenhart* Rn 824 ff.)

I. Beteiligtenfähigkeit

Die Beteiligtenfähigkeit ist für den Bund-Länder-Streit in § 68 BVerfGG geregelt; Antragsteller **37** *bzw Antragsgegner können hiernach für den Bund nur die Bundesregierung, für das jeweilige Land nur die Landesregierung sein – es handelt sich hier um einen Fall der „Prozessstandschaft": die Verfahrensbeteiligten machen in eigenem Namen Rechte des Landes bzw des Bundes geltend.*

1. Beteiligtenfähigkeit des Antragstellers (Aktivseite)

Für das Land ist nur dessen Landesregierung beteiligtenfähig, für den Bund die Bundesregierung. **38** Der Antrag ist von diesen Verfahrensbeteiligten zu stellen.

2. Beteiligtenfähigkeit des Antragsgegners (Passivseite)

Der Antrag muss in einem Verfahren gegen den Bund gegen die Bundesregierung, in einem Verfahren gegen ein Land gegen dessen Regierung gestellt werden.

II. Gegenstand des Verfahrens (Streitgegenstand)

Es muss ein geeigneter Verfahrensgegenstand vorliegen – eine konkrete Maßnahme oder eine **39** rechtlich relevante Unterlassung; eine Unterlassung ist dann einer positiven Handlung gleichzustellen, wenn eine Rechtspflicht zum Handeln besteht.

III. Antragsbefugnis

Die Regierung eines Landes als Antragsteller im Bund-Länder-Streit muss geltend machen, dass **40** das Land durch das Verhalten des Bundes in seinen Rechten aus dem Grundgesetz verletzt ist; vice versa für den Bund.

Es muss sich hierbei um Rechte aus dem Grundgesetz handeln. Rechte und Pflichten im Verhältnis **41** von Bund und Ländern werden in erster Linie in den Kompetenznormen des Grundgesetzes festgelegt – also im Abschnitt „Der Bund und die Länder", in den Bestimmungen der Art. 70 ff. über die Gesetzgebung, der Art. 83 ff. über die Verwaltung, der Art. 104a ff. über die Finanzbeziehungen von Bund und Ländern. Soweit die zu entscheidende Streitfrage nicht explizit im Grundgesetz geregelt ist, kann ein Verstoß gegen den ungeschriebenen Verfassungsgrundsatz der Bundestreue in Betracht kommen. Im Fall eines Antrags Bayerns wegen der Immigrationspolitik der Bundesregierung müsste zunächst dargelegt werden, dass der Bundesrepublik eine verfassungsrechtliche

Pflicht obliegt, das Staatsgebiet gegen unkontrollierte massenhafte Einreise zu sichern; dies dürfte begründbar sein. Es müsste des Weiteren dargelegt werden, dass die Bundesregierung dieser Verpflichtung nicht nachgekommen ist, also rechtswidrig gehandelt hat. Dies wird sehr kontrovers beurteilt[8], auch in der Frage eines Parlamentsvorbehalts. Schließlich müsste eine verletzte Rechtspflicht des Bundes gerade auch im Verhältnis zu den Ländern, jedenfalls zu denjenigen Ländern bestehen, die Außengrenzen haben.[9]

Auch hier gilt, dass der Antragsteller die Verletzung verfassungsmäßiger Rechte lediglich plausibel geltend machen muss; vgl für das Organstreitverfahren Rn 29.

IV. Form und Frist

42 Die Notwendigkeit der Schriftform folgt aus § 23 BVerfGG.

Der Antrag ist fristgebunden. Es gilt die 6-Monats-Frist nach § 69 iVm § 64 III BVerfGG ab Bekanntwerden der Maßnahme oder der Unterlassung.

V. Rechtsschutzbedürfnis

43 Vgl Rn 31. Das Rechtsschutzbedürfnis kann dann entfallen, wenn der Antragsteller sein Verfahrensziel auf einfachere Weise erreichen kann – dies kann zB eine Weisung im Rahmen der Bundesauftragsverwaltung sein, freilich nur dann, wenn nicht davon auszugehen ist, dass das Land sich seinerseits an das BVerfG wenden wird. Wie generell in verfassungsgerichtlichen Verfahren, ist hierauf nur einzugehen, wenn besondere Umstände konkrete Anhaltspunkte für fehlendes Rechtsschutzbedürfnis liefern, wenn zB die Maßnahme in der Vergangenheit liegt.

B. Begründetheit

44 Der Antrag ist begründet, wenn die streitgegenständliche Maßnahme gegen das Grundgesetz verstößt und den Bund/das Land in seinen Rechten verletzt.

In der Formulierung des Obersatzes für die Begründetheitsprüfung ist dem Umstand Rechnung zu tragen, dass Antragsteller zwar die jeweilige Regierung ist, jedoch in Prozessstandschaft, und es also darauf ankommt, dass Rechte des Bundes bzw eines Landes verletzt sind.

Ein bestimmtes Aufbauschema kann auch hier angesichts der Vielgestaltigkeit möglicher Verfassungskonflikte nicht gegeben werden; gleichwohl lassen sich bestimmte Fallgestaltungen ausmachen.

45 (1) Die „**Eingriffssituation**": Häufig liegt einem Bund-Länder-Streit ein Kompetenzstreit zugrunde: Darf der Bund eine Behörde errichten, ein Rundfunkunternehmen gründen (BVerfGE 12, 205), eine Weisung erteilen? Der Aufbau ist hier unproblematisch: es sind die in der Kompetenzordnung des Grundgesetzes niedergelegten verfassungsrechtlichen Voraussetzungen für die streitgegenständliche Maßnahme zu prüfen. Wie stets, ist hierbei nach einer konkreten Norm zu fragen, die zu der fraglichen Maßnahme ermächtigt. Die formellen und materiellen Anforderungen sind hieraus abzuleiten. Der Grundsatz der Bundestreue kann hierbei besondere Verhaltenspflichten begründen, insbesondere eine Verpflichtung, den anderen Beteiligten rechtzeitig Gelegenheit zur Stellungnahme zu geben, für den Bund auch die Verpflichtung, die Länder gleich zu behandeln, allgemein eine Verpflichtung zur wechselseitigen Rücksichtnahme bei der Wahrnehmung von Kompetenzen.

---

8 Übbl. zB bei *Fontana*, NVwZ 2016, 735; *Wendel*, JZ 2016, 332.
9 Abl. *Ewer/Thiemel*, NVwZ 2016, 376 ff.

Wenn ein Beteiligter im Bundesstaatsverhältnis seine **Kompetenzen** überschritten hat, so bedeutet dies notwendig einen Eingriff in die Kompetenzen der Gegenseite und damit deren Verletzung in ihren Rechten. Man könnte auch insoweit von einer „Eingriffssituation" sprechen. | **46**

(2) Die **„Anspruchssituation"**: Ein Beteiligter begehrt von der Gegenseite ein Handeln, eine bestimmte „Leistung": Der Bund verlangt vom Land, dass es gegen kommunale Volksbefragungen einschreitet;[10] das Land vom Bund finanzielle Leistungen (*Degenhart* Rn 501). | **47**

– Zunächst ist nach einer positiven Anspruchsgrundlage zu fragen, deren Voraussetzungen sind dann zu prüfen.

– Aus dem ungeschriebenen Verfassungsgrundsatz der Bundestreue können demgegenüber in aller Regel keine selbstständigen Ansprüche abgeleitet werden.

C. Entscheidung des BVerfG

In allen verfassungsgerichtlichen Verfahren ist abschließend festzustellen, wie das BVerfG entscheiden wird; dies ist für die einzelnen Verfahren unterschiedlich geregelt – für den Bund-Länder-Streit in § 69 iVm § 67 BVerfGG. | **48**

Das BVerfG beschränkt sich hier wie im Organstreitverfahren auf eine feststellende Entscheidung, § 67 BVerfGG. Die Bearbeitung wird also im Fall der Begründetheit des Antrags zB mit dem Hinweis schließen:

> *„Das BVerfG wird feststellen, dass der Bund durch sein Handeln bzw sein Unterlassen gegen die Bestimmung zB des Art. 84 IV GG und gegen den Grundsatz der Bundestreue verstoßen hat."*

IV. Normenkontrollverfahren

Wenn im Sachverhalt davon die Rede ist, dass ein Beteiligter gegen eine Norm vorgehen will und es sich hierbei um eine Regierung oder um Abgeordnete handelt, so ist in erster Linie das Verfahren der abstrakten Normenkontrolle in Betracht zu ziehen. Dies gilt auch dann, wenn sich ein Land durch den Erlass eines Bundesgesetzes in seinen Kompetenzen verletzt sieht (vgl Rn 35). | **49**

1. Abstrakte Normenkontrolle, Art. 93 I Nr. 2 GG, §§ 13 Nr. 6, 76 ff. BVerfGG

A. Zulässigkeit (näher *Degenhart* Rn 829 ff.)

I. Antragsberechtigung

Wer im Verfahren der abstrakten Normenkontrolle den Antrag stellen kann, ist in Art. 93 I Nr 2 GG abschließend benannt. § 76 I BVerfGG nimmt hierauf Bezug. Für die dritte Alternative – ein Drittel der Mitglieder des Bundestags – ist klarstellend anzumerken, dass der Antrag *von den Abgeordneten* zu stellen ist, also *nicht* etwa von einer *Fraktion*. | **50**

Hier genügt in der Fallbearbeitung in aller Regel die knappe Feststellung, dass der Antragsteller gemäß Art. 93 I Nr. 2 GG zum Kreis der Antragsberechtigten zählt.

---

10 BVerfGE 8, 104.

II. Prüfungsgegenstand (Verfahrensgegenstand)

51 Prüfungsgegenstand ist **jede Rechtsnorm**, Bundesrecht wie Landesrecht, auch untergesetzliches Recht sowie Verfassungsrecht. Hierfür ist es iÜ unerheblich, wer den Antrag gestellt hat – so kann die Landesregierung A einen Normenkontrollantrag auch gegen ein Gesetz des Landes B stellen.

52 Es muss sich um eine „fertige", ausgefertigte und verkündete Norm handeln. Eine Ausnahme sollte jedoch bekannt sein: Zustimmungsgesetze zu völkerrechtlichen Verträgen können bereits vor ihrer Ausfertigung und Verkündung überprüft werden; ist das Zustimmungsgesetz wirksam geworden, der Vertrag – durch Austausch der Ratifikationsurkunden – in Kraft getreten, ändert die nachträgliche Nichtigerklärung des Zustimmungsgesetzes bei *völkerrechtlichen Verträgen* nichts an der vertraglichen Bindung.

III. „Meinungsverschiedenheiten und Zweifel"

53 In § 76 BVerfGG werden die Zulässigkeitsvoraussetzungen enger formuliert, als in Art. 93 I Nr. 2 GG: es genügt nicht, dass der Antragsteller „zweifelt" – er muss von der Nichtigkeit der Norm überzeugt sein. In der Praxis spielt dies keine Rolle: der Antragsteller wird eben in der Antragsbegründung seine Überzeugung von der Nichtigkeit darlegen (s aber Fall 4).

Wenn im Sachverhalt der Antragsteller die Norm für verfassungswidrig hält, wenn sie nach seiner Auffassung verfassungswidrig ist, dann reicht dies aus – in der Bearbeitung könnte dann wie folgt formuliert werden:

> *„Während nach Art. 93 I Nr. 2 GG der Antragsteller an der Gültigkeit der Norm zweifeln müsste, fordert § 76 BVerfGG, dass er sie für nichtig hält. Ob der einfache Gesetzgeber hier die Zulässigkeitsvoraussetzungen gegenüber der Verfassungsnorm verschärfen durfte, kann hier dahingestellt bleiben. Denn der Antragsteller hat seine Überzeugung von der Nichtigkeit der Norm zum Ausdruck gebracht. Auch die strengeren Voraussetzungen des § 76 BVerfGG sind damit erfüllt."*

IV. Klarstellungsinteresse

54 Das abstrakte Normenkontrollverfahren ist ein objektives Beanstandungsverfahren – es setzt nicht voraus, dass der Antragsteller in seinen Rechen verletzt ist.

V. Form und Frist

55 Das Schriftformerfordernis ergibt sich wie stets aus § 23 BVerfGG.
Der Antrag ist nicht fristgebunden.

B. Begründetheit

56 Im Normenkontrollverfahren geht es allein um die Gültigkeit der verfahrensgegenständlichen Norm. **Prüfungsmaßstab** ist für Bundesgesetze das Grundgesetz; für Landesgesetze das Grundgesetz und sonstiges Bundesrecht; für untergesetzliches Recht generell höherrangiges Bundesrecht – nie aber Landesrecht. Darauf ist im Obersatz abzustellen. Er wäre also zB wie folgt zu formulieren:

> *„Der Normenkontrollantrag gegen das Bundesgesetz vom … ist begründet, wenn es nicht mit dem Grundgesetz vereinbar ist" bzw „Der Normenkontrollantrag gegen das Gesetz des Landes A vom … ist begründet, wenn es nicht mit dem Grundgesetz oder sonstigem Bundesrecht vereinbar ist."*

Der Aufbau der Begründetheitsprüfung ist der der Normprüfung:　　　　　　　**57**

Zuständigkeit – Gesetzgebungsverfahren – materielle Verfassungsmäßigkeit.

Zuständigkeit und Gesetzgebungsverfahren können unter dem Oberbegriff der formellen Verfassungsmäßigkeit in Abgrenzung zur materiellen Verfassungsmäßigkeit zusammengefasst werden. Wenn hier in der Fallbearbeitung häufig die Begriffe der formellen und materiellen Rechtmäßigkeit genannt werden, ist dies zumindest ungenau: Maßstab für das Gesetz ist die Verfassung, nicht generell das „Recht" – das Gesetz selbst ist ja Bestandteil der Rechtsordnung.

Es handelt sich bei der abstrakten Normenkontrolle um kein spezifisches Instrument des Grundrechtsschutzes. Deshalb sind Verstöße gegen sonstiges Verfassungsrecht nicht als Frage der verfassungsrechtlichen Rechtfertigung von Grundrechtseingriffen zu behandeln, sondern als selbstständige Prüfungspunkte.

Damit ergibt sich diese Prüfungsreihenfolge für die Begründetheit:

I. Zuständigkeit

Der Bundes-(Landes-)gesetzgeber muss für den Erlass des Gesetzes zuständig gewesen sein.　**58**

Ausgangspunkt für die Zuständigkeitsprüfung ist stets die Grundregel des Art. 70 GG, die auch erwähnt werden sollte; im Folgenden ergeben sich gewisse Unterschiede in der Prüfung, je nachdem, ob es sich um ein Bundes- oder ein Landesgesetz handelt.

1. Bundesgesetze

Um die Frage nach der Zuständigkeit für den Erlass eines bestimmten Bundesgesetzes zu beant-　**59**
worten – und darum geht es bei der Kompetenzprüfung –, sind also diese Schritte zu vollziehen:
– Am Anfang steht die Grundregel des Art. 70 GG: der Bund ist nur zuständig, wenn ihm eine Zuständigkeit positiv verliehen ist; sonst bleibt es bei der Zuständigkeit der Länder;
– daher muss zunächst nach einem positiven Kompetenztitel für den Bund gefragt werden, dieser ist aus den Art. 73 und 74 GG, ggf aus den weiteren im Grundgesetz enthaltenen Kompetenznormen und, wenn hierfür konkrete Anhaltspunkte bestehen, aus den Grundsätzen über ungeschriebene Bundeszuständigkeiten zu entnehmen;
– in einem weiteren Prüfungsschritt sind dann die allgemeinen Voraussetzungen zu prüfen, unter denen für den fraglichen Kompetenztitel auch konkret Gebrauch gemacht werden darf. Diese Voraussetzungen sind in Art. 71 und 72 festgelegt.
– Besteht hiernach keine Bundeszuständigkeit, so verbleibt es bei der Grundregel des Art. 70 I GG und damit bei der Gesetzgebungszuständigkeit der Länder; der Bund ist dann nicht zuständig.

2. Landesgesetze

– Auch hier steht am Anfang der Art. 70 GG: das Land ist zuständig, wenn nicht dem Bund eine　**60**
positive Zuständigkeit verliehen ist;
– daher muss zunächst nach einem positiven Kompetenztitel für den Bund gefragt werden, dieser ist aus den Art. 73 und 74 GG, ggf aus den weiteren im Grundgesetz enthaltenen Kompetenznormen und, wenn hierfür konkrete Anhaltspunkte bestehen, aus den Grundsätzen über ungeschriebene Bundeszuständigkeiten zu entnehmen;
– ergibt sich für den Bund keine Zuständigkeit, dann bleibt es bei der der Länder. Ist der Bund jedoch nach Art. 71, 73 bzw Art. 72, 74 GG für ein bestimmtes Gebiet ausschließlich oder konkurrierend zuständig, so können die Länder nur unter bestimmten Voraussetzungen tätig werden; diese sind in einem weiteren Prüfungsschritt zu untersuchen: bei ausschließlicher Bundeszuständigkeit müssten die Länder ausdrücklich vom Bund ermächtigt sein – dies ist praktisch irrelevant. Bei konkurrierender Gesetzgebung kommt es darauf an, ob der Bund die Materie bereits erschöpfend geregelt hat: dann sind die Länder ausgeschlossen.

61 – Allerdings haben die Länder seit der Föderalismusreform 2006 die Möglichkeit, für die in Art. 72 III GG genannten Gebiete unter bestimmten, dort näher geregelten Voraussetzungen abweichende Landesgesetze zu erlassen. Sie können auch nach Art. 72 IV GG Bundesgesetze, die nicht mehr nach Art. 72 II GG erforderlich sind, durch eigene Gesetze ersetzen, müssen hierzu aber durch den Bund ermächtigt sein (vgl *Degenhart* Rn 196). Diese Ermächtigung kann durch eine Entscheidung des BVerfG ersetzt werden.

II. Gesetzgebungsverfahren

62 Bei Bundesgesetzen ist zu prüfen, ob es entsprechend den Bestimmungen der Art. 76 ff. GG ordnungsgemäß zustande gekommen ist; der Verfahrensfehler muss jedoch in Verstößen gegen das Grundgesetz liegen; Verstöße gegen Geschäftsordnungsbestimmungen reichen nicht aus. Bei Landesgesetzen ist zu beachten, dass das Gesetzgebungsverfahren für sie in der jeweiligen Landesverfassung enthalten ist. Diese steht jedoch dem BVerfG nicht als Prüfungsmaßstab zur Verfügung.

Verfahrensfehler sind nur dann zu prüfen, wenn der Sachverhalt hierfür etwas hergibt – andernfalls kann die Bearbeitung sich mit dem stereotypen Satz begnügen:

> *„Mangels entgegenstehender Anhaltspunkte im Sachverhalt ist vom formell ordnungsgemäßen Zustandekommen des Gesetzes auszugehen."*

63 **III. Materielle Verfassungsmäßigkeit** bzw – bei Landesgesetzen – Vereinbarkeit mit dem Grundgesetz und sonstigem Bundesrecht, bei untergesetzlichen Vorschriften mit höherrangigem Recht.

C. Entscheidung des BVerfG

64 Das BVerfG erklärt nach § 78 S. 1 BVerfGG das verfassungswidrige Gesetz für nichtig.

Mitunter allerdings beschränkt es sich darauf, die **Verfassungswidrigkeit festzustellen** und verbindet damit die Aufforderung an den Gesetzgeber, den Verfassungsverstoß zu beheben, ggf unter Setzung einer bestimmten Frist. Dies ist zum einen dann der Fall, wenn bei einem Gleichheitsverstoß Gleichheit auf unterschiedliche Weise hergestellt werden kann, im Fall einer gleichheitswidrigen Belastung die Belastung entweder ganz abgeschafft oder aber auf alle erstreckt wird. Aus Gründen der Gewaltenteilung muss es dann dem Gesetzgeber überlassen bleiben, wie er sich entscheiden will. Auch aus Gründen der Rechtssicherheit kann das BVerfG sich auf die bloße Feststellung der Verfassungswidrigkeit beschränken, dann, wenn die Nichtigerklärung zu einem rechtlich ungeregelten Zustand führen würde. Es kann dann anordnen, dass das Gesetz für einen Übergangszeitraum weiter anwendbar bleibt.

2. Abstrakte Normenkontrolle nach Art. 93 I Nr. 2a GG; §§ 13 Nr. 6a, 76 ff. BVerfGG

64a Art. 93 I Nr. 2a GG sieht eine **zusätzliche** Möglichkeit der **abstrakten Normenkontrolle** speziell für die Überprüfung der Voraussetzungen des Art. 72 II GG, also der Erforderlichkeit eines (Bundes-)Gesetzes bei konkurrierender Gesetzgebungsbefugnis, vor. Antragsberechtigt sind hier abweichend von Nr. 2 nur: Bundesrat, Landesregierung, Landesparlament. Prüfungsgegenstand sind nur (formelle) Bundesgesetze: nur für sie gelten die Voraussetzungen des Art. 72 II GG. „Meinungsverschiedenheiten" müssen sich auf die Voraussetzungen des Art. 72 II GG beziehen. Klarstellungsinteresse und Form sind wie für Nr. 2 zu beurteilen. Für die Begründetheit ist **Prüfungsmaßstab nur Art. 72 II GG.**

Im Verhältnis zu Art. 93 I Nr. 2 GG stellt Nr. 2a ein zusätzliches Verfahren für die dort genannten Antragsberechtigten bereit. Sie können das Fehlen der Voraussetzungen nach Art. 72 II GG, vgl § 76 II 2. HS BVerfGG, in diesem Verfahren geltend machen. Die in beiden Verfahren antragsberechtigten Landesregierungen können demgegenüber im Verfahren nach Nr. 2 weitere Nichtigkeitsgründe geltend machen. Die zusätzliche Normenkontrolle nach Art. 93 I Nr. 2a GG wird also vor allem für den Bundesrat und die Landesparlamente bedeutsam.

3. Konkrete Normenkontrolle (Richtervorlage), Art. 100 I GG, §§ 13 Nr. 11, 80 ff. BVerfGG

Die Frage nach der Einleitung eines Verfahrens nach Art. 100 I GG stellt sich nur im Rahmen eines bereits anhängigen Gerichtsverfahrens. Ergeben sich hier Zweifel an der Verfassungsmäßigkeit eines für die Entscheidung erheblichen Gesetzes, so hat das Gericht diesen Zweifeln nachzugehen, denn es hat sich zu vergewissern, dass es auf Grund verfassungsmäßiger Normen entscheidet. Die Bindung an Gesetz und Recht, Art. 20 III GG, bedeutet Bindung auch an das Verfassungsrecht. Gelangt das Gericht jedoch zu der Überzeugung, das Gesetz sei verfassungswidrig, darf es dieses Gesetz gleichwohl nicht unberücksichtigt lassen – es hat keine **„Verwerfungskompetenz".** Diese hat bei formellen, also vom Parlament beschlossenen Gesetzen – soweit es um die Vereinbarkeit mit dem Grundgesetz geht – nur das BVerfG, Art. 100 I 1 2. Alt. GG. Soweit es um die Vereinbarkeit mit Landesverfassungsrecht geht, ist jedoch nach Art. 100 I 1 1. Alt. GG dem Landesverfassungsgericht vorzulegen. Dies kommt nur bei Landesgesetzen in Betracht: Bundesgesetze sind nur am Maßstab des Grundgesetzes zu messen. Bei Landesgesetzen ist iÜ zu unterscheiden: geht es um die Vereinbarkeit mit dem Grundgesetz, ist nach Art. 100 I 1 1. Alt., 2 GG dem BVerfG vorzulegen, und ebenso nach Art. 100 I 2 GG dann, wenn es darum geht, ob ein Landesgesetz mit einfachem Bundesrecht vereinbar ist, oder aber wegen Art. 31 GG „gebrochen", also außer Kraft gesetzt wird (*Degenhart* Rn 198).

65

Die Gründe hierfür liegen im Gebot der Rechtssicherheit und im Grundsatz der Gewaltenteilung. Ob ein Gesetz verfassungswidrig ist, soll durch das Verfassungsgericht allgemein verbindlich geklärt werden. Und nur das Verfassungsgericht soll mit der Nichtigerklärung eines formellen Gesetzes die Entscheidung des demokratisch legitimierten, parlamentarischen Gesetzgebers aufheben.

66

Hat ein Prozessbeteiligter eine entsprechende Vorlage beantragt, konnte er aber das Gericht nicht von der Nichtigkeit des Gesetzes überzeugen und hat dieses also in Anwendung des Gesetzes entschieden, so bleibt nach Ausschöpfung aller Rechtsmittel nur die Verfassungsbeschwerde. Sie kann einerseits darauf gestützt werden, dass das Gericht durch Anwendung des verfassungswidrigen Gesetzes Grundrechte verletzt hat, zum anderen darauf, dass es seine Vorlagepflicht verkannt und deshalb das Recht auf den gesetzlichen Richter aus Art. 101 I 2 GG verletzt hat.

67

A. Zulässigkeit (näher *Degenhart* Rn 837 f.)

I. Antragsberechtigung (Vorlageberechtigung)

68 Antragsberechtigt sind nur Gerichte. Dies festzustellen, sollte in aller Regel keine Schwierigkeiten bereiten. Amtsgericht, Landgericht, OLG, Verwaltungsgericht und OVG, Finanzgericht oder Sozialgericht sind ebenso ohne Weiteres „Gerichte", wie dies für die obersten Bundesgerichte gilt.

II. Gegenstand der Vorlage

69 Nur formelle Gesetze sind vorzulegen. Bei Rechtsvorschriften im Rang unterhalb des formellen Gesetzes (Rechtsverordnungen, Satzungen) ist die Vorlage aus den eingangs genannten Gründen unzulässig. Der Zweck der Vorlagepflicht greift auch dann nicht ein, wenn das zu überprüfende Gesetz „älter" ist, als die Maßstabsnorm:

Sog „vorkonstitutionelle" Gesetze, also Gesetze, die vor Inkrafttreten des Grundgesetzes erlassen wurden, konnten das Grundgesetz noch nicht beachten – wenn ein Gericht sie als verfassungswidrig behandelt, liegt darin noch keine Missachtung des demokratisch legitimierten Gesetzgebers nach dem Grundgesetz. Derartige Gesetze dürften allerdings selten zur Prüfung anstehen: auch Gesetze aus der Zeit vor 1949 sind dann nachkonstitutionell, wenn der Gesetzgeber sie nach 1949 novelliert und dabei auch unverändert bleibende Bestimmungen „in seinen Willen aufgenommen" hat – so die maßgebliche Formulierung. Geht es um die Vereinbarkeit eines Landesgesetzes mit Bundesrecht, so gilt die gleiche Einschränkung.

III. Überzeugung von der Nichtigkeit der Norm

70 Wie in allen verfassungsgerichtlichen Verfahren, muss auch im Verfahren nach Art. 100 I GG ein Verfassungsverstoß geltend gemacht werden – dabei muss das vorlegende Gericht jedoch darlegen, dass es von der Nichtigkeit überzeugt ist; bloße Zweifel oder Bedenken reichen nicht.

IV. Entscheidungserheblichkeit

71 Das Gericht muss in seinem Vorlagebeschluss darlegen, dass es für seine Entscheidung auf die Gültigkeit der Norm ankommt, die Entscheidung also bei Gültigkeit anders ausfallen würde, als bei Nichtigkeit.

V. Form und Frist

72 Das vorlegende Gericht entscheidet durch Beschluss über die Aussetzung des Verfahrens und die Vorlage zum BVerfG. Es entscheidet von Amts wegen, dh ein *Antrag* der Prozessparteien ist gemäß § 80 III BVerfGG nicht erforderlich.

Der Antrag ist nicht fristgebunden.

B. Begründetheit

73 Hier gilt, was für die abstrakte Normenkontrolle ausgeführt wurde: Der Aufbau ist der für die Normprüfung. Wenn ein Gesetz auf seine Vereinbarkeit mit dem Grundgesetz zu prüfen ist, bedeutet dies also Prüfung der formellen und materiellen Verfassungsmäßigkeit wie bei der abstrakten Normenkontrolle.

C. Entscheidung des BVerfG

74 § 82 I BVerfGG verweist auf § 78 S. 1 BVerfGG; das BVerfG erklärt also das verfassungswidrige Gesetz für nichtig, sofern es sich nicht ausnahmsweise auf die bloße Feststellung des Verfassungsverstoßes beschränkt.

V. Fälle mit grundrechtlichem Schwerpunkt – Verfassungsbeschwerden

Die häufigste Fallgestaltung in Anfängerübung und Zwischenprüfung ist sicher die der Verfassungsbeschwerde zum BVerfG. Das Aufbauschema hierfür sollte der Bearbeiter also parat haben, um insbesondere die Zulässigkeit der Verfassungsbeschwerde ohne unnötigen Zeitverlust abarbeiten zu können – der Schwerpunkt der Problematik liegt im Verfassungsbeschwerdeverfahren in aller Regel im Begründetheitsteil; die sich bei der Zulässigkeitsprüfung möglicherweise ergebenden Probleme sind überschaubar – auf die wichtigsten wird nachstehend hingewiesen. **75**

Ist bereits Verfassungsbeschwerde eingelegt oder ist nach den Erfolgsaussichten einer Verfassungsbeschwerde gefragt, so wird wie üblich in der Reihenfolge Zulässigkeit – Begründetheit geprüft. Der Prüfung sollte ein einleitender Satz vorangestellt werden, etwa des Inhalts, dass das BVerfG zuständig ist für die Entscheidung über Verfassungsbeschwerden, die von jedermann gemäß Art. 93 I Nr. 4a GG mit der Behauptung eingelegt werden können, in einem seiner Grundrechte verletzt zu sein. Wird allgemeiner nach den Erfolgsaussichten eines Rechtsbehelfs gefragt, so könnte etwa wie folgt formuliert werden: **76**

> *„Da A sich hier durch ein staatliches Handeln in einem seiner Grundrechte verletzt sieht, könnte er Verfassungsbeschwerde nach Art. 93 I Nr. 4a GG einlegen. Diese hat Erfolg, wenn sie zulässig und begründet ist.“*

A. Zulässigkeit der Verfassungsbeschwerde

An erster Stelle sollten die Zulässigkeitsvoraussetzungen geprüft werden, die sich auf den Beschwerdeführer beziehen, also Beschwerdefähigkeit und Prozessfähigkeit.

I. Beschwerde- und Prozessfähigkeit

1. Beschwerdefähigkeit

Beschwerdefähig ist, wer **grundrechtsfähig** ist. **77**

Dies festzustellen, bereitet keine Schwierigkeiten bei natürlichen Personen – hier genügt also die Feststellung „*A ist als natürliche Person grundrechtsfähig und damit beschwerdefähig.*"

Derartige eindeutige Feststellungen können mE im Urteilsstil getroffen werden. Im Gutachtenstil würde man formulieren:

> *„A müsste zunächst beschwerdefähig sein. Beschwerdefähig ist gemäß Art. 93 I Nr. 4a GG jeder, der Träger von Grundrechten sein kann. A als natürliche Person ist grundrechtsfähig. Er ist also beschwerdefähig.“*

Besitzt der Beschwerdeführer nicht die deutsche Staatsangehörigkeit und beruft er sich auf Grundrechte, die nur Deutschen zustehen, wie vor allem Art. 12 I GG, so sollte ergänzt werden, dass er als Nichtdeutscher sich zwar nicht auf die Berufsfreiheit des Art. 12 I GG, aber doch jedenfalls auf die Handlungsfreiheit des Art. 2 I GG berufen kann.

Handelt es sich beim Beschwerdeführer um eine **juristische Person**, so muss die Grundrechtsfähigkeit eigens begründet werden; sie ergibt sich aus Art. 19 III GG. Es muss sich dann bei der Beschwerdeführerin um eine inländische juristische Person handeln (effektiver Sitz ist entschei- **78**

19

dend); die geltend gemachten Grundrechte müssen auch ihrem Wesen nach auf sie anwendbar sein. Dies kann begründet werden für solche Grundrechte, die im „arbeitsteiligen Verbund" einer juristischen Person verwirklicht, die von einer juristischen Person ausgeübt werden können: eine juristische Person kann einem Gewerbe, also einem „Beruf" nachgehen, sie kann Eigentum haben, sie kann auch mit Meinungsäußerungen an die Öffentlichkeit gehen, besitzt aber keine Menschenwürde.

79   Der Wortlaut des Art. 19 III GG ist insofern zu weit, als **juristische Personen des öffentlichen Rechts** nicht grundrechtsfähig sind – die Grundrechte sind Rechte des Bürgers gegen den Staat, nicht des Staates.

Hiervon gelten Ausnahmen: Die öffentlich-rechtlichen Rundfunkanstalten sind gerade zur Wahrnehmung der Rundfunkfreiheit geschaffen worden und deshalb Träger dieses Grundrechts – nicht aber zB des Art. 12 GG, wenn sie sich gewerblich betätigen. BVerfGE 107, 299 gestattet ihnen darüber hinaus auch die Berufung auf das Fernmeldegeheimnis des Art. 10 GG, wenn es um den Informantenschutz und das Redaktionsgeheimnis geht, so beim Zugriff auf Telekommunikationsverbindungsdaten. Ebenso sind die öffentlich-rechtlichen Religionsgemeinschaften grundrechtsfähig.

2. Prozessfähigkeit (Verfahrensfähigkeit)

80   Darunter versteht man die Fähigkeit, selbstständig, also selbst oder durch einen selbst bestimmten Vertreter, Verfassungsbeschwerde zu erheben und Prozesshandlungen vornehmen zu können. Sie ist nur dann näher zu prüfen, wenn sich hierfür besondere Anhaltspunkte aus dem Sachverhalt ergeben – andernfalls genügt die Feststellung, dass mangels solcher Anhaltspunkte von der Prozessfähigkeit auszugehen ist; bei juristischen Personen genügt der Hinweis, dass die Verfassungsbeschwerde durch ihren gesetzlichen Vertreter einzulegen ist.

81   Besondere Anhaltspunkte können sein: Minderjährigkeit; hier wird Verfahrensfähigkeit des Minderjährigen für die Grundrechte aus Art. 4 I, II GG deshalb angenommen, weil der Gesetzgeber im Gesetz über religiöse Kindererziehung Minderjährigen eigene Rechte unabhängig von ihren gesetzlichen Vertretern einräumt (*die entsprechenden gesetzlichen Vorschriften müssten dann im Sachverhalt genannt sein*). Man spricht hier von „Grundrechtsmündigkeit" (Fall 14).

II. Beschwerdegegenstand

82   *Die sorgfältige Herausarbeitung des Beschwerdegegenstandes ist die entscheidende Weichenstellung – hiernach bestimmt sich die Begründetheitsprüfung, hiervon hängen aber bereits weitere Zulässigkeitsprobleme ab.*

Als Beschwerdegegenstand kommt in Betracht: jeder Akt der öffentlichen Gewalt in allen ihren Teilgewalten, also Gesetzgebung, Verwaltung, Rechtsprechung.

Der Beschwerdeführer kann sich unmittelbar durch ein **Gesetz** in seinen Grundrechten beeinträchtigt sehen – hier ist dann bei der Zulässigkeitsprüfung näher auf das unmittelbare Betroffensein (nachstehend III.2) und auf die Subsidiarität (IV.) der Verfassungsbeschwerde einzugehen.

83   Der Beschwerdeführer kann sich durch eine **Entscheidung der Verwaltung** in seinen Grundrechten beeinträchtigt sehen. In diesem Fall muss er zunächst den Rechtsweg beschreiten, § 90 II BVerfGG. Wenn Verfassungsbeschwerde eingelegt wird, wird also bereits die Entscheidung eines Gerichts vorliegen. Gegenstand der Verfassungsbeschwerde sind dann die Maßnahmen der Verwaltung und die sie bestätigenden Gerichtsentscheidungen; es liegt aber nur eine Verfassungsbeschwerde vor.

84   Gegenstand der Verfassungsbeschwerde kann auch unmittelbar die **Entscheidung eines Gerichts** sein, sei es die Verurteilung im Strafprozess zu einer Geld- oder Freiheitsstrafe, sei es die Entscheidung in einem Rechtsstreit zwischen Privaten. Dass die Verurteilung zu einer Strafe einen hoheitlichen Eingriff darstellt, ist evident – beim Urteil im Rechtsstreit zwischen Privaten könnte fraglich sein, ob hier überhaupt Grundrechte gelten und ob es um die Ausübung hoheitlicher Gewalt geht.

Die damit aufgeworfene Frage einer Drittwirkung der Grundrechte, also ihrer Geltung zwischen Privaten, stellt sich mE aber erst dann, wenn es um die Möglichkeit einer Grundrechtsverletzung geht (III.1) – dass eine gerichtliche Entscheidung einen Akt öffentlicher Gewalt darstellt, ist ohne Weiteres vorauszusetzen.

In diesem Fall sollte also nur darauf verwiesen werden, dass die Entscheidung etwa des BGH und die vorgehenden Entscheidungen des OLG und des LG als Akte der Rechtsprechung Akte öffentlicher Gewalt und damit geeigneter Gegenstand einer Verfassungsbeschwerde sind. Als Merkposten für die Begründetheitsprüfung sollte beachtet werden, dass im Fall der Urteilsverfassungsbeschwerde das BVerfG nur spezifische Verfassungsverstöße prüft.

Liegt die Beschwer darin, dass eine Behörde oder ein Gericht sich auf ein nach Auffassung des Beschwerdeführers verfassungswidriges Gesetz gestützt haben, so sind unmittelbar deren Entscheidungen im Wege der Verfassungsbeschwerde anzugreifen; mittelbar richtet sie sich dann auch gegen das Gesetz.   **85**

III. Beschwerdebefugnis

Unter diesem Punkt sind zu prüfen: die Möglichkeit einer Grundrechtsverletzung und das eigene, gegenwärtige und unmittelbare Betroffensein des Beschwerdeführers.   **86**

1. Geltendmachung einer Grundrechtsverletzung

Hier ist zu prüfen, ob die vom Bf. gerügten Grundrechte verletzt sein können; wenn keine bestimmten Grundrechtsartikel genannt werden, ist der Antrag auszulegen. Sonstige Verfassungsverstöße wie zB unzulässige Rückwirkung oder fehlende Kompetenz können hier ebenfalls geltend gemacht werden: ist der Schutzbereich eines Grundrechts eröffnet, so müssen Grundrechtseingriffe in jeder Hinsicht verfassungsmäßig sein. Der Beschwerdeführer kann also geltend machen, in einem seiner Grundrechte deshalb verletzt zu sein, weil der Eingriff auf einem Gesetz beruht, das unter Verstoß gegen die Kompetenzordnung des Grundgesetzes oder verfahrensfehlerhaft zustande gekommen ist oder das gegen das Rückwirkungsverbot verstößt; jedenfalls unter Art. 2 I GG führt dies dann zur Beschwerdebefugnis.   **87**

Wie stets, muss im Rahmen der Zulässigkeit der Verfassungsverstoß nur plausibel geltend gemacht werden – ob er vorliegt, ist dann eine Frage der Begründetheit.   **88**

Grundrechte, die ersichtlich nicht einschlägig sind, können bereits auf dieser Stufe aus der weiteren Prüfung ausgeschieden werden.

2. Eigene, gegenwärtige und unmittelbare Beschwer

Der Beschwerdeführer muss durch den angegriffenen Hoheitsakt selbst, gegenwärtig und unmittelbar betroffen sein.   **89**

a) **Eigenes** Betroffensein ist in aller Regel unproblematisch – der Adressat einer Maßnahme jedenfalls ist selbst betroffen.[11] UU kann auch ein Dritter von einem Urteil oder einer Verwaltungsentscheidung betroffen sein.   **90**

b) **Gegenwärtiges** Betroffensein: der angegriffene Hoheitsakt muss bereits Rechtswirkungen entfalten, und er darf sich grundsätzlich auch noch nicht erledigt haben, zB durch Zeitablauf.   **91**

Erledigung durch Zeitablauf kann zB gegeben sein, wenn eine Versammlung verboten wurde und der Tag, an dem sie stattfinden sollte, verstrichen ist, wenn nach einer kurzzeitigen Freiheitsentziehung der Beschwerdeführer sich wieder in Freiheit befindet, wenn eine Durchsuchung ergebnislos durchgeführt worden ist. Würde man in all diesen Fällen die Verfassungsbeschwerde als unzulässig betrachten, so kämen sie nie zu verfassungsgerichtlicher Prüfung – damit wäre kein umfassender Grundrechtsschutz mehr gewährleistet. Das BVerfG stellt deshalb zu Recht fest:

---

11 B VerfGE 2, 197 (206).

„Effektiver Grundrechtsschutz gebietet es in diesen Fällen, dass der Betroffene Gelegenheit erhält, die Berechtigung des schwerwiegenden – wenn auch tatsächlich nicht mehr fortwirkenden – Grundrechtseingriffs gerichtlich klären zu lassen".[12]

Vom Erfordernis des gegenwärtigen Betroffenseins kann auch dann eine Ausnahme gelten, wenn nur die Möglichkeit eines künftigen Eingriffs besteht, zB bei Abhörmaßnahmen, die vorher nicht bekanntgegeben werden, mit denen aber gerechnet werden muss (Rn 83).

92 c) **Unmittelbares** Betroffensein bedeutet: es ist kein weiterer Hoheitsakt mehr erforderlich, die Grundrechtsbeeinträchtigung wirkt unmittelbar. Wird eine Verfassungsbeschwerde unmittelbar gegen ein Gesetz eingelegt, so darf kein weiterer Vollzugsakt mehr erforderlich sein. Ein Abgabengesetz wirkt erst dann unmittelbar, wenn die Behörde auf Grund des Gesetzes einen Abgabenbescheid erlassen hat.

93 Bei **Verbotsgesetzen**, die einen Verstoß mit Strafe bedrohen, braucht der Adressat des Gesetzes allerdings nicht eine Bestrafung abzuwarten; dies wäre unzumutbar. Er ist also schon durch das Gesetz unmittelbar betroffen.

Wenn aber im Gesetz vorgesehen ist, dass der Betroffene **keine Kenntnis** von der Maßnahme erlangen soll, so kann sich die Verfassungsbeschwerde ausnahmsweise unmittelbar gegen ein vollziehungsbedürftiges Gesetz richten.[13] Bei Abhörmaßnahmen und ähnlichen Eingriffen ist dies typischerweise der Fall. Für die eigene und gegenwärtige Betroffenheit reicht es dann aus, dass der Bf. darlegt, dass er mit einiger Wahrscheinlichkeit durch die auf den angegriffenen Rechtsnormen beruhenden Maßnahmen in seinen Grundrechten berührt wird.

IV. Rechtswegerschöpfung/Subsidiarität

94 Verfassungsbeschwerde kann grundsätzlich erst dann erhoben werden, wenn alle anderen Rechtsbehelfe ausgeschöpft wurden, um die Grundrechtsbeeinträchtigung zu beheben. Sie ist subsidiär. Ausdruck dieser Subsidiarität ist das Erfordernis der Rechtswegerschöpfung in § 90 II BVerfGG.

Richtet sich die Verfassungsbeschwerde unmittelbar gegen ein **Gesetz**, so genügt in der Fallbearbeitung in aller Regel die Feststellung, dass unmittelbar gegen Gesetze kein Rechtsweg eröffnet ist. Bei Rechtsvorschriften mit untergesetzlichem Rang (Rechtsverordnungen, Satzungen) wird jedoch neuerdings gefordert, diese im Weg der verwaltungsgerichtlichen Klage auf ihre Gültigkeit hin zu überprüfen.[14]

95 Allerdings verlangt das BVerfG – hierin nur schwer berechenbar – mitunter vom Bf., zunächst den Vollzug des Gesetzes abzuwarten und durch die Fachgerichte eine Vorabklärung und „Aufbereitung" des Verfahrensstoffs zu erreichen; darauf ist nur einzugehen, wenn sich konkrete Anhaltspunkte dafür im Sachverhalt ergeben – demgegenüber ist das Erfordernis der Rechtswegerschöpfung stets zu erwähnen.

95a Anlass zu Missverständnissen gibt häufig die Möglichkeit der **Vorabentscheidung** nach § 90 II 2 BVerfGG im Fall eines drohenden schweren und unabwendbaren Nachteils. Ehe hierauf eingegangen wird, muss festgestellt werden, dass der Weg zum BVerfG überhaupt noch offen steht. Hat der Bf. die Beschwerdefrist versäumt oder hat er es unterlassen, an sich statthafte Rechtsmittel zu ergreifen, so kann nicht mehr unter Berufung auf § 90 II 2 BVerfGG vom Erfordernis der Rechtswegerschöpfung abgesehen werden – häufiger Fehler! S hierzu **Fall 14**.

---

12 BVerfGE 96, 27 (40).
13 BVerfGE 100, 313 (354); 109, 279 (306) sowie zuletzt BVerfGE 113, 348 (362).
14 *Hillgruber/Goos* Rn 218a.

V. Form und Frist

1. Form

Es gilt das Formerfordernis des § 23 BVerfGG.

96

2. Beschwerdefrist

Die Verfassungsbeschwerde ist innerhalb eines Monats zu erheben, § 93 I 1 BVerfGG; maßgeblich hierfür ist die Zustellung oder Bekanntgabe „der Entscheidung", § 93 I 2, 3 BVerfGG. Entscheidend ist diejenige Entscheidung des Gerichts, mit der der Rechtsweg erschöpft wurde.

97

Unmittelbar gegen Gesetze ist kein Rechtsweg eröffnet – hier gilt die Jahresfrist nach § 93 III BVerfGG ab Inkrafttreten des Gesetzes.

Diese Jahresfrist gilt nur, wenn unmittelbar gegen das Gesetz Verfassungsbeschwerde erhoben wird. Richtet sich die Verfassungsbeschwerde gegen einen sonstigen Hoheitsakt und dabei mittelbar gegen das Gesetz, das diesem zugrunde lag, dann kann Verfassungsbeschwerde mittelbar gegen das Gesetz auch nach Ablauf dieser Jahresfrist erhoben werden; es gilt dann § 93 I BVerfGG.

B. Begründetheit der Verfassungsbeschwerde

Die Begründetheitsprüfung beginnt mit dem Obersatz:

98

> *„Die Verfassungsbeschwerde ist begründet, wenn der Beschwerdeführer durch den angegriffenen Hoheitsakt in seinen Grundrechten verletzt ist".*

Mit diesem Obersatz steht das Prüfprogramm für die Begründetheitsprüfung fest.

Im Fall der Urteilsverfassungsbeschwerde sollte dieser Obersatz ergänzt werden mit einer einleitenden Bemerkung über den Prüfungsmaßstab etwa des Inhalts:

99

> *„Dabei prüft das Bundesverfassungsgericht nur die Verletzung spezifischen Verfassungsrechts. Die Verfassungsbeschwerde ist also dann begründet, wenn das Gericht Grundrechte des Bf. generell verkannt hat, wenn es falsche Bewertungsmaßstäbe zugrundegelegt hat, von unzutreffenden Voraussetzungen ausgegangen ist, wie auch dann, wenn es die Bedeutung der Grundrechte des Bf. im Verhältnis zu den Belangen der Gegenseite falsch gewichtet hat. "*[15]

Nunmehr werden die vom Beschwerdeführer gerügten Grundrechte in der Sache geprüft. Ob auch Grundrechte, die nicht ausdrücklich gerügt wurden, in die Prüfung einbezogen werden, dazu ist die Rechtsprechung des BVerfG nicht ganz einheitlich.[16] Der Zweite Senat sieht sich befugt, den Beschwerdegegenstand umfassend, also auch am Maßstab nicht gerügter Grundrechte zu prüfen.[17]

100

Hier ist in der Bearbeitung der grundrechtliche Aufbau zugrundezulegen – also grundsätzlich für jedes der Grundrechte Schutzbereich – Eingriff – Rechtfertigung zu prüfen.

Dabei sind Freiheitsgrundrechte vor Gleichheitsgrundrechten zu prüfen, im Rahmen der Freiheitsgrundrechte diejenigen Grundrechte zuerst, auf denen der Schwerpunkt der Problematik liegt, regelmäßig also die den Sachverhalt speziell erfassenden Grundrechte – wenn es also um ein Gesetz geht, das die Tätigkeit der Presse beschränkt, Art. 5 I 2 GG vor Art. 12 GG.

Die nachstehenden Hinweise beziehen sich auf die Verfassungsbeschwerde unmittelbar gegen Gesetze; Besonderheiten bei Verfassungsbeschwerden gegen Exekutivakte/Urteile werden anschließend erläutert.

---

15 Vgl BVerfGE 7, 198 (204 ff.) – Lüth; BVerfGE 61, 1 (6) – Wahlkampf; BVerfGE 54, 208 (217) – Heinrich Böll.
16 Vgl *Hillgruber/Goos* Rn 256.
17 BVerfGE 113, 29 (46 f.).

(1) Verfassungsbeschwerde unmittelbar gegen Gesetz

I. Grundrechtsprüfung von Freiheitsrechten

1. Schutzbereich des Grundrechts

101 Zunächst muss das gerügte Grundrecht überhaupt in seinem Schutzbereich berührt sein. Hier ist zu unterscheiden zwischen personalem und sachlichem Schutzbereich.

Der personale Schutzbereich ist eröffnet, wenn der Beschwerdeführer Träger des gerügten Grundrechts ist – darauf ist einzugehen bei den sog Deutschengrundrechten wie Art. 12 I GG; ferner dann, wenn der Personenkreis, der das Grundrecht verwirklichen kann, näher einzugrenzen ist, wie zB im Fall der Pressefreiheit, wenn es darum geht, ob Angehörige der Pressehilfsberufe (zB der Zeitungsgrossist) sich auf das Grundrecht der Pressefreiheit berufen können.

102 Stets zu prüfen ist der sachliche Schutzbereich: Das Grundrecht muss thematisch einschlägig sein und das Verhalten, um das es geht, muss vom Grundrechtstatbestand erfasst sein, also vom Grundrecht geschützt werden. Dies bedeutet zB bei Art. 12 I GG: es muss sich um einen Beruf handeln, und das Verhalten des Beschwerdeführers muss in Ausübung des Berufs erfolgt sein (Fall 4).

Wenn also zB ein Gesetz Freizeitbetätigungen einschränkt, weil es das „Reiten im Walde" verbietet oder nur unter bestimmten Voraussetzungen zulässt, wäre etwa wie folgt vorzugehen:

> *„Der Schutzbereich des Art. 2 I GG müsste berührt sein. Dann müssten auch Freizeitbeschäftigungen unter die freie Entfaltung der Persönlichkeit fallen. Freie Entfaltung der Persönlichkeit kann bedeuten: allgemeine Handlungsfreiheit oder aber nur Schutz bestimmter, für die Persönlichkeitsentwicklung wertvoller Tätigkeiten. Das Grundgesetz will aber umfassenden Freiheitsschutz gewährleisten. Der Einzelne soll selbst frei entscheiden können, was er als relevant für seine Persönlichkeit ansieht. Es ist also der Auffassung zu folgen, die in Art. 2 I GG die allgemeine Handlungsfreiheit geschützt sieht. Auch Freizeitbeschäftigungen, mögen sie auch belanglos sein, fallen darunter. Daher ist hier der Schutzbereich des Art. 2 I GG eröffnet."*

103 Es ist also auszuführen, ob das Gesetz Verhaltensweisen insbesondere des Beschwerdeführers (tatsächliche oder beabsichtigte) regelt, die in den Schutzbereich des in Frage stehenden Grundrechts fallen.

2. Eingriff

104 In den Schutzbereich des Grundrechts muss eingegriffen worden sein. Ein Eingriff liegt dann vor, wenn ein grundrechtlich geschütztes Verhalten untersagt, unmöglich gemacht oder erschwert wird, ein Eingriff unmittelbar durch Gesetz insbesondere dann, wenn dessen Regelung das Verhalten (s 1.: Schutzbereich) ganz oder teilweise untersagt oder mit Sanktionen belegt.

105 *Da bei Verfassungsbeschwerden unmittelbar gegen Gesetze bereits im Zusammenhang mit der Zulässigkeitsvoraussetzung des unmittelbaren Betroffenseins das Vorliegen eines Eingriffs unmittelbar gegenüber dem Bf. bedeutsam war, wird sich im Rahmen der Begründetheitsprüfung ein Eingriff idR unproblematisch feststellen lassen. Es ist auch nicht erforderlich, auf den Unterschied zwischen „klassischem" und „modernem" Eingriffsbegriff näher einzugehen, wenn hierfür keine besonderen Anhaltspunkte bestehen. Bei einem Eingriff unmittelbar durch Gesetz wird in der Regel von einem Eingriff iSd klassischen Eingriffsbegriffs auszugehen sein.*

106 Bei einzelnen Grundrechten können sich Besonderheiten ergeben. Bei Eingriffen in die Grundrechte des Art. 5 I GG in Gestalt einer nachträglichen Sanktion wäre etwa darauf hinzuweisen, dass gerade nachträgliche Sanktionen die freie Meinungsbildung gefährden; bei Art. 12 I GG ist das Merkmal der Berufsbezogenheit bzw der berufsregelnden Tendenz zu prüfen.

107 Ein „Eingriff" kann auch in einem Unterlassen bestehen: dann, wenn der Gesetzgeber seinen grundrechtlichen Schutzpflichten nicht nachgekommen ist (zB Fall 11). Allerdings kann hier ein

Verfassungsverstoß erst dann festgestellt werden, wenn ein „Untermaß" an Schutz unterschritten ist, der Gesetzgeber also evident gegen eine sich aufdrängende Handlungspflicht verstoßen hat; in diesem Fall gehen Eingriffsprüfung und Rechtfertigung ineinander über: eine Verpflichtung zu einer bestimmten Handlung besteht nur ausnahmsweise – besteht eine solche Verpflichtung, ist das Unterlassen jedoch grundrechtswidrig.

3. Verfassungsrechtliche Rechtfertigung

a) Einschränkbarkeit des Grundrechts

Zunächst ist festzustellen, dass das Grundrecht überhaupt einschränkbar ist – dies sind tatsächlich alle Grundrechte, auch die ihrem Wortlaut nach schrankenlos gewährleisteten Grundrechte etwa aus Art. 4 I, II oder Art. 5 III GG, jedoch unter unterschiedlichen Voraussetzungen.

108

Ebenso wie das BVerfG, wenn es einen Eingriff bejaht hat, die Feststellung trifft, dass das Grundrecht nicht schrankenlos gewährleistet ist, um dann die Grundrechtschranken zu benennen, sollte in der Fallbearbeitung darauf ausgeführt werden, dass zB die allgemeine Handlungsfreiheit in den Grenzen der verfassungsmäßigen Ordnung, die Meinungsfreiheit in den Grenzen der allgemeinen Gesetze iSv Art. 5 II GG besteht, die Kunstfreiheit des Art. 5 III GG verfassungsimmanenten Schranken unterliegt. Bei Art. 12 I GG wäre am besten an dieser Stelle darauf einzugehen, dass Berufswahl und Berufsausübung ein einheitliches Grundrecht der Berufsfreiheit darstellen und einem einheitlichen Schrankenvorbehalt unterliegen.

b) Verfassungsmäßigkeit des Schrankengesetzes

Das einschränkende Gesetz muss in formeller und materieller Hinsicht verfassungskonform sein. Nur dann kann es wirksam das Grundrecht einschränken.

109

aa) Formelle Verfassungsmäßigkeit

(1) Das Gesetz muss vom zuständigen Gesetzgeber erlassen worden sein.

110

Hier ist die übliche Kompetenzprüfung vorzunehmen, vgl das Prüfungsschema in *Degenhart* Rn 201 ff. sowie o. Rn 58 ff.

(2) Das Gesetz muss verfahrensfehlerfrei erlassen worden sein; s näher *Degenhart* Rn 212 ff.

111

Hierauf ist nur dann näher einzugehen, wenn sich aus dem Sachverhalt Anhaltspunkte für Verfahrensverstöße ergeben – andernfalls kann der Bearbeiter sich mit der Feststellung begnügen, dass mangels entgegenstehender Anhaltspunkte vom verfahrensfehlerfreien Zustandekommen des Gesetzes ausgegangen werden kann.

Zu beachten ist, dass sich das Gesetzgebungsverfahren für Gesetze eines Landes nach der jeweiligen Landesverfassung richtet. Diese aber ist nicht Prüfungsmaßstab für das BVerfG.

(3) Soweit von den betroffenen Grundrechten her veranlasst, ist auf das Zitiergebot des Art. 19 I 2 GG einzugehen. Es gilt nur für die ausdrücklichen Einschränkungsvorbehalte wie Art. 2 II 3, Art. 6 III, Art. 8 II, Art. 10 II, Art. 11 II, Art, 12 II und III (nicht aber Art. 12 I 2), Art. 13 II–VII und Art. 16 I 2 GG[18] und soll nach dem U. des BVerfG vom 27.7.2005 künftig auch für die Änderung grundrechtsbeschränkender Gesetze gelten.[19]

112

bb) Materielle Verfassungsmäßigkeit

(1) Das Gesetz muss den materiellen Anforderungen an einen Grundrechtseingriff genügen. Es muss insbesondere als Grundrechtsschranke für das jeweilige Grundrecht in Betracht kommen.

113

---

18 *Jarass*, in: Jarass/Pieroth, Art. 19 Rn 3.
19 BVerfGE 113, 348 (366 f.).

Dies bedeutet für Grundrechte mit qualifiziertem Gesetzesvorbehalt, dass es den Qualifikationsmerkmalen entsprechen muss. Im Fall des Art. 5 I GG muss es sich um ein allgemeines Gesetz handeln, im Fall des Art. 12 I GG sind unterschiedliche Anforderungen entsprechend der Stufentheorie zu beachten (etwa Notwendigkeit eines überragend wichtigen Gemeinschaftsgutes bei Berufszulassungsregeln). Bei den vorbehaltlos gewährleisteten Grundrechten (Art. 4 I und II GG, Art. 5 III GG) muss das Gesetz dem Schutz eines Rechtsguts mit Verfassungsrang dienen.[20] Es handelt sich praktisch also um einen qualifizierten Gesetzesvorbehalt. Verfassungsimmanenten Schranken unterliegen auch die übrigen Grundrechte, zB die Meinungsfreiheit des Art. 5 I 1 GG, die deshalb auch durch Gesetze eingeschränkt werden kann, die dem Schutz kollidierender Verfassungsgüter dienen.[21]

114 (2) Verhältnismäßigkeit der Grundrechtseinschränkung (*Degenhart* Rn 416 ff.): Verhältnismäßigkeit setzt zunächst voraus, dass mit dem Gesetz ein legitimer Zweck verfolgt wird; bei qualifizierten Gesetzesvorbehalten oder bei der Beschränkung der vorbehaltlos gewährleisteten Grundrechte wird die dahingehende Bewertung regelmäßig schon auf der vorgehenden Stufe getroffen worden sein. Die Regelung muss auch geeignet und erforderlich sein, ferner „angemessen", also verhältnismäßig i.e.S.

115 *Beachte: Es geht um die rechtliche Bewertung der Gesetzeszwecke. Daher sollte die Bewertung möglichst in rechtlicher bzw verfassungsrechtlicher Anknüpfung erfolgen, sich also nicht auf allgemeine Ausführungen zur Sinnhaftigkeit des Gesetzes beschränken. Wenn zB ein Gesetz einem Unternehmer Beschränkungen zum Schutz der Umwelt auferlegt, ist auf die entsprechenden Staatszielbestimmungen in Art. 20a GG und in den Landesverfassungen zurückzugreifen; für ein Gesetz, das Erwerb und Besitz von Schusswaffen beschränkt, ist zurückzugreifen auf die Schutzpflicht des Staates für die Grundrechte aus Art. 2 II GG. Eine gesetzliche Regelung, die die Berichterstattung der Medien gewissen Beschränkungen unterwirft, kann dem Schutz von Persönlichkeitsrechten dienen, aber etwa im Fall der Gerichtsberichterstattung auch dem rechtsstaatlichen Interesse an störungsfreier Rechtspflege (während dann umgekehrt das Demokratieprinzip für Gerichtsöffentlichkeit sprechen kann).*

116 (3) Weitere verfassungsrechtliche Erfordernisse, insbesondere hinreichende Bestimmtheit, ggf Rückwirkungsverbot.

II. Prüfung von Gleichheitsgrundrechten

Soweit ein Gleichheitsverstoß, Art. 3 I GG, gerügt wird, sind nur zwei Prüfungsschritte zu vollziehen (näher Repetitoriumsabschnitt C nach Fall 10):
1. Feststellung der Ungleichbehandlung
2. Rechtfertigung der Ungleichbehandlung

(2) Verfassungsbeschwerde gegen Exekutivakte

117 Richtet sich die Verfassungsbeschwerde gegen einen Exekutivakt – und wegen der notwendigen Rechtswegerschöpfung gegen die ihn bestätigenden Entscheidungen – so ist in der Begründetheitsstation zusätzlich auf diese Punkte zu achten:

---

20 Vgl zB BVerfGE 108, 282 (297, 302, 311); BVerfGE 111, 147 (157 f.).
21 BVerfGE 111, 147 (157 f.).

1. Schutzbereich: Hier ergeben sich keine Besonderheiten. **118**

2. Eingriff: Hier sollte herausgearbeitet werden, worin genau der Eingriff liegt, also in welcher Maßnahme der Verwaltung. **119**

3. Verfassungsrechtliche Rechtfertigung: Auf der Rechtfertigungsebene ist zu beachten, dass sowohl das Gesetz, auf dem der Eingriff beruht, als auch die Anwendung des Gesetzes im konkreten Fall verfassungsmäßig sein müssen – folgende Punkte sind also besonders zu prüfen: **120**

a) Einschränkbarkeit des Grundrechts

b) Verfassungsmäßigkeit des Schrankengesetzes

c) Verfassungsmäßigkeit der Gesetzesanwendung

Zu a): Hier ergeben sich insofern keine Besonderheiten, als gleichfalls zunächst darauf hinzuweisen ist, dass das Grundrecht bestimmten Schranken unterliegt. Da es um einen Eingriff durch die Verwaltung geht, sollte ergänzend ausgeführt werden, dass das Grundrecht durch Gesetz oder auf Grund eines Gesetzes einschränkbar ist, der Eingriff also auf einem Gesetz beruhen muss. Dies gilt auch im Fall der sog verfassungsimmanenten Schranken: wegen des Vorbehalts des Gesetzes muss auch der Eingriff auf einem Gesetz beruhen – mit der Besonderheit, dass das Gesetz dem Schutz eines Rechtsguts mit Verfassungsrang dienen muss. Eben deshalb kann hier von einem „qualifizierten Gesetzesvorbehalt" gesprochen werden. **121**

Zu b): Das Gesetz, auf dem der Eingriff beruht, muss formell und materiell verfassungsmäßig sein. Dies wird wie auch sonst bei der Verfassungsbeschwerde geprüft. **122**

Zu c): Wenn das Gesetz unbestimmte Rechtsbegriffe enthält oder der Verwaltung Ermessensspielräume einräumt, kann ein selbstständiger Verfassungsverstoß in der Anwendung des Gesetzes liegen (zB Fall 12 und 13). **123**

Beispiel: An sich ist es mit Art. 8 GG vereinbar, dass nach § 14 VersG Versammlungen unter freiem Himmel rechtzeitig angemeldet werden müssen und nicht angemeldete Versammlungen nach § 15 VersG durch die Behörde aufgelöst werden können. Richtet sich die Verfassungsbeschwerde gegen die Auflösung einer Versammlung, so wäre unter b) festzustellen, dass die Anmeldepflicht und die Möglichkeit der Auflösung verfassungskonform sind, unter c) jedoch zu prüfen, ob angesichts der konkreten Umstände des Falles – weil die Versammlung im Hinblick auf den Versammlungszweck – Protest gegen eine unmittelbar bevorstehende und ganz kurzfristig bekannt gewordene Maßnahme – keinen Aufschub duldete (sog Eilversammlung) – die Behörde übermäßig in das Grundrecht eingegriffen hat, wenn sie auf Einhaltung der Anmeldefrist bestand und ein Verbot aussprach. **124**

Zu b) und c): Wenn es um das Gesetz als solches geht, spielen die konkreten Umstände des Einzelfalls keine Rolle und muss die Abwägung nach generellen Kriterien erfolgen. Erst für die Anwendung des Gesetzes kommt es dann auf die konkreten Umstände des Einzelfalls an. *Häufiger Fehler: Die Bearbeiter vermengen diese Ebenen und führen bereits zur Verfassungsmäßigkeit des Gesetzes aus, dass der Beschwerdeführer durch das behördliche Verbot schwer betroffen ist.*

(3) Urteilsverfassungsbeschwerde – Drittwirkungsfälle

Verfassungsbeschwerden richten sich wegen des Erfordernisses der Rechtswegerschöpfung notwendig auch dann gegen Akte der Judikative, wenn die eigentliche Grundrechtsverletzung in einem Akt der Exekutive liegt. Demgegenüber liegt im Fall der Urteilsverfassungsbeschwerde der Grundrechtsverstoß auf der gerichtlichen Ebene. **125**

Um Urteilsverfassungsbeschwerden handelt es sich in den Fällen mittelbarer Drittwirkung: Die unterlegene Partei sieht sich durch die Entscheidung in ihren Grundrechten verletzt (Fall 15 und 16). Dies setzt voraus, dass Grundrechte zu beachten waren: dies ist eine Frage der mittelbaren Drittwirkung der Grundrechte – auf die nach dem hier empfohlenen Aufbau bereits in der Zulässigkeitsstation einzugehen ist.

Für die **Begründetheitsprüfung** ergeben sich diese Besonderheiten:

Zur Formulierung des Obersatzes und den ergänzenden Hinweisen auf den Prüfungsmaßstab des BVerfG: Rn 98 ff.

126

1. Beim **Schutzbereich** ergeben sich keine Besonderheiten.

2. Zum **Grundrechtseingriff** ist zu beachten, dass dieser nicht etwa im Verhalten des Prozessgegners liegt, sondern in der Entscheidung des Gerichts – dieser ist der mit der Verfassungsbeschwerde angegriffene Hoheitsakt. Der Eingriff liegt darin, dass das Gericht dem Beschwerdeführer etwas verbietet (Unterlassung einer Äußerung) oder ihm seine Sanktion auferlegt (Schadensersatz).

3. Besonderheiten ergeben sich für die **verfassungsrechtliche Rechtfertigung**:

a) Einschränkbarkeit des Grundrechts: hier ergeben sich keine Besonderheiten.

b) Das Schrankengesetz – also das Gesetz, auf dem die Entscheidung beruht – muss seinerseits verfassungskonform sein. Auch insoweit bestehen keine Besonderheiten.

Sehr häufig geht es in den Drittwirkungsfällen um Grundrechte des Art. 5 I GG und deren Beschränkung durch Urteile auf der Grundlage des Deliktsrechts des BGB. In diesem Fall sollte die Frage, ob die Bestimmungen des BGB allgemeine Gesetze iSv Art. 5 II GG sind, nicht allzu breit ausgeführt werden; insbesondere die Verfassungsmäßigkeit der §§ 823 ff. BGB steht nicht ernsthaft in Frage.

c) Durch die gerichtliche Entscheidung selbst dürfen Grundrechte nicht verletzt sein. Hier könnte etwa formuliert werden:

„Das Gericht müsste bei seiner Entscheidung die Grundrechte des A, soweit sie in dessen Verhältnis zur Gegenseite zu beachten waren, verletzt haben. Dabei prüft das Bundesverfassungsgericht, wie o. dargelegt, nur, ob spezifisches Verfassungsrecht verletzt wurde.

Ein Grundrechtsverstoß könnte hier insbesondere darin liegen, dass es die Bedeutung der Grundrechte des Bf. im Verhältnis zu den Belangen der Gegenseite falsch gewichtet hat."

127

Letzteres läuft auf eine Abwägung hinaus: zwischen Meinungsfreiheit und Ehre bzw Schutz der Privatsphäre, zwischen dem Grundrecht der Berufsfreiheit und der grundrechtlichen Vertragsfreiheit bei der arbeitsvertraglichen Karenzklausel, zwischen dem Eigentumsrecht des Vermieters und der Informationsfreiheit des Mieters im „Antennen-Fall" (Fall 16).[22]

An dieser Stelle ist vor einem zu schematischen Vorgehen zu warnen, wie es sehr häufig bei Fällen grundrechtlicher Drittwirkung zu beobachten ist: Die Bearbeiter prüfen das Urteil wie einen unmittelbaren Grundrechtseingriff durch Verwaltungsakt auf seine „verfassungsrechtliche Rechtfertigung" und fragen hierbei nach Geeignetheit, Erforderlichkeit und Verhältnismäßigkeit im engeren Sinn (Angemessenheit). Dabei wird jedoch verkannt, dass bei einem Rechtsstreit zwischen Privaten sich nicht Staat und Grundrechtsträger im Über-/Unterordnungsverhältnis gegenüberstehen, sondern gleichgeordnete Grundrechtsträger. Das Verhältnismäßigkeitsprinzip ist jedoch auf das Eingriffsverhältnis von Staat und Bürger zugeschnitten. Es passt nicht für Rechtsstreitigkeiten zwischen Privaten. Hier sind gleichgeordnete Grundrechtspositionen zueinander in Abwägung zu bringen.

---

22 BVerfGE 90, 27.

(4) Urteilsverfassungsbeschwerde – strafgerichtliche Verurteilung

Die Verurteilung zu einer Kriminalstrafe ist der denkbar intensivste Eingriff des Staates in Grundrechte des Bürgers. Die Grundrechte gelten hier unmittelbar (und nicht nur mittelbar wie beim Rechtsstreit zwischen Privaten). Dass das BVerfG nur spezifisches Verfassungsrecht prüft, gilt jedoch auch hier und ist deshalb zur Begründetheitsprüfung klarzustellen. **128**

Hier können unterschiedliche Grundrechte im Schutzbereich berührt sein:

Materielle Grundrechte, wenn durch das Urteil ein grundrechtlich geschütztes Verhalten bestraft wird – zB die Meinungsfreiheit, wenn das Gericht eine Meinungsäußerung als Beleidigung oder Verstoß gegen Staatsschutzdelikte behandelt.[23] Hier kommt es auf der Rechtfertigungsebene zum einen auf die Verfassungsmäßigkeit des Schrankengesetzes an, zum anderen darauf, ob das Gericht bei seiner Anwendung die Grundrechte hinreichend berücksichtigt hat – ein Grundrechtsverstoß kann darin liegen, dass zu Lasten des Beschwerdeführers eine für ihn ungünstige Deutung des Sachverhalts vorgenommen wurde, dass es bei Auslegung des Gesetzes die Grundrechte nicht einbezogen hat, dass es Grundrechte und die durch das Strafgesetz geschützten Rechtsgüter fehlerhaft gewichtet hat.

Die speziellen Justizgrundrechte, also Recht auf den gesetzlichen Richter, Recht auf Gehör, der Grundsatz des „nulla poena sine lege" in Art. 103 II und des „ne bis in idem" in Art. 103 III GG sowie, wenn Freiheitsstrafen verhängt wurden, die Grundrechte des Art. 104 GG. **129**

C. Entscheidung des BVerfG

Wie stets, ist abschließend auf die Entscheidung des BVerfG einzugehen. **130**

Ist die Verfassungsbeschwerde **unzulässig**, so wird sie **verworfen**.

Ist die Verfassungsbeschwerde **unbegründet**, so wird sie **zurückgewiesen**.

Ist die Verfassungsbeschwerde **begründet**, so ergibt sich die Entscheidung aus **§ 95 BVerfGG**: **131**

Feststellung des Grundrechtsverstoßes durch die angegriffene Handlung, § 95 I 1 BVerfG; bei Verfassungsbeschwerden unmittelbar gegen Gesetz: Nichtigerklärung des Gesetzes, § 95 III 1 BVerfGG (sofern nicht ausnahmsweise bloße Feststellung der Verfassungswidrigkeit); bei Verfassungsbeschwerden gegen „eine Entscheidung" (der Verwaltung bzw eines Gerichts) hebt das BVerfG nach § 95 II BVerfGG diese auf. Da bei Verfassungsbeschwerden gegen Maßnahmen der Exekutive regelmäßig wegen § 90 II BVerfGG der Rechtsweg ausgeschöpft werden muss, hat das BVerfG gem. § 95 II 2. Alt. BVerfGG die bestätigende Entscheidung aufzuheben und zurückzuverweisen, wenn die Verfassungsbeschwerde zulässig und begründet ist. Ist das Gesetz, auf dem die Entscheidung beruht, verfassungswidrig, so ist es für nichtig zu erklären, § 95 II 2 BVerfGG.

Die weiteren Verfahrensarten sind von geringerer praktischer Bedeutung. Ihre Voraussetzungen können im Allgemeinen aus dem Wortlaut der einschlägigen Bestimmungen in GG und BVerfGG abgeleitet werden. Wird der Bearbeiter mit einem neuen oder nicht vertrauten verfassungsgerichtlichen Verfahren konfrontiert, so sollte er sich vergegenwärtigen, dass die Zulässigkeitsprüfung stets einem iW gleichen Muster folgt: **132**

Zuerst muss festgestellt werden, welches Verfahren überhaupt einschlägig ist, denn hiernach richten sich die Zulässigkeitsvoraussetzungen.

---

23 Vgl beispielhaft die Prüfung bei BVerfGE 93, 266 (291 f.) – Tucholsky-Zitat.

133 Im Rahmen der Zulässigkeitsprüfung ist dann zum ersten auf die Beteiligten einzugehen: wer einen Antrag stellen kann, ist stets positiv geregelt; wenn der Antrag sich gegen einen Antragsgegner richtet, ist auch geregelt, wer Antragsgegner sein kann.

Zum zweiten geht es um den zulässigen Gegenstand des Verfahrens.

In einem dritten Hauptpunkt geht es stets um die Beziehung des Antragstellers/Beschwerdeführers zum Gegenstand des Verfahrens: Im Organstreitverfahren oder Verfassungsbeschwerdeverfahren muss er geltend machen, durch die angegriffene Maßnahme, also den Gegenstand des Verfahrens, in eigenen Rechten verletzt zu sein; im Normenkontrollverfahren genügt es, dass er die Norm für nichtig hält.

Weitere Verfahrenserfordernisse können sich aus dem Gesetz ergeben. Stets aber ist auf Form und Frist einzugehen, auf ein besonderes Rechtsschutzbedürfnis nur, wenn dafür besondere Anhaltspunkte ersichtlich sind.

3. Abschnitt

Prüfungsrelevante staatsrechtliche Fragestellungen im Überblick

134 Nachstehend wird ein Überblick über erfahrungsgemäß klausurrelevante Fragestellungen aus den Bereichen des organisatorischen Staatsrechts, der allgemeinen Grundrechtslehren, der Einzelgrundrechte und der Verfahren vor den Verfassungsgerichten gegeben, unter Hinweis jeweils auf den jeweiligen Klausurfall, in dem die Frage behandelt wird, unter Beschränkung auf den regelmäßig für die Zwischenprüfung vorauszusetzenden Stoff.

Der Überblick kann – selbstverständlich – keinen Anspruch auf Vollständigkeit erheben. Wer jedoch mit den dort aufgeführten Fragestellungen inhaltlich und methodisch vertraut ist, dürfte keine allzu großen Schwierigkeiten haben, auch neue und unbekannte Probleme zu bewältigen.

135 Zum Inhalt der Tabelle:
In der 1. Spalte wird das jeweilige Problem genannt. In der 2. Spalte wird bei schwerpunktmäßiger Behandlung in einer der folgenden Klausuren auf den einschlägigen Fall hingewiesen (F 10 = Fall 10). Die 3. Spalte verweist auf schwerpunktmäßige Behandlung im Abschnitt „Wiederholung und Vertiefung" (Rep 10 = Repetitorium nach Fall 10). In der 4. Spalte wird auf weitere Klausuren und Repetitoriumsabschnitte hingewiesen, ggf unter Angabe der Randnummern (Rep 11/665 = Repetitorium nach Fall 11, Rn 665), in denen das Problem angesprochen, aber nicht schwerpunktmäßig behandelt wird. Für Probleme, die in diesem Buch nicht auftauchen, folgt in der 5. Spalte ein Hinweis auf die Behandlung in den *Schwerpunkte* Bänden; dabei bedeutet zB I 360: *Degenhart* Rn 360 der 32. Aufl. 2016 und II 344: *Pieroth/Schlink/Kingreen/Poscher* Rn 344 der 31. Aufl 2015.

	Schwerpunktmäßig behandelt in Klausurfall Nr.	Schwerpunktmäßig behandelt in Rep. zu Fall …	außerdem behandelt in …	Thema behandelt in *Degenhart* (I) oder *Pieroth/Schlink/ Kingreen/Poscher* (II)
A. Staatsorganisationsrecht				
I. Grundlagen von Staat und Verfassung				
Verfassungsgebende Gewalt	F 21			I 16 f.
Staatsbegriff	F 21			I 1 ff.
II. Grundlagen der europäischen Integration				
Übertragung von Hoheitsrechten, Grenzen	F 21	Rep 21		I 125 ff., 263 ff.
Unionsrecht und Verfassungsrecht		Rep 21		I 263 ff.
Bedeutung der EMRK	F 20	Rep 20		I 285 f.
III. Grundsatzfragen der demokratischen Ordnung des Grundgesetzes				
Demokratische Legitimation der Staatsgewalt				I 25 ff., 125 ff.
Wahlrecht	F 1, F 2	Rep 2		
Wahlrechtsgrundsätze	F 2	Rep 2		
Wahlsystem, Wahlrechtsgleichheit	F 1	Rep 2		
5 %-Klausel	F 1			
Politische Parteien	F 3	Rep 3		
Begriff und Bedeutung	F 3, F 5	Rep 3		
Gleichheit	F 3	Rep 3		
Verfassungsfeindliche Parteien	F 3	Rep 3		
Parteien im Verfassungsprozess	F 1, F 3	Rep 3		
Direkte Demokratie	F 9			I 110 ff.

	Schwerpunktmäßig behandelt in		außerdem behandelt in ...	Thema behandelt in *Degenhart* (I) oder *Pieroth/Schlink/ Kingreen/Poscher* (II)
	Klausurfall Nr.	Rep. zu Fall ...		
IV. Gesetz und Gesetzgebung				
Gesetzesbegriff des Grundgesetzes	F 4, F 13, F 17, F 19	Rep 4		I 142 ff.
Gesetzgebungszuständigkeiten	F 4, F 17	Rep 4	F 10, F 20	I 156 ff.
Auslegung von Kompetenznormen				
Gesetzgebungsverfahren	F 4, F 10	Rep 4		
V. Rechtsstaatsprinzip des Grundgesetzes, rechtsstaatliche Grundsätze				
Gewaltenteilung, Gesetzmäßigkeitsprinzip	F 19			I 295 ff.
Vorrang und Vorbehalt des Gesetzes			F 14, F 15	I 310 ff.
Informationshandeln und Gesetzesvorbehalt	F 3	Rep 3		I 319 ff.
Parlamentsvorbehalt und Gesetzesvorbehalt	F 13	Rep 19		I 310 ff.
Rechtssicherheit		Rep 19		I 371 ff.
Bestimmtheitsgebot		Rep 13	F 13	I 371 ff.
Rückwirkungsverbot und Vertrauensschutz	F 19	Rep 19		I 371 ff.
Verbot rückw. Strafgesetze				I 388 ff.
Verhältnismäßigkeitsprinzip	*alle Grundrechtsfälle*			
Justizgewähr und Rechtsschutz				I 439
Rechtsschutzgarantien	F 11, F 12, F 18			I 437 ff.
Rechtliches Gehör	F 16	Rep 16		I 458 ff.
VI. Bundesstaatliche Ordnung des Grundgesetzes				
Begriff und Bedeutung				I 473 ff.
Bundesstaatsverhältnis	F 9	Rep 9		I 466 ff.

Kooperativer Föderalismus	F 17			I 486 ff.
Bundestreue	F 9	Rep 9		
Bundesstaatliche Kompetenzordnung			F 19	
Gesetzgebung siehe oben unter IV.				
Verwaltungskompetenzen	F 9	Rep 9		I 514 ff.
System der Art. 83 ff. GG				I 510 ff.
Auftragsverwaltung und Weisungsrechte	F 9	Rep 9		I 520 ff.
Vertragsschlusskompetenzen und auswärtige Gewalt				I 586 ff.
VII. Staatsziele				
Sozialstaat – Begriff und positive rechtliche Relevanz				I 594 ff.
Umweltschutz			F 20	I 614 ff.
VIII. Staatsorgane und Verfassungskonflikte				
1. Bundestag				
Stellung der Fraktionen	F 5, F 6, F 8	Rep 6		I 627 ff.
freies Mandat	F 5, F 6, F 8	Rep 6		I 647 ff.
Statusrechte	F 6	Rep 6		I 674 f.
Untersuchungsausschüsse	F 7	Rep 7		I 657 ff.
Zuständigkeiten	F 7	Rep 7		I 676 ff.
Befugnisse gegenüber der Regierung	F 7	Rep 7		
Befugnisse gegenüber Privaten	F 7	Rep 7		
Rechtsschutz	F 7	Rep 7		
Fragerechte, Kontrollrechte		Rep 7		I 692 f.
Bundestagsauflösung	F 8	Rep 8		I 645
2. Bundesrat				
Zusammensetzung, Abstimmung und Verfahren	F 8		F 4	I 654 ff.

	Schwerpunktmäßig behandelt in		außerdem behandelt in …	Thema behandelt in *Degenhart* (I) oder *Pieroth/Schlink/ Kingreen/Poscher* (II)
	Klausurfall Nr.	Rep. zu Fall …		
Mitwirkung bei der Gesetzgebung	F 4, F 10	Rep 4		I 708 ff.
3. Bundesregierung				
Bildung der Bundesregierung, Kanzlerwahl	F 8	Rep 8		I 742 ff.
Informationsaufgaben	F 3			I 767
Vertrauensfrage s. Bundestagsauflösung				
4. Bundespräsident				
Prüfungskompetenz	F 10	Rep 10		
B. Grundrechte				
I. Allgemeine Grundrechtslehren				
Grundrechtsfähigkeit	F 7, F 12, F 15, F 19			II 127 ff.
Grundrechte juristischer Personen				F 4
Deutschengrundrechte		Rep 19		
Grundrechtsmündigkeit	F 14			II 143 ff.
Drittwirkung der Grundrechte	F 15, F 16	Rep 11		
Grundrechtliche Schutzpflichten	F 9, F 10, F 11			
Grundrechtseingriffe, Eingriffsrechtfertigung	*Grundrechtsfälle – Rechtfertigungsebene*			
Verfassungsimmanente Schranken	F 14	Rep 12		
Einzelfallgesetz	F 19			
Rechtsschutzgarantie, Art. 19 IV GG	*siehe A IV*			
II. Einzelgrundrechte				
1. Art. 1 GG				
Begriff der Menschenwürde		Rep 12	F 15	

2. Art. 2 I GG				
Allgemeine Handlungsfreiheit	F 4, F 10	Rep 10		
Allgemeines Persönlichkeitsrecht	F 7, F 11, F 13, F 15	Rep 11		
Schutzwirkung gegen Private	F 11, F 15	Rep 16		Rep 13
Freiheit und Sicherheit	F 11	Rep 11		
3. Art. 2 II GG				
Freiheit der Person	F 13	Rep 13		
Leben und körperliche Unversehrtheit				
Staatliche Schutzpflichten	F 9	Rep 9		
4. Art. 3 GG	F 10	Rep 10	F 13, F 19	
Struktur der Gleichheitsprüfung	F 10	Rep 10		
Art. 3 III GG		Rep 10		
Staatsbürgerliche Gleichheit		Rep 10	F 1	
5. Art. 4 I, II GG	F 14	Rep 14	F 20	
6. Art 5 GG	F 15, F 16, F 17	Rep 16		
Grundrechtsschranken – allg. Gesetze	F 17	Rep 16		
Persönlichkeitsrechte als Schranke	F 15			
Schutz vor Presseveröffentlichungen	F 15	Rep 16		
Informationsfreiheit	F 16	Rep 16		
Rundfunkfreiheit		Rep 16		
Art. 5 III – Wissenschaft und Kunst		Rep 16		
7. Art. 6 und 7 GG				
Elterliches Erziehungsrecht	F 14	Rep 14		
Staatliche Schulhoheit als Schranke	F 14	Rep 14		
8. Art. 8 GG	F 18	Rep 18	F 3	II 769 ff.
Schutzbereich, Versammlungsbegriff	F 18	Rep 18		
Anmeldepflicht – Spontanversammlung	F 18	Rep 18		
Öffentliche Sicherheit als Schranke	F 18	Rep 18		

	Schwerpunktmäßig behandelt in		außerdem behandelt in …	Thema behandelt in *Degenhart* (I) oder *Pieroth/Schlink/Kingreen/Poscher* (II)
	Klausurfall Nr.	Rep. zu Fall …		
Öffentliche Ordnung und Meinungsfreiheit	F 18	Rep 18		
Rechtsschutzeffektivität	F 18	Rep 18		
9. Art. 9 GG				
Schutzbereich und Schranken	F 12			II 800 ff.
Negative Vereinigungsfreiheit und Art. 2 I	F 20			II 800 ff.
10. Art. 10 GG				
Tatbestand und Schranken	F 11	Rep 11		II 847 ff.
Menschenwürdekern		Rep 12		
11. Art. 11 GG	F 13	Rep 13		II 876 ff.
12. Art. 12 GG	F 4, F 10, F 17, F 19	Rep 19		II 896 ff.
Schutzbereich – „Beruf"	F 4, F 17, F 19	Rep 19		II 899 ff.
Deutschengrundrecht – Art. 2 I		Rep 19		
Eingriff – Berufsbezogenheit	F 4, F 19	Rep 19		II 917
Marktbezogene Informationen als Eingriff?		Rep 19		
Stufentheorie und Verhältnismäßigkeit	F 4, F 17, F 19	Rep 19		II 937 ff.
13. Art. 13 GG	F 12	Rep 12		II 966 ff.
Schutzzweck – Persönlichkeitsbezug		Rep 12		
Schutzbereich – Wohnungsbegriff	F 12	Rep 12		II 968 ff.
Abgrenzung Art. 10 – Art. 13 – APR	F 12	Rep 12		
Lauschangriff und Menschenwürdekern		Rep 12		
14. Art. 14 GG	F 4, F 19, F 20	Rep 20		II 993 ff.
Eigentum iSv Art. 14 – Begriff und Schutzzweck	F 4, F 19, F 20			II 1000 ff.
Recht am Gewerbebetrieb	F 15, F 17, F 19			

Inhalts- u. Schrankenbestimmung – Enteigrung	F 4, F 19, F 20	Rep 20		II 1021 ff.
Legal- und Administrativenteignung		Rep 20		II 1063 ff.
15. Art. 16 GG				
C. Verfassungsgerichtsbarkeit				
Einzelne Verfahren				
1. Verfassungsbeschwerde				II 1249 ff.
Zulässigkeitsvoraussetzungen	F 5, F 7, F 11, F 12, F 13, F 14, F 15, F 16, F 17, F 18, F 19, F 20			II 1254 ff.
VB gegen Gesetze	F 10, F 11, F 17, F 19			II 1298 ff.
Besonderheiten der UrteilsVB	F 15, F 16			II 1298 ff.
2. Organstreitverfahren	F 1, F 3, F 5, F 6, F 7, F 8			I 816 ff.
Beteiligtenfähigkeit – Einzelfragen	F 1, F 3, F 5, F 6, F 7			
3. Bund-Länder-Streit	F 9			I 824 ff.
4. Abstrakte Normenkontrolle	F 4			I 829 ff.
5. Konkrete Normenkontrolle	Rn 65 ff.			I 837 ff.
6. Wahlprüfungsbeschwerde	F 2		F 2	I 99 ff., 847 f.

2. Teil

Klausurfälle

Fall 1

Sperrklausel und Grundmandate

Umfangreicher, aber einfacher Fall für die Anfängerübung / Zwischenprüfung, 2–3 Std.

An der Bundestagswahl im September 200X nahmen unter anderem die kleinen und **136** heftig um die Wählergunst konkurrierenden politischen Parteien „Demokratische Basispartei" (DBP) und die „Partei des ökologischen Fortschritts" (PÖF) teil.

Im Ergebnis errang die DBP zwei Direktmandate und 4,4 % der Zweitstimmen und zog daher mit 2 Abgeordneten in den neuen Bundestag ein, da infolge der Sperrklausel des § 6 III 1, 1. Alt BWG die DBP bei der Verteilung der Sitze auf die Landeslisten unberücksichtigt blieb. Die PÖF war mit ihrem Abschneiden bei der Wahl überaus zufrieden. Sie errang 4 Direktmandate und ebenfalls 4,4 % der Zweitstimmen, zog jedoch infolge der Berücksichtigung ihrer Partei bei der Verteilung der Sitze auf ihre Landesliste aufgrund der sog. „Grundmandatsklausel" des § 6 III 1, 2. Alt BWG mit 30 Abgeordneten in den Bundestag ein.

Über diese unterschiedlichen Auswirkungen des Wahlergebnisses auf die Sitzverteilung ist die DBP zutiefst empört; sie sieht in den Regelungen des § 6 III 1 BWG einen eklatanten Verstoß gegen die Wahlrechtsgleichheit und die Chancengleichheit der politischen Parteien.

Nach ersten Beratungen im Anschluss an die Bundestagswahl beschließt die DBP daher im November 200X, im Wege der Organklage vor dem BVerfG gegen die fraglichen Regelungen vorzugehen, da sie sich in ihren verfassungsrechtlichen gewährleisteten Rechten als politische Partei verletzt fühlt.

Ihren Antrag hält sie im Übrigen für fristgerecht; zwar sei die aktuelle Fassung des Bundeswahlgesetzes bereits im Januar 200X verkündet worden, die Wirkung der Regelungen habe sich jedoch erst bei der Bundestagswahl im September des gleichen Jahres gezeigt.

Wie wird das BVerfG entscheiden?

Anmerkung: Sollte der Bearbeiter zur Unzulässigkeit des Verfahrens vor dem Bundesverfassungsgericht gelangen, so ist in jedem Fall die Begründetheit hilfsgutachtlich zu prüfen!

Auszug aus dem BWG:

§ 4 Stimmen

Jeder Wähler hat zwei Stimmen, eine Erststimme für die Wahl eines Wahlkreisabgeordneten, eine Zweitstimme für die Wahl einer Landesliste.

§ 5 Wahl in den Wahlkreisen

(1) In jedem Wahlkreis wird ein Abgeordneter gewählt.

(2) Gewählt ist der Bewerber, der die meisten Stimmen auf sich vereinigt.

§ 6 Wahl nach Landeslisten

(3) ¹Bei Verteilung der Sitze auf die Landeslisten werden nur Parteien berücksichtigt, die mindestens 5 von Hundert der im Wahlgebiet abgegebenen gültigen Zweitstimmen erhalten oder in mindestens drei Wahlkreisen einen Sitz errungen haben.

Vorüberlegungen

Der umfangreiche und nicht ganz einfache, wenngleich in der Thematik wohl doch **137** einigermaßen vertraute Fall behandelt verfassungsrechtliche Grundfragen des geltenden Wahlrechts, mit dessen Grundprinzipien – personalisierte Verhältniswahl, Bedeutung von Erst- und Zweitstimme, Wahl nach Landeslisten, Fünf-Prozent-Klausel – der Bearbeiter vertraut sein sollte. Die Thematik ist im Rahmen der Erfolgsaussichten eines verfassungsgerichtlichen Verfahrens auf Antrag einer politischen Partei zu erörtern; damit ist jedenfalls der Aufbau vorgegeben: Zulässigkeit und Begründetheit des Antrags sind zu prüfen. Im Sachverhalt ist der Antrag als Organklage bezeichnet; damit wird der Bearbeiter auf ein Organstreitverfahren nach Art. 93 I Nr. 1 GG hingeführt. Dessen Zulässigkeitsvoraussetzungen sind also zu erörtern, wobei zu vergegenwärtigen ist, dass der Kreis der möglichen Antragsteller hier begrenzt ist. Damit ist das Problem der Stellung der politischen Parteien im Verfassungsprozess angesprochen.[1] Da diese weder in Art. 93 I Nr. 1 GG noch in § 63 BVerfGG ausdrücklich erwähnt sind, ist die Beteiligtenfähigkeit der Antragstellerin hier sorgfältig zu prüfen. Dass auch ein Fristenproblem vorliegt, ist im Sachverhalt angesprochen. Da nach § 64 III BVerfGG der Antrag im Organstreitverfahren innerhalb von sechs Monaten nach Bekanntwerden der angegriffenen Maßnahme erhoben werden muss, muss der Verf. sorgfältig prüfen, worin hier die die Antragstellerin in ihren Rechten verletzende Maßnahme liegt: im Erlass des Gesetzes oder möglicherweise erst in seiner Anwendung, mit der die Beeinträchtigung erst manifestiert wird. Im Begründetheitsteil geht es vor allem um die Wahlrechtsgleichheit, dabei um die bekannte Problematik der 5%-Klausel und die in neuerer Zeit verstärkt erörterte Grundmandatsklausel. Die Kenntnis der aktuellen Wahlrechtsentscheidungen des BVerfG erleichtert die Bearbeitung des Falles, ist aber nicht notwendig Voraussetzung. Schwerpunkt des Begründetheitsteils ist die Gleichheitsprüfung am Maßstab des besonderen Gleichheitssatzes des Art. 38 I 1 GG. Für die Prüfung der Rechtfertigung der Ungleichbehandlung ist kein bestimmter Aufbau zwingend vorgeschrieben. Es steht dem Bearbeiter frei, die wesentlichen materiellen Aspekte im Rahmen des „zwingenden Grundes" oder in einer zusätzlichen Verhältnismäßigkeitsprüfung darzulegen. Die mit der Sitzverteilung zusammenhängenden komplizierten Fragen des geltenden (2013) Wahlrechts (dazu *Degenhart*, Staatsrecht I Rn 91 ff.) spielen in dem Fall keine Rolle.

---

1 *Degenhart* Rn 64.

Gliederung

138 **Vorbemerkung: Richtige Verfahrensart**

A. Zulässigkeit des Organstreitverfahrens, Art. 93 I Nr. 1 GG, §§ 13 Nr. 5, 63 ff. BVerfGG

    I. Beteiligtenfähigkeit

       1. Aktivseite: politische Partei als „anderer Beteiligter" iSd Art. 93 I Nr. 1 GG

       2. Passivseite: Bundestag und/oder Bundesrat

    II. Verfahrensgegenstand

       auch: Erlass eines Gesetzes

    III. Antragsbefugnis

       Rechte aus Art. 38 I 1 GG iVm 21 I GG

    IV. Form und Frist

       1. Schriftform, § 23 I BVerfGG

       2. Frist des § 64 III BVerfGG: ab Neufassung des Bundeswahlgesetzes/ ab Wahl?

Hilfsgutachten

B. Begründetheit des Antrags

    I. Verfassungsmäßigkeit der 5 %-Sperrklausel

       1. Formelle Verfassungsmäßigkeit des § 6 III 1, 1. Alt. BWG

       2. Materielle Verfassungsmäßigkeit von § 6 III 1, 1. Alt. BWG

         a) Wahlrechtsgleichheit und Chancengleichheit der Parteien

           aa) Erfolgswertgleichheit: Ungleichbehandlung

           bb) Ungleichbehandlung zwingend im geltenden Wahlsystem angelegt? (–)

           cc) Zwingende Gründe?

         b) Verstoß gegen den allgemeinen Gleichheitssatz, Art. 3 I GG: Art. 38 I 1 GG als lex specialis

       3. Ergebnis

    II. Verfassungsmäßigkeit der Grundmandatsklausel

       1. Formelle Verfassungsmäßigkeit des § 6 III 1, 2. Alt. BWG

       2. Materielle Verfassungsmäßigkeit

         a) Wahlrechtsgleichheit und die Chancengleichheit der Parteien, Art. 38 I GG iVm Art. 21 I GG

           aa) Relevante Ungleichbehandlung

           bb) Rechtfertigung der Ungleichbehandlung

         b) Verstoß gegen den allgemeinen Gleichheitssatz, Art. 3 I GG: Art. 38 I GG als lex specialis

       3. Ergebnis

Musterlösung

Vorbemerkung: Richtige Verfahrensart

Das von der DBP angestrengte Organstreitverfahren nach Art. 93 I Nr. 1 GG, §§ 13 **139**
Nr. 5, 63 ff. BVerfGG hat Erfolg, wenn es zulässig und begründet ist. Es müsste sich
zunächst um die richtige Verfahrensart handeln. Denn es könnte jedoch auch eine Verfassungsbeschwerde gem. Art. 93 I Nr. 4a GG, §§ 13 Nr. 8a, 90 ff. BVerfGG in Betracht
kommen. Dagegen spricht jedoch, dass es der Partei hier um ihren verfassungsrechtlichen Status als politische Partei geht. Die Verfassungsbeschwerde dient jedoch dem
Rechtsschutz des Bürgers gegenüber hoheitlichen Eingriffen des Staates. Im Wege der
Verfassungsbeschwerde kann eine Partei nur die Verletzung ihrer wie jedermann zu-
stehenden Rechte rügen. Zur Verteidigung ihres durch Art. 21 I GG gewährleisteten
Rechtsstatus als Institution des Verfassungslebens ist ihr nur der Weg des Organstreitverfahrens eröffnet.[2] Dies gilt insbesondere auch dann, wenn sie eine Verletzung ihres
verfassungsrechtlichen Status durch die rechtliche Ausgestaltung des Wahlverfahrens
geltend machen will.[3]

A. Zulässigkeit des Organstreitverfahrens, Art. 93 I Nr. 1 GG, §§ 13 Nr. 5, 63 ff. BVerfGG

I. Beteiligtenfähigkeit

1. Wer Partei eines Organstreitverfahrens sein kann, bestimmt sich nach Art. 93 I Nr. 1 **140**
GG iVm § 63 BVerfGG. Da die politischen Parteien zwar mit verfassungsrechtlichem
Status ausgestattet, aber keine obersten Bundesorgane sind, können sie nur als andere
Beteiligte, die durch das Grundgesetz mit eigenen Rechten ausgestattet sind, parteifähig sein. Der DBP als Antragstellerin wird als politische Partei durch Art. 21 I GG ein verfassungsrechtlicher Status gewährt.[4] Die DBP ist mithin mit eigenen Rechten ausgestatteter „anderer Beteiligter" iSd Art. 93 I Nr. 1 GG.

2. Der Antrag kann gegen den Bundestag und/oder Bundesrat gerichtet werden. Der
Bundestag hat das Bundeswahlgesetz beschlossen, der Bundesrat hat im Rahmen seiner
verfassungsrechtlichen Kompetenzen an dessen Erlass mitgewirkt. Gem. § 63 BVerfGG
sind beide oberste Bundesorgane iSd Art. 93 I Nr. 1 GG.

II. Verfahrensgegenstand

Erforderlich für die Zulässigkeit des Antrags ist weiterhin, dass ein Streit um gegensei- **141**
tige Rechte und Pflichten aus dem Grundgesetz vorliegt. Es müssen insoweit rechtserhebliche Maßnahmen oder Unterlassungen des Antragsgegners geltend gemacht werden, § 64 I BVerfGG; eine solche Maßnahme kann auch in dem Erlass eines Gesetzes

---

2 Vgl BVerfGE 4, 27 (36); 44, 125 (137); 111, 54 (81 f.).
3 BVerfGE 1, 208 (218); 4, 27 (36).
4 BVerfGE 41, 399 (416).

liegen, wenn dieses durch die Nichtbeachtung einer höherrangigen Norm Rechte eines Beteiligten verletzt.[5] Im Streit stehen vorliegend die Regelungen der Sperrklausel bzw der Grundmandatsklausel des § 6 III 1 BWG, durch die sich die DBP in ihrem Recht auf Chancengleichheit der politischen Parteien bzw der Wahlrechtsgleichheit aus Art. 38 I iVm 21 I GG verletzt sieht. Ein tauglicher Streitgegenstand liegt also vor.

III. Antragsbefugnis

142 Die DBP muss gem. § 64 I BVerfGG plausibel geltend machen, in ihren verfassungsrechtlich gewährleisteten Rechten verletzt zu sein, dh der Sachvortrag muss die Verletzung als möglich erscheinen lassen. Sie trägt vor, dass die Sperrklausel in Höhe von 5 % des § 6 I 1, 1. Alt. BWG sie als kleine Partei ohne Grund benachteilige. Weiterhin beanstandet sie, dass die Grundmandatsklausel des § 6 III 1, 2. Alt. BWG der PÖF die Teilnahme am Verhältnisausgleich ermögliche, ohne dass sie die Sperrklausel überwunden hätte, während sie selbst infolge zu weniger Direktmandate vom Verhältnisausgleich ausgeschlossen bleibe. Dieses Vorbringen lässt eine Verletzung der DBP in ihren Rechten aus Art. 38 I 1 GG iVm Art. 21 I GG als möglich erscheinen, insbesondere auch unter dem Gesichtspunkt der Chancengleichheit politischer Parteien.

IV. Form und Frist

143 1. Der Antrag muss gem. §§ 23 I, 64 II BVerfGG schriftlich unter Angabe von Gründen gestellt werden.

2. Der Antrag muss gem. § 64 III BVerfGG binnen sechs Monaten, nachdem die beanstandete Maßnahme der DBP bekanntgeworden ist, gestellt werden. Diese Vorschrift enthält eine gesetzliche Ausschlussfrist, nach deren Ablauf im Organstreitverfahren Rechtsverletzungen nicht mehr geltend gemacht werden können.[6] Die DBP greift als rechtserhebliche Maßnahme den Erlass der in Frage stehenden Norm des § 6 III 1, 1. u. 2. Alt. BWG an. Grundsätzlich beträgt die Antragsfrist gem. § 64 III BVerfGG 6 Monate ab Bekanntwerden der Maßnahme; mit der Verkündung gilt ein Gesetz als allgemein bekannt geworden.[7] Dies könnte hier zur Verfristung führen. Denn die Neufassung des Bundeswahlgesetzes wurde bereits im Januar 200X im Bundesgesetzblatt verkündet. Somit war die Frist für die Erhebung der Organklage im November 200X bereits verstrichen; der Antrag wäre demnach verfristet.

144 Zu einer anderen Einschätzung könnte man gelangen, wenn man auf die Durchführung der Bundestagswahl im September des gleichen Jahres als Zeitpunkt des Bekanntwerdens der Maßnahme abstellen wollte. Dafür könnte sprechen, dass erst die Ergebnisse der Bundestagswahl die rechtliche Betroffenheit der DBP haben manifest werden lassen. Andererseits wurde sie als politische Partei schon durch die Vorschriften des Bundeswahlgesetzes selbst unmittelbar betroffen. Da der grundsätzliche Wille, an Wahlen in

---

5 BVerfGE 1, 208 (220); zuletzt BVerfGE 82, 322 (335).

6 BVerfGE 92, 80 (87).

7 BVerfGE 92, 80 (87).

Bund und Ländern teilzunehmen, Voraussetzung für den verfassungsrechtlichen Status der Partei ist, werden sie hierin durch Wahlgesetze selbst betroffen, ohne dass ein konkreter Zusammenhang mit einer bestimmten Wahl bestehen müsste.[8] Die Durchführung der Wahl berührt den Status der Partei nicht, sie bringt lediglich im Wahlrecht angelegte Vor- und Nachteile zur Geltung.[9] Das von der DBP angestrengte Organstreitverfahren ist mithin infolge des verfristet gestellten Antrags unzulässig (*aA gut vertretbar*).

Hilfsgutachten[10]

B. Begründetheit des Antrags

Das Organstreitverfahren ist begründet, wenn die Neuregelung des § 6 III 1, 1. u. 2. Alt. BWG rechtswidrig ist und die verfassungsrechtlich gewährleisteten Rechte der DBP verletzt sind.   **145**

I. Verfassungsmäßigkeit der 5 %-Sperrklausel

1. Formelle Verfassungsmäßigkeit des § 6 III 1, 1. Alt. BWG

Hinsichtlich der formellen Verfassungsmäßigkeit bestehen keine Bedenken; die Zuständigkeit des Bundesgesetzgebers folgt unmittelbar aus Art. 38 III GG[11].   **146**

2. Materielle Verfassungsmäßigkeit von § 6 III 1, 1. Alt. BWG

a) Wahlrechtsgleichheit und Chancengleichheit der Parteien

Die 5 %-Sperrklausel des § 6 III 1, 1. Alt. BWG könnte gegen die in Art. 38 I 1 iVm Art. 21 I GG garantierten Grundsätze der Wahlrechtsgleichheit und Chancengleichheit der Parteien verstoßen.   **147**

aa) Aus Art. 38 I 1 GG folgt der Grundsatz der Wahlrechtsgleichheit.[12] Wahlrechtsgleichheit bedeutet zunächst Zählwertgleichheit: jede abgegebene Stimme zählt gleich. Wahlrechtsgleichheit bedeutet darüber hinaus aber auch Erfolgswertgleichheit: Jede Stimme muss die gleiche rechtliche Erfolgschance haben.[13] Diese gleichwertige Erfolgschance ist im Rahmen des jeweiligen Wahlsystems zu gewährleisten. Der Grundsatz der Erfolgswertgleichheit wird durch die Sperrklausel insoweit berührt, als die für eine an der Fünf-Prozent-Hürde gescheiterte Partei abgegebenen Zweitstimmen ohne Erfolgswert bleiben, im Gegensatz zu den Stimmen, die für die erfolgreichen Parteien

---

8   BVerfGE 92, 80 (88).
9   BVerfGE 92, 80 (89).
10 Bearbeiter, die zur Unzulässigkeit des Antrags kommen, müssen die Begründetheit hilfsgutachtlich prüfen; es ist dies praktisch der einzig relevante Fall, in dem ein Hilfsgutachten anzufertigen ist.
11 Die Formulierung „Das Nähere bestimmt ein Bundesgesetz" bedeutet die Begründung einer (ausschließlichen) Gesetzgebungszuständigkeit des Bundes.
12 BVerfGE 51, 222 (234).
13 BVerfGE 121, 266 (295 f.).

abgegeben wurden. Eine Ungleichbehandlung findet auch zu Lasten der Partei statt, die an der Fünf-Prozent-Hürde gescheitert ist. Denn für das passive Wahlrecht bedeutet Gleichheit der Wahl die Chancengleichheit aller Wahlbewerber[14] und damit auch aller Parteien. Dieses Recht der Parteien resultiert aus ihrem in Art. 21 I GG umschriebenen verfassungsrechtlichen Status und aus der Bedeutung, die der darin verbürgten Freiheit der Parteigründung und dem Mehrparteienprinzip für die freiheitliche Demokratie zukommt. Durch Sperrklauseln der fraglichen Natur wird insbesondere auch die Chancengleichheit vor allem kleinerer und noch nicht etablierter Parteien beeinträchtigt.

148   bb) Diese Ungleichbehandlung könnte insbesondere dann gerechtfertigt sein, wenn sie zwingend im geltenden Wahlsystem angelegt ist.[15] Dies ist jedoch nicht der Fall. Bei der 5 %-Klausel handelt es sich um eine nicht zwingend vorgegebene, gegriffene Größe. Gleiches gilt für die Mindestzahl der Direktmandate im Rahmen der sog Grundmandatsklausel, die ihrerseits eine Durchbrechung des geltenden Wahlsystems und nicht dessen notwendige Konsequenz darstellt.

149   cc) Durchbrechungen des Gleichheitssatzes sind im Bereich der politischen Rechte im Übrigen jedoch nur unter engen Voraussetzungen zulässig[16] und bedürfen eines zwingenden Grundes. Als rechtfertigender Grund kommt die mit der Sperrklausel verfolgte Zielsetzung in Betracht, einer Beeinträchtigung der Funktionsfähigkeit des Parlaments[17] durch übermäßige Parteienzersplitterung entgegenzuwirken. Das Verhältniswahlsystem kann eine Aufspaltung der Volksvertretung in viele kleine Gruppen zur Folge haben, die die Bildung einer stabilen Mehrheit erschweren oder verhindern würde. Der Gesetzgeber darf deshalb bei der Verhältniswahl den Erfolgswert der Stimmen unterschiedlich gewichten und die Funktionsfähigkeit des zu wählenden Parlaments durch eine Sperrklausel sichern.[18] Insoweit liegt ein legitimer Differenzierungsgrund vor.

150   Die Sperrklausel ist zweifellos geeignet, eine Parteienzersplitterung durch die Verteilung der zu vergebenden Mandate auf viele kleine Parteien zu verhindern. Die durch eine solche Parteienzersplitterung bedingte Gefahr der Funktionsunfähigkeit des Parlaments wird durch die Sperrklausel gemindert. Fraglich ist, ob die Sperrklausel des § 6 III 1, 1. Alt. BWG in Höhe von 5 % zur Sicherung der Funktionsfähigkeit des Parlaments zwingend erforderlich ist und ob sie nicht die Chancen kleinerer, insbesondere neuer Parteien durch die zu überwindende Höhe von 5 % der gültigen Wählerstimmen in einem nicht unabdingbaren Maße begrenzt. Angesichts der zwischenzeitlich erreichten politischen Stabilität und gewährleisteten Funktionsfähigkeit der Demokratie der Bundesrepublik Deutschland, um deren Willen der Sicherung regierungsfähiger Mehrheiten so hoher Stellwert beigemessen wird, erscheint es fraglich, ob eine Aufrechterhaltung der Sperrklausel in der bisherigen Höhe von 5 % weiterhin unabdingbar erforderlich ist.[19] Andererseits ist es unter dem Gesichtspunkt der Funktionsfähigkeit des Parlaments nach wie vor gerechtfertigt, bei der Sitzverteilung nur solche Parteien zu

---

14   BVerfGE 71, 81 (94).
15   Vgl zB BVerfGE 95, 335 (354 ff.).
16   Vgl *Pieroth/Schlink/Kingreen/Poscher* Rn 530 ff.
17   BVerfGE 1, 208 (247 f.); 82, 322 (338).
18   BVerfGE 82, 322 (338).
19   *Degenhart* Rn 18.

berücksichtigten, die einen Mindeststimmanteil erreicht haben. Dieser kann nicht arithmetisch genau bestimmt werden. Wenn der Gesetzgeber sich dafür entscheidet, die Grenze bei 5 % zu ziehen, so ist dies nicht zu beanstanden. Das Interesse des Staates an der Funktionsfähigkeit des Parlaments und der Bildung regierungsfähiger Mehrheiten als Voraussetzung für das Funktionieren der Demokratie überwiegt daher das Interesse der DBP an der Berücksichtigung der auf sie entfallenen 4,4 % der abgegebenen gültigen Zweitstimmen bei der Vergabe der Sitze auf ihrer Landesliste. Die Einschränkung der Wahlrechtsgleichheit und der Chancengleichheit der Parteien aus Art. 38 I GG und Art. 21 I GG durch die Sperrklausel des § 6 I 1, 1. Alt. BWG ist verhältnismäßig (*aA vertretbar*).

b) Verstoß gegen den allgemeinen Gleichheitssatz, Art. 3 I GG?

Art. 38 I 1 GG ist hinsichtlich der Wahlrechtsgleichheit lex specialis zu Art. 3 I GG.[20] **151** Art. 3 I GG ist daher nicht als Prüfungsmaßstab heranzuziehen.

3. Ergebnis

Die Sperrklausel des § 6 III 1, 1. Alt. BWG ist mithin verfassungsgemäß *(aA vertretbar).*

II. Verfassungsmäßigkeit der Grundmandatsklausel

1. Formelle Verfassungsmäßigkeit des § 6 III 1, 2. Alt. BWG

Hinsichtlich der formellen Verfassungsmäßigkeit bestehen keine Bedenken; hierfür ist **152** auf die entsprechenden Ausführungen zu § 6 III 1, 1. Alt. BWG zu verweisen.

2. Materielle Verfassungsmäßigkeit

a) Wahlrechtsgleichheit und die Chancengleichheit der Parteien, Art. 38 I 1 GG iVm Art. 21 I GG

Die Grundmandatsklausel des § 6 III 1, 2. Alt. BWG könnte gegen die Grundsätze der **153** Wahlrechtsgleichheit und der Chancengleichheit der Parteien aus Art. 38 I 1 iVm Art. 21 I GG verstoßen.

aa) Eine relevante Ungleichbehandlung ist darin zu sehen, dass PÖF und DBP, obschon sie gleichermaßen 4,4 % der abgegebenen gültigen Zweitstimmen bei der Wahl erreichten, in unterschiedlicher Weise bei der Vergabe der Mandate zum Zuge kommen: Die DBP bleibt auf Grund der 5%-Sperrklausel unberücksichtigt, während zugunsten der PÖF auf Grund ihrer 4 Direktmandate die sog Grundmandatsklausel des § 6 III 1, 2. Alt. BWG zur Anwendung kommt. Bei der Verteilung der Sitze nach den Grundsätzen der Verhältniswahl werden nicht nur die Parteien berücksichtigt, die die Sperrklausel von 5 % der gültigen Zweitstimmen überwinden, sondern auch solche, die in mindestens 3 Wahlkreisen einen Sitz errungen haben. Damit kommt den für sie – hier also den für

---

20 BVerfGE 99, 1.

die PÖF – abgegebenen Zweitstimmen Erfolgswert zu, den für die DBP abgegebenen Stimmen nicht, da sie nur zwei Direktmandate erzielen konnte. Eine Ungleichbehandlung zwischen der DBP und der PÖV durch die Grundmandatsklausel liegt also vor.

154 bb) Rechtfertigung der Ungleichbehandlung: Gegen die Grundmandatsklausel könnte sprechen, dass hierdurch das ja an sich legitime Anliegen der 5%-Klausel wiederum abgeschwächt, die Bildung von Splitterparteien gefördert wird.

Für die Besserstellung derjenigen Parteien, die mindestens drei Direktmandate errungen haben, könnte sprechen, dass diese besondere Resonanz deshalb finden, weil sie Anliegen mit besonderer Akzeptanz in der Bevölkerung vertreten. Häufig wird es sich auch um Parteien handeln, die einen regionalen Schwerpunkt haben und dort besonders integrierend wirken. Diese Gesichtspunkte durfte der Gesetzgeber berücksichtigen und insoweit die 5%-Klausel abmildern, um den Integrationscharakter der Wahlen zu sichern.[21] Denn dieser wäre gefährdet, wenn Parteien mit deutlichem regionalem Schwerpunkt und mit starker unmittelbarer Akzeptanz in einzelnen Wahlkreisen im Parlament ohne Repräsentanz blieben. Sie zu berücksichtigten, entspricht damit auch in besonderer Weise dem Anliegen der personalisierten Verhältniswahl.[22]

155 Andererseits ist nicht zu verkennen, dass mit Hilfe der über das gesamte Wahlgebiet zerstreuten Zweitstimmen Abgeordnete der PÖF über die Liste in das Parlament gelangen, die gerade keine persönliche Beziehung zu ihrem Wahlkreis haben. Auch wird der Repräsentationswürdigkeit örtlicher Stimmenkonzentration und der Beziehung von Wahlkreiskandidaten zu ihrem Wahlkreis schon mit den Direktmandaten Rechnung getragen. Eine darüber hinausgehende Berücksichtigung der über das gesamte Wahlgebiet verstreuten Zweitstimmen ist nicht notwendig, da die Berücksichtigung der dem 5 % Quorum unterliegenden Schwerpunktpartei bei der Vergabe der Sitze auf die Liste mit der engeren persönlichen Beziehung der direkt gewählten Wahlkreiskandidaten zu dem Wahlkreis in keinerlei Zusammenhang steht.

156 Im Verhältnis der „kleinen" Parteien zueinander bewirkt also die Grundmandatsklausel eine Verschiebung der Erfolgswertgleichheit der Stimmen und eine Beschränkung des Prinzips der Wahlrechtsgleichheit und der Chancengleichheit der Parteien, die durch das Prinzip der personalisierten Verhältniswahl nicht zwingend geboten ist. Da aber andererseits hierdurch eine Gleichstellung mit den „größeren" Parteien erreicht wird und der Gesetzgeber von erhöhter Repräsentationswürdigkeit derjenigen Parteien ausgehen durfte, die die Voraussetzungen der Grundmandatsklausel erfüllen, da außerdem hierdurch die integrierende Wirkung der Wahlen besser gewährleistet wird, ist die Entscheidung des Gesetzgebers im Ergebnis als sachgerecht und legitim zu bewerten. Die Grundmandatsklausel ist also verfassungsmäßig *(aA aus den genannten Gründen gut vertretbar).*

---

21 BVerfGE 95, 408 (420 f.).
22 BVerfGE 6, 84 (96).

b)   Verstoß gegen den allgemeinen Gleichheitssatz, Art. 3 I GG?

Auch hier gilt: Art. 38 I iVm Art. 21 I GG ist lex specialis zum allgemeinen Gleichheits-   **157**
satz des Art. 3 I GG.

3.   Ergebnis

Das Organstreitverfahren gem. Art. 93 I Nr. 1 GG, §§ 13 Nr. 5, 63 ff. BVerfGG ist
unzulässig und unbegründet (*aA zu beiden Punkten gut vertretbar*).

Wiederholung und Vertiefung

S nach **Fall 2**, Rn 179 ff.

Fall 2

Hightech im Wahllokal

Anfängerübung / Zwischenprüfung, 2 Std. *

158 § 35 BWG erlaubt die Nutzung von elektronischen Wahlgeräten – sog Wahlcomputern – unter bestimmten Bedingungen. Eine entsprechende Zulassung wurde durch das
Bundesministerium des Innern für die bei der Wahl zum x.ten Deutschen Bundestag
eingesetzten Wahlgeräte erteilt; von der Ermächtigung zum Erlass einer Rechtsverordnung hatte es keinen Gebrauch gemacht.

Die Wahlgeräte werden von einer niederländischen Firma hergestellt und in Deutschland seit mehreren Jahren vertrieben. Die Steuerung der Wahlgeräte erfolgt über einen
Mikroprozessor und ein Softwareprogramm. Die Nutzung der Wahlgeräte durch den
Wähler erfolgt über ein Tastenfeld und eine LCD-Anzeige, die die Wähler durch den
Wahlvorgang führt. Die abgegebenen Wählerstimmen werden ausschließlich auf einem
elektronischen Speicher im Innern des jeweiligen Geräts abgelegt und durch das Wahlgerät am Ende des Wahltages elektronisch ausgezählt. Anschließend zeigt das Wahlgerät
die für die jeweiligen Wahlvorschläge insgesamt abgegebenen Stimmen an. Über einen
im Wahlgerät integrierten Drucker können die Ergebnisse ausgedruckt werden.

Über die Anschaffung und den Einsatz der zugelassenen Wahlgeräte in den einzelnen
Wahlbezirken entscheiden die Städte und Gemeinden selbst. Somit bestand für die
Wahlberechtigten in verschiedenen Bundesländern die Möglichkeit, ihre Stimme über
rechnergesteuerte Wahlgeräte (Wahlcomputer) abzugeben. Diese Möglichkeit nahmen
bei der Wahl zum x.ten Deutschen Bundestag fast zwei Millionen Wahlberechtigte wahr.
Nur in wenigen Wahlbezirken wurden die abgegebenen Stimmen zusätzlich zur elektronischen Erfassung durch ein ausgedrucktes Papierprotokoll erfasst, das von den Wäh-
lern vor der endgültigen Stimmabgabe kontrolliert werden konnte und anschließend zur
Ermöglichung der Nachprüfung gesammelt wurde.

Als Grund für den Einsatz von Wahlgeräten werden die schnellere Ermittlung des Wahlergebnisses, Kostenersparnisse und der nahezu vollständige Ausschluss der Abgabe un-
gewollt ungültiger Stimmen angeführt. Es gebe keine mehrdeutigen Stimmzettel mehr.

Jurastudent Justinian (J) hat – angeregt durch intensives Studium staats- und wahlrecht-
licher Lehrbücher – Zweifel an der Rechtmäßigkeit dieses Vorgehens. Er ist der Ansicht,
dass der Einsatz rechnergesteuerter Wahlgeräte gegen den Grundsatz der demokratischen Öffentlichkeit der Wahl verstößt. Eine wirksame Kontrolle durch die Öffentlichkeit und den Wahlvorstand werde verhindert, da ein wesentlicher Teil der Wahlhandlung
und die Ermittlung und Feststellung des Wahlergebnisses im Innern des Wahlgerätes
stattfänden. Öffentlich verifizierbare Kontrollmechanismen stünden der Öffentlichkeit
nicht zur Verfügung. Rechnergesteuerte Wahlen ließen sich zudem durch eine Manipulation der Software beim Gerätehersteller beeinflussen.

---

* Auf der Grundlage eines Entwurfs von *Stefanie Schult*, LL.M.

J legte daher form- und fristgerecht Einspruch gegen die Wahl zum x.ten Deutschen Bundestag ein. Dieser wurde vom Deutschen Bundestag zurückgewiesen. Der Grundsatz der demokratischen Öffentlichkeit, insbesondere die Öffentlichkeit der Stimmabgabe und Stimmauszählung, werde ausreichend gewährleistet. Der Grundsatz werde zudem überspannt, wenn gefordert würde, dass jedermann das gesamte Wahlgeschehen bis in die Verästelungen der technischen Details nachvollziehen können müsse. Keine Maßnahme könne für sich genommen Manipulationen oder unbeabsichtigte Verfälschungen des Wahlergebnisses verhindern.

J legte gegen den zurückweisenden Beschluss – unter Vorlage von 106 Beitrittserklärungen Wahlberechtigter, die den Anforderungen des § 48 II BVerfGG entsprechen –, form- und fristgerecht Wahlprüfungsbeschwerde beim BVerfG ein. Ergänzend trägt er hierbei vor, dass der Einsatz der elektronischen Wahlgeräte wegen technischer und konstruktiver Sicherheitsmängel auch gegen die in Art. 38 GG niedergelegten Wahlrechtsgrundsätze verstoße.

Prüfen Sie die Erfolgsaussichten der Wahlprüfungsbeschwerde des J. Es ist davon auszugehen, dass zum Zeitpunkt der Entscheidung des BVerfG die Wahlperiode noch nicht beendet ist.

Vorüberlegungen

159   Mit der Wahlprüfungsbeschwerde begegnet dem Bearbeiter hier eine vermutlich nur wenig vertraute Verfahrensart. Hier hilft es weiter, sich auf das prinzipiell gleiche Muster zu besinnen, dem die Zulässigkeitsvoraussetzungen folgen (Rn 132): stets wird gefragt, wer am Verfahren beteiligt sein kann (hier: ein Wahlberechtigter oder eine Gruppe von Wahlberechtigten; dann geht es um den Gegenstand des Verfahrens (hier: Wahlprüfungsentscheidung des Bundestags); im nächsten Schritt muss dann eine bestimmte Beziehung zwischen dem Beteiligten und dem Verfahrensgegenstand hergestellt werden (hier: objektives Beanstandungsverfahren), ehe dann die stets relevanten Form- und Fristerfordernisse und das Rechtsschutzbedürfnis behandelt werden.

Wie stets ist im Rahmen der Begründetheitsprüfung die Formulierung des Obersatzes der maßgebliche Einstieg; hierbei hat der Bearbeiter sich auch darüber klar zu werden, was eigentlich Gegenstand der Beschwerde ist, und welches die Prüfungsmaßstäbe sind. Auch dies sollte im Einstieg zur Sachprüfung dargelegt werden (wie stets, wenn es sich nicht schon ohne Weiteres aus der Verfahrenskonstellation ergibt).

In der Begründetheit ist zum einen zu prüfen, ob das Wahlprüfungsverfahren im Bundestag ordnungsgemäß abgelaufen ist – was mangels entgegenstehender Angaben problemlos festzustellen ist. Der Schwerpunkt der Prüfung liegt im Verstoß gegen Grundsätze des Wahlrechts, hier vor allem den im Sachverhalt ja deutlich angesprochenen Grundsatz der Öffentlichkeit der Wahl. Wie stets, wenn es um einen Verstoß gegen einen bestimmten Verfassungsgrundsatz geht, sind hier diese gedanklichen Schritte zu vollziehen:

– woraus ergibt sich der geltend gemachte Rechtssatz?
– worin liegt hier der Verstoß?
– kann dieser Verstoß durch entgegenstehendes Verfassungsrecht gerechtfertigt werden?

Der Fall ist dem Urteil des BVerfG vom 3.3.2009 (BVerfGE 123, 39) nachgebildet, allerdings vereinfacht: In dem der Entscheidung zugrundeliegenden Sachverhalt war der Einsatz der Wahlcomputer durch Rechtsverordnung nach § 35 III BWG geregelt.

Gliederung

Musterlösung

161 J hat zusammen mit weiteren Wahlberechtigten eine Wahlprüfungsbeschwerde nach Art. 41 II GG, §§ 13 Nr. 3, 48 BVerfGG beim BVerfG eingereicht. In diesem Verfahren entscheidet das BVerfG über eine Beschwerde gegen die Entscheidung des Bundestags im Verfahren der Wahlprüfung. Der Antrag hat Aussicht auf Erfolg, wenn er zulässig und begründet ist.

A. Zulässigkeit der Wahlprüfungsbeschwerde

I. Beschwerdeberechtigung, § 48 I BVerfGG

162 J müsste zunächst beschwerdeberechtigt sein. Zur Beschwerde berechtigt ist ein Wahlberechtigter iSd § 12 I BWG, dessen Einspruch vom Bundestag verworfen worden ist, oder auch eine Gruppe von Wahlberechtigten.[1] J hat als Wahlberechtigter gemäß § 2 I WahlprüfG beim Bundestag form- und fristgerecht Einspruch gegen die Gültigkeit der Wahl zum x.ten Deutschen Bundestag eingelegt; der Bundestag hat den Einspruch gemäß § 13 WahlprüfG zurückgewiesen.

II. Beschwerdegegenstand

163 Als Gegenstand der Wahlprüfungsbeschwerde muss ein Beschluss des Bundestags im Wahlprüfungsverfahren nach Art. 41 I GG vorliegen. Ein solcher Beschluss ist hier ergangen.

III. Beschwerdebefugnis, § 48 I BVerfGG

164 Eine besondere subjektive Betroffenheit des Beschwerdeführers und der beitretenden Wahlberechtigten ist nicht erforderlich. Es handelt sich bei dem Wahlprüfungsverfahren zum einen um ein objektives Beanstandungsverfahren, gerichtet auf die Sicherstellung der wahlrechtsgemäßen Zusammensetzung des Bundestags. Eine besondere Beschwer ist auch deshalb nicht zu fordern, weil es durch eine nicht wahlrechtsgemäße Zusammensetzung des Bundestags ohnehin beschwert ist. Denn jeder Bürger hat einen Anspruch auf ordnungsgemäße und den verfassungsrechtlichen Erfordernissen entsprechende Durchführung der Wahl und eine entsprechende Zusammensetzung des Bundestags.

IV. Form und Frist

165 1. Die Beschwerde bedarf der Schriftform gemäß § 23 I BVerfGG und ist gemäß § 48 I BVerfGG zu begründen. Davon ist nach dem Sachverhalt auszugehen.

---

1 Nach § 48 II BVerfGG in der bis 2012 geltenden Fassung mussten der Wahlprüfungsbeschwerde mindestens 100 Wahlberechtigte beitreten; dieses Erfordernis wurde durch G. v. 19.7.2012 ersatzlos gestrichen.

2. Die Beschwerdefrist von 2 Monaten nach Beschlussfassung des Bundestags gemäß § 48 I BVerfGG ist laut Sachverhalt ebenfalls gewahrt.

V. Rechtsschutzbedürfnis/Klarstellungsinteresse

Anhaltspunkte dafür, dass hier ein Rechtsschutzbedürfnis der Beschwerdeführer bzw ein objektives Klarstellungsinteresse ausnahmsweise entfallen könnten, wie dies regelmäßig mit Ablauf der Legislaturperiode der Fall ist, sind nicht ersichtlich. Im Übrigen besteht ein objektives Klarstellungsinteresse auch über den Ablauf der Legislaturperiode hinaus, wenn die zur Entscheidung anstehenden Grundsatzfragen noch nicht geklärt sind.[2]   **166**

Der Antrag des J ist zulässig.

B. Begründetheit

Die Wahlprüfungsbeschwerde ist begründet, wenn die Behandlung des Einspruchs durch den Bundestag formell fehlerhaft erfolgt ist oder die Wahl materiell gegen verfassungsrechtliche Wahlgrundsätze oder gegen einfaches Wahlrecht verstößt und sich dies auf die Mandatsverteilung ausgewirkt haben kann. Das BVerfG prüft hierbei auch, ob das maßgebliche Wahlgesetz materiell mit dem Grundgesetz vereinbar ist.[3]   **167**

I. Formell ordnungsgemäßes Wahlprüfungsverfahren

Für Verfahrensverstöße des Bundestags bei der Durchführung des Wahlprüfungsverfahrens ergeben sich aus dem Sachverhalt keine Anhaltspunkte. Der Bundestag war für die Wahlprüfung zuständig nach § 1 WahlprüfG iVm Art. 41 II GG. Die Entscheidung über die Zurückweisung des Einspruchs war nach Vorbereitung der Entscheidung durch den Wahlprüfungsausschuss durch Beschluss des Bundestags mit einfacher Mehrheit zu treffen, §§ 2, 13 WahlprüfG. Mangels entgegenstehender Angaben ist davon auszugehen, dass dies hier der Fall ist.   **168**

II. Wahlfehler

Der Prüfungsmaßstab ergibt sich aus dem Zweck des Verfahrens (ordnungsgemäße Wahl):   **169**

Da das Wahlprüfungsverfahren auf die Gewährleistung einer ordnungsgemäßen Wahl abzielt, ist sowohl die Einhaltung der Bestimmungen des einfachgesetzlichen Wahlrechts über die Durchführung der Wahl, als auch die Verfassungsmäßigkeit des Wahlrechts selbst Gegenstand der Prüfung. Prüfungsmaßstab sind demgemäß neben den Bestimmungen des Wahlrechts vor allem auch die verfassungsrechtlichen Wahlgrundsätze.

---

2 BVerfG, B. v. 26.2.2009 – 2 BvC 6/04 (juris).
3 BVerfGE 121, 266.

1. Wahlrechtsgrundsätze – Öffentlichkeit der Wahl

170 Durch den Einsatz von Wahlcomputern bei der den Gegenstand des Verfahrens bildenden Bundestagswahl könnten Wahlrechtsgrundsätze des Grundgesetzes verletzt sein.

a) Öffentlichkeitsgrundsatz und Demokratieprinzip

171 Die abgegebenen Stimmen werden ausschließlich in einem elektronischen Speicher im Innern der Wahlgeräte erfasst und automatisch ausgezählt. Dies könnte gegen die gebotene Öffentlichkeit der Wahl verstoßen, wie dies vom Beschwerdeführer geltend gemacht wird. Nach § 31 S. 1 BWG ist die Wahlhandlung öffentlich. Dazu zählt auch die Stimmauszählung, nach deren Beendigung gemäß § 37 BWG das Wahlergebnis festgestellt wird. Die Öffentlichkeit der Wahl könnte darüber hinaus auch verfassungsrechtlich gewährleistet sein. Ein Gebot der Öffentlichkeit der Wahl wird in Art. 38 I 1 GG nicht ausdrücklich aufgeführt. Es könnte sich jedoch unmittelbar aus den Anforderungen des Demokratieprinzips an die Durchführung von Wahlen ergeben. In der parlamentarischen Demokratie unterliegt die Ausübung der staatlichen Gewalt der öffentlichen Kontrolle. Dies muss auch für den Wahlakt, durch den sie dem Parlament übertragen wird, gelten. Während die Stimmabgabe geheim ist, muss das Wahlvorschlagsverfahren ebenso wie die Feststellung des Wahlergebnisses deshalb öffentlich sein. Öffentlichkeit der Wahl ist eine Grundvoraussetzung für eine demokratische politische Willensbildung, sichert Ordnungsgemäßheit und Nachvollziehbarkeit der Wahlvorgänge und schafft damit wesentliche Voraussetzungen für begründetes Vertrauen der Bürger in den korrekten Ablauf der Wahl. Der Grundsatz der demokratischen Öffentlichkeit im Wahlverfahren muss insbesondere für die Wahlhandlung und für die Ermittlung des Wahlergebnisses gelten. Denn sie sind die entscheidenden Schritte zur Bildung einer demokratisch legitimierten Volksvertretung und müssen deshalb offen nachvollziehbar sein.

b) Beeinträchtigung des Öffentlichkeitsprinzips

172 Dies bedeutet nicht, dass der Einsatz von Wahlcomputern generell ausgeschlossen wäre. Es muss jedoch durch Bauart und Programmierung der Geräte sichergestellt sein, dass die Anforderungen an die Öffentlichkeit der Wahl gewährleistet sind. Dies bedeutet insbesondere, dass der Wahlvorgang und die Auswertung der Stimmen nachvollziehbar sein müssen. Daran könnten bei den Wahlgeräten, wie sie bei der fraglichen Bundestagswahl zum Einsatz kamen, Zweifel bestehen. Wenn die Stimmabgabe ausschließlich auf einem elektronischen Speicher vermerkt wird und nicht gleichzeitig auf einem verkörperten (Papier-)Protokoll, ist eine Nachprüfung korrekter Speicherung und Zähler nicht ohne Weiteres möglich, setzt vielmehr besondere IT-Kenntnisse voraus. Der Grundsatz der Öffentlichkeit der Wahl erfordert aber, dass der einzelne Bürger auch ohne besondere Sachkenntnisse den Wahlvorgang und die Feststellung des Wahlergebnisses nachvollziehen kann. Der Wähler selbst muss ohne nähere computertechnische Kenntnisse nachvollziehen können, ob seine abgegebene Stimme als Grundlage für die Auszählung unverfälscht erfasst wird; er darf nicht darauf verwiesen werden, ohne die Möglichkeit eigener Einsicht auf die Funktionsfähigkeit des Systems zu vertrauen. Es reicht nicht aus, wenn er nur durch eine elektronische Anzeige darüber unterrichtet wird, dass seine Stimmabgabe registriert worden ist.

So aber liegen die Dinge bei den hier zum Einsatz gekommenen elektronischen Wahl- **173**
geräten. Bei ihnen beruht die Entgegennahme der Wählerstimmen und die Berechnung
des Wahlergebnisses auf einem Rechenvorgang, der von außen und für Personen ohne
informationstechnische Spezialkenntnisse nicht überprüfbar ist. Insbesondere ist es für
sie nicht überprüfbar, ob unbeabsichtigte oder auch in der Absicht der Manipulation
herbeigeführte Fehler in der Software die Feststellung des Wahlergebnisses beeinflusst
haben. Ein Wahlverfahren, in dem der Wähler nicht zuverlässig nachvollziehen kann, ob
seine Stimme unverfälscht erfasst und in die Ermittlung des Wahlergebnisses einbezogen wird und wie die insgesamt abgegebenen Stimmen zugeordnet werden und gezählt
werden, schließt zentrale Verfahrensbestandteile der Wahl von der öffentlichen Kontrolle aus und bewirkt daher einen nachhaltigen Eingriff in den Grundsatz der Öffentlichkeit der Wahl.

Dies betrifft die Mehrzahl der bei der den Gegenstand der Wahl bildenden Wahlgeräte; **174**
nur diejenigen Geräte in denen die Stimmen neben der elektronischen Speicherung anderweitig (Ausdruck eines Papierprotokolls) erfasst wurden, genügten den Anforderungen des Öffentlichkeitsgrundsatzes. Denn hier ist sichergestellt, dass die Wähler ihre
Stimmabgabe beherrschen und das Wahlergebnis von den Wahlorganen oder interessier-
ten Bürgern ohne besonderes technisches Vorwissen zuverlässig nachgeprüft werden
kann. Diesbezüglich war vorliegend also zu differenzieren.

c) Rechtfertigung durch entgegenstehendes Verfassungsrecht?

Die Einschränkung des Öffentlichkeitsprinzips ist nicht etwa notwendige Konsequenz **175**
aus dem Grundsatz der geheimen Wahl nach Art. 38 I 1 GG. Geheim ist hiernach die
Stimmabgabe. Hiervon dürfen Dritte nicht Kenntnis nehmen. Dies hat aber nichts mit
der Frage zu tun, ob die Stimmen durch Stimmzettel oder über Wahlgeräte abgegeben
werden. Auswertung und Auszählung der Stimmen müssen jedoch öffentlich sein. Sollte
aber eine geheime Stimmabgabe mittels Wahlcomputer dazu führen, dass die Stimmauszählung nicht öffentlich kontrolliert werden kann, so ist deren Einsatz unzulässig. Auch
eine etwaige Verminderung der Fälle fehlerhafter Stimmabgabe rechtfertigt die Durchbrechung des Öffentlichkeitsgrundsatzes nicht. Dies sind Einzelfälle, der Verstoß gegen
das Öffentlichkeitsprinzip aber betrifft den gesamten Wahlvorgang. Kosteneinsparungen
rechtfertigen ebenfalls nicht eine Durchbrechung des verfassungsrechtlichen Gebots der
Öffentlichkeit der Wahl. Eine schnelle Feststellung des Wahlergebnisses ist zwar insofern ein relevanter Belang, als der baldige Zusammentritt eines handlungsfähigen
Parlaments im Interesse der Funktionsfähigkeit einer parlamentarischen Demokratie
liegt. Dies war jedoch in den vergangenen Bundestagswahlen durchweg auch bei dem
herkömmlichen Verfahren der Stimmabgabe gewährleistet. Eine Beschleunigung von
einigen Stunden rechtfertigt nicht den Verzicht auf das Verfassungsprinzip der Öffentlichkeit. Von Verfassungs wegen ist nicht gefordert, dass das Wahlergebnis kurz nach
Schließung der Wahllokale vorliegen muss.

Ein Verstoß gegen das Öffentlichkeitsprinzip ist also zu bejahen.

2. Mandatsrelevanz – Erheblichkeit des Wahlfehlers

176 Der Wahlfehler könnte dazu führen, dass die Wahl nach § 44 BWG für ungültig zu erklären ist. Dagegen könnte jedoch der Bestandsschutz der demokratisch gewählten Volksvertretung sprechen. Eine Wahl für ungültig zu erklären, bedeutet, dass damit auch die Stimmabgabe der an der Wahl teilnehmenden Bürger entwertet wird, da ihre Wahlentscheidung mit der Ungültigerklärung ihre Bedeutung verliert. Der festgestellte Wahlfehler ist daher mit dem Bestandsschutz der gewählten Volksvertretung in Abwägung zu bringen.

177 Hierfür ist zunächst darauf abzustellen, ob der festgestellte Fehler sich auf die Zusammensetzung des Bundestags ausgewirkt hat, ob er also Mandatsrelevanz hatte. Dafür ist hier nichts dargetan worden; es kann aber auch nicht ausgeschlossen werden. Konkrete Anhaltspunkte dafür, dass tatsächlich Geräte fehlerhaft programmiert waren, bestehen jedoch nicht. Daher kann der Wahlfehler nicht als so schwerwiegend angesehen werden, dass er die Legitimation der gewählten Volksvertretung grundsätzlich in Frage stellen könnte. Das Bestandsschutzinteresse der demokratisch gewählten Volksvertretung ist also höher zu werten.

C. Entscheidung des BVerfG

178 Das BVerfG wird den Bundestagsbeschluss insoweit aufheben, als er einen Wahlfehler verneint und wird einen Verstoß gegen den Grundsatz der Öffentlichkeit der Wahl feststellen. Im Übrigen wird es die Beschwerde zurückweisen. Es wird insbesondere nicht die Wahl für ungültig erklären.

Wiederholung und Vertiefung

Wahlrecht

1. Wahlrechtsgrundsätze, Wahlsystem

179 Das Grundgesetz enthält in Art. 38 I 1 GG diese maßgeblichen Wahlgrundsätze:

> - Freie Wahlen
> - Allgemeinheit der Wahl
> - Wahlrechtsgleichheit:
>   - Zählwertgleichheit
>   - Erfolgswertgleichheit
> - Geheime Wahlen
> - Unmittelbarkeit der Wahl
> - Der Grundsatz der Öffentlichkeit der Wahl folgt unmittelbar aus dem Demokratieprinzip.

Der vorstehende Fall bezog sich auf das geltende Wahlrecht und die Verfassungsmäßigkeit eines konkreten Wahlaktes.

Im **Fall 1** ging es um die Verfassungsmäßigkeit bestimmter Regelungen des geltenden Wahlrechts. Sie sind zu messen an den Grundsätzen des Art. 38 I 1 GG. Dies gilt auch, wenn nach der Verfassungsmäßigkeit von Änderungen des Wahlrechts gefragt ist. Stehen die Grundsätze des Art. 38 I 1 GG einer Wahlrechtsänderung entgegen, so kommt noch eine Änderung des Art. 38 I GG selbst in Betracht. Maßstab hierfür ist nur Art. 79 III GG – die Änderung der Wahlrechtsgrundsätze müsste also gegen die demokratischen Grundsätze des Grundgesetzes verstoßen. Allerdings: die Wahlrechtsgrundsätze des Art. 38 I 1 GG sind unmittelbarer Ausdruck des Demokratieprinzips – deshalb ist die Wahlrechtsgleichheit auch für den verfassungsändernden Gesetzgeber nicht disponibel.

180

Ein bestimmtes Wahlsystem ist nicht vorgegeben. Der Gesetzgeber könnte auch die Mehrheitswahl einführen.[4]

2. Insbesondere: Wahlrechtsgleichheit

a) Wahlrechtsgleichheit bedeutet Zählwert- und Erfolgswertgleichheit. Erstere ist unproblematisch festzustellen – Erfolgswertgleichheit hängt demgegenüber vom jeweiligen Wahlsystem ab. Dies bedeutet auch, dass Verschiebungen in der Erfolgswertgleichheit dann gerechtfertigt sind, wenn sie die Konsequenz aus der Entscheidung für ein bestimmtes Wahlsystem sind. Aus diesem Grund wurden auch Überhangmandate als Konsequenz aus dem System der personalisierten Verhältniswahl in begrenztem Maße hingenommen.[5]

181

b) Die Ausgestaltung des Wahlrechts ist auch bedeutsam für die Erfolgschancen der politischen Parteien. Diese können im Wege des Organstreitverfahrens geltend machen, durch Bestimmungen des Wahlrechts in diesem Recht verletzt zu sein.

182

Ob eine Wahlrechtsnorm gegen den Grundsatz der Wahlrechtsgleichheit verstößt, ist also wie folgt zu prüfen:
1. Ist die Wahlrechtsgleichheit beeinträchtigt? Insbesondere: ist der Erfolgswert der Stimmen unterschiedlich?
2. Ist dieser unterschiedliche Erfolgswert zwingend im geltenden Wahlsystem angelegt?
3. Kann die Ungleichheit aus Gründen gerechtfertigt werden, die durch die Verfassung legitimiert sind?

c) Die Wahlrechtsgrundsätze für Landtagswahlen sind der Landesverfassung zu entnehmen. Ein Landeswahlgesetz kann damit nicht unter Berufung auf den Gleichheitssatz des Art. 3 I GG vor dem BVerfG angegriffen werden. Demgegenüber ist Art. 3 I GG Maßstab für Wahlen zum Europaparlament.

183

---

4 BVerfGE 121, 266 (295 f.) und ebenso BVerfGE 95, 335 (353 f.).
5 *Degenhart* Rn 91 ff.

184 d) Für die verfassungsgerichtliche Kontrolle gilt: Soweit es um die Anwendung der Bestimmungen des Wahlrechts im Zusammenhang mit einem konkreten Wahlverfahren geht, ist jedoch die Wahlprüfungsbeschwerde nach § 48 BVerfGG einschlägig.[6] Dies betrifft zB Unregelmäßigkeiten bei Vorbereitung und Durchführung der Wahl, unzulässige Einflussnahme Dritter, verfassungswidrige Öffentlichkeitsarbeit der Regierung uam.

3. Aktuelle Entwicklungen

184a Eine Änderung des geltenden Wahlsystems wäre durch einfaches Gesetz – die Änderung des BWG – möglich; das BVerfG lässt, wie ausgeführt, auch ein reines Mehrheitswahlsystem zu – die Wahlrechtsgleichheit muss dann innerhalb dieses Systems, also durch möglichst gleich große Wahlkreise (nach der Bevölkerungszahl) verwirklicht werden (Rn 181). Die 5%-Sperrklausel wird mittlerweile für Kommunalwahlen überwiegend in Frage gestellt.[7] Für die Wahlen zum **Europaparlament** wurde auch eine 3%-Sperrklausel vom BVerfG für verfassungswidrig erklärt. Es stellt dabei besonders auf die Unterschiede zum Bundestag ab.[8]

Immer wieder zur Diskussion gestellt wird ein Familienwahlrecht.[9] Die im vorstehenden Fall behandelte Problematik des Wahlcomputers könnte sich in ähnlicher Weise für die gelegentlich diskutierten „Internet-Wahlen" stellen.[10] Hier stünde zudem der Grundsatz der geheimen Wahl in Frage und würde erheblich beeinträchtigt; es ist fraglich, ob dies durch eine möglicherweise erzielbare höhere Wahlbeteiligung gerechtfertigt werden könnte. Auch das Wahlalter wird immer wieder in Frage gestellt; hier ist der Grundsatz der allgemeinen Wahl berührt. Für das Mindestalter kommt es auf die hinreichende Einsichtsfähigkeit an; eine Herabsetzung auf 16 Jahre ist wohl in einigen Ländern erfolgt und dürfte verfassungsmäßig sein, da in diesem Alter die Fähigkeit zu einer verantwortlichen Wahlentscheidung vorausgesetzt werden darf. Eine Begrenzung nach oben kann demgegenüber nicht gerechtfertigt werden.[11] – Zum Wahlrecht des Art. 38 I 1 GG sollte bekannt sein, dass das BVerfG zuletzt im Lissabon-Urteil ihm auch ein Recht darauf entnimmt, dass der gewählten Volksvertretung hinreichend substanzielle Befugnisse verbleiben[12] – dazu **Fall 21**.

Zur Wiederholung: *Degenhart* Rn 69-102.

Aktuelle Rechtsprechung: BVerfGE 95, 335 und 408 (Wahlrecht); BVerfGE 97, 317 (Listennachfolge); VG Dresden NVwZ-RR 2006, 225 (Wahlbrief); BVerfGE 121, 266 (negatives Stimmgewicht); BVerfGE 123, 39 (Wahlcomputer); BVerfGE 129, 300 (Europaparlament I); BVerfGE 131, 316 (negatives Stimmgewicht II); BVerfGE 132, 39 (Auslandswahlrecht); BVerfGE 135, 259 (Europaparlament II).

---

6 S dazu *Ortmann*, ThürVBl 2006, 169; *Shirvani/Schröder*, JURA 2007, 143.

7 *Degenhart* Rn 89; BVerfGE 120, 82.

8 BVerfGE 135, 259 Rn 44 ff., 63 ff., 68 ff.; BVerfGE 129, 300; *Degenhart* Rn 88 f.

9 *Degenhart* Rn 107.

10 *Degenhart* Rn 81.

11 Es ist daher erstaunlich, wenn die Legitimität des Brexit-Referendums deshalb in Frage gestellt wird, weil vor allem ältere Wähler *für*, jüngere Wähler – von denen aber nur wenige sich an der Abstimmung beteiligten – *gegen* den Brexit gestimmt haben, vgl dazu *Degenhart*, Votum Verfassungsrecht in NJW 2016 H. 31.

12 *Degenhart* Rn 102.

Aus der Ausbildungsliteratur: *Grzeszick*, Verfassungsrechtliche Grundsätze des Wahlrechts, JURA 2014, 1110; *Pernice-Warnke*, Das Urteil des Bundesverfassungsgerichts zur Drei-Prozent-Sperrklausel im Europawahlrecht, JURA 2014, 1143; *Schwarz*, Nationale Minderheiten und Sperrklauseln im Wahlrecht, JA 2015, 842; *Voßkuhle/Kaufhold*, Grundwissen – Öffentliches Recht: Die Wahlrechtsgrundsätze, JuS 2013, 1078; *Laufs*, Das Recht auf freie Wahlen nach deutschem und europäischem Recht, JuS 2013, 788; *Ipsen*, Das neue Wahlrecht zum Deutschen Bundestag, iurratio 2013, 60; *Lampert*, Die wahlrechtlichen Gleichheitssätze, JuS 2011, 884; *Guckelberger*, Wahlsystem und Wahlrechtsgrundsätze Teil I, II, JA 2012, 561, 641.

Fälle im thematischen Zusammenhang: *Greve/Schärdel,* Übungsklausur – Öffentliches Recht: Kommunalwahlrecht, JuS 2009, 531; *Hellmuth Stumpf*, Anfängerklausur – Öffentliches Recht: Wahlrechtsgrundsätze auf Abwegen?, JuS 2010, 35; *Wernsmann/Bruns*, Betreutes Wählen, JURA 2011, 384; *Kircher/Nagel/Thümmler/Washausen*, Der frustrierte Wähler, JURA 2014, 436.

Fall 3

Front national allemand II

Anspruchsvoller Fall für die Anfängerübung / Zwischenprüfung / Vorgerücktenübung, 3 Std., nur Aufgabenteil A: 2 Std.

185 Die in den Medien als „rechts", als „populistisch" oder auch „rechtspopulistisch" eingestufte Partei „Freie Nationale Aktion" (FNA) hat für den Nachmittag des 5. September 2016 eine Demonstration unter dem Motto „Rote Karte für die Kanzlerin! Für sichere Grenzen!" angemeldet. Am 31. August erscheint auf der Internetseite des Bundesministeriums für Bildung dieser Aufruf der Bundesministerin Müller-Lüdenscheidt (M-L): *„Rote Karte für die FNA! Gegen Ausländerfeindlichkeit und populistische Hetze! – Die rote Karte muss der FNA gezeigt werden, denn sie schafft ein integrationsfeindliches Klima und trägt zur Radikalisierung der Gesellschaft bei. Die Bundesministerin für Bildung Dr. Müller-Lüdenscheidt".*

Die FNA sieht sich hierdurch unzulässig diskriminiert und in der Wahrnehmung ihrer Rechte behindert, dies umso mehr, als die Bundesministerin sich schon bei anderer Gelegenheit dezidiert gegen sie geäußert habe. Insbesondere habe sie noch Anfang Mai an einem Wahlparteitag ihrer Partei vor einer Landtagswahl teilgenommen und in einem Gespräch mit der dortigen Lokalzeitung geäußert, Wahlziel Nr. 1 für alle Demokraten müsse sein, dass die FNA nicht in den Landtag komme.

Die FNA wendet sich daraufhin an das BVerfG mit dem Antrag, das Gericht möge die Verletzung ihrer verfassungsmäßigen Rechte als Partei durch die Bundesministerin Dr. Müller-Lüdenscheidt feststellen. Diese macht geltend, als Mitglied der Bundesregierung sei sie geradezu verpflichtet, vor Gefährdungen des demokratischen Rechtsstaats zu warnen. Die Aufklärung über Gefahren für die Gesellschaft gehöre zu den Kernaufgaben der Bundesregierung. Bei der im Grundgesetz verankerten Staatsform handele es sich um eine „wehrhafte Demokratie", die in der Lage sein müsse, extremistischen Positionen, die auf ihre Abschaffung hinauslaufen würden, von Anfang an wirksam entgegen zu treten. Im Übrigen müsse sie wie alle Bürgerinnen und Bürger dieses Landes ihre Meinung äußern dürfen; schließlich habe auch der Bundespräsident die Anhänger einer bestimmten Partei als „Spinner" bezeichnet. Davon abgesehen, sei der Antrag beim BVerfG schon deshalb unzulässig, weil sie nur unverbindliche Meinungsäußerungen von sich gegeben habe. Außerdem habe die Demonstration bereits stattgefunden, und die Landtagswahlen lägen auch schon eine Weile zurück.

Vorüberlegungen

Die Aufgabe ist zwei aktuellen Entscheidungen des BVerfG nachgebildet. BVerfGE **186** 138, 102: Hier ging es um Äußerungen einer Bundesministerin am Rande einer Preisverleihung in Thüringen und den Beschluss vom 7.11.2015[1], in dem das BVerfG im Wege einer einstweiligen Anordnung gegen das Bundesministerium für Bildung und Forschung dieses zur Entfernung vergleichbarer Äußerungen von der Homepage des Ministeriums verpflichtete. Ferner wird im Sachverhalt angespielt auf das Urteil zum Rederecht des Bundespräsidenten, BVerfGE 136, 323 („Spinner"), das auf erhebliche mediale Resonanz gestoßen ist. Auch hier hatte eine Partei sich als Zielscheibe der Kritik des Bundespräsidenten in ihren verfassungsmäßigen Rechten verletzt gesehen. Jedenfalls die Entscheidung zum Äußerungsrecht des Bundespräsidenten sollte vertraut sein; es kommt dann maßgeblich darauf an, die Unterschiede zwischen der Stellung des Bundespräsidenten und der der Bundesregierung und ihrer Mitglieder zu sehen.

Antragstellerin im Verfahren vor dem BVerfG ist eine politische Partei. Ausgangspunkt **187** ist daher die zentrale Verfassungsbestimmung für die rechtliche Stellung der politischen Parteien, also Art. 21 GG. Dies wirft prozessuale Probleme auf. Parteien sind ja einerseits Träger von Grundrechten, die sie im Wege der Verfassungsbeschwerde geltend machen können. Sie sind andererseits Beteiligte des Verfassungslebens – wenn sie als solche betroffen sind, steht ihnen das Organstreitverfahren offen. Hier geht es unmittelbar um das politische Wirken der Partei, die sich in ihrer Stellung durch das Verfassungsorgan Bundesregierung beeinträchtigt sieht. Daher ist hier das Organstreitverfahren das richtige Verfahren. Dies sollte zu Beginn der Bearbeitung näher ausgeführt werden.

Demgegenüber beruft sich die Bundesregierung auf ihre Befugnis zur Öffentlichkeitsar- **188** beit. Diese folgt unmittelbar aus den verfassungsrechtlichen Aufgaben der Regierung. Denn die Regierung ist grundsätzlich befugt zur Öffentlichkeitsarbeit; sie kann auf diesem Wege ihre Politik und ihre Vorhaben erläutern. Dies hat seine Grundlage letztlich im Demokratieprinzip, denn die demokratische Teilhabe des Bürgers setzt Informiertheit voraus.[2] Hierfür können die aus dem Problemkreis *staatliche Warnhinweise* vertrauten Grundsätze sinngemäß übertragen werden. So kann für die in der Zulässigkeit anstehende Frage, ob es sich bei den Äußerungen um rechtlich relevante Maßnahmen und damit um einen geeigneten Verfahrensgegenstand handelt, auf die Kriterien der Finalität und der Intensität des Betroffenseins abgestellt werden. Dass Äußerungen sachlich zutreffend und nicht diffamierend sein dürfen, ist sicher verallgemeinerungsfähig und kann auf den vorliegenden Fall übertragen werden.

Für die Zulässigkeit ergibt sich hier in beiden Fällen die prozessuale Besonderheit, dass **189** sich die Beeinträchtigung der Antragstellerin in ihren verfassungsmäßigen Rechten durch Zeitablauf erledigt haben könnte. Darauf ist im Rahmen des Rechtsschutzbedürfnisses einzugehen. In der Begründetheit befinden wir uns wiederum in der Eingriffssituation: die Antragstellerin macht geltend, sie werde in ihren Rechten aus dem Grundgesetz beeinträchtigt und dies sei verfassungswidrig. Also ist zunächst auf die Rechts-

---

1 NVwZ-RR 2016, 241.
2 Näher: BVerfGE 44, 125, 147; *Degenhart*, AfP 2010, 324, 327 f.; *Degenhart*, K&R 2016 H.6, Beihefter.

position der Partei einzugehen – sie folgt aus Art. 21 I GG. Dass die Äußerungen der Bundesministerin sie in ihrer verfassungsrechtlich geschützten politischen Betätigung beeinträchtigen können, wäre zunächst darzulegen. Die Bundesregierung bzw die Ministerin könnten aber befugt sein, sich kritisch über bestimmte politische Parteien zu äußern – ein Äußerungsrecht folgt aus der Befugnis der Regierung zur Öffentlichkeitsarbeit. Diese muss dann in Ausgleich gebracht werden mit den Belangen der Partei. Es geht also um die Schranken regierungsseitiger Öffentlichkeitsarbeit. Inhaltliche Richtigkeit und angemessene Form sind hier die maßgeblichen Kriterien, wie sie aus den Standardfällen vertraut sind.

Im Aufbau ist zu bedenken, dass hier zwei unterschiedliche Verfahrensgegenstände vorliegen, für die etwa die Frage, ob es sich um rechtlich relevante Akte und daher geeignete Gegenstände eines Antrags im Organstreitverfahren handelt, möglicherweise unterschiedlich zu beantworten ist. Daher empfiehlt es sich, zunächst die statthafte Verfahrensart festzustellen Zulässigkeit und Begründetheit jeweils getrennt und nacheinander zu prüfen.

Gliederung

Statthafte Verfahrensart

A. Internetauftritt des Ministeriums

   I. Zulässigkeit des Antrags im Organstreitverfahren

     1. Beteiligtenfähigkeit

     2. Antragsgegenstand

     3. Antragsbefugnis

     4. Form und Frist

     5. Rechtsschutzbedürfnis

   II. Begründetheit

     1. Schranken der Öffentlichkeitsarbeit der Regierung und Parteienfreiheit, Art. 21 I GG

       a) Eingriff in die Betätigungsfreiheit der Parteien

       b) Verletzung der Rechte der Antragstellerin

         aa) Befugnis der Regierung zur Öffentlichkeitsarbeit

         bb) Gesetzliche Ermächtigung?

         cc) Parteipolitische Neutralität

         dd) Rechtfertigung?

     2. Versammlungsfreiheit, Art. 8 I GG

       a) Schutzbereich

       b) Eingriff

       c) Rechtfertigung?

B. Äußerungen im Interview

   I. Zulässigkeit des Antrags im Organstreitverfahren

     1. Beteiligtenfähigkeit

     2. Antragsgegenstand

     3. Antragsbefugnis

     4. Form und Frist

     5. Rechtsschutzbedürfnis

   II. Begründetheit

C. Entscheidung des BVerfG

Musterlösung

Statthafte Verfahrensart

191 Die FNA könnte sich einerseits im Wege eines Antrags im Organstreitverfahren nach Art. 93 I Nr. 1 GG, §§ 63 ff. BVerfGG, andererseits im Wege der Verfassungsbeschwerde an das BVerfG wenden.[3] Hierfür ist entscheidend, ob sie durch eine hoheitliche Maßnahme des Staates in ihren Grundrechten betroffen ist, oder aber als Institution des Verfassungslebens. Wenn die FNA sich gegen die Herausgabe von Informationsmaterial durch die Bundesregierung im Rahmen ihrer Öffentlichkeitsarbeit und darin enthaltene Äußerungen wendet, so könnte sie damit eine Verletzung ihrer Grundrechte geltend machen. Denn behördliche und regierungsamtliche Hinweise oder Warnungen können als Grundrechtseingriff wirken. Sie können dann, wenn sie ehrverletzend sind, Persönlichkeitsrechte der Betroffenen verletzen. Hiergegen könnte das BVerfG im Rahmen einer Verfassungsbeschwerde angerufen werden. Auch der konkludente Aufruf, an der Versammlung nicht teilzunehmen, könnte als faktischer Eingriff in die Versammlungsfreiheit gedeutet werden. Darauf kann sich auch die FNA als politische Partei berufen. Sie wendet sich jedoch gegen Äußerungen, durch die sie sich als politische Partei diskriminiert und in ihrem politischen Wirken beeinträchtigt sieht. Dies spricht dafür, dass sie sich hier in ihrer verfassungsrechtlichen Position als Einrichtung des Verfassungslebens beeinträchtigt sieht. Dafür spricht auch, dass der Antrag sich gegen ein Mitglied der Bundesregierung richtet, der Verfassungsstreit sich also zwischen Beteiligten am Verfassungsleben abspielt und die FNA das Verhalten der Regierung in der politischen Auseinandersetzung rügt. Es geht also im Schwerpunkt um die Stellung der Partei in der politischen Auseinandersetzung, ihre Stellung im Verhältnis zur Regierung und damit um die Partei als Beteiligte am Verfassungsleben. Hierfür ist das Organstreitverfahren statthafte Verfahrensart.

Der Antrag im Organstreitverfahren hat Aussicht auf Erfolg, wenn er zulässig und begründet ist.

A.   Internetauftritt des Ministeriums

I.   Zulässigkeit des Antrags im Organstreitverfahren

1.   Beteiligtenfähigkeit

192 a) Die FNA müsste als politische Partei beteiligtenfähig sein, Art. 93 I Nr. 1 GG, § 63 BVerfGG. Parteien werden hier jedoch nicht ausdrücklich als Beteiligte im Organstreitverfahren genannt. Sie zählen jedoch zu den anderen Beteiligten iSd Art. 93 I Nr. 1 GG.[4] Sie sind durch das Grundgesetz mit eigenen Rechte ausgestattet, denn nach Art. 21 GG wirken sie an der politischen Willensbildung mit. Hierin liegt ihre Anerkennung als Einrichtungen des Verfassungslebens. Dass sie in § 63 BVerfGG nicht als mögliche Betei-

---

3 Näher: *Degenhart* Rn 64.
4 *Da dies unstr und auch im vorliegenden Fall nicht problematisch ist, wird hier der Urteilsstil gewählt.*

ligte genannt sind, steht nicht entgegen. § 63 BVerfGG kann als einfaches Gesetz den Wortlaut des Art. 93 I Nr. 1 GG nicht einschränken.

b) Auch M-L als Mitglied der Bundesregierung müsste als Antragsgegnerin beteiligten-**193** fähig sein. Sie müsste dann als Teil des Verfassungsorgans Bundesregierung mit eigenen Rechten ausgestattet sein. Dies könnte der Fall sein auf Grund der Bestimmung des Art. 65 S. 2 GG. Nach dieser Bestimmung führt jeder Bundesminister sein Ressort in eigener Verantwortung. Durch dieses Ressortprinzip werden dem einzelnen Bundesminister eigene verfassungsmäßige Rechte zugeordnet. Auch der einzelne Bundesminister ist daher als mit eigenen, verfassungsrechtlich verankerten Rechten ausgestatteter Organteil der Bundesregierung nach Art. 93 I Nr. 1 GG, § 63 BVerfGG beteiligtenfähig.

Die Beteiligtenfähigkeit ist also auch auf der Passivseite gegeben.

2. Antragsgegenstand

Die Zulässigkeit des Antrags im Organstreitverfahren setzt nach § 64 I BVerfGG weiter-**194** hin einen Streit um gegenseitige Rechte und Pflichten aus dem Grundgesetz voraus. Es muss eine rechtserhebliche Maßnahme oder Unterlassung des Antragsgegners vorliegen. Sie könnte hier im Internetauftritt des Ministeriums und den dort verbreiteten Äußerungen der Ministerin zu sehen sein. Dagegen könnte sprechen, dass es sich hierbei nicht um eine rechtsverbindliche Maßnahme, sondern um Öffentlichkeitsarbeit der Regierung, also um informelles Handeln des Staates handelte. Aber auch derartige hoheitliche Äußerungen können in Rechte Betroffener eingreifen. Dies ist jedenfalls dann möglich, wenn sie sich gegen bestimmte Adressaten richten und diese in ihren Rechten nachhaltig berühren können. Die Äußerungen über die Partei und über fremdenfeindliche Tendenzen sind nicht etwa bloße private Meinungsäußerungen; sie sind regierungsamtlich erfolgt und richten sich unmittelbar und gezielt gegen die FNA. Dies gilt verstärkt noch für die Äußerung „Rote Karte", die als Boykottaufruf gedeutet werden kann. Die Äußerungen der Ministerin im Internetauftritt des Ministeriums sind daher als rechtserhebliche Maßnahmen einzustufen.

3. Antragsbefugnis

Die FNA müsste nun plausibel geltend machen, durch diese Äußerungen in eigenen, **195** verfassungsrechtlich begründeten Rechten verletzt zu sein. Hierfür reicht aus, dass eine solche Rechtsverletzung möglich und nicht von vornherein offensichtlich ausgeschlossen ist.

Die FNA macht ihre Rechte aus Art. 21 GG geltend. Wenn sie insbesondere geltend **196** macht, durch die einseitig gegen sie gerichteten Äußerungen von M-L in ihrem politischen Wirken, im Werben um Anhänger und Wähler behindert zu sein, so rügt sie damit, dass die Antragsgegnerin ihre Befugnisse zur Öffentlichkeitsarbeit überschritten und sie hierdurch in ihrem Recht auf Chancengleichheit im politischen Wettbewerb verletzt hat. Dies erscheint jedenfalls nicht ausgeschlossen. Ebenso wenig ausgeschlossen erscheint eine Verletzung der FNA in ihrem Recht auf Versammlungsfreiheit aus Art. 8 GG. Denn auch informelle Maßnahmen können dieses Grundrecht verletzen.[5]

4. Form und Frist

197 Die Schriftform ist zu wahren, § 23 I BVerfGG. Der Antrag ist nach § 64 II BVerfGG zu begründen. Er ist innerhalb einer Frist von 6 Monaten nach Bekanntwerden der angegriffenen Maßnahme zu stellen, § 64 III BVerfGG. Davon ist laut SV auszugehen.

Der Antrag der FNA ist zulässig.

5. Rechtsschutzbedürfnis

198 Das Rechtsschutzbedürfnis der FNA könnte entfallen sein, da der Termin für die Versammlung bereits verstrichen ist. Sie könnte jedoch ein berechtigtes Interesse an der Feststellung einer Verletzung in ihren verfassungsmäßigen Rechten haben. Dies ist zu bejahen, da die Äußerungen der Ministerin eine fortwirkende Diskriminierung bedeuten und auch Wiederholungsgefahr nicht auszuschließen ist.

II. Begründetheit

199 Der Antrag der FNA ist begründet, wenn die Inhalte auf der Homepage des Ministeriums verfassungswidrig sind und die FNA hierdurch in ihren Rechten aus dem Grundgesetz verletzt ist.

1. Schranken der Öffentlichkeitsarbeit der Regierung und Parteienfreiheit, Art. 21 I GG

a) Eingriff in die Betätigungsfreiheit der Parteien

200 Die FNA könnte durch die Äußerungen der M-L in ihrem Recht auf freie und gleichberechtigte Betätigung im politischen Wettbewerb aus Art. 21 I GG verletzt sein. Dieses Recht kann durch hoheitliche Äußerungen, Warnungen oder Informationen ebenso intensiv beeinträchtigt werden, wie durch verbindliche Verbote oder Beschränkungen. Dies gilt insbesondere auch für den Ruf des Betroffenen, wie allgemein für die Chancen einer politischen Partei im Wettbewerb. Daher könnten die auf der Homepage des Ministeriums verbreiteten Äußerungen auf Grund ihrer nachteiligen Wirkungen für die FNA wie ein Eingriff zu behandeln sein. Sind staatliche Äußerungen wie hier unmittelbar gegen Träger verfassungsmäßiger Rechte gerichtet, so sind sie als mittelbarer Eingriff in diese Rechte oder doch als Eingriffsäquivalent[6] zu qualifizieren. Die von Bundesministerin M-L stammenden Äußerungen auf der Homepage des Ministeriums stellen auch keine unverbindlichen privaten Meinungsäußerungen dar. Sie sind vielmehr unmittelbar der Bundesregierung zuzurechnen und erfolgten in amtlicher Eigenschaft.

---

5 BVerfGE 122, 342 (368).
6 Vgl BVerfGE 105, 252 (273): „funktionales Eingriffsäquivalent".

b) Verletzung der Rechte der Antragstellerin

Das Recht politischer Parteien, gleichberechtigt am Prozess der politischen Meinungs- **201** und Willensbildung des Volkes teilzunehmen, könnte hier dadurch verletzt sein, dass M-L in ihrer Eigenschaft als Staatsorgan unter Verstoß gegen das Neutralitätsgebot in diesen Willensbildungsprozess eingegriffen hat.

aa) Die Äußerungen der M-L könnten jedoch auf Grund der **Befugnis der Regierung** **202** **zur Öffentlichkeitsarbeit** erfolgt sein. Sie ist in der demokratischen Ordnung des Grundgesetzes legitimiert und auch notwendig. Die Regierung, die dem Volk verantwortlich ist, hat ihre Politik zu erläutern und darzulegen, was sie zur Problembewältigung getan hat und künftig tun will.[7] Aus ihrer Aufgabe der politischen Staatsleitung folgt auch die Aufgabe, die Öffentlichkeit hierüber zu informieren.[8] Dies ist Voraussetzung dafür, dass sich der Bürger mit dem demokratischen Staat identifizieren kann. Zu den Aufgaben der Bundesregierung kann es insbesondere auch gehören, extremistische Bestrebungen zu beobachten und hierüber zu berichten. Denn die Bundesrepublik versteht sich als wehrhafte Demokratie. Dies stellt einen Auftrag an alle Verfassungsorgane dar, die freiheitlich-demokratische Grundordnung zu wahren und aktiv für sie einzutreten.

bb) Dass hierfür keine ausdrückliche **gesetzliche Ermächtigung** besteht, ist unschäd- **203** lich. Soweit sich die Bundesregierung im Rahmen ihrer allgemeinen Befugnis zur **Öffentlichkeitsarbeit** bewegt, ist eine besondere gesetzliche Ermächtigung nicht erforderlich. Die Befugnis hierzu folgt bereits aus ihrer verfassungsrechtlichen Aufgabenstellung.[9]

cc) Ministerin M-L könnte jedoch gegen die Verpflichtung zu **parteipolitischer** **204** **Neutralität** verstoßen haben. Allerdings sind in der parteienstaatlichen Demokratie des Grundgesetzes die Inhaber von Regierungsämtern in aller Regel auch Mitglieder politischer Parteien und vertreten diese in der Öffentlichkeit. Insofern können sie entsprechend dem Auftrag des Art. 21 GG im Sinn ihrer Partei an der politischen Willensbildung mitwirken. Dies setzt aber voraus, dass sie sich erkennbar als Parteipolitiker äußern. Dies ist nicht der Fall, wenn sie auf Ressourcen der Regierung zurückgreifen und die Autorität der Bundesregierung in Anspruch nehmen. In diesem Fall sind sie zu parteipolitischer Neutralität verpflichtet. Dagegen könnte M-L mit den Äußerungen auf der Homepage ihres Ministeriums verstoßen haben. Dies setzt zunächst voraus, dass sie sich erkennbar als Mitglied der Bundesregierung geäußert hat. Dies ist schon deshalb zu bejahen, weil der offizielle Internetauftritt des Ministeriums zur Verbreitung der Äußerungen der M-L genutzt wurde. Ihre Äußerungen müssten eine einseitige Parteinahme gegen die FNA im politischen Meinungskampf enthalten. Auch diese Voraussetzung ist nach dem Sachverhalt zu bejahen, da M-L sich gezielt gegen die FNA gewandt hat.

dd) Die Äußerungen könnten jedoch deshalb **gerechtfertigt** sein, weil es zu den Auf- **205** gaben der Bundesregierung gehört, die freiheitlich-demokratische Grundordnung zu wahren und zu verteidigen. Dies könnte sachliche Informationen über möglicherweise verfassungsfeindliche Bestrebungen einer Partei beinhalten.[10] Hier ist aber der Bereich

---

7 So insb. BVerfGE 20, 56 (100); 44, 125 (147 f.).
8 BVerfGE 105, 279 (306).
9 BVerfGE 105, 279 (303); s auch BVerwG NJW 2006, 1303 (1304).
10 BVerfGE 138, 102 Rn 48.

sachlicher Informationen verlassen. M-L hat sich vielmehr in scharfer und polemischer Form gezielt gegen die Betätigung der Antragstellerin geäußert. Als Mitglied der Bundesregierung durfte sie jedoch nicht in dieser Weise Partei ergreifen. Dass dem Bundespräsidenten erheblich weitergehende Redefreiheit zugebilligt wird, führt zu keiner anderen Beurteilung. Denn der Bundespräsident ist, anders als die Mitglieder der Bundesregierung, nicht in den politischen Wettbewerb der Parteien eingebunden und steht in Distanz zum politischen Geschehen, während die Mitglieder der Bundesregierung in diesem politischen Wettbewerb stehen.[11]

Die Bundesministerin hat die Grenzen ihres Äußerungsrechts daher überschritten. Hierdurch wurde die FNA in ihren Rechten aus Art. 21 I GG verletzt.

2. Versammlungsfreiheit, Art. 8 I GG

206 M-L könnte durch die konkludente Aufforderung, die angekündigte Demonstration der FNA zu boykottieren, diese in ihrem Grundrecht der Versammlungsfreiheit aus Art. 8 I GG verletzt haben.

207 a) Bei der angekündigten Demonstration handelte es sich um eine Versammlung iSv Art. 8 I GG; diese sollte Stellung beziehen zur Flüchtlingspolitik der Bundesregierung als einer Thematik von hohem Öffentlichkeitsinteresse. Auch der subjektive Schutzbereich der Versammlungsfreiheit ist eröffnet. Das Grundrecht der Versammlungsfreiheit ist auch auf juristische Personen anwendbar; insbesondere Parteien können sich darauf berufen, die ja, auch wenn sie in den Rang einer verfassungsrechtlichen Institution erhoben sind, doch keine staatlichen, sondern private Einrichtungen und deshalb auch grundrechtsfähig sind.[12]

208 b) Ob in das Grundrecht der Versammlungsfreiheit der FNA **eingegriffen** wurde, könnte deshalb fraglich sein, weil hier kein Verbot und keine sonstige verbindliche Beschränkung ausgesprochen wurde. Das Grundrecht kann aber auch durch faktische Maßnahmen beeinträchtigt werden, wenn sie in ihrer Intensität imperativen Maßnahmen gleichstehen und eine abschreckende Wirkung entfalten.[13] Um ein solches Eingriffsäquivalent könnte es sich hier bei der Aufforderung „Die rote Karte…" handeln. Denn hierdurch sollten potenzielle Teilnehmer aufgefordert werden, nicht an der Demonstration teilzunehmen. Die Aufforderung richtete sich auch gezielt gegen die FNA als Veranstalterin der Demonstration und betraf sie damit in ihrem Grundrecht aus Art. 8 I GG.

209 c) Dass dieser Eingriff **gerechtfertigt** sein könnte, ist schon deshalb fraglich, weil hier gegen die Neutralitätspflicht des Staates verstoßen wurde. Informelles Staatshandeln durch Warnungen oder Hinweise setzt zudem in formeller Hinsicht voraus, dass die staatliche Zuständigkeitsordnung gewahrt ist. Dies ist hier nicht der Fall, der Eingriff ist schon deshalb nicht gerechtfertigt, weil M-L keine Befugnis hat, gegen Versammlungen vorzugehen. In materieller Hinsicht müssten die Äußerungen insbesondere dem Sachlichkeitsgebot entsprechen. Dies ist hier aber zu verneinen angesichts der einseitigen

---

11 *Degenhart* Rn 767a.
12 BVerfGE 122, 342 (355).
13 BVerfG NVwZ-RR 2016, 241 Rn 11.

und gezielten Parteinahme der M-L. Auch sind keine materiell rechtfertigenden Gründe für eine Beschränkung der Versammlungsfreiheit erkennbar, insbesondere keine Anhaltspunkte dafür, dass es zu strafbaren Handlungen wie Volksverhetzung oder Aufforderung zu Straftaten kommen würde.

Die FNA ist also auch in ihrem Grundrecht auf Versammlungsfreiheit verletzt.

B. Äußerungen im Interview

I. Zulässigkeit des Antrags im Organstreitverfahren

1. Beteiligtenfähigkeit

Für die Beteiligtenfähigkeit auf Aktiv- und Passivseite wird auf die Ausführungen zu A. verwiesen.   **210**

2. Antragsgegenstand

Ob hier eine rechtserhebliche Maßnahme oder Unterlassung des Antragsgegners vorliegt, könnte fraglich sein, da es hier nur um Äußerungen in einem Interview geht. Die Antragstellerin macht jedoch geltend, dass gerade hierdurch auf die Chancengleichheit bei den bevorstehenden Landtagswahlen eingewirkt wurde. Zwischen Antragstellerin und Antragsgegnerin bestand also ein verfassungsrechtliches Rechtsverhältnis. Die angegriffene Maßnahme wirkte sich auf die Rechtssphäre der Antragstellerin aus, insbesondere ihr Recht auf Chancengleichheit im Wahlkampf. Ein geeigneter Antragsgegenstand liegt also vor.   **211**

3. Antragsbefugnis

Auch in Bezug auf die Äußerungen der M-L in dem Interview während des Wahlkampfs erscheint es nicht ausgeschlossen, dass die FNA in ihrem Recht auf Chancengleichheit im politischen Wettbewerb und hier insbesondere im Wahlkampf verletzt wurde.   **212**

4. Form und Frist

Hierzu ist zu verweisen auf den Antrag unter A.

5. Rechtsschutzbedürfnis

Da die Landtagswahlen inzwischen stattgefunden haben, könnte das Rechtsschutzbedürfnis der Antragstellerin wegen Zeitablaufs entfallen sein. Andererseits ist nicht auszuschließen, dass eine Rechtsverletzung fortwirkt, bzw eine Wiederholungsgefahr besteht. Das Rechtsschutzinteresse der FNA ist also zu bejahen (*aA vertretbar*).   **213**

II. Begründetheit

Wie bereits die Äußerungen der M-L auf der Homepage des Ministeriums bedeutet auch deren Interview eine Parteinahme gegen die FNA. Dies könnte gegen die gerade in   **214**

Wahlkampfzeiten strikt zu wahrende Neutralitätspflicht bei regierungsseitiger Öffentlichkeitsarbeit verstoßen. M-L könnte sich jedoch auch als Parteipolitikerin geäußert
haben. In diesem Fall wäre sie berechtigt, für ihre und gegen konkurrierende Parteien in
den Wahlkampf einzugreifen. Denn es entspricht der Bedeutung des Art. 21 GG für die
parteienstaatliche Demokratie des Grundgesetzes, dass die Inhaber von Regierungsämtern regelmäßig auch Parteipolitiker sind und sich als solche äußern dürfen. Es
kommt also darauf an, ob M-L sich hier als Parteipolitikerin oder Mitglied der Regierung äußerte.

Für Ersteres spricht vor allem, dass das Interview im zeitlichen Zusammenhang mit
einem Parteitag stattfand. Auch hat M-L nicht die ihr als Mitglied der Bundesregierung
zur Verfügung stehenden Kommunikationsmöglichkeiten und Ressourcen genutzt, sondern mit dem Pressegespräch ein Kommunikationsforum gewählt, das nicht den Mitgliedern der Regierung vorbehalten ist, sondern auch sonst von Parteipolitikern genutzt
werden kann. Dann aber unterlag sie nicht den besonderen Neutralitätspflichten für
Regierungsmitglieder und konnte sich auch kritisch zur FNA äußern. Gerade im Wahlkampf sind auch deutliche und polemische Formulierungen zulässig.

M-L hat also nicht gegen ihre verfassungsrechtlichen Bindungen als Mitglied der Regierung verstoßen. Rechte der FNA wurden nicht verletzt. Der Antrag im Organstreitverfahren ist insoweit unbegründet.

C. Entscheidung des BVerfG

215 Auf den Antrag der FNA wird das BVerfG feststellen, dass die Äußerungen der M-L auf
der Homepage ihres Ministeriums gegen die verfassungsrechtliche Neutralitätspflicht
der Bundesregierung verstoßen und damit die Antragstellerin in ihren Rechten aus Art.
21 I GG und aus Art. 8 I GG verletzt ist. Es wird den Antrag der FNA gegen das Zei-
tungsinterview als unbegründet zurückweisen.

Wiederholung und Vertiefung

A. Das Recht der politischen Parteien in staatsrechtlichen Fällen

I. Art. 21 GG: Verfassungsrechtliche Stellung der politischen Parteien

1. Begriff der Partei

216 **a)** *Parteien sind Vereinigungen* – körperschaftliche Personenverbindungen – *deren
Zweck es ist, im Sinn bestimmter politischer Ziele an der Vertretung des Volkes in den
Parlamenten* (Bundestag oder Landtag) *mitzuwirken* – näher: § 2 I PartG.

b) Verfassungsfeindliche Partei: Parteien, die eine Beseitigung der freiheitlich-demo-
kratischen Grundordnung oder eine Beeinträchtigung des Bestands der Bundesrepublik

zum Ziel haben und dies auch tatsächlich anstreben – konstituierend insbesondere: Achtung vor den Menschenrechten in den Grundrechten des Grundgesetzes; Anerkennung von Volkssouveränität, Gewaltenteilung, Gesetzmäßigkeit der Verwaltung und Unabhängigkeit der Gerichte, Mehrparteiensystem und Recht auf Opposition.

c) Parteienprivileg des Art. 21 II 2 GG: nur das BVerfG darf Verfassungsfeindlichkeit nach b) feststellen; bis dahin darf Partei nicht als verfassungsfeindlich behandelt werden. Deshalb darf eine Parteiveranstaltung nicht allein deshalb verboten werden, weil dort verfassungsfeindliche Inhalte vertreten werden. Dies würde bedeuten, die Partei selbst als verfassungsfeindlich zu behandeln, ohne dass ein Parteiverbot ausgesprochen worden wäre.[14] Das Parteienprivileg gilt auch zB gegenüber einer grundrechtsgebundenen öffentlich-rechtlichen Sparkasse, wenn sie wegen Verfassungsfeindlichkeit einer Partei dieser das Girokonto kündigen will.[15]

2. Verfassungsmäßige Rechte

a) Art. 21 GG als grundlegende Verfassungsnorm: 217

Art. 21 I 1 GG: Anerkennung der Parteien als Einrichtungen des Verfassungslebens;

Art. 21 I 2 GG: Freiheit der politischen Betätigung;

Art. 21 I iVm Art. 3 I GG: Gleichheit der politischen Parteien, Chancengleichheit im politischen Wettbewerb; Recht auf Gleichbehandlung durch den Staat – dies schließt, zB bei der Wahlwerbung, eine Differenzierung nach der Größe und Bedeutung der Parteien nicht aus.

b) Grundrechte: die Parteien können sich auf die Grundrechte berufen, also auf Art. 8 GG gegenüber Versammlungsverboten und auf Art. 5 I 2 GG, wenn sie Presse herausgeben; vgl das Urteil des BVerfG vom 12.3.2008[16] zur Medienbeteiligung politischer Parteien.

II. Parteien als Beteiligte am Verfassungsleben

Aus Art. 21 I GG ergeben sich unmittelbare Anforderungen an die Verfassungsmäßigkeit von Gesetzen, die die Stellung politischer Parteien berühren. Typische Konfliktfälle sind: 218
- das **Wahlrecht**: hier muss nicht nur der Erfolgswertgleichheit der Stimmen Rechnung getragen werden, sondern auch dem Gebot der Chancengleichheit der politischen Parteien;
- das Recht der **Parteienfinanzierung** (*Degenhart* Rn 60-62): es darf die Chancengleichheit der Parteien nicht beeinträchtigen und die Ergebnisse des politischen Wettbewerbs nicht verfälschen: Gleichheit der Parteien; es darf die Parteien nicht in Abhängigkeit vom Staat bringen: Freiheit der Parteien.

---

14 BVerfG NJW 2001, 2069; 2075; 2076.
15 BGHZ 154, 146 (150).
16 BVerfGE 121, 30.

219   Art. 21 GG kann Bedeutung erlangen innerhalb **staatsorganisatorischer** Konflikte.

Dies kann insbesondere die Rechtsstellung der Fraktionen betreffen: dass diese anerkannt sind als Einrichtungen des Verfassungslebens, folgt auch aus der verfassungsrechtlichen Stellung der Parteien nach Art. 21 GG.

Für die Rechtsstellung des **Abgeordneten** ist das Spannungsverhältnis zwischen freiem Mandat und parteienstaatlicher Demokratie als typisches Argumentationsmuster bedeutsam: Vorschriften bzw Maßnahmen des Parlaments müssen Konkordanz zwischen
Art. 38 I 2 GG und Art. 21 I GG herstellen (wobei aber letztlich das freie Mandat idR
Vorrang haben muss).

Da es in diesen Verfassungskonflikten um die Stellung der Parteien als Einrichtungen
des Verfassungslebens geht, ist das Organstreitverfahren einzuschlagen.

III. Parteien als Adressaten hoheitlichen Handelns

1. Grundrechtsbetroffensein

220   Wie auch der einzelne Bürger, können Parteien durch Eingriffsmaßnahmen des Staates
in ihrer verfassungsrechtlichen Position betroffen sein. Sie können insbesondere in ihren Grundrechten verletzt sein – beim Versammlungsverbot in ihrem Grundrecht aus
Art. 8 I GG.

2. Verfassungsrechtlicher Status als Partei

221   Derartige Verbote können auch unmittelbar gegen Art. 21 I GG verstoßen – so das Verbot einer Parteiversammlung nach VersG: wird zur Begründung die Verfassungswidrigkeit der Partei bzw ihres Programms herangezogen, so verstößt dies gegen das Parteienprivileg des Art. 21 II 2 GG.

Nach § 5 PartG haben die Parteien einen Anspruch auf Gleichbehandlung, wenn es
darum geht, ob ihnen **öffentliche Einrichtungen** zur Verfügung gestellt werden. Auch
dieses Recht hat wegen Art. 21 I iVm Art. 3 I GG Verfassungsrang.

Dies gilt auch für die Streitigkeiten zwischen Parteien und öffentlich-rechtlichen Rundfunkanstalten über die Zuteilung von **Sendezeiten** für Wahlwerbung. Verfassungsrechtlich gilt hier der Grundsatz „abgestufter Chancengleichheit": an sich sind alle Parteien
nach dem Grundsatz der Chancengleichheit zu berücksichtigen. Dabei dürfen nach der
Bedeutung der Parteien abgestufte Sendezeiten zugewiesen werden.

*In all diesen Fällen, in denen die Partei von staatlichen Eingriffen betroffen ist, gilt
für den Rechtsschutz, was auch sonst für den Rechtsschutz des Bürgers gilt: Rechtsver-
stöße durch die Verwaltung sind zunächst im Verwaltungsrechtsweg anzugreifen, ehe
dann Verfassungsbeschwerde erhoben werden kann. Diese ist auf die konkret betroffenen Grundrechte zu stützen. Gleichheitsverstöße können über Art. 21 I iVm Art. 3 I GG
geltend gemacht werden.*

IV. Innerparteiliche Konflikte

Im Verhältnis der politischen Partei zu ihren Mitgliedern gelten Grundrechte nach den **222** Grundsätzen mittelbarer grundrechtlicher Drittwirkung – Fallbeispiel: BVerfG DVBl 2002, 968 – Parteiausschlussverfahren wegen Scientology-Mitgliedschaft. Sie sind dann in Ausgleich zu bringen mit der Freiheit der Partei nach Art. 21 I GG – aus der auch ihre Autonomie in Fragen der Organisation abzuleiten ist.

V. Aktuelle Entwicklungen

Die Stellung der politischen Parteien zwischen Staat und Gesellschaft war zentrale **223** Frage bei der Beurteilung der Medienbeteiligungen politischer Parteien[17] und der Verfassungsmäßigkeit des ZDF-Staatsvertrags und der dort vorgesehenen Besetzung der Anstaltsgremien. Auf Grund ihrer besonderen Nähe zum Staat sind die Parteienvertreter in den Gremien jedenfalls bei der Bestimmung des staatlichen Anteils mitzuzählen.[18]

Im Zusammenhang mit dem stets aktuellen Themenkomplex „Parteienprivileg" hat das BVerwG entschieden, dass Art. 21 I 2 GG nicht daran hindert, eine Partei durch den Verfassungsschutz zu beobachten, falls Anhaltspunkte für verfassungsfeindliche Bestrebungen gegeben sind.[19]

Wieder an Aktualität gewonnen haben Äußerungen von Staatsorganen über Parteien. **223a** Die Bundesregierung hat bei Informations- und Öffentlichkeitsarbeit die Chancengleichheit der Parteien und das Parteienprivileg zu beachten. Äußerungen einzelner Regierungsmitglieder sind jedoch unschädlich, wenn diese keine Möglichkeiten nutzen, die ihnen aufgrund ihres Amtes zur Verfügung stehen.[20] Der Bundespräsident hingegen steht nicht mit den Parteien im politischen Wettbewerb und verfügt nicht über die Möglichkeiten der Bundesregierung zum Informationshandeln, so dass ihm zur Erfüllung seiner Repräsentations- und Integrationsaufgabe weitergehende Äußerungsbefugnisse zustehen.[21]

Zur Wiederholung: *Degenhart* Rn 46-68.

Aktuelle Rechtsprechung: BVerfGE 111, 382 (Drei-Länder-Quorum für Parteienfinanzierung); BVerfGE 111, 54 (Sanktionen bei Verstößen gegen Rechenschaftspflicht); OVG Bremen NVwZ-RR 2003, 651 (redaktionelle Wahlsendungen); Bundesparteigericht der CDU, NVwZ 2005, 480 (Parteiausschluss wegen antisemitischer Äußerungen – Fall Hohmann); BVerfGE 121, 30 (HessPrivatrundfunkG).

Aus der Ausbildungsliteratur: *Heinig*, Parteirecht – zu BVerfGE 111, 54, JA 2005, 336; *ders.*, Bespr. von BVerfG NVwZ 2004, 1473, JA 2005, 574; *Morlok*, Das Parteiverbot, JURA 2013, 317; *Stiehr*, Das Parteiverbotsverfahren, JuS 2015, 994.

Fälle im thematischen Zusammenhang: *Kotzur*, Parteifreund auf Abwegen, JuS 2001, 54; *Geis/ Meier*, Grundfälle zum Organstreitverfahren, JuS 2011, 699.

---

17 BVerfGE 121, 30.
18 *Degenhart* Rn 50, 66.
19 BVerwGE 137, 275.
20 BVerfGE 138, 102 Rn 55.
21 BVerfGE 136, 323 (334).

B.   Informationshandeln und Öffentlichkeitsarbeit des Staates

224   Der vorstehende Fall behandelt den Fragenkreis der **Öffentlichkeitsarbeit** der Regierung bzw des Informationshandelns des Staates. Dessen Zulässigkeit kann aus unterschiedlicher Blickrichtung in Frage gestellt werden: zum einen aus der des Bürgers, der sich in seinen Grundrechten (Persönlichkeitsrecht, Berufsfreiheit) beeinträchtigt sieht, zum anderen aus der Sicht anderer Beteiligter des Verfassungslebens wie hier der betroffenen Partei.

225   Diese Fragen bzw Prüfungsstufen sind hier zu unterscheiden:

> (1) Liegt – im Verhältnis zum Bürger – ein Grundrechtseingriff vor (mit der Folge, dass der Vorbehalt des Gesetzes gilt), bzw sind Rechte eines anderen Beteiligten am Verfassungsleben betroffen?
>
> (2) Ist der Staat/die Behörde hierzu ermächtigt?
>
> (3) Welche Anforderungen ergeben sich für die konkrete Äußerung?

226   Zu (2): Eine **Ermächtigungsgrundlage** ist an sich zu fordern; abweichend von dem allgemeinen Grundsatz, dass aus der Aufgabe nicht auf die Befugnis geschlossen werden darf, ist aber aus einer Informationsaufgabe, sei es der Regierung, sei es der dieser nachgeordneten Verwaltung, grundsätzlich ein Äußerungsrecht abzuleiten, da insoweit für faktisch-mittelbare Grundrechtseingriffe eine weitergehende Normierung nicht sinnvoll ist. Eine generelle Informationsaufgabe hat die Regierung auf Grund ihrer verfassungsrechtlichen Stellung (Art. 64 II iVm Art. 65 GG), ihrer Aufgaben der Staatsleitung. Hieraus folgen entsprechende Äußerungsrechte (s *Degenhart* Rn 320).

227   Zu (3): Es gelten formelle und materielle **Rechtmäßigkeitsvoraussetzungen**:
– in formeller Hinsicht müssen Verbandskompetenz und Organkompetenz gewahrt sein;
– die Äußerungen müssen inhaltlich richtig sein; bei Verdachtsfällen: sorgfältige Tatsachenermittlung; die Äußerungen müssen schließlich in der Sache nach Form und Inhalt angemessen sein. Es darf keine Diffamierung erfolgen.

228   Besondere Zurückhaltung ist bei regierungsseitiger Öffentlichkeitsarbeit im Vorfeld von Wahlen geboten; sie hat in der „heißen" Wahlkampfphase grundsätzlich zu unterbleiben.[22] Denn sie bedeutet in aller Regel auch Werbung für die amtierende Regierung. Dies würde die Wahlchancen der Opposition in gleichheitswidriger Weise beeinträchtigen und damit gegen ihr Recht auf Chancengleichheit verstoßen, Art. 21 I iVm Art. 38 I 1 GG.

Aus der Ausbildungsliteratur: *Martini/Kühl*, Staatliches Informationshandeln, JURA 2014, 1221.

---

22   SaarlVerfGH NVwZ-RR 2010, 785; *Degenhart* Rn 767, 769.

Fall 4

I want a famous face

Mittelschwerer Fall für die Anfängerübung / Zwischenprüfung, 3 Std.;
nur Aufgabe 1: 2 Std.

Im Bundesministerium für Familie, Senioren, Frauen und Jugend herrscht Besorgnis **229** über einen zunehmenden Trend zu medizinisch nicht veranlassten chirurgischen Eingriffen – sog „Schönheitsoperationen" – bei Jugendlichen. Eine dazu einberufene Expertenkommission gelangt zu dem Ergebnis, dass derartige Eingriffe bei Jugendlichen unter 18 Jahren sowohl aus medizinischen als auch aus ethischen Gründen keinesfalls vertretbar seien. Sie seien nicht nur mit erheblichen Risiken für die körperliche Entwicklung verbunden, sondern würden auch die Entwicklung zu eigenständigen Persönlichkeiten beeinträchtigen. Aber auch noch bis zum Alter von etwa 18-20 Jahren seien die Eingriffe mit erheblichen, derzeit nicht sicher abschätzbaren Risiken behaftet. Gestützt auf Empfehlungen der Expertenkommission, legt die Bundesregierung den Entwurf für ein „*Gesetz über die Durchführung von ästhetischen Operationen (ÄsthOpG)"* vor. Zur Begründung wird auf die von der Expertenkommission dargelegten Gefahren verwiesen; es gehe um den Schutz der Jugend. Für solche Fürsorge sei der Bund auch zuständig.

Das Gesetz enthält iW diese Regelungen:

§ 1 Ziel des Gesetzes

Dieses Gesetz dient dem vorbeugenden Schutz vor den Risiken unnötiger oder nicht nach den Regeln der ärztlichen Kunst durchgeführter ästhetischer Operationen. Es dient in besonderer Weise dem Schutz Jugendlicher und Heranwachsender.

§ 2 Begriffsbestimmungen

(1) Im Sinn dieses Gesetzes bedeuten die Begriffe

1. „Ästhetische Operation (Schönheitsoperation)": eine operativ-chirurgische Behandlung zur Veränderung des körperlichen Aussehens ohne medizinische Indikation.
2. „Medizinische Indikation": ein auf medizinisch-wissenschaftlichen Erkenntnissen beruhender Grund, eine ästhetische Operation durchzuführen, wenn sie notwendig ist, um Lebens- oder Gesundheitsgefahr oder erhebliche psychische Schäden abzuwenden.

(2) „Ästhetische Operationen" im Sinn des Abs. 1 Nr. 1 sind insbesondere

(…)

(es folgt eine Aufzählung einzelner Maßnahmen wie: Brauenkorrektur, Bruststraffung, -vergrößerung, -verkleinerung, Gesäß-Modellierung, Lippenaufpolsterung, Gesichtskorrektur etc mit jeweils genauer Benennung der medizinischen Fachbegriffe).

§ 3 Fachkundenachweis

(…)

§ 4 Bestimmung zum Schutz Jugendlicher und Heranwachsender

(1) Eine ästhetische Operation an Personen, die das 18. Lebensjahr noch nicht vollendet haben, ist unzulässig.

(2) Bei Personen, die das 18., aber noch nicht das 21. Lebensjahr vollendet haben (Heranwachsende), ist eine ästhetische Operation nur zulässig, wenn eine medizinisch-psychologische Fachberatung vorausgegangen ist.

§ 5 Ordnungswidrigkeiten

(...)

Das Gesetz möchte die Bundesregierung möglichst schnell in Kraft treten lassen und übergibt es daher dem Fraktionsvorsitzenden der Fraktion der A-Partei im Bundestag, der auch die Bundesministerin für Familie, Senioren, Frauen und Jugend angehört. Der Fraktionsvorsitzende lässt den Entwurf über seine Fraktion in das Gesetzgebungsverfahren einbringen. Nachdem die Vorlage in erster Lesung an den Gesundheitsausschuss des Bundestags überwiesen wurde, schlägt dieser in seiner Beschlussempfehlung vor, § 4 Abs. 2 des Gesetzes um diesen Satz 2 zu ergänzen:

„Zwischen der Beratung und der Operation müssen mindestens 8 Wochen liegen."

In dieser Form wird das Gesetz in zweiter und dritter Lesung beraten und beschlossen. Im Bundesrat wird der Gesetzesbeschluss ohne weitere Debatte zur Kenntnis genommen, der Vermittlungsausschuss nicht angerufen. Nach Unterzeichnung durch den Bundespräsidenten wird das Gesetz formgerecht verkündet.

Die oppositionelle F-Fraktion im Bundestag hat erhebliche Zweifel an der Verfassungsmäßigkeit des Gesetzes. Es bedeute einen weiteren Schritt in Richtung staatliche Bevormundung. Die Entscheidung über das eigene Aussehen sei schließlich eine höchstpersönliche Angelegenheit. Bei Minderjährigen sollte die Entscheidung von den Erziehungsberechtigten getroffen werden, deren natürliches Recht die Personensorge sei; die Einbeziehung von Volljährigen sei gänzlich unverständlich. Die gesetzlichen Restriktionen würden zudem die einschlägigen Fachärzte und Fachkliniken erheblich in ihrer Tätigkeit einschränken. Diese erzielten durchschnittlich 10 % ihrer Einnahmen durch den betroffenen Personenkreis, einzelne Kliniken, die auf die Behandlung Jugendlicher spezialisiert seien, müssten möglicherweise schließen. Dies könnte deren Berufsfreiheit verletzen, möglicherweise auch enteignend wirken. Das Gesetzgebungsverfahren werfe offene Fragen auf, die Zuständigkeit des Bundes sei fraglich.

Aufgabe 1: Die F-Fraktion beauftragt ihre wissenschaftliche Mitarbeiterin Dr. iur. Anna Sabrina Lallinger-Lüdenscheid, die Verfassungsmäßigkeit des Gesetzes umfassend zu prüfen. Das Gutachten ist zu erstellen.

Nachdem das Gutachten die Bedenken und Zweifel der F-Fraktion nicht ausräumen konnte, stellen die 75 Mitglieder der Fraktion einen Antrag beim BVerfG, es möge das Gesetz auf seine Verfassungsmäßigkeit überprüfen. Angesichts einer erdrückenden Mehrheit der die Regierung tragenden Koalitionsfraktionen, die über 455 der 600 Sitze im Bundestag verfügten, müsse sie, auch wenn sie nur über 75 Mandate verfüge, die Möglichkeit haben, sich an das Gericht zu wenden, denn sonst könnte die Mehrheit ja „machen, was sie wolle".

Aufgabe 2: Ist der Antrag zulässig?

Vorüberlegungen

Die Aufgabe, die einen Teilausschnitt aus einer Examensklausur darstellt, behandelt im **230** Schwerpunkt Grundrechte und ergänzend Fragen des Gesetzgebungsverfahrens. Gesetzliche Regelungen dieser Art sind im Gespräch; der Gesetzentwurf orientiert sich weitgehend an einem bereits geltenden Bundesgesetz in Österreich. Die prozessuale Fragestellung knüpft an die Diskussion um Rechte der Opposition angesichts einer über qualifizierte Mehrheiten verfügenden „Großen Koalition" an. Die Fallbearbeitung sollte hier ausnahmsweise nicht im gewohnten Schema Zulässigkeit – Begründetheit erfolgen. Vielmehr wird bereits durch den Sachverhalt nahegelegt, zunächst den Bedenken der Fraktion gegen die Verfassungsmäßigkeit des Gesetzes nachzugehen, dann deren Möglichkeiten zu prüfen, das BVerfG anzurufen. Dies ist durch die ausdrückliche Aufteilung in zwei Teilaufgaben vorgezeichnet. Bei Aufgabe 1 ist der Aufbau der der Normprüfung. Zu Aufgabe 2 sind dann die Zulässigkeitsvoraussetzungen des Normenkontrollantrags zu prüfen.

Entsprechend dem Aufbau der Normprüfung ist bei **Aufgabe 1** zunächst die Gesetzge- **231** bungskompetenz zu prüfen. Da der Begriff der öffentlichen Fürsorge nach Art. 74 I Nr. 7 GG den Bearb. nicht ohne Weiteres geläufig sein dürfte, wurde ein Hinweis in den Sachverhalt aufgenommen. Wie stets muss nach der Feststellung einer konkurrierenden Zuständigkeit geprüft werden, ob nach Art. 72 II GG die Erforderlichkeit einer bundesgesetzlichen Regelung festgestellt werden muss. Beim Gesetzgebungsverfahren ist zunächst das Standardproblem des ersten Durchgangs beim Bundesrat angesprochen. Auch das Problem einer Veränderung der Vorlage im Ausschuss sollte jedenfalls aus den einschlägigen Entscheidungen zum Vermittlungsausschuss bekannt sein.

In materiell-verfassungsrechtlicher Hinsicht könnte aus Sicht der verschönerungswilli- **232** gen Jugendlichen zunächst an das Auffanggrundrecht des Art. 2 I GG gedacht werden. Hier aber dürfte das Allgemeine Persönlichkeitsrecht (APR) das speziellere Grundrecht sein. Denn die Entscheidung über den eigenen Körper berührt die personelle Identität als eine der Fallgruppen des APR (Rn 460). Hierbei sollte differenziert werden zwischen Jugendlichen und Heranwachsenden – insbesondere bei Letzteren stellt sich die Frage, ob es ein legitimes Handlungsziel des Gesetzgebers sein kann, den erwachsenen Bürger „vor sich selbst" zu schützen. Dies kann zB Werbeverbote für als gefährlich angesehene Produkte betreffen, aber auch sonst Regelungen, die auf eine Pflicht oder Obliegenheit zum „gesunden Leben" hinauslaufen. Die Prüfung des Elternrechts nach Art. 6 II GG und der Berufsfreiheit des Art. 12 I GG dürfte keine besonderen Probleme bereiten; allenfalls die Berufsbezogenheit eines Eingriffs könnte fraglich sein.

Aufgabe 2 bezieht sich auf die Diskussion um Rechte der Opposition, die im Fall einer **233** „Großen Koalition" die für Minderheitenrechte im Grundgesetz und in der GeschOBT vorgesehenen Quoren nicht erreicht (s *Degenhart* Rn 130, 641a, 671a). Hier sollte die aktuelle Entscheidung des BVerfG zu den Oppositionsrechten vom 3.5.2016 bekannt sein. Zu beachten ist, dass nicht die Fraktion als solche antragsberechtigt ist. Vielmehr muss die erforderliche Anzahl von Abgeordneten den Antrag auf Normenkontrolle stellen.

234 Gliederung

Aufgabe 1: Verfassungsmäßigkeit des Gesetzes

A. Formelle Verfassungsmäßigkeit
  I. Gesetzgebungskompetenz
    1. Grundregel des Art. 70 GG
    2. Ausschließliche Bundeszuständigkeit? Art. 73 I Nr. 1 GG (–);
      Konkurrierende Zuständigkeit? Art. 74 I Nr. 7 GG – öffentliche Fürsorge?
    3. Gesetz gemäß Art. 72 II GG erforderlich?
  II. Gesetzgebungsverfahren
    1. Umgehung des Art. 76 II 1 GG?
    2. Änderungen durch den Ausschuss

B. Materielle Verfassungsmäßigkeit
  I. Grundrechte der Jugendlichen und Heranwachsenden
    1. Grundrechte der Jugendlichen: Allg. Persönlichkeitsrecht, Art. 2 I iVm
      Art. 1 I GG
    2. Grundrechte der Heranwachsenden: Allg. Persönlichkeitsrecht, Art. 2 I iVm
      Art. 1 I GG
  II. Rechte der Eltern Minderjähriger, Art. 6 II GG
    1. Schutzbereich
    2. Eingriff
    3. Rechtfertigung
  III. Rechte der Berufsträger, Art. 12 I GG
    1. Schutzbereich
    2. Eingriff
    3. Rechtfertigung
  IV. Eigentumsgarantie, Art. 14 I GG

Aufgabe 2: Antrag der F-Fraktion beim BVerfG

A. Zulässigkeitsvoraussetzungen
  I. Antragsberechtigung
  II. Weitere Zulässigkeitsvoraussetzungen

B. Ergebnis zu Aufgabe 2

Musterlösung

Aufgabe 1: Verfassungsmäßigkeit des Gesetzes

A. Formelle Verfassungsmäßigkeit

I. Gesetzgebungskompetenz

1. Nach der **Grundregel des Art. 70 GG** sind die Länder für die Gesetzgebung zuständig, wenn nicht dem Bund eine ausschließliche oder konkurrierende Zuständigkeit zugewiesen ist.   **235**

2. Eine **ausschließliche Bundeszuständigkeit** ist nicht ersichtlich; keiner der Kompetenztitel des Art. 73 I GG ist einschlägig. Es könnte jedoch eine konkurrierende Zuständigkeit gegeben sein. Nicht einschlägig sind allerdings die für das Gesundheitswesen geltenden Kompetenztitel des Art. 74 I Nr. 19 bzw 19a GG. Es geht insbesondere auch nicht um die Zulassung zu medizinischen Berufen. Eine konkurrierende Zuständigkeit könnte sich allerdings aus Art. 74 I Nr. 7 GG ergeben. Dann müsste es sich bei dem Gesetz um „öffentliche Fürsorge" handeln. Ziel des Gesetzes ist der Schutz Jugendlicher und Heranwachsender. Um eine konkurrierende Zuständigkeit zu begründen, müsste also Jugendschutz einschließlich des Schutzes Heranwachsender unter den Begriff der Fürsorge fallen. Öffentliche Fürsorge bedeutet Hilfe des Staates in Notlagen, herkömmlich vor allem in materiellen Notlagen (Sozialhilfe), ist jedoch nicht auf materielle Hilfe beschränkt und umfasst auch Maßnahmen, die der Entstehung von Hilfsbedürftigkeit entgegenwirken sollen. Als Jugendfürsorge bedeutet sie Vorsorge gegenüber Gefährdungen für das körperliche und geistig-sittliche Wohl aller Jugendlichen, also auch nicht nur besonders gefährdeter Jugendlicher. „Fürsorge" kann also auch bedeuten, für die Entwicklung der Jugendlichen und hier vor allem auch für ihre geistige und seelische Entwicklung schädliche Einflüsse zu begrenzen. Jugendschutz fällt daher unter den Begriff der öffentlichen Fürsorge iSv Art. 74 I Nr. 7 GG. Dem entspricht die Zielsetzung des Gesetzes jedenfalls insoweit, als es um den Schutz Jugendlicher geht. Sie sollen vor Schäden und Fehlentwicklungen geschützt werden. Soweit es um Heranwachsende geht, könnte jedoch fraglich sein, ob es hierbei noch um „Jugendschutz" geht. Nach Einschätzung des Gesetzgebers besteht aber auch insoweit noch eine gegenüber Erwachsenen gesteigerte Schutzbedürftigkeit. Also geht es auch hierbei um Schutz gegenüber Gefährdungen der Persönlichkeitsentwicklung. Konkurrierende Zuständigkeit nach Art. 74 I Nr. 7 GG ist also auch insoweit zu bejahen.   **236**

3. Das Gesetz müsste auch **gemäß Art. 72 II GG erforderlich** sein. Art. 74 I Nr. 7 GG ist dort unter denjenigen Kompetenzmaterien genannt, für die die Erforderlichkeit einer bundesgesetzlichen Regelung festgestellt werden muss. Von den Zielvorgaben des Art. 72 II GG könnte hier die der Rechtseinheit im gesamtstaatlichen Interesse einschlägig sein. Sie ist allerdings nicht schon dann gegeben, wenn in den Ländern unterschiedliches Recht gilt, – denn im Anwendungsbereich des Art. 74 GG will das Grundgesetz Rechtsvielfalt zulassen. Es müssen also zusätzliche Umstände hinzutreten, die eine Vereinheitlichung des Rechts erforderlich machen. Ein solcher zusätzlicher Umstand ist   **237**

81

hier darin zu erblicken, dass bei unterschiedlicher Regelung in den Ländern die Jugendlichen und Heranwachsenden in Bundesländer gehen würden, in denen die Anforderungen niedriger sind. Das Schutzziel des Gesetzes könnte bei unterschiedlicher Landesgesetzgebung nicht erreicht werden. Erforderlichkeit einer bundesgesetzlichen Regelung ist also zu bejahen. *(aA vertretb).*

Der Bundesgesetzgeber ist zuständig.

II. Gesetzgebungsverfahren

238   1. In der Vorgehensweise der Bundesregierung, die Gesetzesvorlage nicht selbst einzubringen, sondern sie über die Fraktion der A-Partei als Vorlage aus der Mitte des Bundestags einbringen zu lassen und demgemäß den ersten Durchgang beim Bundesrat nach **Art. 76 II GG** zu vermeiden, könnte eine **unzulässige Umgehung** liegen. Dagegen spricht jedoch, dass das Initiativrecht des Bundestags unbegrenzt ist und eine Fraktion, die nach § 76 GeschOBT initiativberechtigt ist, sich Gesetzentwürfe der Regierung im Stadium der Gesetzesinitiative zu eigen machen kann. Es handelt sich vielmehr um eine durch die Verfassung eröffnete Gestaltung der politischen Willensbildung im parlamentarischen System. Die Rechte des Bundesrats werden zudem im zweiten Durchgang gewahrt. Vor allem aber ist das Verfahrensrecht in diesem Bereich auf Rechtssicherheit durch Formalisierung angewiesen. Gesichtspunkte wie Umgehung oder Rechtsmissbrauch sollten daher nur zurückhaltend eingesetzt werden. Ein Verfassungsverstoß ist zu verneinen.

239   2. Am verfahrensfehlerfreien Zustandekommen des Gesetzes könnten deshalb Zweifel bestehen, weil hier der federführende Ausschuss des Bundestags zwischen der ersten und der zweiten Lesung des Gesetzes (§ 78 I 1 GeschOBT) dieses **erheblich verändert** hat. Hierin könnte die unzulässige Inanspruchnahme eines Initiativrechts durch den Ausschuss liegen. Doch ist es andererseits die Aufgabe der Bundestagsausschüsse, Gesetzentwürfe zu modifizieren und sachgerechte Änderungen vorzuschlagen; eine Totalrevision ist ihm aber versagt.[1] Dem federführenden Gesundheitsausschuss ging es jedoch in erster Linie darum, den gesetzlichen Regelungen Wirksamkeit zu verleihen und insbesondere den Kreis der geschützten Personen zu erweitern. Es hat also keine Totalrevision stattgefunden. Das Gesetzgebungsverfahren ist nicht fehlerhaft.

B. Materielle Verfassungsmäßigkeit

240   Die Verbote bzw Beschränkungen könnten einerseits Grundrechte der verschönerungswilligen Jugendlichen und Heranwachsenden – bei Minderjährigen auch ihrer Eltern –, andererseits Grundrechte der in ihrer Tätigkeit eingeschränkten Berufsträger – Fachärzte und Kliniken – verletzen.

---

1 *Brüning* BK Art. 76 Rn 119.

I. Grundrechte der Jugendlichen und Heranwachsenden

Insbesondere könnte das Verbot nach § 4 I des Gesetzes Grundrechte der Jugendlichen, die Beratungspflicht nach § 4 II Grundrechte der Heranwachsenden, verletzen.

1. Grundrechte der Jugendlichen: Allg. Persönlichkeitsrecht, Art. 2 I iVm Art. 1 I GG

Minderjährigen werden die begehrten Operationen gänzlich verwehrt. Dies könnte sie in ihrem Allgemeinen Persönlichkeitsrecht verletzen.

a) Das Allgemeine Persönlichkeitsrecht (APR) aus Art. 2 I iVm Art. 1 I GG könnte hier **241** berührt sein unter dem Gesichtspunkt des Rechts auf Selbstbestimmung, auch über die Bedingungen der eigenen Existenz. Zum Recht auf Selbstbestimmung gehört auch die Bestimmung über den eigenen Körper, über das eigene Erscheinungsbild und die eigene physische Existenz. Dies gilt auch für Jugendliche; ob die Operationen sinnvoll sind, ist im Grundrechtstatbestand unerheblich. Art. 2 Abs. 1 GG enthält keine Pflicht zum „vernünftigen" oder „guten" Leben, geschützt sind auch Verhaltensweisen, die mit Selbstgefährdung verbunden sind.

b) Das gesetzliche Verbot § 4 I ÄsthOpG wirkt als Eingriff iSd klassischen Eingriffsbegriffs.

c) Der Eingriff könnte gerechtfertigt sein. **242**

aa) Das APR gilt nicht schrankenlos, vielmehr kommt die Schrankentrias des Art. 2 I GG zur Anwendung. Hier kommt die Schranke der verfassungsmäßigen Ordnung in Betracht. Darunter versteht man die Gesamtheit der der Verfassung gemäßen Rechtsordnung.

bb) § 4 I ÄsthOpG müsste in diesem Sinn Bestandteil der verfassungsmäßigen Ord- **243** nung sein. Von der formellen Verfassungsmäßigkeit des Gesetzes ist auszugehen, s o. Die Bestimmung müsste jedoch auch in materieller Hinsicht verfassungsmäßig sein. Insbesondere müsste das vollständige Verbot verhältnismäßig sein.

(1) Es musste ein legitimes Regelungsziel angestrebt werden. Hier könnte fraglich sein, ob es Aufgabe des Staates ist, den Bürger „vor sich selbst zu schützen". Andererseits geht es hier auch um Jugendschutz; hier darf der Staat vorsorgend tätig werden, soweit Jugendliche nicht die erforderliche Einsichtsfähigkeit haben: Insbesondere der Schutz Jugendlicher vor Beeinträchtigung in der Persönlichkeitsentwicklung sowie vor nicht überschaubaren gesundheitlichen Risiken ist als legitimes Ziel des Gesetzgebers zu werten. Es geht um den Schutz verfassungsrechtlich geschützter Rechtsgüter der Jugendlichen. Insoweit jedenfalls ist das Regelungsziel des Gesetzes legitim.

(2) Um die Geeignetheit der Maßnahme zu bejahen, ist es ausreichend, dass das Gesetz **244** dazu beiträgt, das Regelungsziel zu erreichen. Die Geeignetheit des Gesetzes kann also nicht etwa mit der Erwägung verneint werden, die Jugendlichen könnten sich anderweitig im Ausland entsprechenden Operationen unterziehen. Ob das Verbot erforderlich ist, könnte deshalb fraglich sein, weil auch zB eine Beratungspflicht, wie sie für Heranwachsende gilt, vorgesehen oder aber auf die Entscheidung der Erziehungsberechtigten

abgestellt werden könnte. Der Gesetzgeber geht aber offensichtlich davon aus, dass damit der Schutzzweck des Gesetzes für Kinder und Jugendliche nicht in gleicher Weise erreicht würde. Hierfür ist dem Gesetzgeber eine Einschätzungsprärogative zuzubilligen. Nur wenn die Annahme gänzlich fehlsam wäre, könnte die Erforderlichkeit verneint werden. Dies ist aber nicht ersichtlich. Auch von der Erforderlichkeit des Gesetzes ist also auszugehen.

245 (3) Das Gesetz müsste auch angemessen sein. Die Eingriffsintensität der gesetzlichen Regelung muss in angemessenem Verhältnis zum Regelungsziel stehen. Dies erfordert eine Abwägung zwischen dem Persönlichkeitsrecht einerseits, und andererseits dem Schutz von Rechtsgütern wie Gesundheit sowie – bei Jugendlichen – der ungestörten Persönlichkeitsentwicklung. Diese Zielsetzung des Gesetzgebers hat hier erhöhtes Gewicht, denn aufgrund mangelnder Einsichtsfähigkeit und Reife sind Minderjährige in besonderem Maße vor Selbstgefährdung und Selbstschädigung zu schützen. Da andererseits medizinisch indizierte Operationen nicht ausgeschlossen sind, sind die Grenzen der Zumutbarkeit noch gewahrt, wenn Kindern und Jugendlichen angesonnen wird, bis zu ihrem 18. Geburtstag zu warten.

2. Grundrechte der Heranwachsenden: Allg. Persönlichkeitsrecht, Art. 2 I iVm Art. 1 I GG

246 Die Beratungspflicht nach § 4 II des Gesetzes beschränkt Heranwachsende in ihrem Persönlichkeitsrecht. Auch wenn kein Verbot ausgesprochen wird, werden sie doch zunächst an privatautonomer Entscheidung dadurch gehindert, dass sie eine Beratung in Anspruch nehmen müssen. Ein Eingriff in ihr Persönlichkeitsrecht ist also zu bejahen. Ob der Gesetzgeber auch eine verfassungsrechtlich legitime Zielsetzung verfolgt, könnte allerdings fraglich sein, da es bei der Beratungspflicht für 18-20-Jährige um den Schutz volljähriger Personen geht. Schutz vor Selbstgefährdung steht aber im Widerspruch zum Grundsatz der grundrechtlichen Privatautonomie. Andererseits geht es hier um nicht sicher abschätzbare Risiken. Dies lässt es gerechtfertigt erscheinen, vorsorgende Maßnahmen zur Risikobegrenzung zu treffen und insoweit von einem legitimen Eingriffsziel auszugehen (*aA mit entspr. Begründung ebenso vertretbar*).

Geht man von einem legitimen Eingriffszweck aus, so ist die Verhältnismäßigkeit der Regelung zu bejahen. Der Gesetzgeber durfte davon ausgehen, dass eine fachkundige Beratung dazu beiträgt, Risiken zu begrenzen. Mit der Verpflichtung zur Inanspruchnahme einer Beratung wird auch dem Erfordernis des geringstmöglichen Eingriffs Rechnung getragen. Anders als ein Verbot, überschreitet die Beratungspflicht für Heranwachsende auch nicht die Grenze der Zumutbarkeit.

II. Rechte der Eltern Minderjähriger, Art. 6 II GG

247 Das Verbot nach § 4 I des Gesetzes könnte auch die Eltern der Minderjährigen in ihrem Grundrecht aus Art. 6 II GG verletzen.

1. Schutzbereich

Der Schutzbereich des Elternrechts nach Art. 6 II GG umfasst „Pflege und Erziehung" der Kinder. Dazu zählt insbesondere auch die Sorge um ihr körperliches Wohl und damit auch die Einwilligung in eine ärztliche Behandlung. Der Schutzbereich des Grundrechts ist also berührt.

2. Eingriff

Ein Eingriff kann hier darin gesehen werden, dass anstelle der Eltern der staatliche Ge‑ **248** setzgeber das Kindeswohl bestimmt. Damit sind die Eltern insoweit aus ihrer Verantwortung für das Wohl der minderjährigen Kinder verdrängt, ihr Elternrecht ist also eingriffsmäßig betroffen.

3. Rechtfertigung

Das Elternrecht des Art. 6 II GG ist nicht schrankenlos gewährleistet. Es unterliegt ins‑ **249** besondere den verfassungsrechtlichen Schranken des staatlichen Wächteramts gemäß Art. 6 II 2 GG. Dieses ermächtigt zu Eingriffen im Interesse des Kindeswohls.

Die Eingriffe müssten wie stets auf eine gesetzliche Grundlage zurückgehen. Hier erfolgt eine Regelung durch Gesetz im Rahmen des ÄsthOpG. Das Gesetz müsste seinerseits formell und materiell verfassungsmäßig sein. Formelle Verfassungsmäßigkeit wurde bereits festgestellt. Hinsichtlich der materiellen Verfassungsmäßigkeit ist mit dem Jugendschutz ein legitimes Regelungsziel zu bejahen (s o); insoweit ist auch von der Verhältnismäßigkeit der gesetzlichen Regelung auszugehen. Das Elternrecht aus Art. 6 II GG ist also nicht verletzt.

III. Rechte der Berufsträger, Art. 12 I GG

Die durch das Gesetz betroffenen Berufsträger – Ärzte und Klinikbetreiber – könnten in ihrem Grundrecht der Berufsfreiheit des Art. 12 I GG betroffen sein.

1. Schutzbereich

Sowohl die von den Einschränkungen betroffenen Ärzte als auch Klinikbetreiber üben **250** einen „Beruf" iSv Art. 12 I GG aus. Der Umstand, dass auf Grund des Gesetzes die in Frage stehenden Operationen bei Minderjährigen unzulässig sind, ändert nichts daran, dass hier ein geschützter Beruf iSv Art. 12 I GG vorliegt. Denn der Gesetzgeber kann einer beruflichen Tätigkeit den Schutz des Art. 12 I GG nicht dadurch entziehen, dass er sie für unzulässig erklärt. Etwas anderes würde gelten, wenn es sich um eine schlechthin verbotene Tätigkeit handeln würde. Dies ist aber nicht der Fall.

2. Eingriff

Die betroffenen Grundrechtsträger werden durch die Regelungen in § 4 des ÄsthOpG in **251** ihrer Berufsausübung beeinträchtigt. Berufsbezogenheit des Eingriffs könnte insoweit fraglich sein, als das Gesetz sich in erster Linie an die betroffenen Jugendlichen und

Heranwachsenden richtet. Der Gesetzgeber will jedoch auch die Tätigkeit der Berufsträger beschränken; dies spricht für unmittelbare Berufsbezogenheit und damit subjektiv berufsregelnde Tendenz; zumindest objektive berufsregelnde Tendenz ist aber zu bejahen.

3. Rechtfertigung

252 a) Das Grundrecht der Freiheit des Berufs ist einschränkbar nach Maßgabe des Art. 12 I 2 GG. Es ist von einem einheitlichen Grundrecht der Berufsfreiheit auszugehen, das Aufnahme und Ausübung des Berufs umfasst, das andererseits auch einem einheitlichen Schrankenvorbehalt unterliegt. Die Anforderungen an die Rechtfertigung des Eingriffs hängen jedoch davon ab, auf welcher dieser Stufen der Eingriff erfolgt.

Hier könnte es sich um Eingriffe auf der Stufe der *Berufsausübung* handeln. Denn den betroffenen Berufsträgern wird ihre Tätigkeit nicht generell unmöglich gemacht, sondern nur dahingehend beschränkt, dass sie keine Operationen an Minderjährigen vornehmen dürfen und bei Heranwachsenden eine Beratung und die anschließende Überlegungsfrist abwarten müssen. Allerdings könnten Fachärzte, die auf Operationen gerade bei Jugendlichen spezialisiert sind, gezwungen sein, insoweit ihre Tätigkeit aufzugeben. Doch kann hier nicht von einem eigenständigen Berufsbild eines „Kinder-und Jugendschönheitschirurgen" ausgegangen werden, zu dem der Zugang verwehrt wird oder der aufgegeben werden muss. Dass einzelne Berufsträger möglicherweise ihre Tätigkeit nicht fortführen können, führt zu keiner anderen Beurteilung. Es ist also von einer Berufsausübungsregelung auszugehen.

253 b) Diese müsste, da von formeller Verfassungsmäßigkeit auszugehen ist, insbesondere verhältnismäßig sein. Erforderlich ist zunächst, da der Gesetzgeber sich auf der Stufe der Berufsausübungsregelungen bewegt, dass dem Gesetz „vernünftige Gemeinwohlerwägungen" zugrunde liegen.

Dafür, dass vernünftige Gemeinwohlerwägungen zugrunde liegen, kann auf die Ausführungen zu den Grundrechten der Jugendlichen aus Art. 2 I iVm Art. 1 I GG verwiesen werden. Allerdings sind die Anforderungen an die Gesetzesziele bei Berufsausübungsregelungen niedriger als bei Eingriffen in das APR, so dass auch hinreichende Gemeinwohlgründe zu bejahen sind.

Geeignetheit und Erforderlichkeit sind zu bejahen, s o.

254 Im Rahmen der Angemessenheit ist, soweit Minderjährige betroffen sind, der Vorrang des Jugendschutzes zu bejahen. Soweit es um Heranwachsende geht, sind die Beratungspflichten für 18-21-Jährige von geringer Eingriffsintensität gegenüber den Berufsträgern. Die Regelung ist ihnen gegenüber verhältnismäßig.

Ergebnis: Art. 12 I GG ist nicht verletzt.

IV. Eigentumsgarantie, Art. 14 I GG

Soweit Art. 14 I GG auch das Recht am Unternehmen erfasst, gilt dies auch für einen **255** Klinkbetrieb bzw für eine freiberufliche Praxis. Hier aber ist nur Art. 12 I GG einschlägig. Es geht um den Erwerb, nicht um das Erworbene. Erwerbschancen sind im Rahmen des Art. 14 I GG nicht geschützt.

Aufgabe 2: Antrag der F-Fraktion beim BVerfG

Ein Antrag der F-Fraktion oder ihrer Mitglieder könnte als abstrakte Normenkontrolle **256** zulässig sein, Art. 93 I Nr. 2 GG, §§ 13 Nr. 6, 76 ff. BVerfGG.

A. Zulässigkeitsvoraussetzungen

I. Antragsberechtigung

Die Mitglieder der F-Fraktion müssten antragsberechtigt sein. Der Kreis der Antragsbe- **257** rechtigten ist in Art. 93 I Nr. 2 GG abschließend benannt. § 76 I BVerfGG nimmt hierauf Bezug. Hier kommt die dritte Alternative in Betracht, wonach ein Viertel der Mitglieder des Bundestags antragsberechtigt sind; nicht aber ist die Fraktion als solche antragsberechtigt. Das erforderliche Quorum wird jedoch von den 75 Abgeordneten der F-Fraktion nicht erreicht. Hiernach ist ihr Antrag unzulässig. Anders wäre dies nur, wenn es zur Wahrung der Rechte der Opposition hier geboten wäre, von diesem Quorum abzusehen, weil im Fall einer Großen Koalition, die sich auf über 75% der Mandate stützen kann, die Opposition keine Möglichkeit hat, ein Normenkontrollverfahren einzuleiten. Dagegen spricht allerdings der klare Wortlaut des Art. 93 I Nr. 2 GG, über den sich das BVerfG nicht hinwegsetzen darf. Es handelt sich beim Antragsrecht nach dieser Bestimmung um ein Recht der Abgeordneten und nicht um ein besonderes Recht der Opposition; das Grundgesetz kennt keine besonderen Rechte der Opposition als solcher.[2]

Die 75 Mitglieder der F-Fraktion sind also nicht antragsberechtigt.

II. Weitere Zulässigkeitsvoraussetzungen

Geeigneter Antragsgegenstand ist jede Rechtsnorm, Bundesrecht wie Landesrecht, dies **258** ist hier unproblematisch. Dass die Abgeordneten möglicherweise nur „Zweifel" an der Verfassungsmäßigkeit der Norm äußern, stünde der Zulässigkeit des Antrags nicht entgegen. Zwar verlangt § 76 I BVerfGG die Überzeugung von der Nichtigkeit der Norm, doch lässt Art. 93 I Nr. 2 GG „Meinungsverschiedenheiten oder Zweifel" ausreichen. Der einfache Gesetzgeber kann aber die Antragsberechtigung nach dem Grundgesetz nicht einschränken.

(*aA – Konkretisierung durch BVerfGG – vertretbar*).

Der Antrag ist nicht fristgebunden.

---

2 BVerfG, U. v. 3.5.2016 Rn 85 ff.

B. Ergebnis zu Aufgabe 2

Der Antrag der F-Fraktion oder ihrer Mitglieder als abstrakte Normenkontrolle ist unzulässig.

Wiederholung und Vertiefung

A. Gesetzgebungskompetenzen

258a Der vorliegende Fall ist beispielhaft für eine schulmäßige Kompetenzprüfung, für die immer diese drei Schritte zu vollziehen sind:

> (1) Grundregel des Art. 70 I GG
> (2) Feststellung eines Kompetenztitels für das Gesetz
> (3) Prüfung der Voraussetzungen für die Wahrnehmung der Kompetenz durch Bund oder Land entsprechend dem jeweiligen Kompetenztypus

Die maßgebliche Weichenstellung erfolgt unter (2), wenn geprüft wird, ob ein Gesetz unter einen bestimmten Kompetenztitel fällt. Zunächst werden die Kataloge der Art. 73, 74 GG durchgemustert. Kommt einer der dort genannten Kompetenztitel in Betracht, so ist zu subsumieren: fällt das Gesetz unter die entsprechende Ziffer des Katalogs?

258b Der vorstehende Fall macht auch deutlich, dass hierfür zwei gedankliche Schritte erforderlich sind:

> (a) Auslegung der Verfassungsnorm (was ist „Strafrecht" iSd Art. 74 I Nr. 1 GG?) und
> (b) Zuordnung des Gesetzes (will das Gesetz hier „strafen"?)

Die Prüfung unter (3) ist dann die Konsequenz aus der Zuordnung unter (2). Bei konkurrierender Zuständigkeit muss dabei unterschieden werden: geht es um ein Bundesgesetz? – dann Art. 72 II GG – oder geht es um ein Landesgesetz? – dann Art. 72 I GG. Auf bestimmten Gebieten des Art. 74 I GG kann der Bund nicht ohne Weiteres tätig werden. Zuerst muss vielmehr geprüft werden, ob ein Bundesgesetz überhaupt „erforderlich" ist. Andernfalls wird von einer **Vorranggesetzgebung** des Bundes gesprochen.

Nie darf (3) vor (2) erörtert werden: aus der Erforderlichkeit einer bundesgesetzlichen Regelung allein folgt noch keine Zuständigkeit – häufiger (und schwerer!) Fehler.

Mit der Kompetenzprüfung ist stets zu rechnen: sei es im Normenkontrollverfahren und im Verfahren der Verfassungsbeschwerde, wenn es um die Verfassungsmäßigkeit eines Gesetzes geht, sei es als Vorfrage für die Verwaltungskompetenzen nach Art. 83 ff. GG oder bezüglich der Rechte des Bundesrats in EU-Angelegenheiten nach Art. 23 V, VI GG.

Zur **Auslegung von Kompetenznormen** hat das BVerfG in mehreren Grundsatzentscheidungen detaillierte Grundsätze entwickelt, unter besonderer Betonung der historischen Auslegung, so BVerfGE 106, 62 (105) und BVerfGE 109, 190 (218); bestimmt die Kompetenznorm ihren Gegenstand normativ wie dies der Fall ist bei „Strafrecht", so gilt dieser grundsätzlich mit dem Bedeutungsgehalt, den der Grundgesetzgeber vorgefunden hat.

> Zu den Voraussetzungen des Art. 72 II GG hat sich seit BVerfGE 106, 62 eine gefestigte Rechtsprechung entwickelt. Damit die Zielvorgabe der **Gleichwertigkeit der Lebensverhältnisse** eingreift, müssen sich die Lebensverhältnisse in den Ländern in einer das bundesstaatliche Sozialgefüge beeinträchtigenden Weise auseinander entwickelt haben oder es muss sich konkret abzeichnen, dass sie sich so zu entwickeln drohen; die Zielvorgabe der **Rechtseinheit** greift nicht schon dann ein, wenn in den Ländern unterschiedliches Recht gilt, sondern erst bei unzumutbaren Behinderungen im länderübergreifenden Rechtsverkehr, während die **Wirtschaftseinheit** erst bei wirtschaftlich bedrohlichen Auswirkungen unterschiedlichen Rechts betroffen ist, vgl BVerfGE 106, 62 (142 ff.).

Prüfungsschemata

Zuständigkeitsprüfung bei Bundesgesetzen

258c

---

1. Ausgangspunkt – Art. 70 GG

2. Ausschließliche Gesetzgebungszuständigkeit des Bundes?

Wenn einer der Kompetenztitel des Art. 73 I GG einschlägig ist, so ist der Bund ohne Weiteres zuständig, ebenso bei ausschließlicher Zuständigkeit an anderer Stelle (zB Art. 21 III GG, Art. 38 III GG) sowie bei Bundeskompetenz kraft Natur der Sache.

Wenn keine ausschließliche Bundeskompetenz besteht, weiter mit Punkt (3):

3. Konkurrierende Gesetzgebungszuständigkeit?

a) Kann Gesetz subsumiert werden unter Art. 74 I Nrn. 1-33 GG? (Wenn wegen Änderung des Art. 74 GG Bundeszuständigkeiten nachträglich entfallen, ist dies für Fortgeltung unerheblich; s Art. 125a GG nF). Wenn dies bejaht wird, ist zu prüfen:

b) Darf der Bundesgesetzgeber tätig werden — Art. 72 II GG?

    aa) Liegt ein Fall der Vorranggesetzgebung vor, fällt also das Gesetz in keines der Gebiete nach Art. 72 II GG? Dann ist der Bund ohne Weiteres zuständig;

    bb) Fällt das Gesetz in eines der Gebiete nach Art. 72 II GG? Dann ist zu prüfen: Erforderlichkeit.

Zuständigkeitsprüfung bei Landesgesetzen

---

1. Ausgangspunkt auch hier Grundregel des **Art. 70 GG:** Land zuständig, wenn nicht Bundeszuständigkeit durch Grundgesetz begründet.

2. Besteht **ausschließliche** Bundeskompetenz: Land ist nicht zuständig, Gesetz nichtig.

(*Ausnahme:* Bundesgesetzgeber ermächtigt Länder ausdrücklich zu eigener Regelung, Art. 71 GG)

3. Konkurrierende Gesetzgebungszuständigkeit?

a) Fällt Materie des Landesgesetzes unter Zuständigkeitskatalog des Art. 74 I GG? Wenn ja, entfällt Landeszuständigkeit, bei

---

---

b) *Kompetenzsperre* durch Bundesgesetz

  aa) Wenn umfassende bundesgesetzliche *Kodifikation*: Landesgesetzgeber kann nicht mehr tätig werden.

  bb) Wenn nur punktuelle bundesgesetzliche Regelung: Landesgesetzgeber insoweit ausgeschlossen, als durch Bundesgesetz gleicher Gegenstand bereits geregelt.

  Zu aa) und bb): nur das verfassungsmäßig zustandegekommene Bundesgesetz kann seinerseits als Kompetenzsperre wirken; insbesondere müssen also für das Bundesgesetz die Voraussetzungen des Art. 72 II GG gegeben sein.

  cc) Wenn keine bundesgesetzliche Regelung: Land zuständig.

c) Liegt ein Fall der Abweichungsgesetzgebung nach Art. 72 III GG vor?

d) Ferner kommt noch in Betracht: Ersetzungsbefugnis des Landes nach Art. 125a I GG, wenn wegen Änderung des Art. 74 GG die konkurrierende Zuständigkeit entfallen ist; ferner nach Art. 125a II GG und nach Art. 72 IV GG; dann aber erforderlich: ausdrückliche Ermächtigung durch Bundesgesetz oder Entscheidung des BVerfG.

Zur Wiederholung: *Degenhart* Rn 162-203.

Aus der Ausbildungsliteratur: *Waldhoff*, Studiengebühren im Bundesstaat, JuS 2005, 391.

Aktuelle Rechtsprechung: BVerfGE 106, 62 (Altenpflegegesetz); BVerfGE 109, 190 (landesrechtliche Unterbringungsgesetze); BVerfGE 111, 10 (Ladenschluss); BVerfGE 111, 226 (Juniorprofessur); BVerfGE 112, 226 (Studiengebühren) BVerfGE 121, 30 (Hessisches Privatrundfunkgesetz); BVerfGE 134, 33 (Therapieunterbringungsgesetz); BVerfGE 135, 155 (Filmförderungsgesetz); BVerfG NJW 2015, 2399 (Betreuungsgeld).

Fälle im thematischen Zusammenhang: *Winkler*, Das Altenpflegegesetz, JA 2004, 631; *Kube/Seiler*, Bildung im Vorschulalter, JURA 2005, 567; *Musil/Rox*, Streit um das neue Ladenschlussrecht, JURA 2008, 701; *Glaser*, Hufbeschlag mit Hindernissen, JURA 2008, 949; *Palm*, Referendarexamensklausur – Öffentliches Recht: Plebiszitäre Abweichung, JuS 2007, 751.

B. Gesetzgebungsverfahren

259 Probleme des Gesetzgebungsverfahrens begegnen dem Bearbeiter häufig als Teil der Normprüfung, sei es im Rahmen der Verfassungsbeschwerde oder im Normenkontrollverfahren. Bekannt sein sollten hier zum einen die wesentlichen Schritte des Gesetzgebungsverfahrens, zum anderen die hierbei typischerweise auftretenden Standardprobleme.

I. Verfahrensstadien

259a Das Gesetzgebungsverfahren auf Bundesebene wird üblicherweise in diese drei Stadien aufgegliedert:

(1) Gesetzesinitiative – Einleitungsverfahren

(2) Beschlussfassung durch Bundestag und Bundesrat

(3) Abschlussverfahren

Dabei sind es vor allem die Rechte des Bundesrats, die in der Praxis Probleme aufwerfen. Für die Gesetzgebung auf Landesebene entfällt dieses Problem; der Kandidat sollte sich jedoch mit den jeweiligen landesverfassungsrechtlichen Bestimmungen über die Gesetzgebung im Wege von Volksentscheid und Volksbegehren vertraut machen.

II. Einzelfragen

(1) In Stufe 1 – **Einleitungsverfahren** – kann eine fehlerhafte Initiative etwa darin liegen, dass nur wenige oder gar ein einziger Abgeordneter die Vorlage einbringen, obschon dies nach Art. 76 I GG „aus der Mitte des Bundestags" zu geschehen hat. § 76 der Geschäftsordnung schreibt dann vor, wie viel Abgeordnete dies sein müssten: 5 v.H. des Bundestages bzw eine Fraktion. Hier kann allerdings als gesichert gelten, dass ein Verstoß gegen diese Geschäftsordnungsbestimmung nicht zur Nichtigkeit des Gesetzes führt. Vorschriften der Geschäftsordnung sind nicht Vorschriften des Grundgesetzes (näher *Degenhart* Rn 213). Um einen Verstoß gegen Vorschriften gegen das Grundgesetz handelt es sich demgegenüber, wenn entgegen Art. 76 II 1 GG der erste Durchgang beim Bundesrat versäumt wird (*Degenhart* Rn 218). Vermeidet die Bundesregierung aber diesen ersten Durchgang dadurch, dass sie durch eine Fraktion im Bundestag die Vorlage einbringen lässt, so liegt hierin keine unzulässige Umgehung, sondern ein zulässiges Gebrauchmachen von einer möglichen Verfahrensgestaltung (*Degenhart* Rn 219).[3] Auch die Aufspaltung eines Gesetzentwurfs in diesem Stadium, etwa um Zustimmungserfordernisse des Bundesrats zu umgehen, wie dies bei dem Gesetz über die Homosexuellenehe erfolgte, ist verfassungsrechtlich unbedenklich (BVerfGE 105, 313 – LS 2). **259b**

(2) In Stufe 2 – **Beschlussfassung** – dürfte der Gesetzesbeschluss des Bundestags selbst in aller Regel keine Probleme bereiten.[4] **259c**

Sehr wohl gilt dies aber für die konfliktträchtige Frage der Beteiligung des Bundesrats. Hier sollte zum einen in Grundzügen bekannt sein, wann ein Gesetz zustimmungspflichtig ist: wenn dies vom Grundgesetz so vorgesehen ist. Wichtigste Fälle sind: Gesetze, die das Verwaltungsverfahren regeln, Art. 84 GG, sowie Gesetze, die die Finanzverfassung des Grundgesetzes berühren. Zustimmungspflichtig ist jeweils das Gesetz als Ganzes – diese sog Einheitsthese, vgl *Degenhart* Rn 713 ff., sieht sich jedoch zusehends der Kritik ausgesetzt. Das BVerfG hat in den Verfahren um das HRG angedeutet, die Frage überdenken zu wollen, Aussagen hierzu jedoch vermieden.[5]

Ein Standardproblem im Hauptverfahren bildet die Frage der Zustimmungspflichtigkeit eines Gesetzes, das ein ursprünglich als Zustimmungsgesetz erlassenes Gesetz ändert, dabei aber nur diejenigen Teile erfasst, die, isoliert betrachtet, nicht die Zustimmungspflicht auslösten. Hier gilt: Jedes Gesetz ist als „gesetzgebungstechnische Einheit" zu betrachten, dies ist der entscheidende Gesichtspunkt, dieser Begriff sollte auch gebracht werden. Enthält ein Gesetz also auch nur einzelne zustimmungspflichtige Vorschriften, **259d**

---

3   ME sollte deshalb hier auch nicht der Begriff der „Organtreue" ins Spiel gebracht werden – so aber die Klausurlösung von *Nolte/Tams*, SächsVBl 2003, 49 (50).

4   S ebd. zur Behandlung der Beschlussfähigkeit nach § 45 GeschOBT; dort auch zu weiteren, etwas konstruierten Fragen der Beschlussfassung.

5   S dazu *Sachs*, JuS 2005, 557 (560).

ist es als Ganzes zustimmungspflichtig, kann aber, s zu Stufe 1, in zwei selbstständige Gesetze aufgeteilt werden.

259e Der Vermittlungsausschuss wird häufig in Zeiten fragiler Mehrheiten im Bundestag und unterschiedlicher Mehrheitsverhältnisse in Bundestag und Bundesrat angerufen. Dann stellt sich die Frage nach den Grenzen seiner Befugnisse[6] die Änderung von Gesetzentwürfen betreffend. Das BVerfG[7] sieht den Vermittlungsausschuss zwar als berechtigt, Änderungen, Streichungen und Ergänzungen im Gesetz vorzuschlagen. Sein Beschlussvorschlag muss jedoch die Rechte der Abgeordneten wahren und **inhaltlich** im Rahmen des bisherigen Gesetzgebungsverfahrens und der hierbei eingebrachten Anträge und Stellungnahmen bleiben. Der Vermittlungsausschuss darf nichts vorschlagen, was nicht schon bisher erörtert wurde, sei es im Gesetzesvorschlag, sei es in Änderungsanträgen und Beschlussempfehlungen der Ausschüsse oder in Stellungnahmen nach Art. 76 GG. Sein Vorschlag darf nicht auf Informationen beruhen, die dem Plenum beim Gesetzesbeschluss nicht zugänglich waren.

259f (3) Es folgt die 3. Stufe – **Abschlussverfahren**. Hier muss festgestellt werden, dass das Gesetz zustande gekommen ist. Wann ein Gesetz zustande kommt, ist zusammenfassend in Art. 78 GG geregelt. Das Einspruchsgesetz kommt zustande, wenn es der Bundesrat „passieren lässt", wenn er entweder den Vermittlungsausschuss nicht fristgerecht anruft, oder aber, nachdem das Verfahren vor dem Vermittlungsausschuss durchgeführt wurde, keinen Einspruch einlegt; die Fristen ergeben sich aus Art. 77 GG. Wird ein Einspruch eingelegt, muss dieser mit qualifizierter Mehrheit zurückgewiesen werden. Wird der Einspruch mit ⅔ Mehrheit eingelegt, muss sich im Bundestag eine doppelt qualifizierte Mehrheit finden: ⅔ der Abstimmenden; diese müssen mindestens die Hälfte der gesetzlichen Mitgliederzahl ausmachen. Geht der Bundesrat fälschlich von einem Zustimmungsgesetz aus und ruft deshalb nicht den Vermittlungsausschuss an, so trägt er das Risiko: Das Gesetz kommt nach Art. 78 GG eben deshalb zustande, weil der Vermittlungsausschuss nicht angerufen wurde. Das Abschlussverfahren kann zu einer weiteren Problemstellung führen: dem Prüfungsrecht des Bundespräsidenten.

III. Aktuelle Probleme

259g Die Frage der **Zustimmungspflichtigkeit** einer Änderung des ursprünglich zustimmungspflichtigen Gesetzes war anlässlich der Laufzeitverlängerung für Kernkraftwerke umstritten. Das Atomgesetz war nach Art. 87c GG bei seinem erstmaligen Erlass zustimmungspflichtig, weil es in § 24 Auftragsverwaltung anordnete. Die Erhöhung der Strommengen der Kraftwerke betraf aber nur die materiellen Inhalte des Gesetzes – weder wurde § 24 AtG geändert, noch wurden neue Fälle der Auftragsverwaltung eingeführt. Die Änderungen betrafen nur jene Teile, die – für sich gesehen – keine Zustimmungspflicht ausgelöst hatten. Hier wurde darauf verwiesen, dass die Länder dann wesentlich länger mit der Aufsicht über Kernkraftwerke belastet wären. Andererseits hatte der Bundesrat ursprünglich bereits einem unbefristeten Gesetz zugestimmt und

---

6   Dazu BVerfGE 101, 297 (308); 120, 56 (74 ff.); *Mann*, in: Sachs, Art. 77 Rn 11.

7   BVerfGE 101, 297 (308); 120, 56 (74); 125, 104 (122).

ändern sich die Verwaltungsaufgaben der Länder in der Sache nicht. Grundsätzlich ist die Zustimmungspflicht die Ausnahme.[8] Eine nur quantitative Mehrbelastung soll in aller Regel nicht ausreichen.[9]

Durch einen eher großzügigen Umgang mit der **Geschäftsordnung** war die aktuelle Krisenbewältigungs- und Rettungsgesetzgebung der unmittelbaren Vergangenheit gekennzeichnet. So war bei der Verabschiedung des sog Finanzmarktstabilisierungsgesetzes vom 17.10.2008 (BGBl I S. 1982) ua § 78 V GeschOBT missachtet worden; danach hätte die Beratung erst am dritten Tage nach Verteilung der Drucksache beginnen dürfen (*Degenhart* Rn 224). Der Umstand allein, dass Sorgfalt und Intensität der parlamentarischen Beratung darunter gelitten haben könnten, führt jedoch noch nicht zur Verfassungswidrigkeit des Gesetzes. Wohl aber kann das Gesetzgebungsverfahren fehlerhaft sein, wenn nachträglich Ergänzungs- und Änderungsvorschläge eingebracht werden, die nicht Bestandteil der Gesetzesinitiative waren und diese auf Vorschlag des Vermittlungsausschusses Eingang in das Gesetz finden.

259h

Mit verfassungsrechtlichen Kriterien nur schwer fassbar ist es, wenn Gesetzentwürfe, wie in ähnlichem Zusammenhang geschehen, im Auftrag der Bundesregierung von privaten Kanzleien ausgearbeitet werden (Degenhart Rn 224, 239); problematisch auch die im Freihandelsabkommen TTIP vorgesehene „regulatorische Zusammenarbeit" (*Degenhart* Rn 224a).

Zur Wiederholung: *Degenhart* Rn 209-240.

Aus der Ausbildungsliteratur: *Nolte/Tams*, Das Gesetzgebungsverfahren nach dem Grundgesetz, JURA 2000, 158; *Frenzel*, Das Gesetzgebungsverfahren – Grundlagen, Problemfälle und neuere Entwicklungen, JuS 2010, 27, 119; *Hebeler/Deppenkemper*, Die Rolle des Vermittlungsausschusses im Gesetzgebungsprozess, Ad Legendum 2012, 87; *Meßerschmidt*, Gesetzgebungsoutsourcing, Ad Legendum 2012, 98; *Elicker*, Examensrelevante Probleme aus dem Bereich der Gesetzesinitiative und des Vorverfahrens, JA 2005, 513.

Aktuelle Rechtsprechung: BVerfGE 101, 297 (Vermittlungsausschuss); BVerfGE 106, 310 (Zuwanderungsgesetz); BVerfGE 112, 118 (Zusammensetzung des Vermittlungsausschusses); BVerfGE 120, 56 (Vermittlungsausschuss II); BVerfGE 125, 104 (Haushaltsbegleitgesetz – Vermittlungsausschuss III).

Fälle im thematischen Zusammenhang: *Musil/Rox*, Streit um das neue Ladenschlussrecht, JURA 2008, 701; *Seifarth*, Anfängerklausur – Öffentliches Recht: Verfahrene Gesetzgebung, JuS 2010, 790; *André/Rauber*, Anfängerklausur – Öffentliches Recht: Gesetzgebungsverfahren – Soloauftritt „Luftsicherheit"?, JuS 2011, 425; *Huber*, Anfängerklausur – Öffentliches Recht: Staatsorganisationsrecht – Laufzeiten ohne Ende, JuS 2012, 140; *Huber*, Der enttäuschte Parteispender, JURA 2014, 1282; *Droege/Broscheit*, Land unter … Der Einsatz der Bundeswehr als letztes Mittel?, JuS 2015, 633; *Greinert*, Gloria und Hammelflucht, JuS 2014, 132; *Puschmann*, Ein neues Transplantationsgesetz, JURA 2013, 527.

---

8   BVerfGE 48, 127 (179); 126, 77, (105).
9   BVerfGE 126, 77, (105).

Fall 5

Minderheiten

Anspruchsvoller Fall für die Anfängerübung / Zwischenprüfung, 2 Std.

260 Nachdem die Bundesregierung zusammen mit dem Haushaltsgesetz 2016/2017 das sog. Haushaltsbegleitgesetz in den Bundestag eingebracht hatte, wurde der Entwurf nach der Ersten Lesung mit Beschluss des Bundestags vom 4.5.2016 zur weiteren Behandlung an den zuständigen, federführenden Haushaltsausschuss überwiesen. Der Entwurf des Haushaltsbegleitgesetzes beinhaltete in Form eines Artikelgesetzes die Änderung verschiedener Bundesgesetze in den Bereichen des Steuerrechts, der Sozialleistungen, der Beamtenbesoldung und der Familienförderung. Hierzu fand am 4.6.2016 im Ausschuss eine öffentliche Anhörung von Sachverständigen statt. Bei dieser Gelegenheit regte die als Sachverständige für das Beamtenrecht geladene ehemalige Innenstaatssekretärin Dr. Gerlinde-Simone Grammlinger-Delacroix (G) eine Änderung des Abgeordnetengesetzes an. So schlägt sie vor, in § 12 III 1 AbgG die Worte „gegen Nachweis" zu streichen und statt dessen einen festen Betrag vorzusehen sowie im gleichen Absatz Satz 3 zu streichen. In ihrer schriftlichen Stellungnahme stand hierzu nichts; eine Änderung des AbgG war im Haushaltsbegleitgesetz nicht vorgesehen. Die Äußerung der Sachverständigen wurde nicht weiter erörtert.

Am 27.6.2016 brachten die dem Ausschuss angehörenden Abgeordneten der Koalitionsfraktionen einen Änderungsantrag zum Haushaltsbegleitgesetz ein. Er enthielt exakt die von der Sachverständigen angeregten Änderungen des AbgG. Darauf beantragten die der oppositionellen Fraktion der Partei „Freie Nationale Aktion" (FNA)[1] angehörenden vier Abgeordneten zusammen mit den ebenfalls oppositionellen fünf Abgeordneten der Fraktion der „Partei des internationalen Prekariats" (PIP) gemäß § 70 GeschOBT eine Anhörung zu den beantragten Änderungen. Der Ausschuss beschloss jedoch in seiner Sitzung vom 1.7.2016 mit der Mehrheit seiner 32 Mitglieder, den Antrag auf Durchführung einer Anhörung abzulehnen und in seiner Beschlussempfehlung für den Bundestag die Aufnahme der vorgeschlagenen Änderungen des Haushaltsbegleitgesetzes entsprechend dem Antrag vom 27.6.2016 zu empfehlen. Der Bundestag kommt dem nach und beschließt das Haushaltsbegleitgesetz in seiner Plenarsitzung am 20.7.2016; das Gesetz wird ausgefertigt und verkündet und tritt am 1.10.2016 in Kraft.

Die Abgeordneten der FNA und der PIP im Ausschuss sind empört. Ihr Antrag auf Durchführung einer Anhörung zu den neu aufgenommenen Bestimmungen hätte keinesfalls abgelehnt werden dürfen. Mit einem am 2.1.2017 beim BVerfG eingehenden Antrag rügen die neun Abgeordneten gemeinsam die Verletzung ihrer Rechte als parlamentarische Minderheit im Ausschuss durch diesen. Darauf erwidert der Ausschussvorsitzende, der Antrag sei schon deshalb unzulässig, weil ein „zusammengewürfelter Haufen" wie die Antragsteller keinen Antrag beim BVerfG stellen könnten; außerdem sei der Antrag ohnehin verfristet. Es bestehe auch kein Rechtsschutzbedürfnis, da das

---

1   S. Fall 3.

Haushaltsbegleitgesetz bereits in Kraft getreten sei. Jedenfalls aber sei der Antrag unbegründet, denn mehr als eine Anhörung gebe es nicht zu einem Gesetz – andernfalls könnte ein Gesetzgebungsvorhaben endlos hinausgezögert werden. Die Antragsteller hätten sich ja bei der Anhörung am 4.6. äußern können, eine erneute Anhörung sei schon wegen der Eilbedürftigkeit des Haushaltsgesetzes „untunlich" gewesen. Außerdem gehe es hier nur um Fragen der Geschäftsordnung.

Hinweis: Es ist parlamentarische Praxis, dass zusammen mit dem Haushaltsgesetz ein Haushaltsbegleitgesetz eingebracht wird, in dem in erster Linie Gesetzesänderungen enthalten sind, die durch das Haushaltsgesetz veranlasst sind oder doch mit ihm im Zusammenhang stehen.

Vorüberlegungen

261 Eine ungewohnte Fallgestaltung: parlamentsinterne Streitigkeiten um die Auslegung der Geschäftsordnung beschäftigen eher selten die Verfassungsgerichte – der Sachverhalt ist einem Organstreitverfahren vor dem Sächsischen Verfassungsgerichtshof aus 2016 nachgebildet, aber auf die Bundesebene verlegt und entsprechend vereinfacht und angepasst und als solcher rein fiktiv. Die Aufgabe stellte die Bearb. in zweifacher Hinsicht vor Herausforderungen: zum einen muss mit einer eher weniger vertrauten Norm – der Geschäftsordnung – gearbeitet werden. Zum anderen muss sorgfältig unterschieden werden zwischen Geschäftsordnungs- und Verfassungsverstoß. Denn nur der Verfassungsverstoß kann im Organstreitverfahren geltend gemacht werden. Die Bearb. müssen also darlegen, inwieweit die Geschäftsordnungsbestimmung – hier des § 70 GeschOBT – gleichzeitig Ausdruck verfassungsmäßiger Rechte der Minderheit ist. Das Rechtsschutzbedürfnis wird mit dem Einwand des Zeitablaufs angesprochen. Hier ist zu bedenken, dass die Verfahren vor dem BVerfG eben nicht nur dem subjektiven Rechtsschutzverfahren, sondern gleichermaßen der Klärung verfassungsrechtlicher Fragen dienen. Das Rechtsschutzbedürfnis entfällt nicht, sofern ein objektives Klarstellungsinteresse besteht.

262 Der Einstieg in die Arbeit erfolgt hier prozessual: da sich mit den Abgeordneten der Oppositionsfraktionen und dem Ausschuss Beteiligte am Verfassungsleben gegenüberstehen und um ihre wechselseitigen Rechte und Pflichten streiten, ist das Organstreitverfahren die nächstliegende Verfahrensart. Für die Zulässigkeitsprüfung wirft der Sachverhalt einige spezielle Probleme auf, auf die näher einzugehen ist. So sind einzelne Abgeordnete oder Gruppen von Abgeordneten in Art. 93 I Nr. 1 GG bzw in § 63 BVerfGG nicht explizit als mögliche Beteiligte genannt, ebenso wenig der Ausschuss als solcher. Dieser ist als ständige Untergliederung des Bundestags Teil dieses Verfassungsorgans und damit gem. § 63 BVerfGG beteiligtenfähig.[2] Für die Abgeordneten ist darauf abzustellen, dass sie nach Art. 38 I 2 GG und § 70 I 2 GeschOBT mit eigenen Rechten ausgestattet sind; sie sind also „andere Beteiligte".

263 In materiell-verfassungsrechtlicher Sicht befinden wir uns hier in der „Anspruchssituation": die Antragsteller machen ein Recht aus der GeschOBT als verfassungsmäßiges Recht geltend, das Recht auf Durchführung einer erneuten Anhörung, das ihnen jedoch verweigert wird. Es kommt dann darauf an, ob es sich hierbei, wie von den Antragstellern geltend gemacht, tatsächlich um ein verfassungsmäßiges Recht handelt und ob die tatbestandlichen Voraussetzungen der Geschäftsordnungsbestimmung erfüllt sind. Wenn dies bejaht werden kann, sind die Einwendungen des Antragsgegners auf ihre Berechtigung zu prüfen.

---

2 *Hillgruber/Goos* Rn 335.

Gliederung

Ausdeutung des Rechtsschutzbegehrens

A. Zulässigkeit des Antrags im Organstreitverfahren
    I. Beteiligtenfähigkeit
       1. Antragsteller: andere Beteiligte?
       2. Antragsgegner: Ausschuss als Teil des Verfassungsorgans „Bundestag"
    II. Antragsgegenstand
    III. Antragsbefugnis: Rechte aus dem GG? (+)
    IV. Form und Frist
    V. Rechtsschutzbedürfnis

B. Begründetheit des Antrags
    I. Minderheitenrechte, Art. 38 I 2 GG iVm § 70 I 2 GeschOBT
    II. Verletzung der Minderheitenrechte
       1. Voraussetzungen des § 70 I 2 GeschOBT
       2. Recht auf erneute Anhörung?
       3. Ausschluss des Rechts aus § 70 I 2 GeschOBT?
          a) Anhörung am 4.6.2016?
          b) Eilbedürftigkeit?
          c) Rechtsmissbrauch?

C. Entscheidung des BVerfG

Musterlösung

Ausdeutung des Rechtsschutzbegehrens

265 Da die Antragsteller als Abgeordnete mit eigenen Rechten aus dem Grundgesetz ausgestattet sind und sich durch das Verhalten eines anderen Beteiligten am Verfassungsleben, nämlich des Haushaltsausschusses, in ihrer rechtlichen Stellung beeinträchtigt sehen, ist ihr Antrag entsprechend ihrem Rechtsschutzziel als Antrag im Organstreitverfahren gemäß Art. 93 I Nr. 1 GG, §§ 13 Nr. 5, 63 ff. BVerfGG auszulegen. Er hat Aussicht auf Erfolg, wenn er zulässig und begründet ist.

A. Zulässigkeit des Antrags im Organstreitverfahren

I. Beteiligtenfähigkeit

266 1. Die neun Bundestagsabgeordneten müssten beteiligtenfähig sein. Sie zählen nicht zu den in § 63 BVerfGG ausdrücklich genannten **Antragstellern**, könnten jedoch als „andere Beteiligte" iSv Art. 93 I Nr. 1 GG beteiligtenfähig sein. Hierzu müssten sie durch das Grundgesetz oder die Geschäftsordnung des Deutschen Bundestags als eines obersten Bundesorgans mit eigenen Rechten ausgestattet sein. Grundlage hierfür könnte § 70 I 2 1. Hs. GeschOBT sein. Hiernach kann ein Viertel der Mitglieder eines Ausschusses bei einer überwiesenen Vorlage eine Anhörung beantragen. Es handelt sich hier um ein Recht der Minderheit im Ausschuss; es steht den Abgeordneten gemeinschaftlich zu, sofern sie ein Viertel der Mitglieder des Ausschusses ausmachen.

267 2. Auch auf der Passivseite müsste die Beteiligtenfähigkeit gegeben sein. **Antragsgegner** ist hier der federführende Haushaltsausschuss, da dieser den Antrag auf Durchführung einer erneuten Anhörung abgelehnt hat. Dieser könnte als Teil des Verfassungsorgans „Bundestag" gemäß § 63 BVerfGG beteiligtenfähig sein. Organteile in diesem Sinn sind ständige Untergliederungen des jeweiligen Verfassungsorgans. Der Haushaltsausschuss bildet eine derartige ständige Untergliederung. Er ist also als Antragsgegner beteiligtenfähig im Organstreitverfahren.

II. Antragsgegenstand

268 Es müsste auch ein tauglicher Antragsgegenstand vorliegen. Dies ist der Fall bei rechtserheblichen Maßnahmen oder Unterlassungen des Antragsgegners. Eine Unterlassung ist dann tauglicher Antragsgegenstand, wenn eine Rechtspflicht zum Handeln besteht. Eine solche Handlungspflicht folgt hier aus § 70 I 2 1. Hs. GeschOBT. Ob sie tatsächlich verletzt wurde, ist eine Frage der Begründetheit; unabhängig davon ist hier von einem rechtserheblichen Unterlassen auszugehen. Ein tauglicher Antragsgegenstand ist also gegeben.

III. Antragsbefugnis

Die neun Abgeordneten müssten auch antragsbefugt sein. Sie müssten plausibel geltend **269** machen können, in eigenen, aus der Verfassung ableitbaren Rechten verletzt zu sein. Wenn die Antragsteller hier geltend machen, der Ausschuss habe entgegen § 70 I 2 GeschOBT ihren Antrag auf Durchführung einer Anhörung abgelehnt, so begründet allein dies noch nicht ihre Antragsbefugnis. Denn hierfür ist erforderlich, dass die Antragsteller geltend machen können, in ihren durch das Grundgesetz verliehenen Rechten verletzt zu sein. Dies wäre dann der Fall, wenn die Bestimmung der Geschäftsordnung ihrerseits Ausdruck verfassungsmäßiger Rechte ist. Auch wenn das Grundgesetz keine spezifischen Oppositionsrechte kennt, folgt doch aus dem Demokratieprinzip des Grundgesetzes das Erfordernis des Schutzes parlamentarischer Minderheiten, um dem Abgeordneten chancengleiche Teilhabe am parlamentarischen Verfahren zu ermöglichen und damit seine Wirkungsmöglichkeiten zu bewahren, die ihrerseits Ausdruck seiner verfassungsrechtlichen Stellung aus Art. 38 I 2 GG sind. Die Antragsteller können also plausibel geltend machen, dass das durch die Geschäftsordnung einer Minderheit im Ausschuss verliehene Recht, eine Anhörung zu beantragen, Ausdruck ihrer verfassungsmäßigen Rechte auf Chancengleichheit ist.

Dass sie in diesem verfassungsmäßigen Recht verletzt sind, kann jedenfalls nicht als ausgeschlossen gelten. Die neun Abgeordneten sind also antragsbefugt.

IV. Form und Frist

Es müsste die 6-Monats-Frist des § 64 III BVerfGG gewahrt worden sein. Sie begann **270** hier mit dem 1.7.2016 zu laufen, dem Tag, an dem der Ausschuss den Antrag auf Durchführung der Anhörung ablehnte und würde damit mit Ablauf des 1.1.2017 enden. Da dies ein Feiertag ist, (der außerdem auf einen Sonntag fällt), endet die Frist mit Ablauf des folgenden Werktags, also des 2.1.2017, §§ 187 I, 188 II 1. Alt. iVm § 193 BGB.

V. Rechtsschutzbedürfnis

Das Rechtsschutzbedürfnis der Abgeordneten könnte deshalb verneint werden, weil die **271** Gesetzesänderung, zu der die Antragsteller eine Anhörung durchführen wollten, bereits in Kraft getreten ist. Damit hat sich die geltend gemachte Verletzung der Antragsteller in ihren Rechten jedoch nicht erledigt. Zudem ist Wiederholungsgefahr nicht ausgeschlossen. Deshalb ist jedenfalls ein objektives Klarstellungsinteresse zu bejahen.[3] Vom fortbestehenden Rechtsschutzbedürfnis ist also auszugehen.

Der Antrag ist zulässig.

---

3 BVerfGE 121, 135 (151 f.).

B. Begründetheit des Antrags

272 Der Antrag ist begründet, wenn der Beschluss des Ausschusses, keine weitere Anhörung durchzuführen, gegen Verfassungsrecht verstoßen hat und die Antragsteller hierdurch in ihren Rechten verletzt sind. Es muss sich um die Verletzung verfassungsmäßiger Rechte handeln. Ein bloßer Geschäftsordnungsverstoß genügt nicht.

I. Minderheitenrechte, Art. 38 I 2 GG iVm § 70 I 2 GeschOBT

273 Die Antragsteller könnten dann in ihren Rechten aus dem Grundgesetz verletzt sein, wenn sie ein verfassungsmäßiges Recht auf Durchführung der beantragten Anhörung hatten. Ein solches Recht könnte sich hier aus § 70 I 2 GeschOBT ergeben. Es müsste sich, wie schon zur Antragsbefugnis ausgeführt wurde, um ein verfassungsmäßiges Recht der Minderheit im Ausschuss handeln. Dies könnte hier insbesondere das Recht der parlamentarischen Minderheit auf chancengleiche Mitwirkung am parlamentarischen Verfahren sein. Dieses Recht auf Chancengleichheit kommt überall dort zur Geltung, wo den Fraktionen oder Gruppen von Abgeordneten durch Verfassung, Gesetz oder Geschäftsordnung eigene Rechte eingeräumt werden. Es leitet sich ab aus der Rechtsstellung des einzelnen Abgeordneten, dem der Grundsatz des freien Mandats in Art. 38 I 2 GG ein verfassungsmäßiges Recht auf gleichberechtigte Mitwirkung im Bundestag verleiht.

274 Die Bestimmung des § 70 I 2 GeschOBT müsste ein solches verfassungsmäßiges Recht enthalten. Öffentliche Anhörungen zu Gesetzentwürfen haben einerseits die Funktion, Informationen von Sachverständigen zu gewinnen und dadurch den parlamentarischen Gesetzgeber sachkundig zu machen. Gleichzeitig ermöglicht es die öffentliche Anhörung den Fraktionen, ihre politischen Standpunkte im Gesetzgebungsverfahren deutlich zu machen und hierfür öffentliche Unterstützung zu gewinnen. Dafür spricht insbesondere auch, dass die nach § 70 I 2 GeschOBT antragsberechtigten Ausschussmitglieder gemäß § 70 II 1 GeschOBT das Recht haben, die anzuhörenden Sachverständigen zu benennen. Das Antragsrecht nach § 70 I 2 GeschOBT besteht also nicht nur im Interesse eines rationalen Gesetzgebungsverfahrens, sondern gleichermaßen im Interesse einer effektiven Teilhabe auch der Minderheit an der Ausschussarbeit. Es ist damit Ausdruck verfassungsmäßiger Rechte der oppositionellen Minderheit.

II. Verletzung der Minderheitenrechte

Dieses verfassungsmäßige Recht der Minderheit im Ausschuss müsste verletzt worden sein.

1. Voraussetzungen des § 70 I 2 GeschOBT

275 Die tatbestandlichen Voraussetzungen des § 70 I 2 GeschOBT haben vorgelegen. Es handelte sich bei dem Entwurf des Haushaltsbegleitgesetzes um eine dem Haushaltsausschuss überwiesene Gesetzesvorlage. Die neun Antragsteller sind auch mehr als ein Viertel der 32 Mitglieder des Ausschusses. Sie haben das Verlangen nach Durchführung einer Anhörung gestellt. Damit war nach dem Wortlaut der Bestimmung der Ausschuss

verpflichtet, eine Anhörung durchzuführen. Dem Recht auf Durchführung der verlangten Anhörung könnte jedoch entgegenstehen, dass zu dem Haushaltsbegleitgesetz bereits am 4.6.2016 eine Anhörung stattgefunden hat. Dagegen spricht jedoch, dass die dem Ausschuss überwiesene Vorlage keine Änderung des AbgG vorsah und hierzu am 4.6.2016 noch keine Anhörung durchgeführt werden konnte.

2. Recht auf erneute Anhörung?

Das Recht auf Durchführung einer Anhörung bezieht sich auf den Beratungsgegenstand des Ausschusses, also die überwiesene Vorlage. Einer erneuten Anhörung könnte entgegenstehen, dass der Ausschuss befugt ist, inhaltliche Konkretisierungen, Ergänzungen und auch Änderungen einer Vorlage vorzuschlagen; gerade hierin liegt auch der Sinn der Ausschussarbeit. Deshalb muss gefordert werden, dass der Beratungsgegenstand substanziell verändert wird, um eine weitere Anhörung beantragen zu können. Wenn nach einer Anhörung eine überwiesene Vorlage so geändert, ergänzt oder abgewandelt wird, dass in Wahrheit ein neuer Verhandlungsgegenstand eingeführt wird, so würden die Minderheitenrechte leerlaufen, würde nicht auch dann das Recht aus § 70 I 2 GeschOBT geltend zu machen sein. Ein neuer Beratungsgegenstand kann hier in der von der Ausschussmehrheit vorgeschlagenen Änderung des AbgG liegen. Sie war in der überwiesenen Vorlage nicht enthalten, hat keinen sachlichen Bezug zu den genannten Materien des Haushaltsbegleitgesetzes und stellt einen substanziell neuen Verhandlungsgegenstand dar. Dies würde bedeuten, dass die Antragsteller ein Recht auf erneute Durchführung einer Anhörung hatten. **276**

3. Ausschluss des Rechts aus § 70 I 2 GeschOBT?

a) Dem könnte entgegengehalten werden, dass die Mitglieder des Ausschusses während der **Anhörung am 4.6.2016** Gelegenheit hatten, sich zu den Änderungsvorschlägen der Sachverständigen Dr. G zu äußern. Damit könnte ihrem Recht auf Durchführung einer Anhörung genügt, es könnte „verbraucht" sein. Dagegen spricht jedoch, dass die Mitglieder des Ausschusses mit der in der Anhörung erwähnten Änderung des AbgG nicht zu rechnen brauchten und diese auch nicht im sachlichen Zusammenhang mit dem Gegenstand der Anhörung stand. Sie hatten also keine Gelegenheit, sich mit dem Beratungsgegenstand vorbereitend auseinanderzusetzen. Damit konnte die Anhörung in Bezug auf die Änderung des AbgG nicht ihren verfassungsrechtlich vorausgesetzten Zweck erfüllen. Dem Recht der Antragsteller war also hierdurch nicht genügt. **277**

b) Dem Antrag der Abgeordneten auf Durchführung einer erneuten Anhörung konnte auch nicht eine etwaige besondere **Eilbedürftigkeit** der Gesetzesänderung entgegengehalten werden. Selbst wenn eine besondere Eilbedürftigkeit dem Antrag nach § 70 II 1 GeschOBT entgegengehalten werden könnte, ist doch nicht ersichtlich, warum die Änderung des AbgG in das laufende Gesetzgebungsverfahren einbezogen werden musste und nicht in einem gesonderten Verfahren außerhalb der Haushaltsgesetzgebung hätte eingebracht werden können. **278**

c) Es sind auch keine Anhaltspunkte für ein **rechtsmissbräuchliches Ausüben des Anhörungsrechts** erkennbar. Es müssten besondere Umstände hinzutreten, um das Ge- **279** brauchmachen von einem geschäftsordnungsmäßig vorgesehenen, verfassungsrechtlich abgesicherten Verfahrensrecht ausnahmsweise als missbräuchlich zu bewerten. Ihnen kann insbesondere auch nicht entgegengehalten werden, dass sie das Gesetzgebungsverfahren missbräuchlich verzögert hätten. Denn es bestand kein Anlass und keine Notwendigkeit, die Änderung des AbgG in das Verfahren zum Haushaltsbegleitgesetz einzubeziehen.

Der Haushaltsausschuss durfte also die beantragte Anhörung nicht ablehnen.

Der Antrag im Organstreitverfahren ist begründet.

C. Entscheidung des BVerfG

280 -287 Das BVerfG wird feststellen, dass der Antragsgegner die Antragsteller dadurch in ihren Rechten aus Art. 38 I 2 GG verletzt hat, dass er deren Antrag auf erneute Durchführung einer Anhörung zum Haushaltsbegleitgesetz abgelehnt hat.

Wiederholung und Vertiefung

S nach **Fall 6**, Rn 311 ff.

Fall 6

Dreckschleuder*

Anspruchsvoller Fall für die Anfängerübung / Zwischenprüfung, 2 Std.

Alois Hinterbänkler (H) ist fraktionsloser Abgeordneter im Bundestag, in den er als Di- **288** rektkandidat der Partei Freie Nationale Aktion (FNA)[1] gewählt worden war. In einer Bundestagsdebatte über den Nahostkonflikt und den Staat Israel bezeichnete er einen Abgeordneten der Regierungsfraktion als „Verräter am deutschen Volk". Der Bundestagspräsident rügte dies mit den Worten: „Ich möchte Sie ermahnen, von einer derart unparlamentarischen Ausdrucksweise künftig Abstand zu nehmen." Hiervon unbeeindruckt, sprach er von der „Israellobby und der blühenden Holocaust-Industrie", deren Vertreter jede Diskussion verhinderten. Daraufhin erteilte ihm der Bundestagspräsident einen Ordnungsruf. Im weiteren Verlauf seiner Rede mäßigte sich H in seiner Ausdrucksweise, überschritt aber die ihm zugeteilte Redezeit um fünf Minuten. Daraufhin entzog ihm der Bundestagspräsident nach vorhergehender Ermahnung das Wort.[2]

H ist empört über den Entzug des Rederechts, auch weil einige fraktionszugehörige Abgeordnete ihre Zeiten – zT deutlich länger – überschritten hatten, ohne dass es beanstandet wurde. Er will deshalb und wegen der ihm erteilten Rüge sowie des Ordnungsrufs – gegen den er erfolglos nach § 39 GeschOBT Einspruch eingelegt hat – das BVerfG anrufen.

Hätte ein Antrag vor dem BVerfG Aussicht auf Erfolg?

---

* Zuruf des Abg. Dr. Spöri in der 78. Sitzung des Deutschen Bundestags am 19.01.1982, s BVerfGE 60, 374 (376) – vgl Fall 6 der 1. Aufl.
1 S **Fall 3**.
2 Die fraglichen Äußerungen sind in dieser Form wörtlich in einer Sitzung des Sächsischen Landtags durch einen Abgeordneten der NPD gefallen, s hierzu das U. des SächsVerfGH vom 03.12.2010 – Vf. 77-I-10 – juris; s auch *Degenhart* Rn 659, 697.

Vorüberlegungen

289 Ein im Sachverhalt einfacher Fall: der Bundestagspräsident rügt einen Abgeordneten, erteilt ihm dann einen Ordnungsruf und entzieht ihm schließlich das Wort. Der Abgeordnete ruft das BVerfG an – in welchem Verfahren, dazu sagt der Sachverhalt nichts, dies herauszufinden ist Sache des Bearbeiters. Deshalb sind Überlegungen über die statthafte Verfahrensart hier vorauszustellen. Entscheidend ist hierfür die Erkenntnis, dass der Abgeordnete, wenn er im Bundestag spricht, seine verfassungsmäßigen Rechte als Abgeordneter wahrnimmt, und nicht etwa sein Grundrecht auf Meinungsfreiheit. Es ist also auf die Abgeordnetenrechte abzustellen. Ein Rederecht des Abgeordneten freilich wird im Grundgesetz nicht ausdrücklich erwähnt. Daher muss auf allgemeinere Bestimmungen des Grundgesetzes über die Rechtsstellung des Abgeordneten zurückgegriffen werden, in erster Linie auf die „Grundnorm" des Art. 38 I 2 GG über das freie Mandat. Sie ist auch für den vorliegenden Sachverhalt weiterführend. Wenn der Abgeordnete als Vertreter des ganzen Volkes sein Mandat wahrnimmt, so muss er einerseits die Möglichkeit und die Befugnis haben, sein Mandat auch tatsächlich wirksam wahrzunehmen und muss hierbei andererseits auch gleichberechtigt mit den anderen Abgeordneten wirken können. Dies gilt auch für den Abgeordneten, der keiner Fraktion angehört. Das Recht, im Plenum des Bundestags sich zu äußern, das Rederecht des Abgeordneten, ist deshalb unmittelbar aus Art. 38 I 2 GG abzuleiten. Die parlamentarische Debatte gehört zu den zentralen Funktionen des Bundestags; um sein Mandat im Bundestag wahrnehmen zu können, muss der einzelne Abgeordnete sich an dieser Debatte beteiligen können, und er muss hierbei gleichberechtigt mit den anderen Abgeordneten sein.

290 Andererseits liegt auf der Hand, dass nicht jeder Abgeordnete sein Rederecht nach Belieben wahrnehmen, etwa beliebig lang sprechen kann. Im Interesse der anderen Abgeordneten und auch der Arbeitsfähigkeit des Parlaments müssen hier Schranken bestehen. Mit dem Argument der Wahrung der Arbeitsfähigkeit wird auf den allgemeineren Auslegungstopos der Funktionsfähigkeit einer staatlichen Einrichtung zurückgegriffen: wo das Grundgesetz bestimmte verfassungsrechtliche Institutionen vorsieht, wie eben den Bundestag, will es auch, dass diese funktionsfähig sind.

290a Auch nach Form und Inhalt seiner Äußerungen unterliegt der Abgeordnete gewissen Beschränkungen. Allerdings ist eine dezidierte und auch polemische Ausdrucksweise durchaus von der Redefreiheit des Abgeordneten umfasst. Im Parlament als Vertretung des Volkes sollen unterschiedliche Meinungen und Interessen repräsentiert sein; deshalb ist es legitim, wenn dort, wie auch sonst im politischen Meinungskampf, überspitzt, vereinfacht oder polemisch debattiert wird. Beschränkungen sind jedoch zulässig, um die Ordnung der Debatte und die Funktionsfähigkeit des Parlaments zu gewährleisten und – traditionell – auch das Ansehen des Parlaments zu wahren. Dem dient die in der Geschäftsordnung näher geregelte Ordnungsgewalt des Bundestagspräsidenten (bzw des Landtagspräsidenten). Dabei ist jedoch der Redefreiheit des Abgeordneten Rechnung zu tragen; Gesichtspunkte der parlamentarischen Ordnung sind hiermit in Ausgleich zu bringen; dabei können ähnliche Gesichtspunkte gebracht werden, wie für die Meinungsfreiheit des Art. 5 I 1 GG – der hier nicht einschlägig ist. Der Abgeordnete wird in Ausübung seines Mandats, nicht in Wahrnehmung seiner Grundrechte tätig.

In der GeschOBT sind die Fragen der Redezeit näher geregelt, ebenso die Befugnisse **291** des Bundestagspräsidenten. Im Organstreitverfahren geht es jedoch immer um verfassungsmäßige Rechte. Daher war das Handeln des Bundestagspräsidenten nur dann verfassungsmäßig, wenn die Bestimmungen der GeschOBT ihrerseits verfassungsrechtlich begründet sind und wenn sie auch in verfassungskonformer Weise angewandt wurden; die Prüfung ist hier also die der Eingriffssituation.

Damit mündet die materiell-verfassungsrechtliche Problematik des Falls in den Konflikt **292** zwischen freiem Mandat des einzelnen Abgeordneten, in das hier eingegriffen wird, und der Funktionsfähigkeit der verfassungsrechtlichen Institution, die den „Eingriff" rechtfertigt. Diese verfassungsrechtlich geschützten Belange sind nach dem Grundsatz der Konkordanz in Ausgleich zueinander zu bringen.

Prozessual ist auf die Beteiligtenfähigkeit des Abgeordneten und des Bundestagspräsidenten näher einzugehen; hinsichtlich der Ermahnung des Abgeordneten liegt die Überlegung nahe, ob hierin eine rechtlich relevante Maßnahme gesehen werden kann.

Zum Aufbau: Da hier mehrere Maßnahmen zur Prüfung anstehen, läge es zunächst nahe, hinsichtlich jeder der Maßnahmen einen Antrag im Organstreitverfahren nach Zulässigkeit und Begründetheit zu prüfen. Ebenso gut kann aber von einem einheitlichen Antrag ausgegangen werden, der sich auf mehrere Maßnahmen bezieht, und jeweils bei der Prüfung der Zulässigkeit und Begründetheit hiernach differenziert werden. Diese Vorgehensweise ist vorzugswürdig, da sie Wiederholungen erspart.

293 Gliederung

A. Statthafte Verfahrensart

B. Zulässigkeit des Antrags im Organstreitverfahren
 I. Beteiligtenfähigkeit
  1. Antragsteller
  2. Antragsgegner
 II. Verfahrensgegenstand
  Maßnahme? Ermahnung (–); Ordnungsruf (+); Entziehung des Worts (+)
 III. Antragsbefugnis, Art. 38 I 2 GG
  1. Ordnungsruf
  2. Wortentzug
 IV. Form und Frist

C. Begründetheit
 I. Ordnungsruf
  1. Rederecht des Abgeordneten als verfassungsmäßiges Recht: freies Mandat
  2. Verfassungsrechtliche Rechtfertigung des Ordnungsrufs
   a) Schranken des Rederechts: Arbeitsfähigkeit des Parlaments und Geschäftsordnung
   b) Rechtfertigung der Maßnahme des Bundestagspräsidenten
 II. Wortentzug
  1. Wortentzug als Eingriff in die Rechte des H
  2. Verfassungsmäßigkeit des Wortentzugs
   a) Verfassungsmäßigkeit der Redezeitbeschränkung
   b) Zur Maßnahme des Bundestagspräsidenten
    aa) Redezeitüberschreitung
    bb) Besondere Umstände: Gleichbehandlung

D. Entscheidung des BVerfG

Musterlösung

A. Statthafte Verfahrensart

Da sich mit dem Abgeordneten H und dem Präsidenten des Bundestags Beteiligte am **294** Verfassungsleben gegenüberstehen und es dem H um seine verfassungsmäßigen Rechte als Abgeordneter geht, ist hier zunächst ein Antrag im Organstreitverfahren nach Art. 93 I Nr. 1 GG, §§ 63 ff. BVerfGG zu prüfen. Wenn H sich in seiner Redefreiheit beeinträchtigt sieht, so könnte dies jedoch auch dafür sprechen, eine Verfassungsbeschwerde in Betracht zu ziehen. Doch geht es hier dem H um seine spezifischen Rechte als Abgeordneter im parlamentarischen Verfahren. Er steht hier dem Bundestagspräsidenten, von dem die angegriffenen Maßnahmen ausgehen, als Beteiligter am Verfassungsleben und nicht als Grundrechtsträger gegenüber. Hierfür ist das Organstreitverfahren statthafte Verfahrensart.

Der Antrag im Organstreitverfahren hat Aussicht auf Erfolg, wenn er zulässig und begründet ist.

B. Zulässigkeit des Antrags im Organstreitverfahren

I. Beteiligtenfähigkeit

Die Zulässigkeit des Antrags setzt zunächst voraus, dass H als Antragsteller im Organ- **295** streitverfahren nach Art. 93 I Nr. 1 GG, §§ 63 ff. BVerfGG beteiligtenfähig ist und der Antrag gegen einen gleichermaßen beteiligtenfähigen Antragsgegner gerichtet wird.

1. Antragsteller

H müsste als einzelner Abgeordneter beteiligtenfähig sein. Einzelne Abgeordnete zählen **296** nicht zu den in Art. 93 I Nr. 1 GG genannten obersten Bundesorganen. Sie sind auch „Organteil" iSv Art. 93 I Nr. 1 GG, da hierzu nur ständige Untergliederungen des Bundestags zählen. H könnte jedoch als „anderer Beteiligter" iSv Art. 93 I Nr. 1 GG beteiligtenfähig sein, wenn er durch das Grundgesetz oder die Geschäftsordnung des Bundestags (GeschOBT) mit eigenen Rechten ausgestattet ist. Der einzelne Abgeordnete ist schon wegen Art. 38 I 2 GG mit eigenen Rechten ausgestattet und kann im Organstreit die behauptete Verletzung oder Gefährdung jedes Rechts geltend machen, das mit seinem Status verfassungsrechtlich verbunden ist;[3] er ist „anderer Beteiligter" iSv Art. 93 I Nr. 1 GG.[4]

2. Antragsgegner

Zu klären ist nun, wer in diesem Verfahren der richtige Antragsgegner ist, gegen den sich **297** der Antrag auf ein Organstreitverfahren richtet. In Betracht käme einerseits ein Antrag gegen den Deutschen Bundestag als solchen, zum anderen aber auch ein Antrag gegen

---

3 BVerfGE 94, 351 (362); zu den Statusrechten der Abgeordneten s auch SaarlVerfGH NVwZ-RR 2006, 665.
4 BVerfGE 123, 267 (337).

den Bundestagspräsidenten, der dem H das Wort entzogen hat. Es kommt somit darauf an, ob sich die angegriffene Maßnahme letztlich als eine solche des Bundestagspräsidenten (dh als Teil der Ausübung der mit seiner Funktion verbundenen Ordnungsgewalt) oder als solche des gesamten Bundestags (dh als Entscheidung des ganzen Parlaments, für das der Bundestagspräsident stellvertretend gehandelt haben könnte) darstellt. Der Bundestagspräsident vertritt einerseits den Bundestag (§ 7 I GeschOBT) und leitet andererseits in eigener Verantwortung dessen Beratungen (§§ 7 II 2, 21 ff. GeschOBT), wobei ihm weitreichende Kompetenzen zukommen. Eine Maßnahme, die er im Rahmen dieser ihm obliegenden Funktion der Verhandlungsleitung trifft, stellt sich deshalb als Handlung des Bundestagspräsidenten selbst dar, die sich der Bundestag nicht zu eigen machen muss, sondern die auf die dem Präsidenten kraft der GeschOBT übertragene Ordnungsgewalt zurückzuführen ist. Der Antrag im Organstreitverfahren gegen eine derartige Maßnahme ist daher gegen den Bundestagspräsidenten selbst zu richten.

Der Bundestagspräsident ist Teil des Organs Bundestag und etwa in Art. 40 II GG mit eigenen Rechten ausgestattet und damit nach § 63 BVerfGG als Antragsgegner parteifähig.

II. Verfahrensgegenstand

298 Der Antrag müsste sich gem. § 64 I BVerfGG gegen eine rechtserhebliche Maßnahme des Antragsgegners richten.

Die bloße Ermahnung, Ausdrücke wie „Verräter" zu vermeiden, bringt zwar eine Missbilligung der Äußerung oder des Verhaltens eines Abgeordneten zum Ausdruck, hat jedoch weder unmittelbar noch mittelbar einen Rechtsnachteil zur Folge. Etwas anderes könnte für den Ordnungsruf gelten. Er bedeutet einen Eingriff in die Redefreiheit des Abgeordneten und kann nach § 37 und § 38 GeschOBT weitere Ordnungsmaßnahmen wie die Wortentziehung und den Ausschluss von der Sitzung nach sich ziehen. Auch § 39 GeschOBT, wonach gegen den Ordnungsruf ebenso wie gegen den Ausschluss Einspruch eingelegt werden kann, belegt, dass es sich hierbei um eine rechtserhebliche Maßnahme handelt.

299 In der Entscheidung, dem H das Wort zu entziehen, liegt ebenfalls eine rechtserhebliche Maßnahme. Denn hierdurch wird der Abgeordnete unmittelbar daran gehindert, sein Mandat durch Wahrnehmung seines Rederechts wahrzunehmen.

III. Antragsbefugnis

H müsste weiterhin gem. § 64 I BVerfGG plausibel geltend machen können, in einem aus der Verfassung herleitbaren Recht verletzt zu sein.

1. Ordnungsruf

300 Ein Rederecht des Bundestagsabgeordneten wird im Grundgesetz nicht ausdrücklich erwähnt. Es folgt auch nicht etwa aus der Meinungsfreiheit des Art. 5 I GG. Denn es geht hier um die Rechte des H als Abgeordnetem, also in Ausübung staatlicher Funktionen, und nicht um die Wahrnehmung von Grundrechten als Bürger. Das Rederecht müsste sich also aus der verfassungsrechtlichen Stellung des Abgeordneten gemäß Art. 38 I 2 GG ergeben. Hiernach ist der Abgeordnete Vertreter des ganzen Volkes und hat als solcher Anteil an den Aufgaben des Bundestags, an seiner Gesetzgebungsarbeit wie ganz allgemein an der parlamentarischen Auseinandersetzung und Willensbildung. Wird nun an eine Äußerung des Abgeordneten in der Debatte eine ihm nachteilige Sanktion wie ein Ordnungsruf geknüpft, so erscheint auch eine Behinderung in der Wahrnehmung seines Mandats und damit in seinen Statusrechten als Abgeordneter nicht ausgeschlossen.

2. Wortentzug

Dies gilt auch dann, wenn der Abgeordnete daran gehindert wird, sich an der parlamentarischen Debatte zu beteiligen. Indem der Bundestagspräsident dem H in der Debatte das Wort entzogen hat, könnte er also dessen Rederecht in einer verfassungsrechtlich unzulässigen Weise verkürzt haben. Hierin könnte auch ein Verstoß gegen die verfassungsrechtlich gewährleistete Abgeordnetengleichheit liegen, wenn H geltend macht, dass die Redezeitüberschreitung bei fraktionsangehörigen Abgeordneten nicht in gleicher Weise beanstandet wurde. **300a**

H ist somit sowohl hinsichtlich des Ordnungsrufs als auch hinsichtlich des Wortentzugs antragsbefugt.

IV. Form und Frist

Der Antrag bedarf nach § 23 I 1 BVerfGG der Schriftform. Er ist nach § 64 III BVerfGG innerhalb einer Frist von sechs Monaten seit dem Bekanntwerden der angegriffenen Maßnahme, hier also seit dem Entzug des Rederechts durch den Bundestagspräsidenten, zu stellen. **301**

Dies vorausgesetzt, ist ein Antrag des H im Organstreitverfahren zulässig.

C. Begründetheit

Der Antrag ist begründet, wenn der H durch den Ordnungsruf und durch den Entzug des Rederechts durch den Bundestagspräsidenten in seinen Rechten aus dem Grundgesetz verletzt ist. **302**

I. Ordnungsruf

1. Rederecht des Abgeordneten als verfassungsmäßiges Recht: freies Mandat

H kann in seinen verfassungsmäßigen Rechten als Abgeordneter dann verletzt sein, wenn es sich bei seinem Rederecht um ein unmittelbar aus dem Grundgesetz abgeleitetes Recht handelt. Dies ist zu bejahen. **303**

Das Rederecht zählt zu den wichtigsten Statusrechten des Abgeordneten, die unmittelbar die Ausübung des Mandats betreffen. Das Recht des Abgeordneten, vor dem versammelten Parlament in einer Debatte Stellung zu nehmen, folgt aus seiner Rolle als

Vertreter des ganzen Volks nach Art. 38 I 2 GG. Dazu zählt auch und maßgeblich die Beteiligung an parlamentarischen Debatten, in der der Abgeordnete eigene Standpunkte vorbringt, Zustimmung oder Kritik gegenüber anderen Redebeiträgen vorbringt, zum aktuellen politischen Geschehen, zu Gesetzesentwürfen sowie zur Arbeit der Regierung Stellung nimmt, auch in polemischer und zugespitzter Form. Das Rederecht des Abgeordneten ist somit unmittelbar durch den Grundsatz des freien Mandats verfassungsrechtlich begründet.

2. Verfassungsrechtliche Rechtfertigung des Ordnungsrufs

a) Schranken des Rederechts: Arbeitsfähigkeit des Parlaments und Geschäftsordnung

304 Durch den Ordnungsruf bewirkt der Bundestagspräsident einen Eingriff in das Rederecht des Abgeordneten. Hierzu müsste er verfassungsrechtlich befugt sein.

Das Rederecht des einzelnen Abgeordneten unterliegt Beschränkungen. Nach den Geschäftsordnungen des Deutschen Bundestags sind insbesondere Maßnahmen gegen Abgeordnete möglich, die gegen die „Ordnung" des Parlaments verstoßen. Diese müssten verfassungsrechtlich gerechtfertigt sein, müssten also ihrerseits zum Schutz legitimer verfassungsrechtlicher Belange bestehen. Hierunter fällt insbesondere die Arbeitsfähigkeit des Parlaments, aber auch dessen Ansehen, aber auch der Schutz berechtigter Belange Dritter. Es ist daher verfassungsrechtlich gerechtfertigt, dass der Bundestag im Rahmen seiner Geschäftsordnungsautonomie Sanktionen gegen Ordnungsverstöße wie den Ordnungsruf vorgesehen hat.

b) Rechtfertigung der Maßnahme des Bundestagspräsidenten

305 Die Geschäftsordnung müsste auch in verfassungskonformer Weise angewandt worden sein. Dies bedeutet, dass der Bundestagspräsident zu Recht von einer Störung der parlamentarischen Ordnung ausgegangen ist und die Rechte des Abgeordneten nicht unverhältnismäßig beschränkt hat.

Die von H gewählten Formulierungen könnten geeignet sein, das Ansehen des Parlaments zu beeinträchtigen. Grundsätzlich ist zwar von der Redefreiheit des Abgeordneten auszugehen. Es kommt auch nicht darauf an, ob seine Ansichten zu billigen und ob sie historisch „richtig" oder „falsch" sind. Die Redefreiheit des Abgeordneten umfasst jedoch unbeschadet seiner Indemnität nicht Äußerungen, die einen Straftatbestand verwirklichen, etwa den der Verharmlosung nationalsozialistischer Verbrechen nach § 130 III StGB. Auch wenn hier in der Äußerung des H noch keine explizite Holocaust-Leugnung enthalten ist, schwingt doch die Unterstellung mit, der Holocaust werde hier – durch die „Industrie" – hochgespielt und die Erinnerung hieran gleichsam künstlich am Leben gehalten und instrumentalisiert. Damit aber wird der Holocaust selbst verharmlost. Es ist daher eine nachträgliche Verhöhnung der Opfer, sie als Gegenstand der politischen Vermarktung darzustellen. Sie werden damit in ihrer Würde als Person beeinträchtigt. Damit aber sind die Grenzen der Äußerungsfreiheit überschritten und der Bundestagspräsident durfte eine erhebliche Störung der parlamentarischen Ordnung und eine Beeinträchtigung des Ansehens des Bundestags annehmen.

Die von ihm gewählte Sanktion, der Ordnungsruf, stellt die mildeste hier mögliche Sanktion dar und ist auch nicht unverhältnismäßig im Hinblick auf die in hohem Maße diffamierende Äußerung.

II. Wortentzug

1. Wortentzug als Eingriff in die Rechte des H

Wenn der Bundestagspräsident dem H das Wort entzogen hat, so könnte er hierdurch sein Rederecht verletzt haben. Der Schutz des Rederechts gilt auch für den H als fraktionslosen Abgeordneten. Da jeder Abgeordnete nach Art. 38 I 2 GG Vertreter des ganzen Volkes ist, muss ihm ein Rederecht in grundsätzlich gleicher Weise wie den fraktionsangehörigen Abgeordneten zustehen. Der Abgeordnete hat ein verfassungsmäßiges Recht auf gleichberechtigte Teilhabe am parlamentarischen Verfahren. **306**

2. Verfassungsmäßigkeit des Wortentzugs

a) Verfassungsmäßigkeit der Redezeitbeschränkung

Im Interesse der Redefreiheit aller anderen Abgeordneten wie auch im Interesse der Funktionsfähigkeit des Parlaments ist es jedoch zulässig und geboten, die dem einzelnen Abgeordneten zur Verfügung stehende Redezeit zu begrenzen. Eine solche Begrenzung ist in der GeschOBT erfolgt, die dieser sich gemäß Art. 40 I 2 GG gegeben hat. Im Rahmen seiner Geschäftsordnungsautonomie hat der Bundestag hier im Interesse seiner Arbeitsfähigkeit das Rederecht des Abgeordneten näher ausgeformt. § 35 GeschOBT regelt die im Voraus festzulegende Gesamtdauer der Aussprache und die in deren Rahmen den einzelnen Rednern zuzuteilende Redezeit. Die in § 35 GeschOBT vorgesehenen Redezeiten können durch den Präsidenten verlängert werden, wenn dies der Verhandlungsgegenstand oder der Verlauf der Aussprache nahelegt, § 35 I 4 GeschOBT. Überschreitet ein Abgeordneter seine Redezeit, so soll ihm nach § 35 III GeschOBT der Präsident nach einmaliger Mahnung das Wort entziehen. **307**

Diese Regelung bedeutet eine verfassungskonforme Ausgestaltung und Beschränkung des Rederechts des Abgeordneten. Die Arbeitsfähigkeit des Bundestags in Erfüllung seiner Aufgaben hat, wie dies auch für die Aufgaben des Bundestags gilt, Verfassungsrang. Dies gilt andererseits auch für die Rechte des Abgeordneten auf Teilhabe an der parlamentarischen Arbeit. Der Bundestag hat also einerseits das Recht, in einer Geschäftsordnung Regeln über die Redezeit der Abgeordneten aufzustellen. Diese müssen andererseits dem einzelnen Abgeordneten genügend Zeit dafür lassen, die von ihm vertretene Position vorzutragen. Die Regelung der GeschOBT erkennt das Rederecht des Einzelnen an und unterwirft es einer für alle gültigen, im Interesse der Arbeitsfähigkeit des Parlaments notwendigen Beschränkung; sie entspricht damit auch den verfassungsrechtlichen Vorgaben durch Art. 38 I 2 GG. **308**

b) Zur Maßnahme des Bundestagspräsidenten

309 Unterliegt also das Rederecht des Abgeordneten in zulässiger Weise den Schranken der Geschäftsordnung, so müssen diese gegenüber dem H auch in verfassungskonformer Weise angewandt worden sein.

309a aa) H hatte die ihm zugeteilte Redezeit um mehr als fünf Minuten überschritten und eine Mahnung des Präsidenten unbeachtet gelassen. Nach der „Soll"-Vorschrift des § 35 III GeschOBT war der Bundestagspräsident gehalten, dem H das Wort zu entziehen. Von einer „Soll"-Vorschrift hätte er nur dann ausnahmsweise abweichen können, wenn besondere Umstände des Einzelfalls eine andere Entscheidung gebieten. Hiernach ist die Entziehung des Worts im Grundsatz auch verfassungsrechtlich gerechtfertigt.

309b bb) Besondere Umstände, nach denen die Entziehung des Worts ausnahmsweise nicht gerechtfertigt wäre, könnten darin gesehen werden, dass andere, fraktionszugehörige Abgeordnete ihre Redezeit unbeanstandet hatten überschreiten können. Denn aus Art. 38 I 2 GG, wonach jeder Abgeordnete Vertreter des ganzen Volkes ist, folgt ein verfassungsmäßiges Recht des einzelnen Abgeordneten auf gleichberechtigte Teilhabe am parlamentarischen Verfahren, auf Gleichbehandlung. Dieses Recht muss auch im Verhältnis des fraktionslosen zum fraktionszugehörigen Abgeordneten gelten. Dafür spricht auch, dass die Vorschrift des § 35 I 2 GeschOBT hinsichtlich der Rededauer zunächst auf den einzelnen Abgeordneten abstellt und sie – unabhängig von der Frage der Fraktionszugehörigkeit – für alle Redner grundsätzlich gleich ansetzt (von der Ausnahme in § 35 I 3 GeschOBT abgesehen), sofern der Bundestag bzw der Ältestenrat nichts Abweichendes beschließen. Auch ist der Umstand der Fraktionszugehörigkeit bereits bei der Frage der Redezeitverteilung nach § 35 I 1 und 3 GeschOBT zu berücksichtigen, so dass der Proporz von vornherein und nicht erst durch eine Gestattung bzw Nichtgestattung einer Redezeitübertretung herzustellen ist. Entscheidend dürfte letztendlich sein, dass die Frage einer Redezeitübertretung keinen unmittelbaren Zusammenhang zum Problem der gerechten Redezeitzuteilung aufweist, so dass in diesem Punkt der Grundsatz der Gleichbehandlung der Abgeordneten zur Anwendung kommt. Zu keiner anderen Beurteilung führt, dass der Redner, der für eine Fraktion spricht, seine Auffassung stellvertretend für eine Vielzahl von Abgeordneten äußert und die parlamentarische Arbeit des Bundestags insofern zu einem wesentlichen Teil auf dem Fraktionsprinzip beruht. Denn auch der fraktionslose Abgeordnete ist Vertreter des ganzen Volkes.

309c Auf Grund des Anspruchs des H auf gleichberechtigte Teilhabe am parlamentarischen Verfahren durfte der Bundestagspräsident ihm also hier das Wort nicht entziehen. Er musste ihn im Verhältnis zu den anderen Abgeordneten gleich behandeln. Etwas anderes könnte sich allerdings daraus ergeben, dass H durch seine vorgehenden Äußerungen die Ordnung des Bundestags gestört hat. Dies war jedoch Anlass für den Ordnungsruf, nach dem H sich in seiner Rede gemäßigt hat. Daher durften hier die vorgehenden Äußerungen nicht mehr in die Erwägungen des Bundestagspräsidenten einfließen.[5] Er hat dieses Recht des Abgeordneten verletzt. Dieses Recht folgt unmittelbar aus Art. 38 I 2 GG. Es handelt sich hierbei um ein verfassungsmäßiges Recht und nicht nur um ein Recht aus

---

5   AA hier gut vertretb.

der Geschäftsordnung des Bundestags. Der Bundestagspräsident hat also Rechte des Antragstellers aus dem Grundgesetz verletzt. Der Antrag ist begründet.

D. Entscheidung des BVerfG

Das BVerfG wird auf Antrag des H feststellen, dass die Entscheidung des Bundestags- **310** präsidenten, ihm das Wort zu entziehen, gegen Art. 38 I 2 GG verstößt und den Antragsteller in seinem Recht auf freie und gleichberechtigte Wahrnehmung seines Mandats aus Art. 38 I 2 GG verletzt. Im Übrigen wird es den Antrag, soweit er sich gegen die dem H erteilte „Rüge" richtet, als unzulässig verwerfen.

Wiederholung und Vertiefung

Abgeordneter und Fraktion

1. Fraktionen als Untergliederungen des Bundestags

Fraktionen sind Zusammenschlüsse von Abgeordneten des Bundestags, die grundsätz- **311** lich der gleichen Partei oder jedenfalls gleichgerichteten Parteien angehören müssen, § 10 GeschOBT. Im Grundgesetz sind die Fraktionen lediglich in Art. 53a I 2 GG über den Gemeinsamen Ausschuss im Verteidigungsfall erwähnt. Wenn es um Rechte der Fraktion geht, müssen diese also im Wege der Verfassungsinterpretation aus dem Grundgesetz abgeleitet werden.

Ausgangspunkt ist ihre verfassungsrechtliche Funktion: sie sind notwendige Einrichtungen des Verfassungslebens. Denn die politische Willensbildung im Bundestag erfolgt maßgeblich über sie – dies ist Konsequenz aus der Funktion der politischen Parteien. Aus deren Anerkennung in Art. 21 GG folgt damit auch die Anerkennung der Fraktionen als Einrichtungen des Verfassungslebens.

Daraus folgt für die Rechte der Fraktionen: sie haben einen verfassungsrechtlichen An- **312** spruch auf **Gleichbehandlung**, also auf gleichberechtigte Teilhabe an der parlamentarischen Arbeit des Bundestags; wie für die Stellung der Parteien, ist auch für die der Fraktionen der Gleichheitssatz in einem streng formalen Sinn zu verstehen. Sie haben ein verfassungsrechtlich fundiertes **Antragsrecht**, also einen Anspruch darauf, dass das Parlament über ihren Antrag berät und hierüber Beschluss fasst. Die Rechte der Fraktion sind also Rechte, die dieser auch gegenüber dem Bundestag selbst zustehen, insbesondere gegenüber Mehrheitsbeschlüssen, durch die die Rechte einer Faktion verkürzt werden.

Aus der materiell-rechtlichen Stellung der Fraktion folgt ihre Beteiligtenfähigkeit im **313** Organstreitverfahren als Teil des Verfassungsorgans Bundestag – (*Degenhart* Rn 817). Sie kann damit im Wege der Prozessstandschaft dessen Rechte geltend machen.

2. Die Rechtsstellung des Abgeordneten

314 Grundnorm für die Rechtsstellung des einzelnen Bundestagsabgeordneten ist **Art. 38 I 2 GG**. Hierin kommt der Grundsatz des freien Mandats ebenso zum Ausdruck, wie der der gleichberechtigten Teilhabe des Abgeordneten an den Funktionen des Bundestags. Hieraus ist in konkreten Verfassungsstreitigkeiten, sei es innerhalb des Bundestags, sei es zwischen Abgeordneten und anderen Verfassungsorganen, zu argumentieren.

Um das freie Mandat des Abgeordneten geht es, wenn das Innehaben des Mandats von der **Parteizugehörigkeit** abhängig gemacht werden soll; das „Spannungsverhältnis" zwischen freiem Mandat (Art. 38 I GG) und parteienstaatlicher Demokratie (Art. 21 GG), das in derartigen Fällen in der Argumentation zu behandeln ist, ist hier zugunsten des freien Mandats aufzulösen.

315 Dieses „Spannungsverhältnis" bestimmt auch die aktuelle Thematik des Fraktionsausschlusses. Das freie Mandat ist hier in Ausgleich zu bringen mit der verfassungsrechtlichen Stellung der Fraktion, die auch ein Recht auf Selbstorganisation umfasst und die wiederum durch die verfassungsrechtliche Stellung der politischen Parteien bestimmt ist.

Das freie Mandat des Abgeordneten und sein hieraus folgendes Recht auf **gleichberechtigte Teilhabe am parlamentarischen Verfahren** ist berührt, wenn dem Abgeordneten die Beteiligung an parlamentarischen Gremien uÄ verweigert wird; hierfür müssen besondere rechtfertigende Gründe gegeben sein, denn grundsätzlich bestimmen sich die Rechte des Abgeordneten nach dem Prinzip formaler Gleichheit.

316 Aus der grundsätzlichen verfassungsrechtlichen Stellung des Abgeordneten, wie sie in Art. 38 I GG zum Ausdruck kommt, sind auch **Frage- und Informationsrechte** des Abgeordneten zu bestimmen. Um den Bestand seines Mandats geht es bei einer Auflösung des Bundestags durch den Bundespräsidenten etwa im Fall der Vertrauensfrage; die Rechte des Abgeordneten ergeben sich hier aus Art. 38 I 2 GG, der auch den Bestand des Mandats schützt, iVm Art. 39 I 1 GG, der die Wahlperiode auf vier Jahre festlegt.

317 Soweit **Statusrechte** des Abgeordneten im Grundgesetz (bzw einer Landesverfassung) ausdrücklich geregelt sind, ist hierauf zurückzugreifen; dies betrifft die Immunität des Abgeordneten oder auch das Zeugnisverweigerungsrecht nach Art. 47 GG sowie seine Rechte nach Art. 48 GG. Auch hier kann jedoch in der Argumentation auf den Grundsatz des freien Mandats und die gleichberechtigte Stellung der Abgeordneten zurückzugreifen sein.

318 *In prozessualer Hinsicht ist zu beachten, dass der Abgeordnete seine Rechte aus dem Grundgesetz im Weg des Organstreitverfahrens – auch gegenüber dem Bundestag selbst – geltend macht, ausnahmsweise aber auch Verfassungsbeschwerde in Betracht kommen kann – dann, wenn keine andere Verfahrensart eröffnet ist (BVerfGE 108, 251; Degenhart Rn 823). Dies ist zB der Fall bei einer richterlichen Durchsuchungsanordnung für ein Abgeordnetenbüro – ein Organstreit scheidet hier aus, da das Amtsgericht kein Verfassungsorgan ist. Die Beschwerdebefugnis wird dann daraus hergeleitet, dass es sich um Rechte aus dem Abgeordnetenstatus nach Art. 38 I 2 GG handelt. Für Abgeordnete der Landtage kommt jedoch eine auf Art. 38 I 2 GG gestützte Verfassungsbe-*

schwerde zum BVerfG nicht in Betracht. Der einzelne Abgeordnete des Bundestags ist jedoch nicht befugt, dessen Rechte im Wege der Prozessstandschaft im Organstreitverfahren geltend zu machen, vgl für Art. 59 II GG BVerfGE 117, 359.

Zur Wiederholung: *Degenhart* Rn 667 ff.

Aktuelle Rechtsprechung: BVerfGE 112, 118 (Besetzung des Vermittlungsausschusses); BVerfG NVwZ 2015, 1751 (Spiegelbildlichkeit von Ausschüssen).

Aus der Ausbildungsliteratur: *Schwind*, Besprechung von BVerfGE 112, 118 (Besetzung des Vermittlungsausschusses), JA 2005, 580; *Möllers*, Das freie Mandat in der demokratischen Repräsentation, JURA 2008, 937; *Frenz*, Abgeordnetenrechte, JA 2010, 126.

Fälle im thematischen Zusammenhang: *Lange/Thiele*, Freiheit des Mandats – der „gläserne Abgeordnete", JuS 2008, 518; *Holterhus*, Anfängerklausur – Öffentliches Recht: Staatsorganisationsrecht – Der beobachtete Abgeordnete, JuS 2014, 233; *Schiff*, „Reden ist Silber ..." – auch im Bundestag?, JURA 2013, 1290; *Haug/Schmid*, Referendarexamensklausur – Öffentliches Recht: Staatsrecht – Turbulentes Parlament, JuS 2013, 440; *Lammers/Lehmann*, Immun gegen Durchsuchungen?, JA 2015, 526; *Straßburger*, Einsetzung des Hauptausschusses, JuS 2015, 714; *Ingold*, Waffenkontrollausschuss, JuS-Probeexamen 2016, 42.

Fall 7
Ehrenwerte Gesellschaft

Umfangreicher Fall für die Zwischenprüfung, 3 Std.[*]

319 In den Jahren 2000 bis 2010 hat die Staatsbank AG (S-AG), die sich zu 40 % im Eigentum des Bundes und zu 60 % im Eigentum des Bundeslandes L befindet und deren Aufgabe es vor allem ist, regionale Wirtschaftsförderung im Bundesland L zu betreiben, mehrere Tochterunternehmen im europäischen Ausland gegründet. Zu diesen Tochterunternehmen gehört die Ebenezer & Scrooge Ltd. (E) mit Sitz auf den Caymans, deren Aufgabe es war, mit sogenannten „Derivaten" zu handeln, vor allem mit zweitklassigen amerikanischen Hypothekenverbriefungen. Dabei ging die E erhebliche finanzielle Risiken ein, für die sich die S-AG durch eine Bürgschaft in Höhe von mehreren Milliarden Euro verbürgte. Diese Bürgschaft wurde beim Zusammenbruch der E im Sommer 2009 fällig; Bund und das Land L konnten nur durch Garantien und Zuschüsse in Milliardenhöhe die S-AG vor dem Zusammenbruch retten.

Auf Antrag der 170 Mitglieder zweier oppositioneller Fraktionen im Bundestag wird ein parlamentarischer Untersuchungsausschuss „zur Untersuchung der Staatsbank-Affäre" eingerichtet. Er soll untersuchen, warum der Bundesfinanzminister Dagobert Durchblick (D) im Aufsichtsrat der S-AG die fraglichen Geschäfte nicht verhindert hat. Dabei soll auch die Rolle des Vorstandsvorsitzenden der S-AG Gero Gierig (G), dem kurz vor dem Zusammenbruch der E ein Bonus in Höhe von 2,5 Mio. Euro bewilligt worden war, zur Sprache kommen. Kurz nach der Einsetzung verlangt der Ausschuss von D die Herausgabe bestimmter Akten, aus denen sich Informationen über die Kenntnisse der Bundesregierung und des Aufsichtsrats der S-AG über die riskanten Geschäfte der E sowie über die näheren Umstände der umstrittenen Bonuszusage ergeben sollen.

Die Bundesregierung ist der Auffassung, sie sei nicht verpflichtet, die Akten herauszugeben. Die Einsetzung des Untersuchungsausschusses sei rechtswidrig, da es sich dem Grunde nach um eine Angelegenheit des Bundeslandes L, nicht des Bundes handele. Das Verhalten des Ministers D im Aufsichtsrat sei eine rein exekutive Aufgabe. Auch enthielten die Akten Details, deren Bekanntgabe einerseits Belange der Bundesrepublik gefährden, andererseits in Persönlichkeitsrechte des G eingreifen würden. Zudem sei gegen G ein Strafverfahren wegen Untreue anhängig, in das der Ausschuss nicht eingreifen dürfe.

Die Bundesregierung möchte vom BVerfG feststellen lassen, dass die Einsetzung des Untersuchungsausschusses und das Herausgabeverlangen verfassungswidrig sind. Die Erfolgsaussichten eines solchen Verfahrens sind gutachtlich zu bewerten.

---

[*] Auf der Grundlage eines Entwurfs von *Ansgar Koreng*.

Vorüberlegungen

Die Rechte der Untersuchungsausschüsse sind durch aktuelle Entscheidungen des **320** BVerfG[1] weiter gestärkt worden; die Rechtsprechung setzt damit ihre seit der Entscheidung zum „Flick-Untersuchungsausschuss"[2] geltende Linie konsequent fort. Deren Grundaussagen zum Verhältnis von Regierung und Parlament sollten vertraut sein – sie ermöglichen den Einstieg in den Fall und dessen Lösung und sind auch für vergleichbar gelagerte Verfassungskonflikte wie etwa bei Streit um Fragerechte der Abgeordneten und der Fraktionen bedeutsam.[3] Die Rechtsprechung arbeitet hier mit dem etwas diffusen Begriff des Kernbereichs exekutiver Eigenverantwortung. Damit ist vor allem der Bereich der regierungsinternen Willensbildung gemeint – hier aber geht es um das Verhalten eines Mitglieds der Bundesregierung nach außen.

Ebenso in grundsätzlicher Weise geklärt ist die Frage der Schutzwürdigkeit der Einbeziehung von Vorgängen aus der nichtstaatlichen Sphäre und des Verhaltens Privater in **321** den Untersuchungsauftrag eines Untersuchungsausschusses. Der Bearbeiter wird angesichts der Sachverhaltsgestaltung zu einem besonderen öffentlichen Interesse an der Aufklärung des Verhaltens aller Beteiligten gelangen.

Für das Verhältnis Bundestag – Bundesregierung ist jetzt die Pflicht zur Aktenvorlage durch das PUAG (Untersuchungsausschussgesetz vom 19.6.2001, BGBl. I S. 1142, Textbuch Nr. 17) positiv geklärt, wobei die verfassungsrechtlichen Gesichtspunkte aus BVerfGE 67, 100 nach wie vor für die Frage der verfassungsrechtlichen Grenzen dieses Herausgabeverlangens Gültigkeit haben. Für die prozessuale Konstellation des Organstreitverfahrens ist dabei stets zu beachten, dass es hierfür auf die Verletzung verfassungsmäßiger Rechte ankommt; es darf also nicht allein aus dem PUAG argumentiert werden, vielmehr muss stets der Bezug zum verfassungsrechtlichen Auftrag des Untersuchungsausschusses hergestellt werden. Er folgt aus Art. 44 I GG.

Die prozessuale Ausgangslage weicht hier von der üblichen Fallgestaltung ab: nicht der **322** Ausschuss ist es, der gegen die Weigerung der Bundesregierung vorgeht, sondern die Bundesregierung will festgestellt wissen, ob der Ausschuss seine Befugnisse überschreitet. Dies wirft die Frage nach dem Rechtsschutzbedürfnis auf: sollte die Regierung abwarten, bis der Ausschuss sich an das Verfassungsgericht wendet?

---

1   S bes BVerfGE 124, 78.
2   BVerfGE 67, 100; *Degenhart* Fall 65a, Rn 628, 693.
3   Vgl BVerfGE 124, 161 (177 f.). *Degenhart* Rn 692.

323 Gliederung

A. Zulässigkeit des Antrags im Organstreitverfahren
   I. Beteiligtenfähigkeit
     1. Aktivseite: Bundesregierung
     2. Passivseite: Bundestag oder Ausschuss als Antragsgegner – Ausschuss als Teil des Verfassungsorgans „Bundestag", mit eigenen Rechten ausgestattet: Art. 44 GG
   II. Antragsgegenstand
     Herausgabeverlangen als rechtserhebliche Maßnahme
   III. Antragsbefugnis
     Exekutive Eigenverantwortung der Bundesregierung
   IV. Form und Frist
   V. Rechtsschutzbedürfnis
     Klage des Untersuchungsausschusses?

B. Begründetheit des Antrags im Organstreitverfahren
   I. Grundlagen der Vorlagepflicht
     § 18 I PUAG – Art. 44 I GG
   II. Verfassungsmäßigkeit des Untersuchungsausschusses
     1. Formelle Verfassungsmäßigkeit
     2. Materielle Verfassungsmäßigkeit
       Kompetenzverteilung Bund – Länder?
   III. Verfassungsmäßigkeit des Herausgabeverlangens – Herausgabepflicht
     1. Kernbereich der Exekutive?
     2. Schutzwürdige Belange Privater – G?
       a) Vorgänge aus der privaten Sphäre des G
       b) Untersuchungsauftrag; öffentl. Interesse vorrangig
     3. Eingriff in laufendes Strafverfahren?

C. Ergebnis

Musterlösung

Da die Bundesregierung sich durch das Verhalten eines anderen Beteiligten am Verfassungsleben, des Untersuchungsausschusses, in ihrer rechtlichen Stellung beeinträchtigt sieht, ist hier ein Organstreitverfahren gemäß Art. 93 I Nr. 1 GG, §§ 13 Nr. 5, 63 ff. BVerfGG in Betracht zu ziehen. Ein Antrag der Bundesregierung hat Aussicht auf Erfolg, wenn er zulässig und begründet ist. **324**

A. Zulässigkeit des Antrags im Organstreitverfahren

I. Beteiligtenfähigkeit

1. Auf der **Aktivseite** folgt die Beteiligtenfähigkeit der **Bundesregierung** als Antragsteller unmittelbar aus Art. 93 I Nr. 1 GG, § 63 BVerfGG, da sie zu den dort genannten obersten Bundesorganen zählt. **325**

2. Auch auf der **Passivseite** müsste die Beteiligtenfähigkeit gegeben sein. Fraglich könnte hier zunächst sein, wer Antragsgegner ist. Die Bundesregierung will klären lassen, ob die Einsetzung des Untersuchungsausschusses und dessen Herausgabeverlangen bezüglich der Akten rechtmäßig bzw verfassungsmäßig sind. Die Einsetzung des Untersuchungsausschusses erfolgte durch den Bundestag. Das Herausgabeverlangen wird vom Untersuchungsausschuss gestellt. Da aber auch bei der Prüfung des Herausgabeverlangens auf die rechtmäßige Einsetzung des Untersuchungsausschusses abzustellen ist und sich die Bundesregierung unmittelbar durch dessen Verhalten beeinträchtigt sieht, ist hierauf abzustellen. Als Antragsgegner ist also der **Untersuchungsausschuss** in Betracht zu ziehen. Dieser wird in Art. 93 I Nr. 1 GG, § 63 BVerfGG nicht ausdrücklich benannt, könnte jedoch als ein mit eigenen Rechten ausgestattetes **Teil des Verfassungsorgans Bundestag** beteiligtenfähig sein. Es handelt sich beim Untersuchungsausschuss um eine Untergliederung des Bundestags; der Ausschuss ist schon durch das Grundgesetz in Art. 44 GG mit eigenen Rechten ausgestattet. Er ist also als Antragsgegner beteiligtenfähig im Organstreitverfahren. **326**

II. Antragsgegenstand

Es müsste auch ein tauglicher Antragsgegenstand vorliegen. Dies ist der Fall bei rechtserheblichen Maßnahmen oder Unterlassungen des Antragsgegners. Das Herausgabeverlangen des Untersuchungsausschusses ist eine rechtserhebliche Maßnahme, so dass ein tauglicher Antragsgegenstand vorliegt. **327**

III. Antragsbefugnis

Die Bundesregierung müsste auch antragsbefugt sein. Sie müsste plausibel geltend machen können, in eigenen, aus der Verfassung ableitbaren Rechten verletzt zu sein. Die Bundesregierung macht geltend, es handle sich bei dem Verhalten des Bundesministers im Aufsichtsrat der S-AG um Angelegenheiten der Exekutive, deren Untersuchung dem **328**

Ausschuss versagt sei und macht diesbezüglich ein Recht auf Verweigerung der Aktenvorlage geltend. Ein Recht der Bundesregierung hierzu könnte dann bestehen, wenn die
Angelegenheit in den Kernbereich ihrer exekutiven Eigenverantwortung eingreift. Es
handelt sich hierbei um ein verfassungsmäßiges Recht der Bundesregierung, das seine
Grundlage im Verfassungsrechtsverhältnis zwischen Bundesregierung und Untersuchungsausschuss hat.[4] Dass sie in diesem verfassungsmäßigen Recht verletzt ist, kann
jedenfalls nicht als ausgeschlossen gelten. Die Bundesregierung ist also antragsbefugt.

IV. Form und Frist

329 Es müsste die Form des § 23 I iVm § 64 II BVerfGG gewahrt worden sein, ebenso die
6-Monats-Frist des § 64 III BVerfGG. Dem entgegenstehende Anhaltspunkte sind nicht
ersichtlich.

V. Rechtsschutzbedürfnis

330 Das Rechtsschutzbedürfnis der Bundesregierung könnte deshalb verneint werden, weil
der Untersuchungsausschuss, wenn er der Auffassung ist, ihm würden zu Unrecht Beweise vorenthalten, seinerseits gemäß § 18 III PUAG einen Antrag zum BVerfG stellen
könnte und die Bundesregierung vor einer Entscheidung dann nicht gezwungen werden
kann, die Unterlagen herauszugeben. Da andererseits davon auszugehen ist, dass die
Bundesregierung sich ihrerseits rechtmäßig verhalten will, ist ein berechtigtes Interesse
anzuerkennen, die Begründetheit des Auskunftsverlangens des Ausschusses vorab zu
klären. Auch ist davon auszugehen, dass der Untersuchungsausschuss gegen die Weigerung der Bundesregierung seinerseits das BVerfG anrufen würde. Es besteht also für die
Bundesregierung auch keine einfachere Möglichkeit, ihre Rechte zu wahren. Auch sonst
sind keine Anhaltspunkte ersichtlich, nach denen es der Bundesregierung am erforderlichen Rechtsschutzbedürfnis fehlen könnte.

B. Begründetheit des Antrags im Organstreitverfahren

331 Der Antrag der Bundesregierung ist begründet, wenn das Verlangen des Untersuchungsausschusses, die Akten herauszugeben, tatsächlich verfassungsmäßige Rechte der Bundesregierung verletzt.

I. Grundlagen der Vorlagepflicht

332 Die Bundesregierung kann in ihren Rechten nicht verletzt sein, wenn sie verpflichtet ist,
die vom Ausschuss angeforderten Unterlagen diesem herauszugeben. Eine grundsätzliche Verpflichtung der Bundesregierung zur Aktenvorlage folgt aus § 18 I PUAG. Hiernach hat sie vorbehaltlich verfassungsrechtlicher Grenzen auf Ersuchen des Untersu-

---

4   Vgl BVerfGE 124, 78 (120 f.).

chungsausschusses sachliche Beweismittel vorzulegen. Der Herausgabeanspruch nach § 18 I PUAG hat seine Grundlage im verfassungsrechtlichen Untersuchungsauftrag des Untersuchungsausschusses. Er besteht jedoch nur innerhalb verfassungsrechtlicher Grenzen, also insbesondere auch in den verfassungsmäßigen Rechten der Bundesregierung. Zunächst aber müsste der Untersuchungsausschuss selbst in formeller und materieller Hinsicht verfassungsgemäß eingerichtet worden sein, da nur ein verfassungskonformer Ausschuss überhaupt ein Herausgabeverlangen an die Bundesregierung richten kann.

II. Verfassungsmäßigkeit des Untersuchungsausschusses

1. Formelle Verfassungsmäßigkeit

Nach Art. 44 I GG, der insoweit von § 1 PUAG konkretisiert wird, kann ein Untersu-   **333** chungsausschuss durch Mehrheits- oder Minderheitsentscheidung eingesetzt werden. Hier wurde er auf Antrag von 170 Mitgliedern des Bundestags und damit von mehr als einem Viertel seiner Mitglieder eingesetzt. Der Ausschuss ist formell verfassungsgemäß eingesetzt worden.

Er müsste darüber hinaus seinen Gegenstand auch hinreichend genau bezeichnen. Nach dem Einsetzungsantrag geht es um die Untersuchung der „Staatsbank-Affäre". Da hierbei klar erkennbar ist, dass es um deren Krise und die damit zusammenhängenden Finanzgeschäfte geht, ist der Gegenstand des Untersuchungsausschusses hinreichend genau bezeichnet.

2. Materielle Verfassungsmäßigkeit

In materieller Hinsicht müsste der Untersuchungsausschuss sich auf einen zulässigen   **334** Untersuchungsgegenstand beziehen. Grenzen des Untersuchungsrechts ergeben sich aus den Grenzen, die das Grundgesetz für die Kompetenzen des Bundestags zieht.

Eine Zuständigkeitsgrenze des Untersuchungsausschusses könnte in der Kompetenzverteilung zwischen Bund und Ländern liegen. Denn die S-AG gehört zu 60 % dem Land L und nur zu 40 % dem Bund. Andererseits wurde die S-Bank auch vom Bund mit Milliardenzuschüssen und -garantien gerettet. Angesichts des erheblichen Einsatzes von Bundesmitteln besteht auch ein erhebliches Interesse des Bundes an der Aufklärung, zumal einerseits auch der Bund maßgeblich die finanziellen Folgen trägt, andererseits es gerade um das Verhalten der Vertreter des Bundes in den Organen der S-AG geht. Aus der Kompetenzverteilung zwischen Bund und Ländern folgt insofern keine Grenze des Untersuchungsausschusses. Dass es sich bei der S-AG um ein Unternehmen in Privatrechtsform handelt, steht schon deshalb nicht entgegen, weil es angesichts der Besitzverhältnisse der staatlichen Sphäre zuzurechnen ist und es mit der Wahrnehmung von Aufgaben in öffentlichem Interesse betraut ist. Zudem kann auch das Verhalten Privater – hier etwa auch des G – Gegenstand eines Untersuchungsausschusses sein, wenn hieran ein besonderes öffentliches Interesse besteht.[5]

---

5 *Degenhart* Rn 685.

III. Verfassungsmäßigkeit des Herausgabeverlangens – Herausgabepflicht

335 Da der Untersuchungsausschuss in verfassungsmäßiger Weise eingesetzt wurde und einen zulässigen Untersuchungsgegenstand betrifft, ist die Bundesregierung gemäß § 18 I PUAG zur Vorlage der Akten verpflichtet, dies jedoch vorbehaltlich verfassungsmäßiger Grenzen. Das Recht auf Aktenvorlage gehört zum Kernbereich des Untersuchungsrechts und folgt unmittelbar aus Art. 44 I GG.[6]

1. Kernbereich der Exekutive?

336 Das Verlangen auf Aktenvorlage wäre dann unzulässig, wenn es einen Kernbereich exekutivischer Eigenverantwortung betreffen würde, der auch gegenüber der Ausforschung durch parlamentarische Untersuchungsausschüsse geschützt ist. Ein derartiger Kernbereich könnte dann betroffen sein, wenn es um Vorgänge regierungsinterner Willensbildung geht,[7] für die ein rechtlich anerkanntes Geheimhaltungsinteresse besteht. Es müsste sich also beim Abstimmungsverhalten des Bundesfinanzministers im Aufsichtsrat der S-AG um einen Vorgang handeln, der sich in diesem Innenbereich der Willensbildung der Regierung abspielte, der grundsätzlich nicht ausgeforscht werden darf. Wenn aber der D im Aufsichtsrat der S-AG tätig geworden ist, so hat er damit den regierungsinternen Bereich, die interne Sphäre der Regierung gerade verlassen und ist nach außen hin im Rechtsverkehr tätig geworden. Besondere Geheimhaltungsinteressen der Bundesregierung, die im Einzelnen dargelegt werden müssten, sind hier nicht erkennbar. Im Übrigen ermöglicht auch das Verfahren vor dem Untersuchungsausschuss, berechtigten Geheimhaltungsinteressen Rechnung zu tragen, wie sich aus der Möglichkeit des Ausschlusses der Öffentlichkeit nach § 14 PUAG und des Geheimnisschutzes nach § 15 PUAG ergibt. Zwar kann eine Gefährdung des Staatswohls ausnahmsweise eine Geheimhaltung rechtfertigen. Da aber auch der Bundestag das Wohl des Staates zu wahren hat und er insoweit nicht als Außenstehender behandelt werden darf, kann es nur ganz ausnahmsweise gerechtfertigt sein, ihm Vorgänge allein wegen ihrer Geheimhaltungsbedürftigkeit vorzuenthalten. Pauschale Hinweise auf Gefährdungen des Staatswohls genügen hierfür nicht.[8]

2. Schutzwürdige Belange Privater – G?

337 Das Herausgabeverlangen könnte verfassungsrechtlich deshalb unzulässig sein, weil schutzwürdige Rechte des G entgegenstehen. Denn wie alle Staatsorgane ist auch die Bundesregierung hier zur Beachtung insbesondere der Grundrechte Dritter verpflichtet.

338 a) Die Vorlage der Akten könnte dazu führen, dass **Vorgänge aus der privaten Sphäre** des G offen gelegt werden. Unter diesem Gesichtspunkt kann die Vorlage der Verwaltungsvorgänge im Verhältnis zu G den Schutzbereich seines Persönlichkeitsrechts aus Art. 2 I GG iVm Art. 1 I GG berühren. Dies kann hier jedoch durch das parlamentarische Untersuchungsrecht gerechtfertigt sein. Dieses hat Verfassungsrang, wie sich aus

---

6 BVerfGE 124, 78 (116 f.).
7 Vgl BVerfGE 124, 78 (120 f.).
8 Näher BVerfG aaO.

Art. 44 GG ergibt. Es ist Instrument der Kontrollfunktionen des Parlaments als eines wesentlichen Elements der parlamentarischen Demokratie des Grundgesetzes. Ihm stehen hier Persönlichkeitsrechte des G gegenüber.

b) Diese kollidierenden Verfassungsgüter sind hier zum Ausgleich zu bringen. Dabei ist hinsichtlich des Persönlichkeitsschutzes des G und seines Rechts auf Privatheit zu berücksichtigen, dass die S-AG öffentliche Mittel in Anspruch nimmt und auch G deren Nutznießer ist. Daher muss er es grundsätzlich auch hinnehmen, dass deren Verwendung zum Gegenstand **öffentlichen Interesses** wird und er diesbezüglich auch Rechenschaft ablegen muss. Deshalb ist der Grundrechtseingriff ihm gegenüber eher gering zu bewerten. Zu berücksichtigen ist insbesondere, dass G als Vorstandsvorsitzender der S-AG eine herausgehobene Funktion im Staat wahrnimmt und im öffentlichen Interesse steht. Da es zudem hierbei um Ereignisse von zeitgeschichtlicher Bedeutung geht, muss der Anspruch auf Wahrung der Privatsphäre hier zurücktreten gegenüber dem Untersuchungsinteresse des Untersuchungsausschusses. Im Übrigen besteht auch insoweit die Möglichkeit, im Verfahren des Untersuchungsausschusses ein etwa schutzwürdiges Interesse daran, bestimmte Vorgänge nicht öffentlich zu behandeln, zu wahren. Der verfassungsrechtlich begründete Untersuchungsauftrag des Untersuchungsausschusses ist also gegenüber etwa schutzwürdigen Belangen des G vorrangig. **339**

3. Eingriff in laufendes Strafverfahren?

Die Bundesregierung macht darüber hinaus aber auch geltend, dass das Herausgabeverlangen des Ausschusses deswegen verfassungswidrig sei, weil es in ein laufendes Strafverfahren eingreife. In Betracht kommt also auch eine Verletzung des Gewaltenteilungsprinzips in Bezug auf die Judikative. Zwar darf ein Untersuchungsausschuss nicht in laufende Gerichtsverfahren eingreifen, doch ist er nicht gehindert, Vorgänge, die gleichzeitig Gegenstand eines solchen Verfahrens sind, zu untersuchen, da sein Ziel nicht die strafrechtliche, sondern die politische Bewertung eines Verhaltens ist. Insofern liegt kein verfassungswidriger Eingriff in das laufende Strafverfahren vor. **340**

Das Herausgabeverlangen des Untersuchungsausschusses ist insgesamt verfassungskonform.

C. Ergebnis

Der Antrag der Bundesregierung ist zulässig, aber unbegründet und hat daher keinen Erfolg.

Wiederholung und Vertiefung

Recht der Untersuchungsausschüsse

341 Das Recht, Untersuchungsausschüsse einzusetzen, ist eines der wesentlichen Instrumente der Kontrolle der Regierung durch das Parlament. Verfassungskonflikte und Untersuchungsausschüsse beschäftigen häufig die Rechtsprechung und sind auch verhältnismäßig häufig Gegenstand staatsrechtlicher Aufgabenstellungen. Allerdings hat das PUAG eine Reihe von Streitfragen geklärt; ältere Aufgabenstellungen und Falllösungen sind daher nur noch bedingt aussagekräftig. Weiterhin relevant bleiben die Aussagen der Rechtsprechung zu Art. 44 GG (bzw zu den entsprechenden landesverfassungsrechtlichen Bestimmungen). Der Gesetzgeber hat die Ergebnisse der Rechtsprechung weitgehend in das Gesetz übernommen; für die Auslegung der gesetzlichen Bestimmungen, wenn es etwa um die Frage geht, ob einem Herausgabeverlangen die Wahrung des „Kernbereichs exekutivischer Eigenverantwortung" oder Rechte Dritter entgegenstehen, ist dann nach wie vor auf den verfassungsrechtlichen Auftrag der Untersuchungsausschüsse aus Art. 44 GG zurückzugreifen.

Dem Untersuchungsauftrag des Ausschusses können entgegengehalten werden:
- fehlende Kompetenz im Bundesstaat, des Bundestags im Verhältnis zu einem Land, einem Landtag im Verhältnis zum Bund;
- der Schutz eines Kernbereichs exekutiver Eigenverantwortung;
- der Einwand des laufenden Verfahrens;
- im Fall der „Kollegialenquête": das Mandat des Abgeordneten;
- Grundrechte Privater.

Diese Gesichtspunkte sind in Abwägung zu bringen mit dem Auftrag des Untersuchungsausschusses, der wegen Art. 44 GG ebenfalls Verfassungsrang hat. Dies kann im Ergebnis dazu führen, dass einzelne Maßnahmen des Ausschusses unzulässig sind, er bestimmte Fragen nicht stellen darf. Dies kann aber auch dazu führen, dass bereits die Einsetzung des Ausschusses unzulässig ist.

341a Vergleichbare Problemlagen können sich ergeben, wenn das Parlament in Ausübung seines Fragerechts von der Regierung die Vorlage von Akten verlangt: dem Frage- und Informationsrecht der Abgeordneten entspricht eine Antwortpflicht der Regierung. Denn auch parlamentarische Anfragen sind ein Instrument der Kontrolle der Regierung durch das Parlament.

342 In all diesen Fällen ergeben sich vergleichbare **Argumentationsmuster** (die auch auf den Problemkreis der parlamentarischen **Fragerechte** übertragen werden können).

Auf der einen Seite steht das parlamentarische Begehren, das, wie im Rahmen des PUAG, sich auf eine explizite gesetzliche Grundlage stützen muss oder aber unmittelbar aus dem Grundgesetz abgeleitet werden kann. Seine verfassungsrechtliche Bedeutung, auf die es auch bei der Anwendung positiver Regelungen des einfachen Rechts ankommt, folgt in jedem Fall aus dem verfassungsrechtlich begründeten Kontrollauftrag des Parlaments. Ihm stehen gegenüber die Belange der zu kontrollierenden Regierung, die sich auf einen ebenfalls verfassungsrechtlich geschützten „Kernbereich" exekutivischer Eigenverantwortung berufen wird, ferner ggf auf schutzwürdige Rechte Dritter (APR).

I. Prüfungsschema in einem Rechtsstreit: Untersuchungsausschuss → Regierung

1. Untersuchungsausschuss verfassungsmäßig eingesetzt?
   a) Ausschuss verfahrensfehlerfrei eingesetzt? Beschluss des Bundestags, § 1 II PUAG; Untersuchungsgegenstand hinreichend bestimmt bezeichnet?
   b) Untersuchungsgegenstand verfassungsrechtlich zulässig?
      aa) Aufklärung von Tatsachen
      bb) Zuständigkeit des Bundestags (§ 1 III PUAG),
         – bundesstaatliche Kompetenzverteilung
         – Kernbereich exekutivischer Eigenverantwortung"
      cc) öffentliches Interesse am Untersuchungsgegenstand – *Vorgänge außerhalb des staatlichen Bereichs?*[9]
2. Befugnisse des Untersuchungsausschusses: verfassungsrechtlicher Auftrag, § 18 I PUAG.
3. Verfassungsrechtliche Einwände – verfassungsrechtlicher Auftrag des Ausschusses vs. entgegenstehende Rechte anderer Verfassungsorgane und privater Dritter.

II. Untersuchungsausschuss → Private

Der Untersuchungsausschuss kann hoheitliche Befugnisse auch gegenüber Privaten aus- **343** üben. Dies ist dann die Verfahrenskonstellation der Verfassungsbeschwerde: der Private, der etwa dem Aussagezwang unterworfen wird, ist Adressat einer Maßnahme der öffentlichen Gewalt. Zunächst aber ist der Rechtsweg auszuschöpfen, wie im vorstehenden Fall die Beschwerde nach § 36 III PUAG.[10]

III. Aktuelle Entwicklungen

Durch BVerfGE 124, 78 ist geklärt, dass es sich bei der Zuständigkeit nach § 18 III **343a** 1. Hs. PUAG um einen Fall des Organstreitverfahrens nach Art. 93 I Nr. 1 GG handelt und dass über die Verfassungsmäßigkeit des Einsetzungsbeschlusses das BVerfG entscheidet, § 36 II PUAG.[11] Für alle Fragen, die das Verhältnis Parlament – Regierung betreffen, wie zB die Erteilung von Aussagegenehmigungen und die Aktenvorlage, ist das BVerfG zuständig. Das BVerfG bejaht auch ausdrücklich die Beteiligtenfähigkeit der Ausschussminderheit im Organstreitverfahren; § 18 III PUAG verleiht ihr die Befugnis, Untersuchungsrechte des Bundestags im Organstreitverfahren geltend zu machen. Das BVerfG betont erneut die Bedeutung der Aktenvorlage als Kern des parlamentarischen Untersuchungsrechts. Näheren Aufschluss gibt die Entscheidung auch über die Abgrenzung des geschützten Kernbereichs der exekutiven Eigenverantwortung, der um so eher betroffen ist, als es um die interne Willensbildung, die Entscheidungsvorbereitung der Regierung geht. Deshalb darf auch nicht in laufende Verfahren eingegriffen werden.[12]

---

9 Vgl die Fallbearbeitung bei *Ortmann*, JURA 2003, 847 – die dort bei der Hausarbeit aufgeführten Literaturauffassungen können selbstverständlich in der Klausur nicht als bekannt vorausgesetzt werden.
10 Zum Rechtsschutz Privater s *Glauben*, DVBl 2006, 1263.
11 BVerfGE 124, 78 (124 f.).
12 Näher: BVerfGE 124, 78 (120 ff.).

BVerfGE 124, 78 fasst die Grundsätze zum **Fragerecht** des Abgeordneten zusammen, das aus Art. 38 I 2 GG iVm Art. 20 II 2 GG abgeleitet wird. Auch die Untersuchung parlamentsinterner Vorgänge ist nicht von vornherein ausgeschlossen; die sog „**Kollegialenquête**" kann das Verhalten einzelner Abgeordneter zum Gegenstand haben – sie ist jedoch die Ausnahme. Als grundsätzlich zulässig wertete der Verfassungsgerichtshof Rheinland-Pfalz die „**Fraktionsenquête**", also einen Untersuchungsausschuss, der Vorgänge bei einer Parlamentsfraktion – konkret das Finanzgebaren der CDU-Fraktion in der vorgehenden Legislaturperiode auf Antrag der SPD-Fraktion – zum Gegenstand hatte.[13] Der Innenbereich der Fraktion ist hier in ähnlicher Weise schutzwürdig, wie der nicht ausforschbare Kernbereich exekutiver Eigenverantwortung. Der Verfassungsgerichtshof fordert daher ein qualifiziertes öffentliches Interesse für die Einsetzung des Ausschusses.

Zur Wiederholung: *Degenhart* Rn 676 ff.

Aus der Ausbildungsliteratur: *Gusy*, Parlamentarische Kontrolle, JA 2005, 395; *Hebeler/Schulz*, Prüfungswissen zum Untersuchungsausschussrecht, JuS 2010, 969; *Steinmetz*, Verfassungsimmanente Grenzen des Beweiserhebungsrechts der Untersuchungsausschüsse, JuS 2013, 792; *Harks*, Das Fragerecht der Abgeordneten, JuS 2014, 979; *Frenzel*, Bewährungsprobe für das parlamentarische Informationsrecht, JURA 2010, 220.

Aktuelle Rechtsprechung: BVerfGE 110, 199 (Aktenvorlage durch Regierung); BVerfGE 113, 114 (Visa-Untersuchungsausschuss); SaarlVerfG NVwZ-RR 2003, 393 (Benennung des Untersuchungsausschusses mit dem Namen eines Politikers); BVerfGE 124, 78 (BND-Ausschuss); BVerfGE 124, 161 (Fragerechte); zu parlamentarischen Fragerechten aus jeweils landesverfassungsrechtlicher Sicht s VerfGH MV NJW 2003, 815; ThürVerfGH LKV 2003, 422; BayVerfGH NVwZ 2002, 715; BbgVerfG DÖV 2001, 164 sowie BVerfGE 110, 199 als Landesverfassungsgericht SH.

Weitere Fälle im thematischen Zusammenhang: *Mager/Siebert*, Streit um den Untersuchungsausschuss, JURA 2003, 490; *Kirste*, Stasi-Unterlagen im Untersuchungsausschuss, JuS 2003, 61; *Ortmann*, Der umstrittene Untersuchungsausschuss?, JURA 2003, 847; EJS Sachsen 1999/1 – Aufgabe 6: parlamentarisches Fragerecht, SächsVBl 2001, 180 (Text), 202 (Lösung); EJS Bayern 2000/1 – Aufgabe 6, BayVBl 2002, 30 (Text) und 57 (Lösung) – parlamentarisches Fragerecht.

---

13 RhPfVerfGH, U. v. 11.10.2010 – O 24/10 –, DVBl 2010, 1504.

Fall 8

Kanzlerwahl

Anspruchsvoller Fall für die Zwischenprüfung / evtl. Fortgeschrittenenübung, 3 Std.

Nach den Wahlen zum Deutschen Bundestag im Jahr 200X beträgt die Mitgliederzahl **344** des Bundestags 600. In ihm sind diese Parteien mit folgender Sitzverteilung vertreten: Die A-Partei mit 250 Mandaten, die B-Partei mit 230 Mandaten, die D-Partei mit 45 Mandaten, E-Partei mit 40 Mandaten und die S-Partei mit 35 Mandaten. Die Regierungsbildung gestaltet sich schwierig. B-Partei, A-Partei und E-Partei, die zunächst Koalitionsverhandlungen führen, können sich weder auf ein gemeinsames Programm noch auf die Verteilung der Ministerien einigen. Nach dem Scheitern der Gespräche verhandelt die D-Partei mit der A-Partei, sowie die B-Partei mit der E-Partei jeweils über die Bildung einer Minderheitenregierung. Die S-Partei wird hieran trotz erheblichen Interesses an einer Zusammenarbeit mit B-Partei und E-Partei nicht beteiligt, da die B-Partei vor der Wahl eine Koalition mit ihr definitiv ausgeschlossen hatte. Gleichwohl kündigt die S-Partei an, sie werde die B-Partei unterstützen, wenn dies erforderlich sei, um eine Regierungsbeteiligung der A-Partei zu verhindern. Noch ehe die Verhandlungen zwischen A-Partei und D-Partei abgeschlossen sind, teilt die B-Partei dem Bundespräsidenten mit, sie habe sich mit der E-Partei geeinigt und habe von der S-Partei die Zusage ihrer Unterstützung erhalten; deshalb sei die Wahl ihrer – der B-Partei – Spitzenkandidatin Gerda Brioni zum Bundeskanzler sicher. Der Bundespräsident schlägt jedoch zur allgemeinen Überraschung den der B-Partei angehörigen ehemaligen Ministerpräsidenten des Landes M, August Stark zur Wahl als Bundeskanzler vor. Dieser habe bereits eine Koalition zwischen B-Partei und S-Partei geführt, könne also am ehesten auf eine dauerhafte und stabile Basis im Bundestag rechnen und sei zudem als ehemaliger Ministerpräsident eines ostdeutschen Bundeslandes besonders integrationsfähig.

1. Die Fraktion der A-Partei, die glaubt, als stärkste Fraktion einen Anspruch darauf zu haben, den Bundeskanzler zu stellen, hält das Vorgehen des Bundespräsidenten für verfassungswidrig. Sie ersucht um eine rechtsgutachtliche Bewertung dieses Vorgehens und fragt auch an, ob sie eine verfassungsgerichtliche Klärung herbeiführen könne.

August Stark wird im ersten Wahlgang mit 303 Stimmen der B-Partei, der E-Partei und der S-Partei zum Bundeskanzler gewählt und bildet eine Regierung aus B-Partei, E-Partei und S-Partei. In der Folgezeit wird die Politik der Bundesregierung jedoch durch ständige koalitionsinterne Querelen belastet. Nur mit Mühe und unter erheblichen sachlichen Zugeständnissen gelingt es dem Kanzler, die Zustimmung der Koalitionsfraktionen zu Gesetzesvorlagen der Bundesregierung zu erlangen. Als sich gegen ein von der Bundesregierung eingebrachtes Gesetz zur Verbesserung der inneren Sicherheit in der E-Fraktion und der S-Fraktion erheblicher Widerstand regt, kündigt der Bundeskanzler an, die bevorstehende Abstimmung über die Gesetzesvorlage mit der Vertrauensfrage zu verbinden. Wenn er die Abstimmung verliere – womit er rechne – müsse letztlich der Wähler entscheiden, ob er seine Politik noch mittrage.

Bei der Abstimmung über das Gesetz und die Vertrauensfrage können die Abgeordneten nur einheitlich abstimmen. Das Abstimmungsergebnis ist 298 : 297 für das Gesetz und den Antrag des Bundeskanzlers, ihm das Vertrauen auszusprechen. Daraufhin ersucht der Bundeskanzler den Bundespräsidenten, den Bundestag aufzulösen.

2. Der Bundespräsident fragt an, ob er dem nachkommen muss oder überhaupt darf. Er hält Neuwahlen im gegenwärtigen Zeitpunkt für nicht sinnvoll, da diese angesichts der aktuellen Weltwirtschaftskrise zu einer gefährlichen Destabilisierung der Bundesrepublik führen könnten. Auch habe die, seiner Auffassung nach verfassungsfeindliche, „Partei der Entrechteten" (PDE) mit Parolen wie „Arbeit für Deutsche statt Lohndumping durch Fremdarbeiter!" bei den letzten Kommunalwahlen in mehreren Bundesländern bedenkliche Stimmengewinne erzielt. Neuwahlen könnten ihr die nicht im Interesse demokratischer Stabilität liegende Chance zum Einzug in den Bundestag eröffnen. – Was ist dem Bundespräsidenten zu raten?

Vorüberlegungen

Der Fall behandelt im ersten Teil einen bisher noch nicht praktisch gewordenen Verfassungskonflikt, der aber gelegentlich im Vorfeld unsicherer Wahlausgänge diskutiert wurde. Wie aber die Vorfälle bei der Abstimmung im Bundesrat über das Zuwanderungsgesetz gezeigt haben, können auch derartige Lehrbuchfälle gelegentlich unerwartete Aktualität erlangen.

345

Für Verfassungskonflikte der vorstehenden Art gibt es keine festen Prüfungsschemata, die abgearbeitet werden könnten. Der Bearbeiter wird daher zunächst nach einschlägigen Normen suchen, die ihm einen Einstieg in den Fall ermöglichen könnten. Dies ist hier Art. 63 GG, der das Vorgehen bei der Kanzlerwahl regelt. Der Bundeskanzler, so heißt es lapidar in Art. 63 I GG, wird auf Vorschlag des Bundespräsidenten ohne Aussprache vom Bundestag gewählt. Damit ist klar: Der Bundespräsident hat ein Vorschlagsrecht, über das offensichtlich auch nicht weiter im Bundestag debattiert werden soll. Also kann auch der Bundespräsident entscheiden, wen er vorschlagen will. Andererseits geht es ja bei der Wahl des Bundeskanzlers durch den Bundestag darum, den Wählerwillen nachzuvollziehen. In der Wahl wird über die Zusammensetzung des Bundestags entschieden. Also wird sich die Ausübung des Vorschlagsrechts an den Kräfteverhältnissen im Bundestag zu orientieren haben. Andererseits: Für eine positive verfassungsrechtliche Verpflichtung in diese Richtung gibt der Normtext nichts her. Im Gegenteil: Wer ein Vorschlagsrecht hat, der hat jedenfalls Ermessen darin, wie er es ausüben will. Die Frage ist dann nur, inwieweit dieses Ermessen rechtlich gebunden ist. Hier hilft eine systematische Interpretation weiter. Beachtet man im systematischen Zusammenhang die Befugnisse des Bundespräsidenten, so wird deutlich, dass er in Fragen der Regierungsbildung durchaus eine relevante verfassungsrechtliche Funktion hat. Er kann nach Art. 63 IV 3 GG nach seinem Ermessen den mit einfacher Mehrheit gewählten Bundeskanzler entweder ernennen, oder aber den Bundestag auflösen. Er hat auch ein Auflösungsrecht dann, wenn der Bundeskanzler sich nach einer Vertrauensfrage nicht mehr auf die Mehrheit der Abgeordneten stützen kann. In all diesen Fällen, soweit sollte der Bearbeiter mit der Rechtsstellung des Bundespräsidenten vertraut sein, geht es darum, Regierungsstabilität zu sichern. In Situationen, in denen diese Stabilität gefährdet ist, kommt die politische Verantwortung des Bundespräsidenten zum Tragen. Man spricht hier von seiner „Reservekompetenz". Damit aber wird die entscheidende Leitlinie für die Ausübung des Vorschlagsrechts deutlich. Der Bundespräsident hat sich an der Leitlinie stabiler Mehrheitsverhältnisse zu orientieren. Hiernach hat er sein Vorschlagsrecht auszuüben. Da es hierbei aber um Fragen der Einschätzung der politischen Situation geht, wird man ihm auch eine gewisse Einschätzungsprärogative zubilligen müssen.[1]

346

Wenn die Mehrheitsfraktion fragt, ob sie die Vorgehensweise zur verfassungsgerichtlichen Überprüfung bringen kann, so ist hier das Organstreitverfahren nächstliegende Verfahrensart. Hier geht es dann um die Frage, ob der Verpflichtung des Bundespräsidenten, sich im Rahmen seines Ermessens an dem Ziel gesicherter Regierungsstabilität

347

---

1 BVerfGE 62, 1; 114, 121; *Degenhart* Rn 749, 799.

auszurichten, auch rechtlich geschützte Interessen einzelner Fraktionen entsprechen können. Die maßgebliche Ausrichtung des Ermessens eben an dem Ziel der Regierungs-stabilität spricht hier aber dafür, dass dem nicht so ist. – Die eher theoretische Möglich-keit der Präsidentenanklage braucht nur am Rande erwähnt zu werden.

348 Der zweite Teil der Aufgabe behandelt demgegenüber ein Standardproblem, verbunden mit neueren Verfassungskonflikten: die Vertrauensfrage des Bundeskanzlers Schröder im Herbst 2001 und die Vertrauensfrage vom Juli 2005. Hier muss zunächst die etwas versteckte Vorschrift des Art. 81 I 2 GG gesehen werden, wonach der Antrag auf Ab-stimmung in einer Sachfrage mit der Vertrauensfrage verbunden werden kann. Im Übri-gen sind die Voraussetzungen für ein Auflösungsrecht des Bundespräsidenten nach einer Vertrauensfrage zu prüfen. Dabei drängt sich hier die Problematik der sog „unechten" oder „auflösungsgerichteten" Vertrauensfrage auf, die anlässlich der Ereignisse 2005 und im Gefolge von BVerfGE 114, 121 eingehend erörtert wurde. Die Fragestellung sollte daher vertraut sein. Im Übrigen geht es bei diesem Fall nur darum, in Anknüpfung an die einschlägigen positiven Normen des Grundgesetzes eine vernünftige, an der ver-fassungsrechtlichen Stellung des Bundespräsidenten und an seinen Funktionen ausge-richtete Argumentation zu entwickeln.

349 # Gliederung

1. Teil: Kanzlerwahl

A. Verfassungsmäßigkeit des Vorgehens des Bundespräsidenten
    I. Vorschlagsrecht
    II. Einschätzungsbefugnis
    III. Rechtliche Bindungen?
        Ermessen – Zielsetzung stabiler Mehrheitsverhältnisse als Leitlinie – keine
        Verpflichtung auf bestimmten Bewerber

B. Zulässigkeit eines Antrags zum BVerfG – Organstreitverfahren
    I. Beteiligtenfähigkeit
        1. Antragsteller: Fraktion (+)
        2. Antragsgegner: Bundespräsident (+)
    II. Verfahrensgegenstand: Vorschlag
    III. Antragsbefugnis (–): Ausübung des Vorschlagsrechts – keine subjektiven
        Rechte
    IV. Rechtsschutzbedürfnis (–): Wahlvorgang

C. Präsidentenanklage?

2. Teil: Auflösung des Bundestags?

   I. Tatbestandliche Voraussetzungen
     1. Vertrauensfrage: Verbindung mit Gesetzesvorlage (+): Art. 81 I 2 GG, zulässige Gestaltung
     2. Mehrheit: verfehlt
     3. Auflösungsantrag
     4. „Unechte Vertrauensfrage" – politische Instabilität und Einschätzungsprärogative des Bundeskanzlers
  II. Rechtsfolge: Ermessen

Musterlösung

1. Teil: Kanzlerwahl

A. Verfassungsmäßigkeit des Vorgehens des Bundespräsidenten

I. Vorschlagsrecht

350 Ob die Vorgehensweise des Bundespräsidenten verfassungsmäßig war, bestimmt sich nach denjenigen Normen des Grundgesetzes, die Grundlage für sein Handeln sind. An erster Stelle kommt hier Art. 63 I GG in Betracht. Wenn hiernach der Bundespräsident die Person des Bundeskanzlers vorschlägt und der Bundestag ohne weitere Aussprache in den Wahlvorgang einzutreten und über den Vorschlag des Bundespräsidenten abzustimmen hat, so ergeben sich allein hieraus noch keine rechtlichen Bindungen, abgesehen davon, dass der Vorgeschlagene überhaupt die Voraussetzungen für das Amt des Bundeskanzlers aufweisen muss. Daran bestehen hier keine Zweifel; Mitgliedschaft im Bundestag insbesondere ist nicht erforderlich. Wenn in der Praxis bisher der Bundespräsident sich seinerseits an den Wahlvorschlägen der Parteien orientiert und stets den Spitzenkandidaten derjenigen Partei vorgeschlagen hat, die auf der Grundlage der Koalitionsvereinbarungen sich auf eine Mehrheit im Bundestag stützen konnte, so folgt auch allein hieraus noch keine gewohnheitsrechtliche Bindung. Doch wird aus dieser Staatspraxis deutlich, woran sich das Vorschlagsrecht des Bundespräsidenten orientiert. Es geht entscheidend um die Mehrheitsfähigkeit des Kandidaten als Voraussetzung auch für das Zustandekommen einer mehrheitsfähigen Regierung. Derartige Entscheidungen hat der Bundespräsident auch in anderem Zusammenhang zu treffen, etwa iFd Art. 63 IV 3 GG bei der Entscheidung, ob er den „Minderheitskanzler" ernennen oder den Bundestag auflösen will, oder iFd Art. 68 I 1 GG.

II. Einschätzungsbefugnis

351 In allen diesen Fällen, in denen der Bundespräsident eine Entscheidung zur Sicherung der politischen Stabilität, des Bestehens stabiler Mehrheitsverhältnisse zu treffen hat, muss ihm jedoch auch die Befugnis zugestanden werden, eine eigene Einschätzung der politischen Lage vornehmen zu dürfen. Andernfalls könnte er seine Rolle als integrierender Faktor nicht wahrnehmen. Ihm wird daher auch in der Frage, wer als Bundeskanzler über den erforderlichen parlamentarischen Rückhalt verfügen wird, eine vorrangige Beurteilungskompetenz zukommen müssen.

III. Rechtliche Bindungen?

352 Wenn allerdings die im Bundestag vertretenen Parteien dem Bundespräsidenten signalisieren, ein bestimmter Kandidat könne eine ausreichende Mehrheit erwarten, so könnte dies einer eigenen Einschätzung durch den Bundespräsidenten die Legitimation entziehen. Auch könnte dann für eine Bindung des Bundespräsidenten gerade auch der Gesichtspunkt der Regierungsstabilität sprechen. Denn einen anderen Kandidaten vorzuschlagen, könnte in der Tat desintegrierend wirken.[2] Im Verfassungstext haben diese Gesichtspunkte jedoch keinen Ausdruck gefunden. Dort ist schlicht von einem Vorschlag die Rede, wird also ein rechtlich nicht ausdrücklich gebundenes Vorschlagsrecht normiert. Dies spricht dafür, den Vorschlag eines bestimmten Kandidaten für die Wahl zum Bundeskanzler dem politischen Ermessen des Bundespräsidenten zu überantworten. Das politische Kräftespiel, wie es sich bei der Wahl des Bundeskanzlers vollzieht, muss nicht notwendig umfassend rechtlich gebunden sein.

Diese Überlegungen sprechen dafür, die Ausübung des Vorschlagsrechts des Bundespräsidenten grundsätzlich in sein Ermessen zu stellen. Er hat sich hierbei an der Zielsetzung stabiler Mehrheitsverhältnisse als maßgeblicher Leitlinie für sein Ermessen zu orientieren, wobei ihm in der Einschätzung der Kräfteverhältnisse ein weitgehender Beurteilungs- oder Einschätzungsspielraum zuzugestehen ist.[3] Beurteilt man hiernach die Entscheidung des Bundespräsidenten, so ist die Einschätzung, der vorgeschlagene Kandidat könne auf eine stabile Basis rechnen, jedenfalls plausibel. Der Gesichtspunkt, es handle sich um einen Kandidaten aus einem ostdeutschen Bundesland, könnte, für sich genommen, noch keine hinreichende Basis für die Ausübung des Vorschlagsrechts bilden; doch handelt es sich hier nur um eine zusätzliche Erwägung, um den tragenden Gesichtspunkt der Mehrheitsfähigkeit zu stützen. **353**

Damit hat der Bundespräsident sein Vorschlagsrecht nach sachgerechten Überlegungen ausgeübt. Weitergehenden rechtlichen Bindungen unterlag er nicht. Insbesondere war er nicht gehalten, einen Kandidaten der stärksten Fraktion vorzuschlagen, dies schon deshalb, weil es für die Ausübung des Vorschlagsrechts nur darauf ankommen kann, ob der Vorgeschlagene die Aussicht hat, die erforderliche stabile Mehrheit zu bekommen. Dies muss je nach parteipolitischer Gruppierung nicht notwendig bei einem Kandidaten der stärksten Fraktion der Fall sein. **354**

B. Zulässigkeit eines Antrags zum BVerfG – Organstreitverfahren

Die A-Fraktion könnte einen Antrag im Organstreitverfahren nach Art. 93 I Nr. 1 GG, §§ 13 Nr. 5, 63 ff. BVerfGG beim BVerfG gegen den Bundespräsidenten stellen.

I. Beteiligtenfähigkeit

1. Antragsteller

Wer Partei eines Organstreitverfahrens sein kann, bestimmt sich nach Art. 93 I Nr. 1 GG iVm § 63 BVerfGG. Fraktionen im Bundestag sind durch das GG als notwendige Institutionen des Verfassungslebens anerkannt[4] und durch die GeschOBT mit eigenen Rechten ausgestattet. Sie sind daher nach § 63 BVerfGG beteiligtenfähig im Organstreitverfahren. **355**

---

2 *Schenke*, BonnK, Art. 63 (1977) Rn 52.
3 So auch *Schröder*, in: vMKS II, Art. 63 Rn 27.
4 *Degenhart* Rn 667 ff.

2. Antragsgegner

356 Der Antrag kann gegen den Bundespräsidenten als oberstes Verfassungsorgan gerichtet werden. Seine Beteiligtenfähigkeit ergibt sich unmittelbar aus § 63 BVerfGG.

II. Verfahrensgegenstand

357 Erforderlich für die Zulässigkeit des Antrags ist weiterhin, dass ein Streit um gegenseitige Rechte und Pflichten aus dem Grundgesetz vorliegt. Es müssen insoweit rechtserhebliche Maßnahmen oder Unterlassungen des Antragsgegners geltend gemacht werden, § 64 I BVerfGG. Der Vorschlag des Bundespräsidenten, den Ministerpräsidenten a.D. August Stark zum Bundeskanzler zu wählen, könnte eine solche Maßnahme darstellen. Er müsste dann rechtserheblich sein. Nach Art. 63 I GG ist sein Vorschlag für den Bundestag insoweit verbindlich, als dieser ohne weitere Aussprache in den Wahlvorgang einzutreten und über den Vorschlag des Bundespräsidenten abzustimmen hat. Er stellt damit eine rechtserhebliche Maßnahme dar, die geeigneter Streitgegenstand im Organstreitverfahren ist.

III. Antragsbefugnis

358 Die A-Fraktion muss gem. § 64 I BVerfGG plausibel geltend machen, dass sie oder das Organ, dem sie angehört, also der Bundestag in verfassungsrechtlich gewährleisteten Rechten verletzt ist, dh der Sachvortrag muss die Verletzung als möglich erscheinen lassen.

Wenn die A-Fraktion geltend macht, sie habe als die stärkste Fraktion im Bundestag einen Anspruch darauf, den Bundeskanzler zu stellen oder doch an erster Stelle beim Vorschlag des Bundespräsidenten berücksichtigt zu werden, so müsste es sich hierbei um ein Recht aus der Verfassung handeln. Tatsächlich vollzieht sich die Willensbildung des Bundestags ganz maßgeblich über die Fraktionen. Dies ist Konsequenz aus der Entwicklung zur parteienstaatlichen Demokratie; demgemäß folgt die Anerkennung der Fraktionen als Einrichtungen des Verfassungslebens auch aus der Anerkennung der Rolle der Parteien und damit auch aus Art. 21 GG. Daraus folgt der Anspruch auf gleichberechtigte Mitwirkung an den Funktionen des Parlaments. Einem Anspruch darauf, dass der Bundespräsident bei der Ausübung seines Vorschlagsrechts nach Art. 63 I BVerfGG einen Kandidaten aus ihren Reihen benennt, steht jedoch die prinzipielle Entscheidungsfreiheit des Bundespräsidenten in dieser Frage entgegen. Dieser ist zwar gehalten, einen Kandidaten vorzuschlagen, bei dem die Aussicht einer hinreichenden stabilen Mehrheit besteht, doch ist er nicht gehalten, einen bestimmten Kandidaten vorzuschlagen oder eine bestimmte Fraktion vorrangig zu berücksichtigen. Die Verpflichtung des Bundespräsidenten besteht zudem im Interesse der Herstellung stabiler Regierungsverhältnisse, aber nicht im Interesse einzelner Fraktionen. Die Ausübung des Vorschlagsrechts kann auch deshalb nicht in die verfassungsmäßigen Rechte einzelner Fraktionen eingreifen. Diese können ihre politischen Ziele im Wahlvorgang verfolgen. Aber auch der Bundestag als Ganzes kann seine verfassungsrechtlichen Befugnisse hierbei wahrnehmen und ist nicht gehalten, dem Vorschlag des Bundespräsidenten zu folgen. Deshalb kann die Ausübung des Vorschlagsrechts grundsätzlich auch nicht in Rechte des Bundestags eingreifen. Die A-Fraktion kann hier also auch nicht als Teil des Verfassungsorgans Bundestag dessen Rechte wahrnehmen. Es fehlt somit an der Antragsbefugnis.

IV. Rechtsschutzbedürfnis

Doch selbst wenn man diese bejahen wollte, fehlt es am Rechtsschutzbedürfnis. Denn **359** der Bundestag und dessen Fraktionen können ihre verfassungsrechtlichen Befugnisse, wie dargelegt, im Wahlvorgang selbst wahrnehmen.

Ergebnis: Ein Antrag der A-Fraktion im Organstreitverfahren wäre also unzulässig.

C. Präsidentenanklage?

Eine Präsidentenanklage nach Art. 61 GG wäre nur wegen vorsätzlicher Verletzung des **360** Grundgesetzes möglich. Die A-Fraktion könnte nach Art. 61 I 2 GG den Antrag auf Erhebung der Anklage zwar stellen, da sie mehr als ein Viertel der Mitglieder des Bundestags umfasst. Sie müsste dann aber für die Anklage eine Mehrheit von zwei Dritteln der Mitglieder des Bundestags hinter sich bringen. Auch kann dem Bundespräsidenten, selbst wenn er seine Befugnisse überschritten haben sollte, doch keine vorsätzliche Verletzung des Grundgesetzes vorgeworfen werden. Die Möglichkeit einer Präsidentenanklage scheidet also aus.

2. Teil: Auflösung des Bundestags?

Der Bundespräsident könnte hier nach Art. 68 I 1 GG zur Auflösung des Bundestags **361** berechtigt sein, weil der Bundeskanzler auf seinen Antrag, ihm das Vertrauen auszusprechen, nicht die Mehrheit der Mitglieder des Bundestags gefunden hat.

I. Tatbestandliche Voraussetzungen

Die verfahrensmäßigen Voraussetzungen für die Entscheidung des Bundespräsidenten **362** nach Art. 68 GG sind nach dieser Bestimmung die Vertrauensfrage des Bundeskanzlers an den Bundestag, der Beschluss des Bundestags, durch den dem Bundeskanzler das Vertrauen verweigert wird und der Antrag des Bundeskanzlers an den Bundespräsidenten, den Bundestag aufzulösen. Schließlich darf die Vertrauensfrage nicht missbräuchlich, sie muss vielmehr zweckgerichtet gestellt werden. Der Bundeskanzler, der die Vertrauensfrage stellt, muss dies im Einklang mit dem Normzweck des Art. 68 GG tun, die Stabilität der Regierung zu sichern. Andernfalls könnte sie dazu genutzt werden, den Bundestag vorzeitig durch Mehrheitsbeschluss aufzulösen, obwohl das Grundgesetz ihm gerade kein Selbstauflösungsrecht einräumt.

1. Vertrauensfrage

363 Die Vertrauensfrage wurde gestellt. Sie wurde mit der Abstimmung über eine Gesetzesvorlage verbunden. Dass dies zulässig ist, ergibt sich aus Art. 81 I 2 GG. Hiernach kann der Bundeskanzler mit einer Gesetzesvorlage den Antrag nach Art. 68 GG verbinden. Gegen die Verbindung dieser Anträge könnte hier allenfalls eingewandt werden, sie sei in missbräuchlicher Weise nach politischem Kalkül erfolgt. Ein dahingehender Einwand geht aber an der positiven Regelung des Grundgesetzes vorbei. Wenn die Verfassung den Verfassungsorganen derartige Möglichkeiten der Gestaltung des parlamentarischen Verfahrens einräumt, so kann es grundsätzlich nicht missbräuchlich sein, wenn sie sich im Spiel der politischen Kräfte dieser Möglichkeiten auch bedienen. Es geht hier um Fragen des politischen Zusammenwirkens der Verfassungsorgane, die nicht abschließend in verfassungsrechtliche Kautelen eingebunden werden können.

2. Mehrheit

364 Auch wenn der Gesetzesbeschluss, für den einfache Mehrheit genügt, zustande gekommen ist, fehlt es an der für die Vertrauensfrage notwendigen absoluten Mehrheit. Diese liegt, wenn die gesetzliche Mitgliederzahl des Bundestags wie im Ausgangsfall 600 beträgt, bei 301 Stimmen und wurde hier um drei Stimmen verfehlt.

3. Auflösungsantrag

365 Der Antrag des Bundeskanzlers, den Bundestag aufzulösen, wurde lt. SV gestellt.

4. „Unechte Vertrauensfrage" – politische Instabilität und Einschätzungsprärogative des Bundeskanzlers

366 Der Bundeskanzler müsste die Vertrauensfrage weiterhin gestellt haben, um eine Situation politischer Instabilität zu beheben; dabei ist ihm als politisch verantwortlich handelndem Verfassungsorgan in der Einschätzung der politischen Situation Spielraum zuzugestehen. Denn es handelt sich hier um politische Wertungen und Prognosen, die vom BVerfG grundsätzlich zu beachten sind, solange sie nicht offensichtlich fehlsam sind. Gegen die Zulässigkeit der Vertrauensfrage in der konkreten Situation und damit auch gegen die Befugnis des Bundespräsidenten, den Bundestag aufzulösen, könnte jedoch sprechen, dass der Bundeskanzler hier eine „unechte Vertrauensfrage" in der Absicht gestellt haben könnte, das fehlende Selbstauflösungsrecht des Bundestags zu umgehen. Dafür könnte insbesondere sprechen, dass es dem Bundeskanzler nach eigener Aussage auch darum ging, „den Wähler entscheiden zu lassen". Hierin könnte ein zweckwidriger Gebrauch der Vertrauensfrage liegen. Dafür spricht auch, dass koalitionsinterne Meinungsverschiedenheiten in einer aus mehreren Parteien bestehenden Koalition nicht ungewöhnlich sind. Andererseits äußert der Bundeskanzler erhebliche Zweifel, ob es ihm künftig möglich sein wird, seine Regierungspolitik zu verwirklichen. Diese Zweifel werden auch durch tatsächliche Umstände gestützt, wenn der Kanzler nur mit Mühe die Zustimmung zu Regierungsvorlagen erreichen konnte. Dies spricht für eine Lage politischer Instabilität, die mit der Vertrauensfrage behoben werden sollte. Dass Regierungs-

vorlagen bereits tatsächlich gescheitert sind, ist hierfür nicht zu fordern. Gesteht man also dem Bundeskanzler in der Beurteilung der politischen Stabilität eine Einschätzungsprärogative zu,[5] so wird man seine Beurteilung jedenfalls nicht als offensichtlich fehlsam bewerten können. Er durfte also von einer Situation politischer Instabilität ausgehen, um diese mittels der Vertrauensfrage zu bereinigen.[6]

II. Rechtsfolge: Ermessen

Über die Auflösung kann der Bundespräsident nach seinem Ermessen entscheiden. Er hat sich hierbei an der Leitlinie der Herstellung stabiler Regierungsverhältnisse und am Gemeinwohl zu orientieren. Die Erwägung allerdings, eine bestimmte, vom BVerfG nicht für verfassungswidrig erklärte Partei vom Parlament fern zu halten, ist dem zur parteipolitischen Neutralität verpflichteten Bundespräsidenten verwehrt. Die Befürchtung einer aktuellen Destabilisierung der politischen Verhältnisse in der Bundesrepublik stellt demgegenüber einen legitimen Gemeinwohlaspekt dar. Der Bundespräsident, dem in der Einschätzung der politischen Verhältnisse auch insoweit ein Einschätzungsspielraum zuzubilligen ist, könnte also in ermessensfehlerfreier und damit verfassungskonformer Weise davon absehen, den Bundestag aufzulösen.

367

Wiederholung und Vertiefung

Vertrauensfrage

Die Anforderungen an eine Vertrauensfrage wurden durch BVerfGE 114, 121 zur Vertrauensfrage des Kanzlers Schröder vom 1. Juli 2005 weiter zurückgenommen.

368

Die Voraussetzungen hierfür sind:

- die *Vertrauensfrage des Bundeskanzlers* an den Bundestag;
- *keine Mehrheit der Mitglieder des Bundestags* für die Vertrauensfrage; *Antrag des Bundeskanzlers* an den Bundespräsidenten, den Bundestag aufzulösen (der Bundeskanzler braucht diesen Antrag nicht zu stellen; er kann zurücktreten oder aber weiter regieren).
- *zweckgerichteter Gebrauch der Vertrauensfrage, um eine Lage politischer Instabilität zu beheben*; dies kommt sowohl bei der „echten" Vertrauensfrage in Betracht, bei der sich der Kanzler einer tragfähigen Mehrheit vergewissern will, als auch bei der **„unechten"** oder **auflösungsgerichteten** Vertrauensfrage.[7]

Typische Fallkonstellation ist dann das Organstreitverfahren – s dazu die Falllösung *Degenhart* Rn 799. Zu beachten ist hier für den Prüfungsmaßstab:

---

5 Er ist auf eine Evidenzkontrolle beschränkt, vgl BVerfGE 114, 121 (154 ff.); *Oldiges*, in: Sachs, Art. 68 Rn 20.
6 Vgl BVerfGE 114, 121 (154 ff.).
7 Vgl BVerfGE 114, 121 (154 ff.) zur Vertrauensfrage des Bundeskanzlers Schröder vom 1.7.2005.

369 Den zuständigen Verfassungsorganen, Bundeskanzler und Bundespräsident, kommt in der Beurteilung dieser Voraussetzungen durch die politische Natur der zu entscheidenden Fragen eine *Einschätzungsprärogative* zu, wie insbesondere das BVerfG in seinem U. vom 25.8.2005 betont. Der Bundespräsident kann also die vom Bundeskanzler getroffene Einschätzung übernehmen, wenn sie auf gesicherter Tatsachengrundlage beruht und in den Folgerungen und Prognosen nicht evident fehlerhaft ist. Im Fall der Vertrauensfrage des Bundeskanzlers Schröder vom 1.7.2005 war durchaus zweifelhaft, ob diese Grenzen gewahrt wurden: die reibungslose Verabschiedung von Gesetzen im Bundestag nur wenige Tage vor der Vertrauensfrage belegt an sich eine tragfähige Mehrheit, auf die sich die Bundesregierung im Bundestag stützen konnte. Das BVerfG gestattet jedoch dem Bundeskanzler, die Vertrauensfrage gleichsam präventiv zu stellen. Das BVerfG sah in seinem Urteil vom 25.8.2005 den Bundespräsidenten gleichwohl befugt, den Bundestag aufzulösen.[8] Bei der *„Einschätzung des Bundeskanzlers, er sei für seine künftige Politik nicht mehr ausreichend handlungsfähig"*, handle es sich um *„eine Wertung, die durch das Bundesverfassungsgericht schon praktisch nicht eindeutig und nicht vollständig überprüft werden kann".*[9]

Aus der Ausbildungsliteratur: *Reimer*, Vertrauensfrage und Bundestagsauflösung bei parlamentarischer Anscheinsgefahr, JuS 2005, 680.

Aktuelle Rechtsprechung: BVerfGE 114, 121 (Vertrauensfrage).

Fälle im thematischen Zusammenhang: *Helm/Platzer*, Der schneidige Bundespräsident und sein Rücktritt, JA 2013, 284; *Lohse*, Der Hüter der Verfassung, JA 2014, 519.

---

8 Vgl hierzu *Gas*, BayVBl 2006, 65.
9 BVerfGE 114, 121 (160).

Fall 9

Wende rückwärts

Umfangreicher Fall für die Zwischenprüfung / evtl. Fortgeschrittenenübung, 2–3 Std.

Nachdem sich im Verlauf des Jahres 2015 die von der Bundesregierung verheißene **370** Energiewende unerwarteten Hindernissen ausgesetzt sah, deren Kosten die durch die Rettung maroder Banken und Staaten bereits extrem angespannten öffentlichen Haushalte überfordert hätte und Meinungsforscher einen Stimmungsumschwung in der durch hohe Energiepreise verärgerten Bevölkerung festzustellen glaubten, entschließt sich die Bundesregierung zu einem Wiedereinstieg in die Atomkraft. Eine zum 1.1.2017 in Kraft getretene Änderung des Atomgesetzes sieht die Möglichkeit vor, abgeschaltete Atomreaktoren wieder in Betrieb zu nehmen. Die Wattenknall AG, Betreiberin des im Bundesland L befindlichen, seit mehreren Jahren stillgelegten Kernkraftwerks Wattenknall, stellt bereits am folgenden Tag bei der Landesregierung L einen seit Längerem vorbereiteten Antrag auf Erteilung einer Genehmigung für die Wiederinbetriebnahme. Diese lehnt Kernenergie ab und will im küstennahen L verstärkt auf Windenergie setzen. Nach langwieriger Prüfung erklärt sie sich außerstande, dem Antrag der W zu entsprechen. Diese habe sich in der Vergangenheit wiederholt als unzuverlässig erwiesen, insbesondere durch eine undurchsichtige Informationspolitik; davon abgesehen sei Kernenergie wegen ihrer nicht absehbaren Risiken und der ungeklärten Entsorgungsfrage nicht verantwortbar. Daraufhin schaltet sich der Bundesminister für Umwelt und Reaktorsicherheit Dr. Strahlemann persönlich ein. Nachdem er die Landesregierung L nicht überzeugen kann, vergewissert er sich in intensiven Gesprächen mit dem Vorstand der W unter Zuziehung von Experten des Bundesumweltministeriums und externen Sachverständigen der Zuverlässigkeit des Betreibers und der Anlagensicherheit. Nachdem die Gespräche und Begutachtungen im ersten Halbjahr 2017 zum Abschluss gekommen sind, weist S durch eine *„bundesaufsichtsrechtliche Weisung"* die Ministerin für Umwelt und Reaktorsicherheit des Landes L an, das Genehmigungsverfahren zu einem raschen positiven Abschluss zu bringen; diese Weisung geht der Landesregierung am 1.8.2017 zu.

Die Landesregierung weigert sich, da ihr mit der Weisung rechtswidriges, gegen grundrechtliche Schutzpflichten aus Art. 2 II GG verstoßendes Handeln abverlangt werde und auch iÜ die Voraussetzungen für eine Weisung nicht gegeben seien. Die Weisung hätte sie aus heiterem Himmel getroffen. Auch habe der Bund seine Befugnisse überschritten, als er sich durch die Bundesregierung unmittelbar an die Kraftwerksbetreiber gewendet habe, um Sachaufklärung zu betreiben. Hiervon sei die Landesregierung in treuwidriger Weise nicht unterrichtet worden; zwar hätten Beamte des Landes wiederholt davon berichtet, dass sie bei W ihre Kollegen aus dem Bundesumweltministerium angetroffen hätten; erst durch die atomaufsichtliche Weisung sei aber deren Funktion klar geworden. Mit ihrer Kehrtwendung in der Energiepolitik desavouiere sie zudem in rücksichtsloser Weise die umweltfreundliche Energiepolitik in L.

Die Landesregierung entschließt sich in den ersten Tagen des Jahres 2018, gegen das Verhalten der Bundesregierung das BVerfG anzurufen. Sie sieht sich sowohl durch die atomaufsichtliche Weisung als auch dadurch in ihren Rechten verletzt, dass der Bund sich „hinter ihrem Rücken" mit W zu ihren Lasten geeinigt habe.

Die Erfolgsaussichten eines Antrags beim BVerfG sind gutachtlich zu prüfen.

§ 24 AtG

(1) Die [atomrechtlichen] … Verwaltungsaufgaben … werden im Auftrage des Bundes durch die Länder ausgeführt.

Vorüberlegungen

Ein „Klassiker" des Staatsorganisationsrechts: die bundesaufsichtliche Weisung. Grundsätzlich unterliegen die Länder nicht den Weisungen des Bundes, auch nicht bei Ausführung der Bundesgesetze – diese ist vielmehr nach Art. 83 GG eigene Angelegenheit der Länder. Eine Ausnahme hiervon bildet die Ausführung der Bundesgesetze im Auftrag des Bundes. Darauf, dass hier ein solcher Fall vorliegt, wird der Bearbeiter durch die Wiedergabe des § 24 AtG hingewiesen.

371

Dass es hier zunächst vor allem um Voraussetzungen und Grenzen einer Weisung im Rahmen der Bundesaufsicht geht, ist dem Sachverhalt unschwer zu entnehmen. Der Bearbeiter sollte hier keine Schwierigkeiten haben, auf Art. 85 GG zu kommen. Weniger eindeutig stellt sich die Problematik der „Gespräche" dar, die die Bundesregierung bei W geführt hat. Hierfür muss der Bearbeiter mit der Unterscheidung von Sachkompetenz und Wahrnehmungskompetenz im Rahmen der Auftragsverwaltung vertraut sein.[1] Der Bund erteilt dem Land die Weisung, wie es der Sache nach zu handeln hat: Sachkompetenz. Nach außen handelt das Land: Wahrnehmungskompetenz. Doch ist der Bund nicht von jedem Tätigwerden nach außen abgeschnitten. Soweit es zur Wahrnehmung seiner Sachkompetenz erforderlich ist, ist er befugt, etwa zur Vorbereitung einer Weisung, auch unmittelbar bei den Normadressaten (zB beim Betreiber des Kernkraftwerks) Erkundigungen einzuziehen, Verhandlungen zu führen ua.[2]

Die Landesregierung macht unterschiedliche Verfassungsverstöße geltend. Für deren Bewertung muss sich der Bearbeiter bewusst sein, worum es beim Bund-Länder-Streit geht: um Rechte im Verhältnis Bund – Land. Die Grundrechte betreffen aber das Verhältnis Staat – Bürger. Sie können also nicht ohne Weiteres, wie L dies versucht, zur Begründung eines Antrags im Bund-Länder-Streit herangezogen werden.

372

Die prozessuale Seite des Falles dürfte keine besonderen Schwierigkeiten bereiten: der Bund-Länder-Streit nach Art. 93 I Nr. 3 GG bietet sich hier an. Da hier verschiedene Verhaltensweisen der Bundesregierung gerügt werden, insbesondere die Erteilung der Weisung, aber auch die Tatsache, „hinter dem Rücken" der Landesregierung mit dem Antragsteller W verhandelt zu haben, ist die Frage insbesondere des Verfahrensgegenstands differenziert zu prüfen. Soweit die Grundrechtswidrigkeit der Kernenergienutzung zur Begründung des Antrags herangezogen wird, ist bereits die Antragsbefugnis des Landes fraglich. Da aber nach den Aussagen des BVerfG im 1. Rundfunkurteil auch Grundrechte das Bund-Länder-Verhältnis maßgeblich prägen können,[3] sollte diese Thematik in die Begründetheitsprüfung einbezogen werden. Angesichts der zeitlichen Angaben im Sachverhalt ist auch die Frage der Antragsfrist differenziert zu behandeln.

373

Im Aufbau bieten sich unterschiedliche Varianten an: es wäre denkbar, von vornherein von zwei Anträgen auszugehen und diese gesondert jeweils nach Zulässigkeit und Begründetheit zu prüfen. Da aber das Verhalten der Bundesregierung sich auf einen einheitlichen Sachverhalt bezieht und in diesem Rahmen unterschiedliche Maßnahmen,

374

---

1 S *Degenhart* Rn 520.
2 BVerfGE 104, 249 (266 ff.).
3 BVerfGE 12, 205 (260).

Handlungen oder Unterlassungen in Frage stehen, sollte hier von einem Antrag ausgegangen werden, der sich auf verschiedene Maßnahmen bezieht und demgemäß auch teilweise zulässig bzw begründet sein kann. Für die einzelnen Zulässigkeitsvoraussetzungen verweist § 69 BVerfGG auf die Bestimmungen über das Organstreitverfahren in §§ 64 ff. BVerfGG.

375 In der Begründetheit sind wie stets dann, wenn nach der Rechtmäßigkeit bzw Verfassungsmäßigkeit einer Maßnahme gefragt wird, diese drei Punkte zu prüfen:
– grundsätzliche Ermächtigung zum Erlass,
– formelle Voraussetzungen (Verfahren),
– materielle Voraussetzungen.

376 Gliederung

Verfahrensart: Bund-Länder-Streit nach Art. 93 I Nr. 3 GG, §§ 68 ff. BVerfGG

A. Zulässigkeit des Antrags
　I. Beteiligtenfähigkeit: für Land: Landesregierung; für Bund: Bundesregierung
　II. Verfahrensgegenstand
　　Weisung als rechtserhebliche Maßnahme (+); Gespräche S – W:
　　rechtserheblich wegen Sach-/Wahrnehmungskompetenz
　III. Antragsbefugnis
　　Grenzen des Weisungsrechts – Bundestreue – Kompetenzeingriff;
　　zw: Grundrechtswidrigkeit
　IV. Form und Frist: 6-Monatsfrist, § 69 iVm § 64 III BVerfGG: Weisung (+);
　　Gespräche S – W? (+) – Kenntnis der rechtlichen Bedeutung durch L

B. Begründetheit des Antrags
　I. Weisung der Bundesregierung
　　1. Weisungsbefugnis, Art. 85 III iVm IV 1 GG
　　2. Formelle Verfassungsmäßigkeit der Weisung
　　　a) Zuständigkeit des Bundesumweltministers: Art. 85 III 1 GG;
　　　　Landesminister als Weisungsadressat (+)
　　　b) Gebot bundesfreundlichen Verhaltens – Anhörung (+)
　　3. Materielle Verfassungsmäßigkeit
　　　a) Gegenstand der Weisung: Art. 85 III 1 GG (+)
　　　b) Weisung zu rechtswidrigem Verhalten?
　　　c) Weisung rechtsmissbräuchlich? (–), allenfalls bei evidenter
　　　　Grundrechtswidrigkeit
　II. Gespräche der Bundesregierung mit W/Sachaufklärung
　　Eingriff in Wahrnehmungskompetenz? (–): zur Wahrnehmung seiner
　　Sachkompetenz erforderlich; Bundestreue als Schranke?

C. Ergebnis

Musterlösung

Da hier die Landesregierung L im Verhalten der Bundesregierung einen Eingriff in **377** die Rechte des Landes sieht und ein Streit um Rechte und Pflichten im Verhältnis zwischen dem Bund und dem Land L bei der Ausübung der Bundesaufsicht besteht, ist ein Antrag der Landesregierung L im Bund-Länder-Streit nach Art. 93 I Nr. 3 GG, §§ 68 ff. BVerfGG zu prüfen. Dieser hat Erfolg, wenn er zulässig und begründet ist.

A. Zulässigkeit des Antrags

I. Beteiligtenfähigkeit

Im Bund-Länder-Streit nach Art. 93 I Nr. 3 GG ist für das Land der Antrag durch die **378** Landesregierung zu stellen, er ist gegen die Bundesregierung zu richten, § 68 BVerfGG. Bundesregierung und Landesregierung werden hierbei jeweils in Prozessstandschaft für den Bund und das Land als die Beteiligten des Verfahrens tätig.

II. Verfahrensgegenstand (Streitgegenstand)

Es muss ein geeigneter Verfahrensgegenstand vorliegen – eine konkrete Maßnahme oder **379** eine rechtlich relevante Unterlassung, § 69 BVerfGG iVm § 64 BVerfGG. Würdigt man das Parteivorbringen, so richtet sich der Antrag einerseits gegen die „atomaufsichtliche Weisung", andererseits dagegen, dass die Bundesregierung ohne Vermittlung durch die Landesregierung unmittelbar in Sachgespräche mit W eingetreten ist.

Die Weisung an das Land stellt eine rechtserhebliche Maßnahme dar. Sie verpflichtet **380** das Land, der W die beantragte Genehmigung zu erteilen. Für die umfangreichen Gespräche des S mit W und das Auftreten der Beamten des Bundesumweltministeriums bei W könnte demgegenüber fraglich sein, ob hierin bereits eine rechtserhebliche Maßnahme zu sehen ist. Denn die Bundesregierung bewegte sich bei der Sachaufklärung noch im Bereich des „informellen" Verwaltungshandelns, das nur der Entscheidungsvorbereitung diente. Doch liegt darin auch die Übernahme der Sachkompetenz und auch die Inanspruchnahme einer Wahrnehmungskompetenz durch die Bundesregierung; insoweit wurde im Verhältnis zum Land ebenfalls eine rechtserhebliche Maßnahme getroffen. Auch insoweit ist also von einem zulässigen Streitgegenstand auszugehen.

III. Antragsbefugnis

Der Antragsteller, also die Landesregierung L, müsste weiterhin geltend machen, dass **381** das Land durch das Verhalten der Bundesregierung in seinen Rechten im Bundesstaat verletzt worden ist. Es muss sich dabei um Rechte aus dem Bundesstaatsverhältnis handeln, wie aus Art. 93 I Nr. 3 GG folgt, wenn dort von *„Meinungsverschiedenheiten über Rechte und Pflichten des Bundes und der Länder"* die Rede ist. Die bloße Berufung auf sonstiges Verfassungsrecht genügt grundsätzlich nicht.

382 Das Land muss also geltend machen, dass gerade die Inanspruchnahme der Weisungsbefugnis gegen die Verfassung verstößt. Die Antragsbefugnis hinsichtlich der atomaufsichtlichen Weisung folgt aus einer möglichen Verletzung des Landes in seinen Rechten aus Art. 85 GG. Das Land kann dabei nur die spezifischen Voraussetzungen der Erteilung einer Weisung geltend machen, nicht generell deren materielle Rechtswidrigkeit. Das Land macht hier geltend, die Voraussetzungen für eine Weisung würden nicht vorliegen; mit der Berufung auf ein treuwidriges, das Land „desavouierendes" Verhalten wird der Sache nach auf den ungeschriebenen Verfassungsgrundsatz der Bundestreue abgestellt. Auch hierdurch werden Rechte des Landes aus dem Bundesstaatsverhältnis geltend gemacht. Zweifelhaft könnte demgegenüber sein, ob auch die von L behauptete Grundrechtswidrigkeit der Kernenergie eine Verletzung der Rechte des Landes begründen kann. Dies ist grundsätzlich zu verneinen: die Grundrechte sind Rechte des Bürgers gegen den Staat und begründen keine Rechte im Bundesstaatsverhältnis. Da andererseits aber auch Grundrechte das Bund-Länder-Verhältnis maßgeblich prägen können[4] und jedenfalls die Berufung auf das Gebot der Bundestreue die Antragsbefugnis begründet, ist auf die Frage, ob das Land auch Grundrechte geltend machen kann, hier im Rahmen der Begründetheit einzugehen.

383 Wenn schließlich die Vornahme einer Sachaufklärung bei W unter Umgehung des Landes geltend gemacht wird, so ist nicht von vornherein ausgeschlossen, dass der Bund zu Unrecht eine Wahrnehmungskompetenz im Rahmen der Auftragsverwaltung in Anspruch genommen und damit in die Kompetenzen der Länder unzulässig eingegriffen hat. Die Antragsbefugnis ist also auch insoweit zu bejahen.

IV. Form und Frist

384 Der Antrag bedarf nach § 23 I 1 BVerfGG der Schriftform. Er ist nach § 69 iVm § 64 III BVerfGG innerhalb einer Frist von sechs Monaten seit dem Bekanntwerden der angegriffenen Maßnahme zu stellen. Hinsichtlich der atomaufsichtlichen Weisung ist diese Frist in den ersten Tagen, also Anfang Januar 2018 noch nicht verstrichen. Fraglich könnte dies hinsichtlich der gerügten unmittelbaren Gespräche der Bundesregierung mit W sein. Diese Gespräche sind lt. Sachverhalt im ersten Halbjahr 2017 zum Abschluss gekommen. Waren sie schon zu diesem Zeitpunkt der Landesregierung L bekannt, so wäre mit Ende des 2. Halbjahres 2017 der Antrag verfristet. Dass diese Gespräche aber gerade der Entscheidungsvorbereitung dienten, wurde der Landesregierung L verlässlich erst mit Kenntnis von der atomaufsichtlichen Weisung bekannt. Erst damit erlangte sie Kenntnis von einem möglichen Eingriff in ihre Wahrnehmungskompetenz. Deshalb ist auch hierfür auf den Zeitpunkt des Zugangs der Weisung abzustellen. Der Antrag ist also auch insoweit nicht verfristet.

---

4 BVerfGE 12, 205 (260).

B. Begründetheit des Antrags

Der Antrag ist begründet, wenn das Land L durch die atomaufsichtliche Weisung und durch das weitere gerügte Verhalten der Bundesregierung in seinen Rechten aus dem Grundgesetz verletzt ist.　**385**

I. Weisung der Bundesregierung

1. Weisungsbefugnis

Die grundsätzliche Befugnis der Bundesregierung, der Landesregierung Weisungen zu erteilen, folgt aus Art. 85 III iVm IV 1 GG. Voraussetzung hierfür ist, dass ein Fall der Bundesauftragsverwaltung vorliegt. Dies ist wegen Art. 87c GG iVm § 24 I AtG der Fall.　**386**

2. Formelle Verfassungsmäßigkeit der Weisung

a) Der Bundesumweltminister müsste für die Erteilung der Weisung **zuständig** gewesen sein. Zuständig ist nach Art. 85 III 1 GG die jeweils zuständige oberste Bundesbehörde. Dies ist für den Vollzug des Atomgesetzes der Bundesminister für Umwelt und Reaktorsicherheit. S war also zuständig für die Erteilung der Weisung. Diese muss sich an den richtigen Adressaten richten. Dies ist nach Art. 85 III 2 GG der sachlich zuständige Landesminister als oberste Landesbehörde. Dies war die Ministerin für Umwelt und Reaktorsicherheit der Landesregierung L. Auch die Zuständigkeit des Weisungsadressaten ist zu bejahen.　**387**

b) Wenn die Landesregierung L geltend macht, die Weisung hätte sie „aus heiterem Himmel" getroffen", so rügt sie damit die Vorgehensweise der Bundesregierung. Sie könnte gegen das **Gebot bundesfreundlichen Verhaltens** verstoßen. Im Bundesstaat des Grundgesetzes sind Bund und Länder zur gegenseitigen Rücksichtnahme verpflichtet; dies betrifft besonders die Art und Weise ihres Vorgehens, das Verfahren.[5] Deshalb ist der Bund bei der Wahrnehmung seiner Befugnisse im Rahmen der Auftragsverwaltung verfahrensrechtlich verpflichtet, dem Land vor Erteilung einer Weisung Gelegenheit zur Stellungnahme zu geben und den Standpunkt des Landes zu erwägen. Nach den Angaben des Sachverhalts hat aber S zunächst erfolglos versucht, die Landesregierung L von der Position der Bundesregierung zu überzeugen. Ein Einvernehmen musste hierbei nicht hergestellt werden: das Weisungsrecht soll ja die Sachkompetenz dem Bund übertragen. So könnte ein Verfahrensverstoß allenfalls darin gesehen werden, dass die Bundesregierung nicht unmittelbar vor Erteilung der Weisung nicht nochmals ein Einvernehmen mit der Landesregierung L suchte. Dies aber konnte nicht gefordert werden. Die Landesregierung L musste mit Erteilung der Weisung rechnen, nachdem sie ihrerseits gegenüber S auf ihrem Standpunkt beharrt hatte.　**388**

5　Grundlegend BVerfGE 12, 205 (260 f.); vgl. *Degenhart* Rn 499 f.

3. Materielle Verfassungsmäßigkeit der Weisung

389 a) Was **Gegenstand** einer Weisung sein kann, wird in Art. 85 III 1 GG nicht ausdrücklich festgelegt, doch fällt hierunter die gesamte Aufgabenwahrnehmung durch das Land, also auch die Erteilung einer Genehmigung oder die Gesetzesauslegung. Die Anordnung, das Genehmigungsverfahren zügig fortzuführen, war also zulässig.

390 b) Fraglich ist, ob das Land sich hier darauf berufen konnte, dass das ihm abverlangte **Verhalten rechtswidrig** bzw verfassungswidrig sei. Die Landesregierung L macht geltend, die Weisung verlange ihm rechtswidriges Verhalten ab, da die Erteilung der Genehmigung gegen seine aus Art. 2 II GG resultierende Pflicht zum Schutz menschlichen Lebens verstoße. Wie sich jedoch aus Art. 85 IV 1 GG ergibt, erstreckt sich die Bundesaufsicht im Rahmen der Auftragsverwaltung auf Gesetz- und Zweckmäßigkeit der Ausführung von Bundesrecht. Eben hierauf muss sich dann auch sein Weisungsrecht erstrecken. Dieses Weisungsrecht muss dann aber auch die Befugnis umfassen, strittige Zweifelsfragen verbindlich zu klären. Solange sich die Weisung innerhalb des verfassungsrechtlichen Rahmens hält, hat also der Bund die alleinige und umfassende Sachkompetenz, das Letztentscheidungsrecht. Das gerade macht das Wesen der Weisung aus. Dass also auch das Land wegen Art. 20 III GG nicht rechtswidrig handeln darf, sagt nichts darüber aus, wer über die Frage der Rechtswidrigkeit zu entscheiden hat. Dies ist hier der weisungsberechtigte Bund.

391 c) Etwas anderes könnte dann gelten, wenn das dem Land angesonnene Verhalten evident verfassungs- und rechtswidrig wäre. Würde der Bund das Land zu einem solchen Verhalten anweisen, so könnte dies **rechtsmissbräuchlich** sein und hierdurch die Pflicht zu bundesfreundlichem bzw länderfreundlichem Verhalten verletzen. Dies könnte etwa dann der Fall sein, wenn das Land durch die Ausführung der Weisung evident gegen seine Schutzpflichten für Leben und Gesundheit seiner Bürger aus Art. 2 II 1 GG verstoßen würde. Anerkanntermaßen trifft den Staat aus dem Grundrecht der körperlichen Unversehrtheit, das zunächst als negatives Abwehrrecht konzipiert ist, darüber hinaus eine Schutzpflicht. Dies bedeutet insbesondere auf dem Gebiet der Kernenergie, bestmöglichen Schutz bereits gegen Grundrechtsgefährdungen zu gewährleisten. Im Hinblick auf Art. 2 II GG ist eine gemeinsame Verantwortung von Bund und Ländern für die Abwendung kollektiver Existenzgefährdungen zu erwägen.

392 Ein sog. Restrisiko ist jedoch wie stets bei technischen Risiken hinnehmbar. Der Gesetzgeber durfte sich insbesondere für die Zulässigkeit der Nutzung der Kernenergie entscheiden. Ob sie politisch verantwortbar ist, obliegt also der Entscheidung des Bundesgesetzgebers und kann nicht vom Land beim Gesetzesvollzug in Frage gestellt werden. Die Ausführung der Weisung könnte dem Land möglicherweise auch dann nicht angesonnen werden, wenn der Betreiber W eindeutig unzuverlässig wäre. Aber auch dies wurde von der Bundesregierung geprüft und verneint. Auch im Übrigen sind keine Anhaltspunkte dafür gegeben, dass die Erteilung der beantragten Genehmigung evident gegen grundrechtliche Schutzpflichten verstößt und daher eine dahingehende Weisung rechtsmissbräuchlich wäre.[6]

---

6 BVerfGE 81, 310 (334); s auch BVerfGE 104, 249 (266 ff.).

Das Land L ist also durch die atomaufsichtliche Weisung nicht in seinen Rechten aus dem Bundesstaatsverhältnis verletzt.

II. Gespräche der Bundesregierung mit W/Sachaufklärung

Dadurch, dass die Bundesregierung durch S unmittelbar mit dem Betreiber W in Gespräche eingetreten ist und bei W eigene Sachaufklärung betrieben hat, also nach außen tätig geworden ist, könnte sie in verfassungswidriger Weise in die Wahrnehmungskompetenz der Länder eingegriffen haben. Für die Zulässigkeit derartiger Außenkontakte könnte jedoch sprechen, dass sie notwendig sind, wenn der Bund seine Sachkompetenz effektiv wahrnehmen will. So kann es die Bundesregierung für erforderlich halten, sich zur Vorbereitung von Weisungen unmittelbar beim Maßnahmenadressaten zu informieren, um so ungefilterte Sachkenntnis zu erlangen.[7] Der Bund kann daher nicht von jedem Tätigwerden nach außen abgeschnitten sein. Soweit es zur Wahrnehmung seiner Sachkompetenz erforderlich war, musste er hier also befugt sein, zur Vorbereitung seiner Weisung auch unmittelbar bei den Normadressaten wie dem Betreiber des Kernkraftwerks Erkundigungen einzuziehen.[8]

393

Auch hier muss der Grundsatz der Bundestreue eine Schranke bilden. Dafür, dass die Bundesregierung etwa kollusiv mit W zusammengewirkt hätte, um das Land daran zu hindern, seine Belange geltend zu machen, sind jedoch keine Anhaltspunkte ersichtlich. Die Bundesregierung hat dadurch, dass sie sich auch unmittelbar an W gewandt hat, keine Rechte des Landes verletzt.

394

C. Ergebnis

Der Antrag des Landes L ist zulässig, aber unbegründet.

Wiederholung und Vertiefung

A. Bundesstaatsprinzip

I. Bundesauftragsverwaltung

Mit diesen Fragen zumindest sollte der Bearbeiter vertraut sein:

395

(1) Was bedeutet Auftragsverwaltung? Die Verwaltung bleibt beim Land – Wahrnehmungskompetenz –, das Land führt zunächst die Gesetze aus und trifft die erforderlichen Entscheidungen in der Sache. Der Bund kann jedoch jederzeit diese an sich ziehen, indem er nach Art. 85 III GG Weisungen erteilt: Inanspruchnahme der Sachkompetenz.

---

7   Vgl für die Mindermeinung BVerfGE 104, 249 (280).
8   BVerfGE 104, 249 (266 ff.) – KKW Biblis.

Es handelt sich um eine Reservekompetenz: der Bund muss deutlich machen, dass er die Sachkompetenz an sich zieht.

(2) Wann findet Bundesauftragsverwaltung statt? Dies muss im Grundgesetz ausdrücklich geregelt sein. Neben der Verwaltung der Bundesfernstraßen (Art. 90 II GG) und dem Vollzug des Atomgesetzes (Art. 87c GG iVm § 24 I AtG) ist hier vor allem eine – gern übersehene – Bestimmung aus der Finanzverfassung relevant: Art. 104a III 2 GG, wonach Leistungsgesetze dann im Auftrag des Bundes ausgeführt werden, wenn dieser mindestens die Hälfte der Kosten trägt.

(3) Welche Rechte haben die Beteiligten? Der Bund kann Weisungen erteilen; er ist hierbei aber an bestimmte verfahrensmäßige Voraussetzungen gebunden, die sich auch aus dem Grundsatz der Bundestreue ergeben. Die Weisungen ergehen im Verhältnis Bund – Land. Der Bund kann also nicht nach außen hin Entscheidungen treffen: die Wahrnehmungskompetenz bleibt beim Land. Allerdings ist dem Bund nicht jede Kontaktaufnahme mit den Maßnahmenadressaten verschlossen, s den vorstehenden Fall.

II. Bundestreue und Bundesstaatsverhältnis

396 Das Gebot der Bundestreue begründet keine selbstständigen Befugnisse, wohl aber Nebenpflichten im Rahmen bestehender Rechtsverhältnisse – hier: der Auftragsverwaltung.

Zum Begriff der Bundestreue s *Degenhart* Rn 494: allgemeines Gebot der Zusammenarbeit, Abstimmung, Koordination, gegenseitiger Information und Rücksichtnahme; Rechtsfolgen: Kompetenzschranke im Einzelfall, Verfahrenspflichten, Nebenpflichten.

Der Grundsatz der Bundestreue ist akzessorischer Natur. Er kann daher grundsätzlich nicht selbstständig Rechte und Pflichten begründen, kann also zB nicht als Anspruchsgrundlage für Schadensersatzpflichten im Bund-Länder-Verhältnis herangezogen werden, wenn der Bund wegen Verletzung von EU-Recht durch die Länder bei diesen Regress nehmen will.

Er begründete auch keine Anspruchsgrundlage für die Länder, als diese sich wegen ihrer Steuerausfälle auf Grund der UMTS-Versteigerung beim Bund schadlos halten wollten – obschon das Verhalten des Bundes durchaus nicht „länderfreundlich" war: Einnahmen beim Bund von DM 100 Mrd. standen Steuerausfälle in Höhe von annähernd DM 40 Mrd. gegenüber, diese aber waren zur Hälfte von den Ländern zu tragen. Doch fielen diese Beträge mangels positiver Regelung nicht in die Masse des Finanzausgleichs; eine eigenständige Anspruchsgrundlage ergab sich aus dem Prinzip der Bundestreue nicht.[9]

397 **Einzelfälle:** BVerfGE 12, 205: „Gegeneinander-Ausspielen" der Länder durch Bund; BVerfGE 34, 9: Rücksichtnahme in der Besoldungsgesetzgebung auf wechselseitiges Besoldungsgefüge (zw nach Föderalismusreform); BVerfGE 92, 203: Abstimmungspflicht in EU-Angelegenheiten – jetzt: Art. 23 V GG.

---

9 BVerfGE 105, 185.

III. Aktuelle bundesstaatliche Verfassungsfragen

Die Frage der Bundestreue könnte sich stellen, wenn die Länder von ihren durch die **397a**
Föderalismusreform neu übertragenen Kompetenzen Gebrauch machen. So könnte etwa
gefragt werden, ob die Länder in der Wahrnehmung ihrer wiedererlangten Kompetenz
für die Besoldung ihrer Beamten durch eine Pflicht zur Rücksichtnahme auf die anderen
Länder beschränkt sein können, oder ob sie bei der Wahrnehmung ihrer Abweichungs-
befugnisse nach Art. 72 III GG Beschränkungen mit Rücksichtnahme auf den Bund
unterliegen. Wenn aber der verfassungsändernde Gesetzgeber den Ländern bestimmte
Zuständigkeiten übertragen wollte, so sollten sie eben zum Erlass eigener Regelungen
ermächtigt werden. Auch das BVerfG neigt in seiner neuesten Rechtsprechung dazu, die
Befugnis der Länder zu partikular-differenzierter Gesetzgebung zu betonen: wenn das
Grundgesetz den Ländern die Zuständigkeit verleiht, sollen sie auch eigene Regelungen
treffen können.[10] Eben dies war auch der Sinn der Föderalismus-Reform.

Eine nicht unproblematische Erscheinungsform eines kooperativen Föderalismus sind **397b**
Staatsverträge – s. dazu **Fall 17** sowie *Degenhart* Fall 50 und 51b. Da hier die Landtage
keinen inhaltlichen Einfluss auf den Inhalt des Staatsvertrags nehmen können, sondern
nur die Wahl zwischen Zustimmung oder Ablehnung haben, ist hier ein Widerspruch
zum Prinzip der parlamentarischen Demokratie nicht in Abrede zu stellen; da andererseits auch die Landesregierungen mittelbar demokratisch legitimiert sind und den
Landtagen jedenfalls die rechtliche Möglichkeit der Ablehnung verbleibt, dürfte die
Praxis der staatsvertraglichen Festlegung noch mit dem Demokratieprinzip vereinbar
sein, solange sie sich auf bestimmte Materien beschränkt. Umstritten ist auch der
Glücksspielstaatsvertrag bzw Glücksspieländerungsstaatsvertrag, der die Möglichkeit
vorsieht, im Rahmen eines gemeinsamen Ländergremiums Mehrheitsentscheidungen zu
treffen. Wenn nun ein Land eine Maßnahme treffen muss, der es selbst nicht zugestimmt
hat, weil es in dem Kollegium überstimmt wurde, so bedeutet dies, dass es nicht selbst
über die Ausübung seiner Staatsgewalt entscheidet. Dies berührt die Staatlichkeit des
Landes. Auch fehlt es an der demokratischen Legitimation. Denn die von der Exekutive
des Landes erlassene Maßnahme kann nicht auf den Träger der Staatsgewalt im Land
zurückgeführt werden. Dies spricht gegen die Zulässigkeit des Mehrheitsprinzips bei
gemeinsamen Einrichtungen der Länder wie dem Glücksspielkollegium nach dem
Glücksspielstaatsvertrag.[11]

Die Unabänderlichkeitssperre des Art. 79 III GG könnte durch die sog. „Schuldenbrem-
se" des Art. 109 III GG nF berührt sein, wonach auch die Länder ihre Haushalte grundsätzlich ohne Kredite auszugleichen haben.[12] Dies wäre dann der Fall, wenn man die
Budgethoheit bzw die Haushaltsautonomie der Länder als Element ihrer „Eigenstaat-
lichkeit" sehen wollte.

---

10 BVerfGE 112, 226 (246 ff.).
11 VG Wiesbaden, B. v. 10.06.2015 – 5 L 1438/14.WI – und VGH Kassel NVwZ 2016, 171 gegen BayVerfGH
    BayVBl 2016, 81.
12 *Degenhart* Rn 575 f.

Zur Wiederholung: *Degenhart* Rn 467 ff.

Aus der Ausbildungsliteratur: *Janz*, Inhalt, Grenzen und haftungsrechtliche Dimension des Weisungsrechts nach Art. 95 III GG, JURA 2004, 227; *Schnapp*, Mischverwaltung im Bundesstaat nach der Föderalismusreform, JURA 2008, 241; *Maurer*, Die Ausführung der Bundesgesetze durch die Länder, JuS 2010, 945; *Funke*, die Zustimmungsbedürftigkeit von Bundesgesetzen bei der Bundesauftragsverwaltung, JURA 2012, 127.

Aktuelle Rechtsprechung: BVerfGE 104, 249 (KKW Biblis); BVerfGE 105, 185 (UMTS-Erlöse); BVerfGE 116, 271 (gemeinschaftsrechtliche Haftung); BVerfGE 119, 331 (Hartz IV – Arbeitsgemeinschaften).

Fälle im thematischen Zusammenhang: *Maierhöfer*, Übungsklausur – Öffentliches Recht: Verwaltungskompetenzen im Bundesstaat und grundrechtliche Schutzpflichten, JuS 2004, 598; *Tappe*, Der praktische Fall – Öffentliches Recht: Leitlinien im Atomrecht, JuS 2003, 887; *Frenzel*, Referendarexamensklausur: Grundrechte und Staatsorganisationsrecht – Ärger an der Autobahn, JuS 2014, 1014.

B. Art. 2 II 1 GG – Recht auf Leben und körperliche Unversehrtheit – Grundrechtsprüfung

398

I. Schutzbereich des Grundrechts

Leben: auch das ungeborene Leben; körperl. Unversehrtheit: umfassend im biologisch-physiologischen Sinn;

Schutz gegen staatl. Eingriffe, aber auch: staatl. Schutzpflichten, also Schutz vor Eingriffen durch Dritte („Untermaßverbot"); Schutz gegen Beeinträchtigung und Gefährdung.

II. Eingriffe

auch: Gefährdung

auch: Unterlassen von Schutz

III. Schranken

1. Durch positives Handeln

Art. 2 II 3 GG; erforderlich: gesetzl. Grundlage; materiell: strikte Beachtung des Verhältnismäßigkeitsgebots durch
   – Gesetzgeber
   – Exekutive im Gesetzesvollzug

2. Durch Unterlassen von Schutz – Prüfungsschema
   (1) Schutzbereich berührt: Leben oder körperl. Integrität?
   (2) Eingriff
   (3) Rechtfertigungsebene - Schranken: Art. 2 II 3 GG
       (a) Gesetz, zB StPO
       (b) Gesetz muss seinerseits verfassungskonform sein
           (aa) Formell – insbesondere: Art. 19 I 2 GG - Zitiergebot
           (bb) Materiell – insbesondere: Vereinbarkeit des Gesetzes mit Art. 2 II 1 GG erfordert abstrakte Abwägung Grundrecht – Gesetzeszweck, Beachtung der Wesensgehaltsperre des Art. 19 II GG (Menschenwürdekern)
       (c) Verfassungskonforme Anwendung des Gesetzes

C. Art. 2 II 1 GG als Grundlage grundrechtlicher Schutzpflichten

Vor allem für das Recht auf Leben und körperliche Unversehrtheit hat das BVerfG die   **398a**
Rechtsfigur der „grundrechtlichen Schutzpflichten" entwickelt.

Ihrem Wesen nach sind die Grundrechte Abwehrrechte gegen den Staat, also gegen
staatliche Eingriffe. Geht die Grundrechtsbeeinträchtigung jedoch von privater Seite aus
wie zB vom Betreiber einer Anlage, die gesundheitsgefährdenden Lärm oder Schadstof-
fe verbreitet, so kann der Grundrechtsträger vom Staat verlangen, ihn davor in seinen
Grundrechten zu schützen: grundrechtliche Schutzpflichten. Der Staat muss hier positiv
tätig werden. Tut er nichts oder zu wenig, so verstößt er gegen diese Schutzpflichten,
weshalb man auch von einem „Untermaßverbot" spricht.[13] Adressat ist primär der Gesetzgeber, der zB ein Schutzkonzept für das ungeborene Leben (Art. 2 II GG) entwickeln oder hinreichende Sicherheitsstandards für gefährliche Technologien (Atomkraft)
vorschreiben muss – um die Fälle zu benennen, die dem BVerfG in erster Linie Anlass
für die Entwicklung grundrechtlicher Schutzpflichten gaben.

Die **Prüfung** grundrechtlicher Schutzpflichten in der Verfassungsbeschwerde weicht   **398b**
vom üblichen Eingriffsschema ab. Denn ein Unterlassen kann nur dann mit einem Eingriff gleichgesetzt werden, wenn eine positive Pflicht zum Handeln, also eine konkrete
Schutzpflicht bestand. Dabei hat der Gesetzgeber aber einen weiten Ermessensspiel-
raum. Dabei muss die Frage, ob für den Gesetzgeber eine konkrete Handlungspflicht
bestand, stets auch im Ausgleich mit entgegenstehenden Rechten Dritter entschieden
werden. So war beim Schwangerschaftsabbruch die staatliche Schutzpflicht für das
ungeborene Leben abzuwägen gegen Persönlichkeitsrechte der Frau, sind bei gefährlichen Technologien Grundrechtsrisiken für Dritte und wirtschaftliche Freiheiten der
Betreiber in Ausgleich zu bringen.

Die **Begründetheitsprüfung** wäre also etwa wie folgt aufzubauen:

1. Berührtes Grundrecht / Schutzbereich: zB Schutz gegen Gesundheitsgefährdung aus
   Art. 2 II 1 GG.
2. Eingriff und Rechtfertigung: Handlungspflicht
   a) Grundrechtsbeeinträchtigung und prinzipielle Schutzpflicht
   b) Entgegenstehende Rechte des Maßnahmeadressaten (Störer) und Einschränkbar-
      keit dieser Rechte;
   c) Abwägung – Verstoß gegen Untermaßverbot?

Grundrechtliche Schutzpflichten wurden für **weitere Grundrechte** angenommen, so zB   **398c**
die des Art. 6 II und IV GG[14] oder auch die Eigentumsgarantie des Art. 14 I GG.[15] Der
Staat soll nicht nur selbst Eingriffe unterlassen, er soll auch Dritte daran hindern, Grundrechte zu verletzen.[16] Derartige Schutzpflichten können es insbesondere rechtfertigen

---

13 Vgl *Hufen*, Staatsrecht II § 13 Rn 18.
14 Vgl. BVerfGE 103, 89 (100 ff.) für Fälle gestörter Vertragsparität bei Eheverträgen; dazu *Berkemann*, JR 2002,
    142 (144 f.).
15 Vgl. BVerfGE 114, 1 zur Schutzpflicht des Gesetzgebers gegenüber den Versicherungsnehmern bei Kapital-
    lebensversicherungen.
16 Ähnlich *Pieroth/Schlink/Kingreen/Poscher* Rn 116 ff.

oder auch erfordern, die verfassungsrechtliche Privatautonomie in Rechtsbeziehungen des Zivilrechts einzuschränken, um etwa strukturelle Ungleichgewichte in Vertragsbeziehungen auszugleichen. Dieser Schutzpflicht – bezogen vor allem auf Art. 14 I GG – war der Gesetzgeber im Verhältnis der Lebensversicherer zu den Versicherungsnehmern nicht nachgekommen.[17]

398d **Aktuelle Entwicklungen:** Grenzen staatlicher Schutzpflichten zeigte der kontrovers diskutierte Fall der Abschussermächtigung für ein entführtes Verkehrsflugzeug auf.[18] Der Abschuss würde die Tötung der Insassen und damit einen (finalen!) Eingriff in ihr Recht auf Leben aus Art. 2 II 1 GG bedeuten. Andererseits hat der Staat auch eine Schutzpflicht aus Art. 2 II 1 GG für das Leben der potenziellen Opfer am Boden. Den Abschuss zu rechtfertigen würde bedeuten, quantitativ das Leben der Flugzeuginsassen gegen das der Opfer am Boden abzuwägen und möglicherweise das der Ersteren geringer zu werten, weil sie ohnehin schon todgeweiht, zur Waffe in der Hand der Attentäter umfunktioniert sind. In einer solchen Betrachtungsweise sah das BVerfG eine Herabstufung des Einzelnen zum Objekt staatlichen Handelns und damit einen Verstoß gegen Art. 2 I iVm Art. 1 I GG, aber auch gegen das Recht auf Leben und körperliche Unversehrtheit.[19]

Das Recht auf ein menschenwürdiges Existenzminimum wird durch das BVerfG in der Hartz-IV-Entscheidung nunmehr unmittelbar aus Art. 1 I GG iVm dem Sozialstaatsprinzip abgeleitet.[20]

Aus grundrechtlichen Schutzpflichten wird auch die Gesetzgebung zum Nichtraucherschutz legitimiert.

Aktuelle Rechtsprechung: BVerfGE 115, 118 (Flugsicherheitsgesetz); BVerfGE 121, 317 (Nichtraucherschutz);

Aus der Ausbildungsliteratur: *Augsberg*, Grundfälle zu Art. 2 II 1 GG, JuS 2011, 28, 128; *Ladiges*, Erlaubtes Töten, JuS 2011, 879.

Fälle im thematischen Zusammenhang: *Sacksofsky/Nowak*, Masernimpfpflicht, JuS 2015, 1007.

---

17 BVerfGE 114, 1.
18 BVerfGE 115, 118 (153 ff.).
19 BVerfGE 115, 118 (139); s. auch *Hufen* § 13 Rn 25.
20 BVerfGE 125, 177 (225 ff.).

Fall 10

Erst schießen, dann fragen

*Mittelschwerer Fall für die Anfängerübung / Zwischenprüfung, 2 Std.**

Aufgrund aktueller Vorfälle, ua eines Amoklaufs an einer Schule, plant die Bundesregie-   **399**
rung, das Waffengesetz zu verschärfen. Sie will eine Gesetzesvorlage (WaffÄndG) in
den Bundestag einbringen, damit Kinder, Jugendliche und andere Personen, die mit dem
Umgang mit einer Waffe nicht vertraut sind, nicht an die Waffen gelangen können. Auch
sollen die Gemeinden verpflichtet werden, in den Schützenvereinen das Einhalten der
Aufbewahrungspflicht zu kontrollieren. Die Änderungen lauten:

§ 1 WaffÄndG

Waffen, deren Eigentümer oder Besitzer Sportschützen oder Schützen in örtlichen Brauchtumsvereinen
sind, müssen innerhalb der jeweiligen Vereinsräume in Behältnissen, die den Sicherheitsanforderungen
von § 36 II 1 WaffG entsprechen, sicher aufbewahrt werden.

§ 2 WaffÄndG

(1) Die Gemeinden und Gemeindeverbände haben die Einhaltung der Aufbewahrungsvorschrift nach
§ 1 WaffÄndG in ihrem Hoheitsgebiet zu überwachen. (…)

§ 36 II 1 WaffG lautet, soweit hier von Belang:

„Schusswaffen … sind mindestens in einem der Norm DIN/EN 1143-1 … entsprechenden oder gleichwertigen Behältnis aufzubewahren.“

Die Bundesregierung leitet die Vorlage dem Bundesrat zu. Dieser möchte eine Stellungnahme abgeben und beantragt, die Frist hierfür auf 9 Wochen zu verlängern. In zwei
Ländern seien neue Koalitionsregierungen gebildet worden, die noch Zeit bräuchten, um
ihre politische Linie festzulegen. Nach sechs Wochen ohne Stellungnahme des Bundesrats bringt die Bundesregierung jedoch die Vorlage in den Bundestag ein. Das Gesetz
wird im Bundestag beschlossen; der Bundesrat verzichtet auf die Anrufung des Vermittlungsausschusses.

Der Bundespräsident hat jedoch Bedenken, das Gesetz auszufertigen. Er ist sich nicht
sicher, ob nicht der Bundesrat hätte ausdrücklich zustimmen müssen, auch wegen des
Eingriffs in die Rechte der Gemeinden, den er für verfassungswidrig hält. Auch im Übrigen sieht er die Rechte des Bundesrats als nicht gewahrt. Auch die von verschiedenen
Schützenvereinen gegen das Gesetz erhobenen verfassungsrechtlichen Bedenken seien
nicht von der Hand zu weisen. Diese sehen die Änderungen in § 1 als unverhältnismäßig
und grundrechtswidrig, zumal die Waffen auch im Vereinsheim Ziel eines Einbruchs
werden könnten. Sie sehen sich auch im Verhältnis zu den Jägern diskriminiert.

Der Bundespräsident möchte wissen, ob er die Unterzeichnung des Gesetzes verweigern
darf oder sogar muss.

---

* Auf der Grundlage des Entwurfs von *Dr. Patricia Wendel*.

Vorüberlegungen

400   Die Arbeit behandelt einen staatsrechtlichen „Klassiker": das Prüfungsrecht des Bundespräsidenten. Das Gesetz, um dessen Prüfung durch den Bundespräsidenten es geht, wirft einerseits Fragen des Gesetzgebungsverfahrens auf, andererseits materiell-grundrechtliche Fragen; ob die Einbeziehung der Gemeinden in die Überwachung der Aufbewahrung der Waffen gegen Art. 84 I 7 GG verstoßen könnte, dürfte an sich nicht sonderlich schwer zu beantworten sein – sofern die Vorschrift bekannt ist. Ob es sich hierbei um eine Kompetenznorm handelt, ist noch unklar – hier hat der Bearbeiter unter Zugrundelegung der klassischen Auslegungsmethoden – Wortlaut, systematischer Zusammenhang mit Art. 125a I GG – zu argumentieren. Wer sich Wortlaut und Systematik der Art. 83 ff. GG einmal genauer angesehen hat, ist hier klar im Vorteil.

401   In der Sache sind hier zwei Themenkomplexe zu bearbeiten: einerseits das Prüfungsrecht des Bundespräsidenten, mit der bekannten Differenzierung zwischen formellem und materiellem Prüfungsrecht; andererseits die Verfassungsmäßigkeit des Gesetzes. Im Aufbau sind unterschiedliche Vorgehensweisen denkbar: zum einen könnte zunächst die Verfassungsmäßigkeit des Gesetzes geprüft werden, um dann zu erörtern, ob festgestellte Verfassungsverstöße den Bundespräsidenten dazu berechtigten, die Ausfertigung zu verweigern. Wird freilich das Gesetz als in jeder Hinsicht verfassungsmäßig beurteilt, so kommt es auf das Prüfungsrecht des Bundespräsidenten nicht mehr an; dies müsste dann hilfsgutachtlich erörtert werden. Daher ist ein Aufbau vorzuziehen, der mit der Erörterung des Prüfungsrechts beginnt; ehe der Bundespräsident in die Prüfung einer Rechtsfrage eintritt, wird er zunächst überlegen, ob er hierfür überhaupt zuständig ist.

402   Gelangt der Bearbeiter mit der wohl überwiegenden Auffassung zum Ergebnis, der Bundespräsident habe in formeller Hinsicht ein uneingeschränktes Prüfungsrecht, während er materiell auf evidente Verstöße beschränkt ist, so stellt sich klausurtechnisch die Frage, wie dem bei der Prüfung der materiellen Verfassungsmäßigkeit des Gesetzes Rechnung getragen werden soll. Versetzt sich der Bearbeiter in die Lage des Bundespräsidenten, der über die Ausfertigung zu entscheiden hat, so wird er zunächst überlegen, ob das Gesetz Verfassungsverstöße aufweist; ist dies der Fall, so wird er als nächstes sich darüber klar werden wollen, ob diese eindeutig und so schwerwiegend sind, dass er sich deshalb an der Ausfertigung gehindert sieht. Hieran kann sich der Aufbau orientieren.

Die Fragen des Gesetzgebungsverfahrens lassen sich ohne größere Schwierigkeiten aus dem Wortlaut des Art. 76 GG herleiten – hier ist es wiederum von Vorteil, wenn der Bearbeiter mit den einschlägigen Vorschriften vertraut ist und in der Vorlesung wie bei der Vor- und Nachbearbeitung stets den aufgeschlagenen Gesetzestext neben sich liegen hat.

Gliederung

A. Prüfungskompetenz des Bundespräsidenten
I. Formelles Prüfungsrecht
II. Materielles Prüfungsrecht
III. Ergebnis zu A

B. Verfassungsmäßigkeit des Gesetzes
I. Formelle Verfassungsmäßigkeit
1. Gesetzgebungskompetenz
a) Waffenrecht: Art. 73 I Nr. 12 GG
b) Aufgabenübertragung: Art. 84 I 7 GG Kompetenznorm?
2. Gesetzgebungsverfahren
a) Zuleitung an Bundestag ohne Stellungnahme des Bundesrats – zulässig nach Art. 76 II 2 GG – kein wichtiger Grund iSd Art. 76 II 3 GG
b) Zustimmung des Bundesrats nicht erforderlich, kein Fall des Art. 84 I 3 GG, keine Zustimmungspflicht (Art. 84 I 7 GG)
3. Zwischenergebnis
II. Materielle Verfassungsmäßigkeit
1. Art. 2 I GG
a) Schutzbereich: Allgemeine Handlungsfreiheit
b) Eingriff (+)
c) Verfassungsrechtliche Rechtfertigung: verfassungsmäßige Ordnung
aa) Legitimer Zweck des Gesetzes: Schutzpflicht aus Art. 2 II 1 GG
bb) Eignung: gesetzgeberische Einschätzungsprärogative
cc) Erforderlichkeit: andere Maßnahmen nicht gleich geeignet oder mit Eingriffen in Art. 13 GG verbunden
dd) Angemessenheit (+): Eingriff geringfügig – gewichtige Schutzziele
2. Art. 3 I GG
a) Relevante Ungleichbehandlung: Aufbewahrung von Schusswaffen
b) Verfassungsrechtliche Rechtfertigung
aa) Ungleichbehandlung von Sachverhalten oder Personengruppen?
bb) Rechtfertigender Grund
3. Art. 84 I 7 GG
Unzulässige Aufgabenübertragung iSv Art. 84 I 7 GG an Gemeinden/ Gemeindeverbände – materielle Norm oder Kompetenznorm?

C. Entscheidung des Bundespräsidenten

Musterlösung

404 Ob der Bundespräsident die Unterzeichnung des Gesetzes verweigern darf oder sogar muss, richtet sich nach Art. 82 I 1 GG. Nach dieser Vorschrift werden die nach den Vorschriften des Grundgesetzes zustande gekommenen Gesetze vom Bundespräsidenten nach Gegenzeichnung ausgefertigt. Ausfertigung eines Gesetzes bedeutet, dass der Bundespräsident die Gesetzesurkunde unterzeichnet und damit deren Verkündung im Bundesgesetzblatt anordnet. Die Formulierung „werden" bedeutet in der Gesetzessprache, dass der Bundespräsident kein Ermessen hat, sondern verpflichtet ist, das Gesetz auszufertigen. Doch bezieht sich diese Verpflichtung auf die „nach den Vorschriften dieses Grundgesetzes zustande gekommenen" Gesetze. Wenn er, wie im vorliegenden Fall, Zweifel an der Verfassungsmäßigkeit eines Gesetzes hat, darf er die Ausfertigung also nur dann verweigern, wenn er davon ausgehen muss, dass das Gesetz nicht nach den Vorschriften des Grundgesetzes zustande gekommen ist. Er müsste dann auch eine Prüfungskompetenz hinsichtlich des Gesetzes haben. Ob er eine solche Prüfungskompetenz hat, muss also zunächst geprüft werden.

A. Prüfungskompetenz des Bundespräsidenten

I. Formelles Prüfungsrecht

405 Wenn der Bundespräsident Zweifel hat, ob die Rechte des Bundesrats gewahrt sind, so beziehen diese Zweifel sich auf das Gesetzgebungsverfahren, also auf das formell ordnungsgemäße Zustandekommen des Gesetzes. Soweit es um die formelle Verfassungsmäßigkeit des Gesetzes geht, folgt eine Prüfungskompetenz des Bundespräsidenten bereits aus dem Wortlaut des Art. 82 I 1 GG. Danach werden „die nach den Vorschriften des Grundgesetzes zustande gekommenen" Gesetze ausgefertigt. Diese Formulierung entspricht inhaltlich Art. 78 GG, der einen Abschnitt im Gesetzgebungsverfahren abschließt. Die Bestimmungen des Grundgesetzes, die sich mit dem Zustandekommen der Bundesgesetze befassen, sind also jedenfalls uneingeschränkter Prüfungsmaßstab für den Bundespräsidenten. Es sind dies die Bestimmungen über die Gesetzgebungskompetenzen in Art. 70 ff. GG und die Bestimmungen über das Verfahren der Gesetzgebung in Art. 76 ff. GG.

II. Materielles Prüfungsrecht

406 Wenn der Bundespräsident darüber hinaus auch erwägt, die Ausfertigung des Gesetzes als grundrechtswidrig zu verweigern, so nimmt er damit ein materielles Prüfungsrecht in Anspruch. Daher ist zunächst zu klären, ob er auch insoweit eine Prüfungskompetenz hat.[1] Der Wortlaut des Art. 82 I 1 GG spricht eher dagegen, ist allerdings nicht eindeutig: mit den Vorschriften des Grundgesetzes, nach denen das Gesetz zustande ge-

---

1 Zur Darstellung: auch hier nicht mit der Wiedergabe der Zweifel des Bundespräsidenten beginnen, sondern sofort die Problemstellung formulieren!

kommen sein muss, könnten sowohl die Vorschriften über das Zustandekommen von Gesetzen gemeint sein, also über das Gesetzgebungsverfahren, als auch materielle Vorschriften wie vor allem die Grundrechte. Denn Art. 82 I 1 GG spricht andererseits von den Vorschriften „dieses Grundgesetzes". Die systematische Stellung des Art. 82 GG als Abschluss der Vorschriften über das Gesetzgebungsverfahren spricht allerdings dafür, dass der Bundespräsident nur die Vorschriften über das Zustandekommen von Gesetzen in diesem Abschnitt zu prüfen hat.

Für ein umfassendes Prüfungsrecht könnte demgegenüber angeführt werden, dass der **407** Bundespräsident als Verfassungsorgan auf die Wahrung der grundgesetzlichen Ordnung verpflichtet ist. Dies spricht dagegen, ihn zur Mitwirkung an einem verfassungswidrigen Akt der Gesetzgebung zu verpflichten, spricht also dafür, ihm auch ein materielles Prüfungsrecht zuzugestehen. Dies freilich kann dazu führen, dass der Bundespräsident eine Entscheidung des demokratisch legitimierten und in der Sache ja ebenfalls auf die Verfassung verpflichteten parlamentarischen Gesetzgebers suspendieren könnte. Wenn der Bundestag durch Verabschiedung des Gesetzes zum Ausdruck bringt, er halte es für verfassungsgemäß, der Bundespräsident es aber für verfassungswidrig hält, sollte die Entscheidung des Gesetzgebers nur dann negiert werden, wenn sie offensichtlich fehlsam ist. Denn für den Inhalt der Gesetze ist primär der demokratisch legitimierte Gesetzgeber verantwortlich.

Dies spricht im Ergebnis dafür, im Wege praktischer Konkordanz dem Bundespräsidenten die Befugnis zu einer Evidenzkontrolle einzuräumen.[2] Denn an offensichtlich verfassungswidrigen Akten mitzuwirken würde sich in der Tat nicht mit seiner Stellung als Verfassungsorgan vertragen.

III. Ergebnis zu A

Der Bundespräsident hat also hinsichtlich der formellen Verfassungsmäßigkeit des Ge- **408** setzes ein uneingeschränktes Prüfungsrecht. Er kann darüber hinaus bei offensichtlich materieller Verfassungswidrigkeit des Gesetzes die Ausfertigung verweigern.

AA – volle materielle Prüfungskompetenz – gut vertretbar. Jedoch dürfte das Vorliegen einer bloßen formellen Prüfungskompetenz schwer vertretbar sein.

B. Verfassungsmäßigkeit des Gesetzes

I. Formelle Verfassungsmäßigkeit

1. Gesetzgebungskompetenz

Der Bund müsste für den Erlass des WaffÄndG zuständig sein.

a) Nach Art. 70 I GG steht grundsätzlich den Ländern die Gesetzgebungskompetenz zu, **409** sofern nicht ausdrücklich dem Bund die Gesetzgebungszuständigkeit verliehen ist. Dies

---

2 *Degenhart* Rn 788 f.

kann hier der Fall sein auf Grund des **Art. 73 I Nr. 12 GG**. Hiernach gehört das **Waffenrecht** zur ausschließlichen Gesetzgebungskompetenz des Bundes. Inhalt des WaffÄndG ist der Umgang mit Schusswaffen und deren sichere Aufbewahrung. Es geht also um Waffenrecht. Art. 73 I Nr. 12 GG ist einschlägig. Damit hat der Bund ohne Weiteres die Gesetzgebungskompetenz zum Erlass des WaffÄndG.

410 b) Soweit das Gesetz die Überwachung der Aufbewahrung den Gemeinden und Gemeindeverbänden überträgt, könnte es bereits an der Zuständigkeit des Bundesgesetzgebers fehlen. Nach § 2 I WaffÄndG haben die Gemeinden und Gemeindeverbände die Einhaltung der Aufbewahrungsvorschrift in ihrem Hoheitsgebiet nach § 1 WaffÄndG zu überwachen. Dies könnte gegen die Bestimmung des **Art. 84 I 7 GG** verstoßen. Hiernach dürfen durch Bundesgesetz Aufgaben an die Gemeinden oder Gemeindeverbände nicht übertragen werden. Wenn diese aber verpflichtet werden, die Einhaltung gesetzlicher Vorschriften zu überwachen, so bedeutet dies, dass ihnen der Vollzug des Gesetzes als Verwaltungsaufgabe übertragen wird. Hierin liegt eine **unzulässige Aufgabenübertragung** iSv Art. 84 I 7 GG. Da Art. 84 I 7 GG ausdrücklich von einer unzulässigen Übertragung durch Bundesgesetz spricht, könnte es sich bei diesem Aufgabenübertragungsverbot[3] um eine **Kompetenznorm** handeln. Dafür spricht insbesondere, dass die Bestimmung auch in der Übergangsvorschrift des Art. 125a I GG neben weiteren Kompetenznormen genannt ist. § 2 I WaffG in der Fassung des WaffGÄndG ist daher kompetenzwidrig erlassen worden und damit verfassungswidrig.

2. Gesetzgebungsverfahren

411 a) Ein Verfahrensfehler beim Erlass des WaffÄndG könnte zunächst im Initiativstadium darin liegen, dass die Bundesregierung die Vorlage an den Bundestag weitergeleitet hat, **ohne die Stellungnahme des Bundesrats** abzuwarten. Dazu war sie nach Ablauf von 6 Wochen gemäß Art. 76 II 2 GG grundsätzlich berechtigt, es sei denn, der Bundesrat hat nach Art. 76 II 3 GG aus wichtigem Grund eine Fristverlängerung beantragt. Ein solcher wichtiger Grund müsste jedoch vorliegen.

412 Der Bundesrat beruft sich darauf, dass in einzelnen Länder die Regierung nicht in der Lage gewesen sei, einen eigenen Standpunkt zu der Vorlage festzulegen. Es ist jedoch fraglich, ob hierin überhaupt ein wichtiger Grund iSd Art. 76 II 3 GG liegen kann. Denn nach dieser Vorschrift kann ein wichtiger Grund „insbesondere" im Umfang einer Vorlage liegen. Dann müssen sonstige Gründe ähnlich gelagert sein. Dies spricht dafür, dass nur sachbezogene Gründe, also Gründe, die mit dem Gegenstand der Vorlage zu tun haben, eine Fristverlängerung rechtfertigen können. Für einen besonderen Umfang der Vorlage oder sonstige sachbedingte Schwierigkeiten sind hier jedoch keine Anhaltspunkte ersichtlich. Dass sich einzelne Länder nicht auf eine klare Linie im Bundesrat einigen können, ist kein in diesem Sinn „wichtiger" Grund.

413 Doch auch dann, wenn man in persönlichen Gründen wie den hier geltend gemachten wichtige Gründe iSd Art. 76 II 3 GG sehen wollte, ist fraglich, ob sie im vorliegenden

---

3 Vgl *Dittmann*, in: Sachs, Art. 84 Rn 13.

Fall geltend gemacht werden können. Der Bundesratspräsident leitet nach § 20 I GeschOBRat die Sitzung des Bundesrats. Wenn er verhindert ist, leitet der Vizepräsident die Sitzung, §§ 7 I, 20 I GeschOBRat. Der Bundesrat macht zwar geltend, dass auch der Vizepräsident des Bundesrats verhindert gewesen sei, eine Sitzung zu leiten. Dies trifft jedoch schon deshalb nicht zu, weil hier nur eine vierwöchige Abwesenheit innerhalb der sechswöchigen Frist geltend gemacht wird, also keine Verhinderung während der gesamten sechs Wochen. Und auch dies hätte den Bundesrat nicht davon abhalten können, über die Vorlage zu beraten. Denn der Bundesrat hat nach § 5 I GeschOBRat zwei Vizepräsidenten, so dass auch die Verhinderung eines Vizepräsidenten nicht dazu führt, dass eine Sitzung nicht stattfinden kann. Und selbst wenn auch der zweite Vizepräsident verhindert ist, so trifft § 20 II GeschOBRat hierfür die Regelung, dass der älteste Regierungschef die Leitung der Sitzung zu übernehmen hat.

Damit kann also auch in der Verhinderung des Bundesratspräsidenten und des Vizepräsidenten des Bundesrats hier kein wichtiger Grund für eine Fristverlängerung nach Art. 76 II 3 GG gesehen werden. Die fehlende Fristverlängerung ist also zulässig und das Einbringen der Vorlage in den Bundestag, ohne eine Stellungnahme des Bundesrats abzuwarten, verstößt nicht gegen Art. 76 II GG. **414**

b) Der Bundesrat hat lt. Sachverhalt den Vermittlungsausschuss nicht angerufen. Damit wäre nach Art. 78, 2. Variante GG das Gesetz ordnungsgemäß zustande gekommen, sofern es nicht der Zustimmung des Bundesrats bedurft hätte. Eine Zustimmungspflicht könnte sich hier allenfalls daraus ergeben, dass das Gesetz mit der Einbeziehung der Gemeinden und Gemeindeverbände in die Überwachungspflicht Regelungen über Zuständigkeiten und Verfahren trifft. Derartige Bestimmungen lösen aber nach **Art. 84 I 3 GG** nur dann die **Zustimmungspflicht** aus, wenn der Bund eine Abweichungsmöglichkeit für die Länder nach Art. 84 I 2 GG ausschließen wollte. Ob die Gemeinden in die Überwachungspflichten einbezogen werden durften, bestimmt sich nach Art. 84 I 7 GG, ist aber keine Frage der Zustimmungspflicht. **415**

3. Zwischenergebnis

Das WaffÄndG ist in § 2 I verfassungswidrig, im Übrigen formell verfassungsgemäß. Der Kompetenzverstoß ist vom Bundespräsidenten festzustellen und berechtigt ihn, die Ausfertigung des Gesetzes zu verweigern. Dies gilt für das Gesetz als Ganzes, auch wenn der Kompetenzverstoß nur eine einzelne Bestimmung des Gesetzes betrifft. Denn der Bundespräsident kann das Gesetz nur als Ganzes ausfertigen.

II. Materielle Verfassungsmäßigkeit

Wenn der Bundespräsident das Gesetz auf mögliche Grundrechtsverstöße überprüfen will, so ist hier auf Seiten der Sportschützen in erster Linie das Grundrecht der allgemeinen Handlungsfreiheit aus Art. 2 I GG heranzuziehen. Speziellere Grundrechte sind nicht ersichtlich. Die Sportschützen sind in ihrer Freizeitbetätigung betroffen, so dass Art. 12 I GG ausscheidet. **416**

1. Art. 2 I GG

417 a) Art. 2 I GG schützt unter dem Gesichtspunkt der Allgemeinen Handlungsfreiheit jegliches individuelle Verhalten, sofern nicht der **Schutzbereich** eines spezielleren Grundrechts eröffnet ist, unabhängig davon, ob es eine besondere Relevanz für die Persönlichkeitsentfaltung hat.[4] Insbesondere fallen unter Art. 2 I GG auch Freizeitbetätigungen wie die der Sportschützen. Dass ihr Handeln möglicherweise mit Gefahren für die Allgemeinheit verbunden sein kann, rechtfertigt es nicht, es von vornherein aus dem Schutzbereich des Grundrechts auszuklammern. Dies ist vielmehr eine Frage der Grundrechtsbeschränkung, wie sich aus der Systematik des Art. 2 I GG ergibt. „Rechte anderer" sind hiernach erst im Rahmen der Grundrechtsschranken heranzuziehen und nicht schon als Schutzbereichsbegrenzung. Der Schutzbereich des Grundrechts der Allgemeinen Handlungsfreiheit ist also eröffnet.

418 b) Es müsste ein **Eingriff** in den Schutzbereich vorliegen. Eingriff ist jede staatliche Maßnahme, durch die ein Verhalten, das in den Schutzbereich eines Grundrechts fällt, ganz oder teilweise unmöglich gemacht wird. Mit der verschärften Aufbewahrungspflicht werden den Sportschützen rechtliche Handlungspflichten auferlegt, die sie in ihrer Handlungsfreiheit beschränken. Damit liegt bereits nach dem klassischen Eingriffsbegriff ein Eingriff in das Grundrecht vor.

419 c) Der Eingriff könnte **verfassungsrechtlich gerechtfertigt** sein. Das Grundrecht nach Art. 2 I GG steht unter dem Vorbehalt, dass nicht Rechte anderer, die verfassungsmäßige Ordnung oder das Sittengesetz verletzt werden. Das WaffÄndG könnte insbesondere im Rahmen der verfassungsmäßigen Ordnung nach Art. 2 I GG das Grundrecht in zulässiger Weise beschränken. Dann müsste das Gesetz Bestandteil der verfassungsmäßigen Ordnung sein. Es müsste in jeder Hinsicht formell und materiell verfassungsgemäß sein.

Ein formeller Verfassungsverstoß wurde verneint.

In materieller Hinsicht müsste das Gesetz insbesondere verhältnismäßig sein.

420 aa) Dies setzt zunächst voraus, dass es einen **legitimen Zweck** verfolgt. Das WaffÄndG verfolgt den Zweck, die Bürger davor zu schützen, dass Schusswaffen in die Hände von Unbefugten geraten und es so zu Sachbeschädigungen, Körperverletzungen und Tötungen kommen kann, sowie dass Waffenbesitzer ihre Waffen missbrauchen oder es durch Unachtsamkeit zu Unfällen kommen kann. Der Gesetzgeber kommt hier seiner Schutzpflicht für die Grundrechte seiner Bürger auf Leben und körperliche Unversehrtheit nach. Schon deshalb verfolgt das WaffÄndG einen legitimen Zweck.

421 bb) Insbesondere die Aufbewahrungspflicht nach § 2 I WaffG müsste **geeignet** sein, zur Verwirklichung dieses Zwecks beizutragen. Wenn Schusswaffen von Sport- und Brauchtumsschützen nur in den jeweiligen Vereinsräumen aufbewahren dürfen, wird es Dritten, insbesondere mit den Waffen nicht vertrauten Personen oder Personen, die diese miss-

---

4 BVerfGE 80, 137 – „Reiten im Walde"; ob das BVerfG den Schutzbereich zu weit fasst, wie die abw. Meinung BVerfGE 80, 164 ihm vorhält, sollte als Problem hier nicht behandelt werden: es geht nur um evidente Verfassungsverstöße, dh, es ist eine nur summarische Prüfung des Art. 2 I GG gefordert, die auf der Basis der gesicherten Rspr. erfolgen sollte.

bräuchlich benutzen könnten, erschwert, in den Besitz einer Schusswaffe zu gelangen. Auch wird die Allgemeinheit vor Waffeneigentümern geschützt, die diese möglicherweise missbräuchlich benutzen könnten. Gegen die Eignung des Gesetzes könnte allerdings sprechen, dass bei einer zentralen Aufbewahrung in einem Vereinsheim für Täter, die es auf Waffen abgesehen haben, sogar ein besonderer Anreiz geschaffen werden könnte, zumal die Vereinsheime in der Regel nicht ständig bewohnt sind. Es muss jedoch der Einschätzung des Gesetzgebers überlassen bleiben, welche Aufbewahrungsart er für sicherer hält. Angesichts wiederholter Vorfälle mit im Haus aufbewahrten Waffen kann die Einschätzung des Gesetzgebers jedenfalls nicht als fehlsam bewertet werden. Er hat sich im Rahmen der Einschätzungsprärogative gehalten, die ihm in der Beurteilung der Eignung einer Maßnahme zuzuerkennen ist.

cc) Die Regelung muss weiterhin **erforderlich** sein. An der Erforderlichkeit einer hoheitlichen Maßnahme fehlt es, wenn andere, gleichermaßen geeignete Maßnahmen mit geringeren Eingriffen verbunden wären. Auch hier ist jedoch dem Gesetzgeber in der Frage, ob eine andere, mildere Maßnahme ebenso geeignet ist, den Zweck zu erreichen, ein Einschätzungsspielraum zuzugestehen. Es könnte ein milderes Mittel darstellen, die Waffen bei den Sport- und Brauchtumsschützen zu belassen, die Waffenschränke aber zB mit biometrischen Schlössern zu versehen. Jedoch ist fraglich, ob dies gleich effektiv ist. Die Gefahr, dass diese Schränke nicht verschlossen werden oder die Eigentümer die Waffen aus Unachtsamkeit außerhalb der Schränke liegen lassen, so dass die Waffen missbräuchlich verwendet werden könnten, wäre hierdurch gerade nicht gebannt. Es wäre auch möglich, dass die Lagerung der Waffen in Schränken stärker kontrolliert wird. Das würde aber erhebliche Eingriffe in die Grundrechte der Betroffenen aus Art. 13 I GG mit sich bringen, also kein milderes Mittel darstellen. Die Einschätzung des Gesetzgebers, dass mildere, aber gleich wirksame und geeignete Mittel zur Erreichung des Zieles, den Schutz vor missbräuchlicher Verwendung von Waffen und vor Unfällen mit Waffen zu erhöhen, ist also zu akzeptieren. Erforderlichkeit des Gesetzes ist zu bejahen. **422**

dd) Die Regelung müsste auch verhältnismäßig im engeren Sinn, also **angemessen** und zumutbar sein. Der mit dem Gesetz bewirkte Eingriff und die Zielsetzung des Gesetzes müssen in einem angemessenen Verhältnis zueinander stehen. Auf Seiten der Sportschützen liegt ein Eingriff in das Grundrecht der allgemeinen Handlungsfreiheit als Unterfall des Rechts auf freie Persönlichkeitsentfaltung nach Art. 2 I GG vor. Dem steht die Zielsetzung des Gesetzgebers gegenüber, Leben und Gesundheit Unbeteiligter zu schützen; das Gesetz ergeht also in Wahrnehmung einer Schutzpflicht in Bezug auf das hochrangige Grundrecht aus Art. 2 II 1 GG. Demgegenüber ist die Persönlichkeitsentfaltung der Besitzer der Schusswaffen eher in einem Randbereich betroffen. Schon deshalb wirkt der Eingriff nicht besonders schwer. Hinzu kommt, dass die Waffen ohnehin dort aufzubewahren sind, wo sie auch genutzt werden, so dass also die Freizeitbetätigung der Sportschützen nicht nachhaltig beeinträchtigt wird. Daher ist es den Schützen zuzumuten, die Waffen in den Vereinsräumen aufzubewahren. Gegen die Angemessenheit der Regelung könnte noch angeführt werden, dass auf diese Weise die Verteidigungsmöglichkeit des Waffenbesitzers eingeschränkt wird, da er die Waffe nicht mehr zu Hause hat, um sich bei Einbrüchen etc. zu verteidigen. Dies ist jedoch hier kein relevanter **423**

Gesichtspunkt. Denn diesem Zweck zu dienen sind die Waffen von vornherein nicht bestimmt. Angesichts der nur geringen Beeinträchtigung der Sportschützen in ihrer persönlichen Entfaltungsfreiheit einerseits, der erheblichen Gefährdung für die Allgemeinheit und des Gewichts der grundrechtlichen Schutzpflichten des Staates andererseits ist die Angemessenheit der Regelung zu bejahen.

Der Eingriff in den Schutzbereich des Art. 2 I GG ist daher gerechtfertigt. Es liegt kein Verstoß gegen die Allgemeine Handlungsfreiheit nach Art. 2 I GG vor.

2. Art. 3 I GG

424 Darin, dass das Gesetz die Jäger nicht in die Aufbewahrungsregelung für Schusswaffen einbezieht, könnte ein Verstoß gegen den Grundsatz der Gleichbehandlung vorliegen. Dann müsste hier wesentlich Gleiches ungleich behandelt werden, ohne gerechtfertigt zu sein.

a) Eine **relevante**, dh an Art. 3 I GG zu messende **Ungleichbehandlung** liegt dann vor, wenn zwei Sachverhalte bzw zwei Personen oder Personengruppen in unterschiedlicher Weise rechtlich behandelt werden. Diese unterschiedliche Behandlung muss sich auf Elemente beziehen, die in den vom Gesetz erfassten Tatbeständen gleichermaßen gegeben sind.

Mit der Regelung im WaffG werden Sportschützen und Jäger bezüglich der Aufbewahrung ihrer Waffen unterschiedlich behandelt: erstere müssen sie an einem zentralen Ort, letztere dürfen sie bei sich aufbewahren. In beiden Fällen geht es um den Besitz von Schusswaffen, aus dem Gefahren für Dritte resultieren können und die deshalb sicher aufbewahrt werden müssen. Die Verpflichtung zur sicheren Aufbewahrung wird jedoch unterschiedlich geregelt. Hierin liegt eine rechtlich relevante Ungleichbehandlung.

425 b) Diese müsste **verfassungsrechtlich gerechtfertigt** sein.

aa) Hieran sind unterschiedliche Anforderungen zu stellen, je nachdem, ob es sich um eine **Ungleichbehandlung** von **Sachverhalten** oder von **Personen oder Personengruppen** handelt. Für letzteres könnte sprechen, dass hier die Gruppe der Jäger anders behandelt wird als die der Sportschützen. Die gesetzliche Regelung knüpft jedoch nicht an das Verhalten von Personen an. Sie knüpft vielmehr an Sachverhalte an: das Vorhandensein von Schusswaffen. Sie differenziert dabei zwischen Jagdwaffen und Sportwaffen. Dies sind Sachverhalte, die personenunabhängig verwirklicht werden können. Es liegt also eine sachverhaltsbezogene Ungleichbehandlung vor.

426 bb) Diese ist verfassungsrechtlich dann gerechtfertigt, wenn ein **sachlicher Grund** für die Ungleichbehandlung gegeben, die gesetzliche Differenzierung willkürfrei ist. Ein maßgeblicher Grund kann insbesondere darin gesehen werden, dass Jagdwaffen bestimmungsgemäß nicht an einem bestimmten Ort wie dem Schützenhaus genutzt werden, sondern auf der Jagd, ein zentraler Aufbewahrungsort zudem nicht zur Verfügung steht. Insofern konnte der Gesetzgeber für Jagdwaffen auf keinen anderen Aufbewahrungsort verweisen.

3. Art. 84 I 7 GG

Soweit § 2 I des Änderungsgesetzes gegen Art. 84 I 7 GG verstößt, fehlt es bereits an **427** der Zuständigkeit des Bundesgesetzgebers. Doch auch dann, wenn man in der Bestimmung ein materielles Verbot der Aufgabenübertragung sehen wollte, liegt ein so klarer Verstoß gegen den eindeutigen Wortlaut der Norm vor, dass von einem evidenten Verfassungsverstoß auszugehen ist.

C. Entscheidung des Bundespräsidenten

Das Recht des Bundespräsidenten, die Ausfertigung des Gesetzes zu verweigern, wurde **428** hier bereits aus seinem formellen Prüfungsrecht abgeleitet. Sieht man Art. 84 I 7 GG nicht wie hier als Kompetenznorm, sondern als materielles Verbot der Aufgabenübertragung, so liegt jedenfalls der Verfassungsverstoß klar zutage, da er sich ohne Zuhilfenahme weiterer Auslegungsmethoden unmittelbar aus dem Wortlaut der Verfassungsnorm ergibt, ohne dass hierfür weitere Wertungen oder Abwägungsentscheidungen erforderlich wären. Weitere materielle Verfassungsverstöße wurden nicht festgestellt. Das Gesetz verstößt insbesondere nicht gegen Grundrechte; auch wenn in der Frage der Verhältnismäßigkeit eine abweichende Beurteilung getroffen werden könnte, würde sich die Verfassungswidrigkeit des Gesetzes allenfalls aus einer Abwägung im Rahmen der Verhältnismäßigkeitsprüfung ergeben und wäre daher jedenfalls nicht evident.

Der Bundespräsident durfte also von der Ausfertigung des Gesetzes Abstand nehmen. Dass der Verfassungsverstoß sich nur auf eine Bestimmung des Gesetzes bezieht, ist hierfür unerheblich, denn das Gesetz kann nur als Ganzes ausgefertigt und verkündet werden.

Da der Verfassungsverstoß hier evident ist, wird man den Bundespräsidenten sogar als verpflichtet sehen müssen, das Gesetz nicht auszufertigen. Denn auf Grund seiner Stellung als Verfassungsorgan darf er nicht dazu beitragen, dass eine eindeutig verfassungswidrige Regelung in Kraft tritt.

Wiederholung und Vertiefung

A. Prüfungsrecht des Bundespräsidenten

Die Frage nach der Prüfungskompetenz des Bundespräsidenten stellt sich typischerwei- **429** se bei der Ausfertigung von Gesetzen. Der Problemstand sollte in groben Zügen bekannt sein.

Ein **formelles Prüfungsrecht** (Gesetzgebungsverfahren, Kompetenz) wird durchweg bejaht, schon wegen des Wortlauts des Art. 82 I 1 GG: Die nach den Vorschriften des GG zustande gekommenen Gesetze werden ausgefertigt. Dieses formelle Prüfungsrecht kann deshalb auch nicht auf evidente Verfahrensfehler beschränkt werden – obschon die

Praxis dahin tendiert; so auch der damalige Bundespräsident Rau beim Zuwanderungs-gesetz[5].

Umstritten ist die Frage eines **materiellen Prüfungsrechts**.

Die wichtigsten Gesichtspunkte:

(1) Der Wortlaut des Art. 82 I 1 GG ist insoweit nicht eindeutig: „Vorschriften des Grundgesetzes" können auch materielle Bestimmungen sein.

(2) Amtseid des Bundespräsidenten, Art. 56 GG: Zirkelschluss (denn welche sind die dort genann-ten Pflichten?).

(3) Vergleich zur WRV: nicht aussagekräftig, maßgeblich sind die Befugnisse nach dem Grund-gesetz.

(4) Gewaltenteilung, Art. 20 II GG – Verpflichtung aller Verfassungsorgane zur Wahrung der ver-fassungsmäßigen Ordnung, Art. 20 III GG; auch unabhängig von der Kompetenz des BVerfG (auch deshalb ist es problematisch, wenn der Bundespräsident das Gesetz ausfertigt und auf die Möglichkeit der Kontrolle durch das BVerfG verweist).

(5) Es bleibt die Kompetenzfrage: wessen Auffassung soll für das Gesetzgebungsverfahren den Ausschlag geben? Primär verantwortlich ist der demokratisch legitimierte Gesetzgeber; deshalb Einschätzungsprärogative – die aber nicht gilt bei offensichtlicher Fehlsamkeit.

Also: in materieller Hinsicht Evidenzkontrolle – kein Zwang zum offenen Verfassungsbruch!

Ein **politisches Prüfungsrecht** besteht unstr. nicht. Eine Prüfungskompetenz bezüg-lich der Vereinbarkeit eines Gesetzes mit Unionsrecht dürfte ungeachtet Art. 4 III EUV[6] zu verneinen sein. Der Wortlaut des Art. 82 GG bezieht sich auf die Vorschriften des Grundgesetzes; auch führt der Widerspruch zu Unionsrecht nur zu dessen Anwendungs-vorrang, nicht zur Nichtigkeit des Gesetzes.[7]

Aktuelle Rechtsprechung: BVerfGE 136, 277 (Bundesversammlung); BVerfGE 136, 323 (Spinner).

Aus der Ausbildungsliteratur: *Kunig*, Der Bundespräsident, JURA 1994, 217; *Schoch*, Die Prüfungs-kompetenz des Bundespräsidenten im Gesetzgebungsverfahren, JURA 2007, 354; *Schladebach/Koch*, Das unions- und völkerrechtliche Prüfungsrecht des Bundespräsidenten, JURA 2016, 355.

Fälle im thematischen Zusammenhang: *Kahl/Benner*, Fehlerhaftes Gesetzgebungsverfahren? – Der Bundespräsident als Kontrollinstanz, JURA 2005, 869; *Nolte/Tams*, Übungsklausur: Der Bundespräsi-dent und das Flugsicherungsgesetz, JuS 2006, 1088; *Lohse*, „Die Hüter der Verfassung", JA 2014, 519; *Jochum*, Der Kapitän muss noch nicht gehen, JuS 2014, 350.

---

5 S auch den Beitrag des damaligen Bundespräsidenten *Rau*, in: DVBl 2004, 1, der sich durch einen gewissen großzügigen Umgang mit Zitaten und Fußnoten auszeichnet, ähnlich wie ein späterer Bundesminister der Verteidi-gung.

6 Für unionsrechtliche Prüfungskompetenz deshalb *Schladebach/Koch*, JURA 2016, 355, 358.

7 H.M. – s. *Jarass/Pieroth*, Art. 82 Rn 3; *Bauer*, in: Dreier II, Art. 82 Rn 14.

B. Art. 2 I GG – freie Entfaltung der Persönlichkeit, Allgemeine Handlungsfreiheit

I. Allgemeines

Das Grundrecht auf freie Entfaltung der Persönlichkeit wirkt in zwei Richtungen: zum einen „passiv" als Abwehrrecht gegen ein Eindringen in die Persönlichkeitssphäre: dies ist das Allgemeine Persönlichkeitsrecht (APR), zu dessen Ableitung regelmäßig noch Art. 1 I GG herangezogen wird[8] (s.u. B). Zum anderen enthält Art. 2 I GG eine „aktive" Entfaltungsfreiheit – sie wird ganz überwiegend im Sinn einer allgemeinen Handlungsfreiheit gedeutet. Jedwedes menschliche Verhalten – unter Einbeziehung des Taubenfütterns im Park und des Reitens im Walde – fällt in den Grundrechtstatbestand. Entsprechend weit wird die Schranke der verfassungsmäßigen Ordnung definiert als die Gesamtheit der der Verfassung gemäßen Rechtsnormen. **430**

In der Grundrechtsprüfung ist Art. 2 I GG meist nur am Rande zu erwähnen, da die allgemeine Handlungsfreiheit subsidiär ist gegenüber den benannten, spezielleren Freiheitsrechten. Sind Letztere im Tatbestand einschlägig, also in ihrem Schutzbereich berührt, so wird die Verfassungsmäßigkeit des Eingriffs umfassend auf der Rechtfertigungsebene geprüft (also zB die Kompetenz für das grundrechtsbeschränkende Gesetz) – die Grundsätze des „Elfes-Urteils" (BVerfGE 6, 32) gelten insoweit auch für die benannten Grundrechte. Wo keine benannten Grundrechte zur Anwendung kommen, hat Art. 2 I GG schließlich die Funktion, Verstöße gegen sonstiges Verfassungsrecht als Grundrechtsverstoß rügefähig zu machen.

Wird im Gerichtsverfahren gegen das Gebot eines „fairen Verfahrens" verstoßen, dann kann eine Verfassungsbeschwerde hiergegen auf Art. 2 I GG iVm dem Rechtsstaatsprinzip gestützt werden (sofern nicht Art. 103 I GG einschlägig ist).

II. Grundrechtsprüfung

1. Schutzbereich des Grundrechts

a) Subjektiv: jedermann; **430a**

b) Objektiv: Freie Entfaltung der Persönlichkeit, wird verstanden als: Allgemeine Handlungsfreiheit; der Grundrechtstatbestand umfasst damit jede Betätigung, die nicht schon in einem der spezielleren Grundrechte benannt ist, unabhängig von ihrer „Wertigkeit", also auch banale Beschäftigungen wie Taubenfüttern im Park oder Reiten im Walde.

c) Art. 2 I GG als Auffanggrundrecht in personaler Hinsicht: wenn ein Nichtdeutscher sich im Schutzbereich eines Deutschengrundrechts – zB Art. 12 I GG – betätigt, kann er sich nach überwiegender Auffassung auf Art. 2 I GG berufen – so auch der nichtdeutsche muslimische Metzger gegenüber der berufsbeschränkenden Regelung des Schächtverbots.[9]

---

8 Neuere Rspr ist hierzu nicht ganz einheitlich – s zB BVerfGE 113, 29 zur Beschlagnahme von Datenträgern in einer Anwaltskanzlei.
9 BVerfGE 104, 337 (345 f.).

2. Eingriff

Jede belastende Maßnahme.

3. Rechtfertigung

a) Schranken des Grundrechts:

Verfassungsmäßige Ordnung: Gesamtheit der formell und materiell mit der Verfassung übereinstimmenden Rechtsordnung. A.f. Verfassungsbeschwerde: das Gesetz, das nicht Bestandteil der verfassungsmäßigen Ordnung ist, weil zB Kompetenz fehlt, ist nicht verfassungskonforme Grundrechtsschranke (BVerfGE 6, 32 – Elfes).

Rechte anderer, Sittengesetz: gesetzliche Grundlage erforderlich für Grundrechtsbeschränkung.

b) Verfassungsmäßigkeit des Schrankengesetzes:

Grundrechtsbeschränkung durch Gesetz ist also verfassungsmäßig, wenn das Gesetz
– formell (Zitiergebot gilt nicht) und materiell verfassungskonform ist, insbesondere auch
– eine verhältnismäßige Grundrechtsbeschränkung vornimmt.

c) Anwendung des Gesetzes: Prüfung vor allem der Verhältnismäßigkeit.

III. Aktuelle Anwendungsfälle

430b Art. 2 I GG ist betroffen bei einer **Pflichtmitgliedschaft** in öffentlich-rechtlichen Verbänden wie einer Industrie- und Handwerkskammer oder der „verfassten Studentenschaft"[10]; ebenso durch die Versicherungspflicht in der Sozialversicherung – hier gilt auf der Rechtfertigungsebene: wenn der Verband insgesamt einen verfassungsrechtlich legitimen öffentlichen Zweck verfolgt, so ist es gerechtfertigt, alle in Betracht kommenden Personen einzubeziehen, wenn dies zur effektiven Aufgabenwahrnehmung beiträgt. Der Eingriff in die allgemeine Handlungsfreiheit ist freilich nur im Rahmen der legitimen Aufgaben der Körperschaft gerechtfertigt. Deshalb begründet Art. 2 I GG für das Verbandsmitglied ein Abwehrrecht dagegen, dass der Verband seinen Aufgabenbereich überschreitet (also zB gegen allgemeinpolitische Tätigkeit des AStA[11]). Die Verfassungsmäßigkeit des sog. **„Semestertickets"** ist jedoch positiv geklärt.[12]

Art. 2 I GG ist einschlägig gegenüber Geldleistungspflichten, insbesondere Sonderabgaben (*Degenhart* Rn 572 ff.).

Zunehmend aktuell – nicht zuletzt in Anbetracht zunehmend obrigkeitsstaatlicher Entwicklungen in der EU – ist die Frage, ob und inwieweit der Staat den Bürger „vor sich selbst" schützen darf.[13] Dabei geht es einerseits um das „Menschenbild des Grund-

---

10 In neueren Gesetzen politisch korrekt – geschlechtsneutral: „Studierendenschaft".
11 Vgl dazu den Fall bei *Dietlein/Heinemann*, NWVBl 2003, 114.
12 BVerwGE 109, 97; s den Fall bei *Rozek*, SächsVBl 2003, 177, 200.
13 Vgl den Fall bei *Schmidt*, NdsVBl 2003, 195 (197).

gesetzes", das im Spannungsfeld von Privatautonomie und Gemeinschaftsbezogenheit gesehen wird – deshalb dürfte auch eine Rolle spielen, inwieweit die Folgen gefährlichen Verhaltens von der Allgemeinheit zu tragen sind. Es gibt aber verfassungsrechtlich keine „Pflicht zum guten Leben", wie das Sondervotum *Masing* zu BVerfGE 121, 317 – Rauchverbot – formuliert.[14]

Aktuelle Rechtsprechung: BVerfGE 80, 137 (Reiten im Walde); BVerfGE 104, 337 (Schächten); BVerfGE 121, 317 (Rauchverbot); BVerfG NJW 2012, 1062 (Sonnenstudioverbot); BVerfG NJW 2015, 1666 (Anordnung einer Betreuung bei Alkoholismus); BVerfG, NJW 2016, 558 (Geschäftsmäßige Förderung der Selbsttötung); BayVerfGH BayVBl 2006, 339 (Schleierfahndung); BGHSt 51, 211 (verdeckte Online-Durchsuchung).

Aus der Ausbildungsliteratur: *Degenhart*, Die allgemeine Handlungsfreiheit des Art. 2 I GG, JuS 1990, 161; *Lege*, Die allgemeine Handlungsfreiheit des Art. 2 I GG, JURA 2002, 753; *Kahl*, Grundfälle zu Art. 2 I GG, JuS 2008, 499, 595.

Fälle im thematischen Zusammenhang: *Rozek*, „Semesterticketzwangsbeglückung", SächsVBl 2003, 177, 200; *Dietlein/Heinemann*, Examensklausur im öffentlichen Recht: „Ärger mit dem AStA", NWVBl 2003, 114; *Schmidt*, Helmpflicht für Fahrradfahrer, NdsVBl 2003, 195.

C. Der Gleichheitssatz in der Fallbearbeitung

I. Struktur der Gleichheitsprüfung

Art. 3 I GG gebietet, „Gleiches gleich und Ungleiches ungleich" zu behandeln. Dies bedeutet für die Gleichheitsprüfung: zunächst ist eine relevante Ungleichbehandlung festzustellen, dann nach einem rechtfertigenden Grund zu fragen; entsprechend gilt dies für Gleichbehandlungen – die aber idR auch als Ungleichbehandlung erfasst werden können, je nach Wahl des Vergleichspaars (*Pieroth/Schlink/Kingreen/Poscher* Rn 485). Abweichend vom üblichen Grundrechtsschema wird also Art. 3 I GG zweistufig geprüft: **431**

```
(1)  Ungleichbehandlung
(2)  Rechtfertigung der Ungleichbehandlung
```

(zu 1) Ungleichbehandlung **432**

Eine relevante, d.h. an Art. 3 I GG zu messende Ungleichbehandlung liegt dann vor, wenn zwei Sachverhalte bzw zwei Personen oder Personengruppen in unterschiedlicher Weise rechtlich behandelt werden, also insbesondere unterschiedlichen Rechtsfolgen unterworfen werden, dies in Anknüpfung an Bezugspunkte, die in beiden Vergleichsgruppen gleichermaßen gegeben sind: gemeinsamer Oberbegriff (*Pieroth/Schlink/Kingreen/Poscher* Rn 487).

---

14 BVerfGE 121, 317 (383, 385).

Beachte: Der Gleichheitssatz bindet einen Hoheitsträger nur innerhalb seines Kompetenzbereichs – also nicht Land A im Verhältnis zu Land B, Gemeinde X im Verhältnis zu Gemeinde Y!

(zu 2) Rechtfertigung einer Ungleichbehandlung

a) Unterschiedlich strenge Prüfung: An die Rechtfertigung werden abgestufte Anforderungen gestellt.[15] Für die Ungleichbehandlung von Personen bzw Personengruppen gelten strengere Anforderungen, während die Ungleichbehandlung von Sachverhalten idR lediglich willkürfrei sein muss. Strengere Anforderungen gelten auch dann, wenn die Ungleichbehandlung sich im Schutzbereich anderer Grundrechte auswirkt.[16]

> **Beispiel:** *Erfasst der Gesetzgeber bestimmte Verhaltensweisen durch Straf- oder Ordnungswidrigkeitentatbestände, so liegt eine Ungleichbehandlung von Sachverhalten vor; richtet sich ein Tatbestand aber nur an bestimmte Adressatengruppen, an andere nicht, so liegt eine Ungleichbehandlung von Personengruppen vor.*

433 b) Gelten demnach strengere Prüfungsmaßstäbe, besteht also eine intensivierte Gleichheitsbindung, so ist nach der sog **„neuen Formel"** des BVerfG wie folgt zu prüfen:
- Wird mit der Ungleichbehandlung ein **legitimer Zweck** verfolgt? Hierbei ist insbesondere auf verfassungsrechtliche Wertungen abzustellen (zB Sozialstaatsgebot); im Steuerrecht: Steuergerechtigkeit;
- **Eignung, Erforderlichkeit und „Angemessenheit"** der Differenzierung; damit wird die Prüfung der Verhältnismäßigkeitsprüfung bei Eingriffen in Freiheitsgrundrechte angenähert, allerdings kann die Zweck-Mittel-Relation idR nicht mit gleicher Eindeutigkeit wie bei Eingriffsgesetzen festgestellt werden, so dass weitere Wertungskriterien erforderlich werden, insbesondere Sachgerechtigkeit mit Blick auf die Gegebenheiten des Regelungssachverhalts, Folgerichtigkeit und Widerspruchsfreiheit, Individualgerechtigkeit und Typisierung, Orientierung am Gerechtigkeitsgedanken, an verfassungsrechtlichen Wertungen. **Typisierung** bedeutet: Der Gesetzgeber stellt im Interesse der Rechtssicherheit und gleichmäßiger Gesetzesanwendung auf „typische" Anwendungsfälle ab, auch wenn dies nicht allen Einzelfällen gerecht wird.[17] In welchem Ausmaß der Gesetzgeber typisieren darf, spielt eine entscheidende Rolle beim **Rundfunkbeitrag**, der für jede Wohnung und alle Geschäftsräume geschuldet wird, unabhängig davon, ob dort überhaupt Rundfunkempfang stattfindet.[18]

c) Im Übrigen wirkt der Gleichheitssatz als **Willkürverbot**; hier ist zu fragen: Besteht ein hinreichender sachlicher Differenzierungsgrund?

433a d) Die in **Art. 3 III GG** aufgeführten Merkmale bezeichnen **Diskriminierungsverbote**. Sie dürfen nicht zur Begründung von Ungleichbehandlung herangezogen werden. Die

---

15 Vgl hierzu BVerfGE 112, 164.
16 Aktuelles Beispiel: BVerfGE 107, 27 zur Frage der Berücksichtigungsfähigkeit der Aufwendungen für doppelte Haushaltsführung: die hierfür maßgeblichen Gründe müssen vom Gesetzgeber auch im Lichte der betroffenen Grundrechte bewertet werden.
17 BVerfGE 132, 39, 54 ff
18 S. BVerwG NWVBl 2016, 319; *Degenhart* Rn 563 sowie dort Fälle 50 und 55.

Staatsangehörigkeit fällt an sich nicht darunter. Sie ist aber den Kriterien Heimat und Herkunft vergleichbar. Deshalb sind Differenzierungen nach Staatsangehörigkeit nicht generell verboten, doch gelten besonders strenge Prüfungsmaßstäbe, so BVerfGE 130, 240.[19] Es gilt also ein abgestufter Prüfungsmaßstab: „Die Anforderungen an die Rechtfertigung einer ungleichen Behandlung von Personengruppen sind umso strenger, je mehr sich die zur Unterscheidung führenden personenbezogenen Merkmale den in Art. 3 Abs. 3 GG genannten Merkmalen annähern, das heißt je größer die Gefahr ist, dass eine an sie anknüpfende Ungleichbehandlung zur Diskriminierung einer Minderheit führt" – so das BVerfG im Urteil vom 7.5.2013 (Rn 77 ff.) zur steuerlichen Behandlung (Splitting-Tarif) für Lebenspartnerschaften für das Merkmal der sexuellen Orientierung.

II. Rechtsfolgen des Gleichheitsverstoßes

Ermessen des Gesetzgebers in der Frage der Beseitigung des Gleichheitsverstoßes: bei ungleicher Belastung ist diese jedenfalls als gleichheitswidrig aufzuheben, nur ausnahmsweise die Gesamtregelung; bei gleichheitswidrig vorenthaltener Begünstigung erfolgt idR nur die Feststellung des Verfassungsverstoßes, anders, wenn ein Verfassungsauftrag besteht oder aber der Gleichheitsverstoß nur durch Ausdehnung der Begünstigung zu beheben ist. **433b**

III. Spezielle Gleichheitssätze

Eine Reihe spezieller Differenzierungsverbote führen zu einer intensiveren Gleichheitsbindung. **433c**

1. Gleichberechtigung von Mann und Frau: Art. 3 II 1, III 1 GG verbietet Ungleichbehandlungen, die an das Merkmal des Geschlechts anknüpfen; dieses kann also keinen sachlichen Differenzierungsgrund begründen. Nur objektiv unterschiedliche Lebensumstände bzw objektiv biologische Unterschiede können unterschiedliche Regelungen rechtfertigen. Nicht gerechtfertigt ist es hiernach, wenn der Erwerb von Kosmetika im Strafvollzug nur Frauen, nicht aber Männern gestattet wird.[20] Der Gleichstellungsauftrag des Art. 3 II 2 GG bezeichnet einen Verfassungsauftrag zur Herstellung tatsächlicher Gleichheit; str. ist, ob zugunsten der Frau Ungleichbehandlungen zulasten von Männern gerechtfertigt sein können (reversed discrimination), insbesondere über Quotenregelungen (dazu *Pieroth/Schlink/Kingreen/Poscher* Rn 506 f.).

2. Zu Art. 3 III GG s Rn 431. Zulässig sind wegen Art. 3 III 2 GG Ungleichbehandlungen zugunsten Behinderter.

3. Art. 6 I GG: Der Gesetzgeber darf **Ehe und Familie** nicht benachteiligen, zB durch nachteilige Regelungen im Sozialrecht oder im Steuerrecht. Darüber hinaus fordert Art. 6 I GG „besonderen Schutz" für Ehe und Familie – dies rechtfertigt es, sie rechtlich zu begünstigen, rechtfertigt aber andererseits keine Schlechterstellung von Lebens-

---

19 S. *Sachs*, JuS 2013, 89.
20 BVerfG NJW 2009, 661.

partnerschaften, soweit sie der Ehe vergleichbar geregelt sind, so das BVerfG zuletzt im U. v. 7.5.2013.

4. Staatsbürgerliche Rechte und Pflichten: Art. 33 I GG verbietet Ungleichbehandlung insbesondere nach Landeszugehörigkeit; Art. 33 II GG schließt für den Zugang zu öffentlichen Ämtern alle Differenzierungskriterien außer Eignung, Leistung und Befähigung aus, wobei insbesondere auch die Kriterien des Art. 3 II, III GG nicht herangezogen werden dürfen – auch hier ist die Zulässigkeit von Quotenregelungen str.

5. Im Sinn formaler Gleichheit sind die **Wahlrechtsgleichheit** des Art. 38 I 1 GG und das Recht der politischen Parteien auf **Chancengleichheit** zu verstehen.

Aktuelle Rechtsprechung: BVerfGE 110, 274 (Ausnahmen von der Ökosteuer); BVerfGE 112, 164 (Kindergeld – anzurechnendes Einkommen und Sozialabgaben); BVerfG NVwZ 2006, 1401 (Konkurrentenstreit um Professorenstelle); BVerfGE 117, 316 (künstliche Befruchtung); BVerfGE 117, 1 (Erbschaftsteuer); BVerfGE 130, 240 (Landeserziehungsgeld); BVerfGE 133, 59 (Sukzessivadoption Lebenspartner); BVerfGE 133, 377 (Ehegattensplitting für Lebenspartnerschaft).

Aus der Ausbildungsliteratur: *Odendahl*, Der allgemeine Gleichheitssatz, JA 2000, 170; *Scherzberg/ Mayer*, Die Prüfung des Gleichheitssatzes in der Verfassungsbeschwerde, JA 2004, 137; *Schwarz*, Grundfälle zu Art. 3 GG, JuS 2009, 315.

Fälle im thematischen Zusammenhang: *Oldiges*, Fall EJS Sachsen 2001/2, Aufgabe 7, SächsVBl 2004, 72 und 92; *Müller-Franken*, Frauenförderung im Subventionswesen, JuS 2005, 723; *Sachs/ Rossol*, „Kosmetika im Strafvollzug", NWVBl 2010, 288; *Lüdemann/Hermstrüwer*, Verkaufsverbot für Schokozigaretten, JuS 2012, 57.

Fall 11

Im Cyberspace der Sicherheit, der (Un-)Freiheit und des Rechts?

Mittelschwerer Fall für die Zwischenprüfung, 2–3 Std.

In ihrem steten Bemühungen um Verbesserungen der inneren Sicherheit will sich die **434** Bundesregierung verstärkt den im world wide web lauernden Gefahren widmen.

Ein Gesetz zur Schaffung eines Raums der Sicherheit, der Freiheit und des Rechts im Internet (InternetSihG) enthält diese Bestimmungen:

Art. 1: Verpflichtung aller Anbieter von Internet-Zugangsdiensten (Access Provider), für einen Zeitraum von 6 Monaten diese Daten zu speichern: den Beginn und das Ende der Internetnutzung unter der zugewiesenen Internetprotokoll-Adresse nach Datum und Uhrzeit sowie die eindeutige Kennzeichnung der i.e. aufgerufenen Seiten;

Art. 2: Befugnisse der Strafverfolgungsbehörden, diese Daten bei den Anbietern zu erheben, soweit es um Straftaten von erheblicher Bedeutung (§ 100a StPO) geht oder um Taten, die mittels der Nutzung des Internet begangen wurden.

Art. 3: Befugnisse des Bundeskriminalamts zur Datenerhebung; es soll die Datenbestände unbegrenzt im Rahmen der Bekämpfung des internationalen Terrorismus nutzen können.

Nach bisherigem Recht sind die Provider nur gehalten, Beginn und Ende der Internetnutzung unter der zugewiesenen IP-Adresse zu speichern; sie sind weder verpflichtet noch auch nur befugt, darüber hinaus auch die aufgerufenen Seiten und besuchten Adressen zu speichern.

Anton Abromeit (A), ein eifriger Nutzer des Internet, erhebt Verfassungsbeschwerde. Er sieht sich in seinen Grundrechten auf Wahrung seiner Privatsphäre verletzt – es gehe niemanden etwas an, über was er sich im Internet informiere. Das Gesetz leiste staatlicher und privater Schnüffelei Vorschub, zumal die Gefahr bestünde und in Anbetracht diverser Datenschutzskandale auch durchaus realistisch sei, dass die Provider, wenn sie erst einmal das Surfverhalten ihrer Nutzer speichern dürften, hieraus Persönlichkeitsprofile erstellen und diese kommerziell verwerten würden. Die Bundesregierung verweist in ihrer Stellungnahme auf die Notwendigkeit einer effizienten Bekämpfung der Kriminalität. Diese müsse mit der technischen Entwicklung Schritt halten.

Die Erfolgsaussichten der Verfassungsbeschwerde sind zu prüfen.

Vorüberlegungen

435   Der Fall behandelt die angesichts der aktuellen Diskussionen um innere Sicherheit und entsprechende Gesetzesvorschläge relevante Thematik der Überwachung der Telekommunikation. Grundsätzlich ist hierdurch das Recht auf informationelle Selbstbestimmung betroffen. Dabei geht das Gesetz über die aktuell strittige Regelung der Vorratsdatenspeicherung deutlich hinaus – ohne deshalb unrealistisch zu sein. Denn ein Gesetzentwurf, der den Providern die Speicherung des Surfverhaltens ihrer Kunden erlauben würde, wurde bereits in die Diskussion eingebracht.

436   In materieller Hinsicht geht es um die grundrechtliche Einordnung der Überwachung der Telekommunikation und damit letztlich um die aktuelle Grundsatzproblematik des Verhältnisses von Freiheit und Sicherheit. Dass bereits die Beobachtung als solche und die Speicherung einen Eingriff im Sinn des „modernen" Eingriffsbegriffs darstellen kann, ist durch die neuere Rechtsprechung des BVerfG hinreichend geklärt. Ebenso stehen hinreichend konkretisierte Abwägungskriterien zur Verfügung: so entspricht es gefestigter Rechtsprechung, dass die Intensität eines Eingriffs durch Streubreite, Verdachtslosigkeit und Heimlichkeit bestimmt wird.

Im Prüfungsaufbau ist bei der Begründetheit zunächst auf die tatbestandliche Abgrenzung der hier in Betracht kommenden Grundrechte aus Art. 10 GG und aus Art. 2 I iVm Art. 1 I GG unter dem Gesichtspunkt der informationellen Selbstbestimmung abzustellen. Dass über das Internet Telekommunikation stattfindet und deshalb Art. 10 GG einschlägig ist, ist unschwer zu erkennen. Für die Abgrenzung zum APR gilt, dass der staatliche Zugriff auf die Daten, solange sich diese noch beim Vermittler der Telekommunikation (also dem Provider) befinden, Art. 10 GG einschlägig ist, während die Gefährdungen, die aus der Datensammlung durch den Provider resultieren, über das APR zu erfassen sind. Hier geht es in der Sache darum, dass der Gesetzgeber es dem privaten Provider erlaubt, sensible Daten zu speichern, und hierdurch eine Gefährdungslage für Grundrechte herbeiführt. Es geht also um grundrechtliche Schutzpflichten. In diesem Fall gehen Eingriffsprüfung und Rechtfertigung ineinander über: eine Verpflichtung zu einer bestimmten Handlung besteht nur ausnahmsweise – besteht eine solche Verpflichtung, ist das Unterlassen jedoch grundrechtswidrig. Schließlich ist auch die Informationsfreiheit des Art. 5 I 1 GG heranzuziehen, da die Beobachtung des Informationsverhaltens eine zumindest faktische Beeinträchtigung der Informationsfreiheit darstellen kann.

Gliederung

Musterlösung

A. Zulässigkeit der Verfassungsbeschwerde

438   Das BVerfG ist gemäß Art. 93 I Nr. 4a GG, §§ 13 Nr. 8a, 90 ff. BVerfGG zur Entscheidung über die Verfassungsbeschwerde zuständig.

I. Beschwerdeführer

Gemäß Art. 93 I Nr. 4a GG kann die Verfassungsbeschwerde von jedermann erhoben werden, der geltend macht, durch einen Akt der öffentlichen Gewalt in seinen Grundrechten verletzt worden zu sein. Vom Begriff „Jedermann" sind dabei jedenfalls alle natürlichen Personen umfasst. A ist somit beschwerdefähig. Er ist als volljährige, natürliche Person auch prozessfähig.

II. Beschwerdegegenstand

439   Gegenstand der Verfassungsbeschwerde kann gemäß Art. 93 I Nr. 4a GG jeder Akt der öffentlichen Gewalt sein. Das InternetSihG des Bundes ist als Akt der Legislative geeigneter Beschwerdegegenstand.

III. Beschwerdebefugnis

440   1. A muss **plausibel geltend machen** können, durch die angegriffenen Hoheitsakte in seinen **Grundrechten verletzt** zu sein. Denkbar erscheint hier eine Verletzung des A in seinem Recht auf informationelle Selbstbestimmung, das einen Bestandteil des Allgemeinen Persönlichkeitsrechts gemäß Art. 2 I iVm Art. 1 I GG bildet, da auf Grund des Gesetzes Daten über A, nämlich sein Nutzerverhalten im Internet erhoben, für eine Zeitlang gespeichert und ggf auch staatlicherseits abgerufen werden. Da die Informationsangebote im Internet allgemein zugängliche Informationsquellen sind, kommt auch eine zumindest faktische Beeinträchtigung der Informationsfreiheit des A in Betracht. Soweit die Daten bei den Access Providern erhoben werden, ist schließlich auch eine Verletzung des Fernmeldegeheimnisses nicht auszuschließen.

441   2. A müsste weiterhin durch das Gesetz **selbst**, **gegenwärtig** und **unmittelbar** betroffen sein. Er ist selbst betroffen, da er regelmäßig die Informationsmöglichkeiten des Internet nutzt. Fraglich könnte sein, ob er unmittelbar betroffen ist. Wollte man den maßgeblichen Grundrechtseingriff erst in der staatlichen Kenntnisnahme von seinem Nutzungsverhalten erblicken, so wäre er durch den Erlass des Gesetzes noch nicht unmittelbar in seinen Grundrechten betroffen. Eine derartige Betrachtungsweise griffe jedoch zu kurz. Denn bereits mit der Speicherung der Nutzungsdaten hat der Betroffene die Möglichkeit verloren, selbst über deren Verwendung zu bestimmen. Wenn staatliche Stellen darauf zugreifen, erfolgt dies ohne vorgehende Kenntnis des Betroffenen. In derartigen Fällen genügt es, wenn der Beschwerdeführer die begründete Möglichkeit darlegt, dass er in seinen Grundrechten berührt wird.[1] Andernfalls würde wirksamer Rechtsschutz vereitelt. Angesichts der weit gefassten Tatbestände und Befugnisse nach dem Gesetz besteht praktisch für jedermann die Möglichkeit, dass er betroffen wird. Ein unmittelbares Betroffensein liegt aber auch darin, dass die Provider auf Grund des Gesetzes das Nutzungsverhalten speichern und Dritte möglicherweise darauf zugreifen können. Unmittelbares Betroffensein ist also ebenso zu bejahen wie gegenwärtiges Betroffensein.

IV. Rechtswegerschöpfung/Subsidiarität

Unmittelbar gegen das Gesetz ist kein Rechtsweg eröffnet. Auch unter dem Gesichtspunkt der Subsidiarität ist der Beschwerdeführer hier nicht gehalten, zunächst eine fachgerichtliche Klärung herbeizuführen. Vielmehr erfordert das Gebot wirksamen Rechtsschutzes, dass VB unmittelbar gegen das Gesetz erhoben werden kann.   **442**

V. Form und Frist

Mangels entgegenstehender Anhaltspunkte im Sachverhalt ist davon auszugehen. dass die Schriftform des § 23 I 1 BVerfGG und das Fristerfordernis des § 93 III BVerfGG gewahrt werden.   **443**

Ergebnis: Die Verfassungsbeschwerde ist zulässig.

B. Begründetheit der Verfassungsbeschwerde

Die Verfassungsbeschwerde ist begründet, wenn A durch die angegriffene Maßnahme in seinen Grundrechten verletzt ist. In Betracht kommt dabei, wie von A geltend gemacht, einerseits eine Verletzung von Art. 2 I iVm Art. 1 I GG (Recht auf informationelle Selbstbestimmung) sowie des Fernmeldegeheimnisses des Art. 10 GG und andererseits seines Grundrechts aus Art. 5 I 1 GG auf Informationsfreiheit.   **444**

I. Fernmeldegeheimnis, Art. 10 I GG

1. Schutzbereich

A könnte in seinem Grundrecht aus Art. 10 I GG verletzt sein. Dann müsste sich der Schutzbereich des Telekommunikationsgeheimnisses auch auf die Kommunikationsdienste des Internet erstrecken. Dies ist zu bejahen. Das Fernmeldegeheimnis des Art. 10 I GG schützt die Integrität der Telekommunikation. Mitteilungen und Informationen, die auf diesem Weg ausgetauscht werden, sollen nicht der Kenntnisnahme durch staatliche Stellen unterliegen. Bei der Nutzung des Internet handelt es sich um Fernmeldeverkehr oder Telekommunikation im Sinn des Art. 10 I GG,[2] da hier auf fernmeldetechnischem Wege Informationen übermittelt werden. Art. 10 I GG ist also auf die   **445**

---

1 BVerfGE 109, 279 (370); 113, 348 (363).
2 BVerfGE 120, 274 (307).

Nutzung des Internet anwendbar. Dabei sind sowohl die Inhalte der Telekommunikation vor einer Kenntnisnahme geschützt, als auch ihre Umstände, die Information darüber, wann und wie oft zwischen wem Telekommunikationsverkehr stattgefunden hat oder versucht worden ist. Das Grundrecht könnte jedoch im Tatbestand deshalb ausgeschlossen sein, weil der Zugriff auf die Telekommunikation hier erst dann erfolgen soll, wenn nach Abschluss eines Kommunikationsvorgangs diese Daten beim Dienstleister gespeichert sind. Aus der Sicht des Nutzers sind diese Informationen jedoch noch im Herrschaftsbereich des Providers; damit ist die typische Gefahrenlage, der Art. 10 GG begegnen will, die Verletzlichkeit der Vertraulichkeit der Kommunikation, nach wie vor gegeben. Der Schutzbereich des Art. 10 GG ist also eröffnet.

2. Eingriff

446 Ein Eingriff in das Grundrecht des A könnte jedoch deshalb fraglich sein, weil die Daten nicht bei ihm, sondern beim Provider erhoben werden sollen. Ein Eingriff in das Fernmeldegeheimnis liegt jedoch dann immer vor, wenn staatliche Stellen sich ohne Zustimmung der Beteiligten Kenntnis von dem Inhalt oder den Umständen eines Kommunikationsvorgangs verschaffen.[3] Dabei ist es unerheblich, ob sie beim Nutzer des Internet ansetzen, oder beim Vermittler, dem Provider. Wenn das Gesetz es also den Behörden gestattet, Telekommunikationsdaten beim Provider zu erheben, liegt hierin ein Eingriff in das Grundrecht des Teilnehmers aus Art. 10 I GG.

3. Rechtfertigung

447 a) Das Fernmeldegeheimnis des Art. 10 I GG ist jedoch nicht schrankenlos gewährleistet. Es steht unter dem **einfachen Gesetzesvorbehalt** des Art. 10 II 1 GG. Das InternetSihG könnte hier geeignete Grundrechtsschranke sein. Dann müsste es in jeder Hinsicht verfassungsmäßig sein.

b) Nur ein **formell verfassungsmäßiges** Gesetz kann überhaupt das Grundrecht wirksam einschränken.

aa) Das Gesetz müsste, um formell verfassungsgemäß zu sein, vom **zuständigen Gesetzgeber** erlassen worden sein. Grundsätzlich ist nach Art. 70 GG das Land zuständig, wenn nicht ausdrücklich dem Bund die Gesetzgebungskompetenz zugewiesen ist. Hier kommt einerseits die Zuständigkeit des Bundes für das Recht der Telekommunikation nach Art. 73 I Nr. 7 GG in Betracht, andererseits auch das Recht des Strafverfahrens, für das nach Art. 74 I Nr. 1 GG der Bund konkurrierend zuständig ist.

448 Die Zuständigkeit des Bundes für die Telekommunikation nach Art. 73 I Nr. 7 GG beschränkt sich jedoch auf die fernmeldetechnische Seite. Darunter kann noch die Speicherung von Fernmeldedaten beim Provider fallen. Art. 1 des Gesetzes kann hierauf gestützt werden. Für die Überwachung der Telekommunikation selbst muss auf die jeweilige Sachkompetenz zurückgegriffen werden. Für die Aufklärung und Verfolgung von Straftaten besteht eine konkurrierende Zuständigkeit nach Art. 74 I Nr. 1 GG unter

---

3 BVerfGE 107, 299 (314).

dem Gesichtspunkt des Strafverfahrens. Art. 2 des Gesetzes ist hierunter zu fassen. Dass es in der Sache auch um die innere Sicherheit geht, steht nicht entgegen – entscheidend ist, dass diese hier mit dem Instrumentarium der Strafverfolgung und Aufklärung von Straftaten verwirklicht werden soll. Für Gesetze nach Art. 74 I Nr. 1 GG muss die Erforderlichkeit einer bundesgesetzlichen Regelung gemäß Art. 72 II GG nicht eigens festgestellt werden. Daher wurde auch Art. 2 des Gesetzes kompetenzgerecht erlassen. Für Art. 3 kann schließlich auf die ausschließliche Gesetzgebungszuständigkeit des Bundes nach Art. 73 I Nr. 9a GG zurückgegriffen werden.

bb) Vom **verfahrensfehlerfreien Zustandekommen** des Gesetzes ist mangels entgegenstehender Anhaltspunkte auszugehen. Das Zitiergebot des Art. 10 I 2 GG müsste gewahrt sein.

c) Das Gesetz müsste auch **materiell verfassungsmäßig** sein. **449**

Das Grundrecht aus Art. 10 I GG steht gemäß Art. 10 II 1 GG unter einfachem Gesetzesvorbehalt. Es wird daher dann zulässigerweise eingeschränkt, wenn der Gesetzgeber ein **legitimes Ziel** verfolgt und die mit dem Gesetz einhergehenden Eingriffe hierzu verhältnismäßig sind.

Bei der Aufklärung und Verfolgung von Straftaten geht es um eine effektive, funktionstüchtige Strafrechtspflege. Diese Zielsetzung ist legitim.[4] Sie hat auch Verfassungsrang, da es im Rechtsstaat des Grundgesetzes Aufgabe des Staates ist, die Rechtsordnung zu wahren. Ebenso ist der Schutz vor den Gefahren des internationalen Terrorismus ein öffentlicher Belang von erheblicher Bedeutung; Sicherheit zu gewährleisten, ist originäre Aufgabe des Staates.

Ob eine generelle Speicherung und Überwachung des Nutzungsverhaltens im Internet **450** geeignet ist, diese legitimen Ziele zu fördern, kann nicht mit Sicherheit festgestellt werden. Es ist jedoch Sache des Gesetzgebers, die hierfür erforderlichen Einschätzungen vorzunehmen, solange sie nicht offensichtlich fehlsam sind. Davon kann hier jedoch nicht ausgegangen werden. Dies gilt auch für die Abschätzung der Erforderlichkeit, die gleichfalls nur im Wege einer gesetzgeberischen Prognose vorgenommen werden kann.

Die Speicherung des Nutzungsverhaltens im Internet verbunden mit den staatlichen **451** Zugriffsmöglichkeiten bewirkt jedoch einen intensiven Eingriff in das Grundrecht aus Art. 10 I GG und könnte daher **unverhältnismäßig im engeren Sinn** sein. Dem staatlichen Interesse an funktionstüchtiger Strafrechtspflege steht das Vertrauen des Bürgers in die Integrität der Telekommunikation gegenüber. Das Fernmeldegeheimnis ist eine besondere Ausprägung des Persönlichkeitsrechts. Mit der Erfassung des Nutzungsverhaltens im Internet werden persönlichkeitsrechtlich sensible Daten erfasst, die Rückschlüsse auf die Person des Betroffenen erlauben. Zudem bewirkt die umfassende Datenerhebung und -speicherung, von der zunächst jeder Nutzer betroffen ist, dass es sich hier um einen Eingriff von **hoher Intensität** und **Streubreite** handelt. Hinzu kommt der sehr umfangreiche **Katalog des § 100a StPO**, der in Art. 2 des Gesetzes als Anlass für einen Eingriff in das Fernmeldegeheimnis benannt wird. Dort sind keineswegs nur

---

4 *Degenhart* Rn 437.

schwerste Straftaten aufgeführt. Der Zugriff auf sensible Daten, die Streubreite der Maßnahmen und das sehr unterschiedliche Gewicht der Anlässe hierfür bewirken, dass der Eingriff unverhältnismäßig ist, umso mehr, als hier keine Vorkehrungen getroffen sind für einen Schutz etwa besonders sensibler Daten[5] – auch im Rahmen des Art. 10 GG muss es einen unantastbaren Kernbereich geben.

Ergebnis: Die gesetzliche Regelung ist mit Art. 10 I GG unvereinbar.

AA vertretbar.

II. Informationsfreiheit, Art. 5 I 1 GG

452   Die gesetzliche Regelung könnte auch die freie Information aus dem Internet beeinträchtigen und deshalb gegen das Grundrecht der Informationsfreiheit aus Art. 5 I 1 GG verstoßen.

1. Schutzbereich

453   Dies setzt zunächst voraus, dass der Schutzbereich des Grundrechts berührt ist. Es müsste sich beim Internet um eine allgemein zugängliche Informationsquelle iSd Grundrechts der Informationsfreiheit handeln. Dies ist dann der Fall, wenn die Informationsquelle „technisch geeignet und bestimmt (ist), der Allgemeinheit, d.h. einem individuell nicht bestimmbaren Personenkreis, Informationen zu liefern".[6] Das Medium als solches ist für den Zugang durch jeden offen und deshalb eine allgemein zugängliche Informationsquelle.

2. Eingriff

454   Die gesetzliche Regelung des InternetSihG enthält zwar kein unmittelbares Verbot, sich aus dem Internet zu informieren. Sie könnte jedoch als faktische Behinderung einen Eingriff iSd „modernen" Eingriffsbegriffs darstellen. Staatliche Beobachtung und Registrierung kann in den Schutzbereich der Grundrechte in gleicher Weise eingreifen wie ein Verbot.[7] Art. 5 GG will die umfassend freie Kommunikation schützen. Sie wird bereits durch die – auch nur befürchtete – Möglichkeit staatlicher Beobachtung beeinträchtigt. Gleiches gilt für die auch nur befürchtete Registrierung von Informationsverhalten. Dies ergibt sich auch aus dem Wortlaut, wonach die „ungehinderte" Unterrichtung gewährleistet ist.[8] Durch die Beobachtung wird die Unbefangenheit des Informationsverhaltens beeinträchtigt.[9] Mithin liegt ein Eingriff in das Grundrecht vor.

---

5   BVerfGE 125, 260 sieht die sechsmonatige anlasslose Speicherung als nicht generell mit Art. 10 GG unvereinbar, hinreichende Sicherungsvorkehrungen vorausgesetzt.
6   BVerfGE 27, 71 (83).
7   Vgl. BVerfGE 65, 1; *vMKS*, Art. 2, Rn 114 f.
8   *Jarass*, in: Jarass/Pieroth, Art. 5 Rn 19.
9   Vgl für derartige faktische Eingriffe BVerfGE 107, 299 (328); BVerfGE 115, 320 (342); BVerfG DÖV 2007, 606; *Hasse*, ThürVBl 2000, 169, 171; *Roggan*, NVwZ 2001, 134 (136).

3. Rechtfertigung

Dieser Eingriff könnte durch die Grundrechtsschranken des Art. 5 II GG gerechtfertigt sein.

a) In Betracht kommen hier die **„allgemeinen Gesetze"**. Darunter fallen jedenfalls alle   455
Gesetze, die nicht an Meinungsinhalte anknüpfen.[10] Das InternetSihG richtet sich nicht gegen Informationen bestimmten Inhalts. Es will mit dem Schutz vor Terrorismusgefahren und der Funktionstüchtigkeit der Strafrechtspflege generell schutzwürdige Belange schützen. Die formelle Verfassungsmäßigkeit des InternetSihG wurde bereits festgestellt. Es ist also allgemeines Gesetz iSv Art. 5 II GG.

b) Der Gesetzgeber muss jedoch seinerseits der Bedeutung der Informationsfreiheit   456
Rechnung tragen und darf sie **nicht unverhältnismäßig** beschränken. Eine Gesetzgebung, die die Freiheit des Informationsverhaltens wie hier beschränkt, kann lähmende Wirkung auf die Freiheit der Kommunikation entfalten. Man spricht hier vom sog. *chilling effect*. Deshalb und auf Grund seiner erheblichen Streubreite ist das Gesetz auch gegenüber der Informationsfreiheit des Art. 5 I 1 GG unverhältnismäßig.

III. Recht auf informationelle Selbstbestimmung/Allgemeines Persönlichkeitsrecht, Art. 2 I iVm Art. 1 I GG

1. Schutzbereich

A könnte hier in seinem Grundrecht auf „informationelle Selbstbestimmung" betroffen   457
sein. Es ist Bestandteil des Allgemeinen Persönlichkeitsrechts nach Art. 2 I iVm Art. 1 I GG und umfasst die Befugnis des Einzelnen, grundsätzlich selbst darüber zu entscheiden, wann und in welchen Grenzen Informationen über seine Persönlichkeit offenbart werden. Dies betrifft auch Informationen über sein Kommunikationsverhalten.

Das Recht auf informationelle Selbstbestimmung müsste neben Art. 10 GG anwendbar sein. Soweit die Umstände und Inhalte der Telekommunikation erhoben werden, ist der Schutz des Fernmeldegeheimnisses als spezielle Ausprägung des Persönlichkeitsrechts vorrangig. Die Wirkung des Gesetzes erschöpft sich hierin jedoch nicht. Denn es ermöglicht den Providern, ihrerseits umfassend das Nutzungsverhalten ihrer Kunden zu speichern. Dies begründet zusätzliche Gefahren für das Recht auf informationelle Selbstbestimmung, nicht zuletzt deshalb, weil hier stets mit der Möglichkeit unbefugter Nutzung durch Dritte, wie zB ausländische Geheimdienste, zu rechnen ist. Auch diese Gefahren berühren den Schutzbereich des Grundrechts.

2. Eingriff – staatliche Schutzpflichten

Sie sind dem staatlichen Gesetzgeber zuzurechnen. Er hat die Gefahrenlage herbeige-   458
führt und deshalb eine Schutzpflicht gegenüber den Betroffenen.[11] Er hat die nötigen Vorkehrungen zu treffen, damit Dritte nicht in deren Grundrechtssphäre eindringen.

---

10 B VerfGE 124, 300 (324).
11 B VerfGE 117, 202 (229).

Dabei hat der Gesetzgeber erheblichen Spielraum[12], wobei ein Mindestmaß an Schutz aber nicht unterschritten werden darf. Ein Verfassungsverstoß kann also erst dann festgestellt werden, wenn dieses „Untermaß" unterschritten ist, der Gesetzgeber also evident gegen eine sich aufdrängende Handlungspflicht verstoßen hat.

459   Beim Datenschutz drohen den Grundrechten erhebliche Gefahren von privater Seite. Das InternetSihG bewirkt weitreichende Gefährdungen der Persönlichkeitsrechte, sowohl nach dem Umfang erfassten Informationen, als auch nach den Möglichkeiten eines Missbrauchs. Es enthält keine Vorkehrungen gegen einen Missbrauch. Dieser ist nicht etwa nur eine fernliegende Möglichkeit. Missbrauchsgefahren drängen sich vielmehr unmittelbar auf und verdichten die generelle Schutzpflicht des Gesetzgebers zu einer konkreten Handlungspflicht. Damit aber ist das erforderliche „Untermaß" an Grundrechtsschutz unterschritten.[13] Auch deshalb ist das Gesetz verfassungswidrig.

C. Entscheidung des BVerfG

Die Verfassungsbeschwerde des A ist begründet. Das BVerfG wird das Gesetz für nichtig erklären.

Wiederholung und Vertiefung

A. Allgemeines Persönlichkeitsrecht, Art. 2 I iVm Art. 1 I GG

I. Grundrechtsprüfung

1. Grundrechtstatbestand

460   Schutz der Persönlichkeitssphäre gegen Einwirkungen von außen, insbesondere:

(1) Das Recht auf **Privatheit**:

Der Schutz der Privatsphäre[14] betrifft Angelegenheiten, die von dem Grundrechtsträger einer öffentlichen Erörterung oder Zurschaustellung entzogen zu werden pflegen. In räumlicher Hinsicht gehört zur Privatsphäre ein Rückzugsbereich des Einzelnen, der ihm, auch im außerhäuslichen Bereich, „die Möglichkeit des Zu-sich-selbst-Kommens und der Entspannung sichert …"[15]. Hierbei erfolgt herkömmlich eine Unterteilung nach „Sphären": eine Intimsphäre, die vor Eingriffen generell geschützt ist, einer Privatsphäre, die in die unter Beachtung des Verhältnismäßigkeitsprinzips eingegriffen werden darf, und einer Sozialsphäre, die noch weitergehenden Beschränkungen unterliegen soll. Diese Sphärentheorie ist nicht unumstritten, zumal die unantastbare „Intimsphäre" bisher nicht befriedigend definiert wurde. Zu wahren ist insbesondere der Menschenwürdekern der Persönlichkeit.

---

12 BVerfGE 101, 361 (386); *Jarass*, in: Jarass/Pieroth, Art. 2 Rn 57.
13 Zu den Anforderungen an wirksame Schutzvorkehrungen s BVerfGE 129, 208 (245 ff.).
14 BVerfGE 101, 361 (382).
15 BVerfGE 120, 180 (205).

(2) Recht der **Selbstdarstellung**:

Das Recht am eigenen Bild[16] gewährleistet dem Einzelnen das Recht, über die Anfertigung und Verwendung von Bildaufzeichnungen seiner Person selbst zu bestimmen. Das APR wird auch berührt, wenn unrichtige Äußerungen unterschoben, gefälschte Bilder verbreitet werden.[17]

(3) Der Schutz der **personellen Identität**:

Eine etwas diffuse weitere Fallgruppe erfasst die Identität der Person und hierbei gewisse Grundbedingungen individueller Existenz, zB sexuelle Identität und Selbstbestimmung,[18] die Kenntnis der eigenen Abstammung; es geht um das Recht der Selbstbestimmung. Auch das Recht auf Resozialisierung (**Fall 13**) ist hierzu zu zählen.

(4) **Informationelle Selbstbestimmung**, Schutz des Vertrauens in die Integrität informationstechnischer Systeme (**„Computer-Grundrecht"**):

Hier geht es einerseits um den Schutz der Privatheit, andererseits um das Recht auf Selbstdarstellung; es handelt sich um einen Unterfall des APR;[19] gleichfalls als Unterfall des APR einzustufen ist das vom BVerfG[20] entwickelte Grundrecht auf Gewährleistung der Vertraulichkeit und Integrität informationstechnischer Systeme.

2. Grundrechtseingriffe, Grundrechtsschranken

a) Bei staatlichen Eingriffen in das APR kann es sich um Eingriffe iSd klassischen **461** Eingriffsbegriffs handeln: beim Informationseingriff (BVerfGE 80, 367 – „Tagebuchfall"), bei der hoheitlich angeordneten Datenerhebung, der Beschlagnahme von Datenträgern.[21] Typisch für Eingriffe in das APR ist aber auch der Eingriff durch informelles Verwaltungshandeln: Hinweise, Warnungen, rufschädigende Äußerungen (was dann die Frage nach der gesetzlichen Grundlage aufwirft).

Grundrechtsschranken folgen aus Art. 2 I GG, doch ist zu beachten, dass angesichts der verstärkenden Ableitung des APR auch aus Art. 1 I GG an das Eingriffsziel entsprechend höhere Anforderungen zu stellen sind.

b) Verletzungen des APR können durch unrichtige, chrvcrlctzcndc oder die Privatsphäre **462** berührende Äußerungen oder Bildveröffentlichungen erfolgen. Typische Fallkonstellation ist dann die der Verfassungsbeschwerde gegen das letztinstanzliche Urteil. Haben die Fachgerichte zugunsten der Äußerungsfreiheit entschieden, wird der Unterlegene Verfassungsbeschwerde wegen Verletzung seines APR einlegen, das dann nach den Grundsätzen der Drittwirkung zur Äußerungsfreiheit in Abwägung zu bringen ist; haben die Fachgerichte zugunsten des APR entschieden, wird der Unterlegene Verfassungsbeschwerde wegen Verletzung der Meinungs- und Pressefreiheit einlegen. Der Eingriff in das APR

---

16 BVerfGE 120, 180 (198).
17 BVerfG (K) NJW 2005, 3271 – Ron Sommer Karikatur.
18 BVerfGE 128, 109 – Transsexualität.
19 S auch *Hufen*, Staatsrecht II, der in § 12 informationelle Selbstbestimmung als eigenständige Grundrechtsgewährleistung einordnet.
20 BVerfGE 120, 274.
21 BVerfGE 113, 29.

liegt hier darin, dass gerichtlicherseits kein Schutz gegen entsprechende Äußerungen gewährt wird oder aber die Gesetze unzureichend sind. Auf das APR stützt sich auch die Rechtsprechung des BVerfG zu Korrekturen der Vertragsfreiheit (BVerfGE 72, 155).

3 . Eingriffsrechtfertigung

462a   Es gelten die Grundrechtsschranken des Art. 2 I GG; geht es um Verletzungen des APR von privater Seite, so liegt regelmäßig der Schwerpunkt der Prüfung auf der verfassungsmäßigen Anwendung des Schrankengesetzes durch die Gerichte, der Abwägung APR – entgegenstehende Grundrechte, zB Pressefreiheit; dabei ist abzustellen einerseits auf Schwere des Eingriffs entspr. Persönlichkeitssphären, andererseits das mit der Äußerung verfolgte Informationsinteresse.

II. Prüfungsschema

1. Staatliche Eingriffe

463

> **1. Schutzbereich berührt?**
>   a) Subjektiv: jedermann
>   b) Objektiver Grundrechtstatbestand: APR berührt? Fallgruppe?
> **2. Eingriff?**
> **3. Rechtfertigung: verfassungsmäßige Ordnung iSv Art. 2 I GG**
>   a) Gesetz als Bestandteil der verfassungsmäßigen Ordnung?
>   aa) Gesetzl. Grundlage (zB iFd Tagebuchaufzeichnungen aus StPO)
>   bb) Gesetz formell verfassungsmäßig?
>   cc) Materielle Verfassungsmäßigkeit, insbesondere Verhältnismäßigkeit, Schutzgut des Gesetzes entsprechend Intensität des Eingriffs (Sphäre?)
>   b) Bei Einzelakt: Anwendung des Gesetzes, insbesondere: Verhältnismäßigkeit

2. Drittbeziehungen

463a   Die nachstehende Prüfungsreihenfolge wird relevant, wenn aus dem APR gegen eine fachgerichtliche Entscheidung vorgegangen wird.

> **1. Schutzbereich berührt?**
>   a) Subjektiv: jedermann
>   b) Objektiver Grundrechtstatbestand: APR berührt? Fallgruppe?
> **2. Eingriff und Schranken**
>   a) Geltung des APR im Rahmen der verfassungsmäßigen Ordnung iSv Art. 2 I GG, insbesondere auch: Bestimmungen des BGB
>   b) Verfassungsmäßige Anwendung des Gesetzes?
>   aa) Prüfungsmaßstab: spezifisches Verfassungsrecht
>   bb) Abwägung

III. Aktuelle Problemfelder

Gravierende Eingriffe in Persönlichkeitsrechte sind im Recht der **inneren Sicherheit** **463b**
angelegt; problematisch sind hier Entwicklungen im Polizeirecht der Länder, die die
klassische Unterscheidung zwischen „Störer" und „Nichtstörer" aufheben, insbesondere durch Ausweitung verdachtsunabhängiger Personenkontrollen und flächendeckende
Überwachung öffentlicher Räume. In all diesen Fällen wird in das APR unter dem
Gesichtspunkt der informationellen Selbstbestimmung eingegriffen. In Privatrechtsbe-
ziehungen sind es vor allem die Meinungs- und Pressefreiheit, die mit dem APR in Kollision geraten, dazu nach **Fall 16** Rn 600, 627 ff. Aber auch das Grundrecht auf informationelle Selbstbestimmung als besondere Ausformung des APR wirkt auf privatrechtli-
cher Ebene; hier insbesondere sind auch staatliche Schutzpflichten begründet.[22]

Die Vielgestaltigkeit der möglichen Konfliktlagen zeigen Beispiele aus der neueren Rspr:
– Recht auf Einsicht von Krankenunterlagen: BVerfG (K) NJW 2006, 1116;
– Anonyme Geburt: EGMR NJW 2003, 2145 (Konflikt Recht auf Kenntnis der eigenen
  Abstammung – Lebensschutz durch Verhinderung von Abtreibungen);
– Heimlicher Vaterschaftstest: BVerfGE 117, 202;
– Strafbarkeit von Inzest: BVerfGE 120, 224; EGMR NJW 2013, 215;
– Transsexualität: BVerfGE 121, 175; 128, 109;
– Mehrfachnamen: BVerfGE 123, 90;
– Automatisierte Kennzeichenerfassung: BVerfGE 120, 378;
– Rasterfahndung: BVerfGE 115, 320;
– Online-Durchsuchung: BVerfGE 120, 274;
– Telekommunikationsüberwachung: BVerfGE 125, 260; 129, 208;
– Vorratsdatenspeicherung: EuGH NJW 2014, 2169; BVerfG (K), B. v. 8.6.2016
  – 1 BvQ 42/15.

Aus der Ausbildungsliteratur: *Degenhart*, Das allgemeine Persönlichkeitsrecht, Art. 2 I i.V.m. Art. 1 I
GG, JuS 1992, 361; *Lang*, Videoüberwachung und das Recht auf informationelle Selbstbestimmung,
BayVBl 2006, 522; *Germann*, Das Allgemeine Persönlichkeitsrecht, JURA 2010, 734; *Schoch*, Das
Recht auf informationelle Selbstbestimmung, JURA 2008, 352; *Sachs/Krings*, Das neue „Grundrecht
auf Gewährleistung der Vertraulichkeit und Integrität informationstechnischer Systeme", JuS 2008,
481; *Kahl/Ohlendorf*, Grundfälle zu Art. 2 I i.V. mit 1 I GG, JuS 2008, 682.

Aktuelle Rechtsprechung: S. soeben unter Rn 463b, ferner: BVerfGE 101, 361 (Caroline I); BVerfGE
120, 180 (Caroline II); BVerfGE 114, 339 (Stolpe); BVerfG (K) NJW 2006, 2836 (Luftaufnahmen der
Wohnung Prominenter); EGMR NJW 2013, 215 (einvernehmliche sexuelle Handlungen zwischen Ge-
schwistern als Straftat); BGHZ 207, 163 (Löschung von Fotos und Filmaufnahmen).

Fälle im thematischen Zusammenhang: *Unkroth*, Terroristische Studenten? – Zur Problematik der
präventiven Rasterfahndung, Jura 2004, 703; *Reimer*, Die Unfalldatenschreiber-Pflicht, JuS 2004, 44;
Kadelbach/Müller/Assakkali, Anfängerhausarbeit – Öffentliches Recht: Grundrechte – Organspende
und Widerspruchslösung, JuS 2012, 1093.

---

22 *Hufen*, § 13 Rn 30.

B. Brief-, Post- und Fernmeldegeheimnis, Art. 10 GG

Schutzzweck des Grundrechts: Schutz der Persönlichkeitssphäre – wie auch Art. 13 GG ist Art. 10 GG eine besondere Ausprägung des APR; hierauf hat die Grundrechtsinterpretation abzustellen.

I. Schutzbereich

1. Sachlich

464   **Briefgeheimnis:** schriftliche Mitteilungen; **Postgeheimnis:** alle Postsendungen – Grundrechtsbindung Post AG?; **Fernmeldegeheimnis:** jede fernmeldetechnische Kommunikation, Daten hierüber; Art. 10 GG begegnet Gefahren für die Vertraulichkeit von Mitteilungen aus dem **Kommunikationsvorgang**.

Der Schutzbereich des Telekommunikationsgeheimnisses erfasst auch die Kommunikationsdienste des **Internet** (zB E-Mails). Soweit die Inhalte und Umstände der laufenden Telekommunikation im Rechnernetz erhoben oder ausgewertet werden, ist Art. 10 GG einschlägig, unabhängig davon, ob die Maßnahme technisch auf der Übertragungsstrecke oder am Endgerät der Telekommunikation ansetzt. Überwachung bei laufendem Telekommunikationsvorgang; nicht die nach Abschluss eines Kommunikationsvorgangs im Herrschaftsbereich eines Kommunikationsteilnehmers gespeicherten Inhalte und Umstände der Telekommunikation. Solange also die E-Mails sich noch auf dem Mail-Server eines Providers befinden, ist Art. 10 GG einschlägig.[23] Ist sie auf den PC des Empfängers heruntergeladen, so gilt das „Computer-Grundrecht", zB gegen Ausspähung durch „Trojaner". Wird die „Sperre" der räumlichen Sphäre überwunden, zB durch heimliche Installation einer Videokamera in der Wohnung, gilt Art. 13 GG.

2. Persönlich

Auch für juristische Personen gilt Art. 10 GG (ebenso das „Computer-Grundrecht").

II. Eingriff

464a   Ein Eingriff liegt vor, wenn staatliche Stellen sich ohne Zustimmung des Beteiligten Kenntnis vom Inhalt oder von den Umständen des Kommunikationsvorgangs verschaffen.

III. Eingriffsrechtfertigung

1. Gesetzliche Grundlage: formelles Gesetz

465   Formelle Verfassungsmäßigkeit – insbes. : Zitiergebot Art. 19 I 2 GG;
Materielle Verfassungsmäßigkeit – insbes. Bestimmtheitsanforderungen, Verhältnismäßigkeit; erforderlich sind „hinreichende Vorkehrungen dafür, dass Eingriffe in den ab-

---

23 BVerfGE 124, 43 (54).

solut geschützten Kernbereich privater Lebensgestaltung unterbleiben"[24]; qualifizierter Gesetzesvorbehalt des Art. 10 II 2 GG, wenn keine Bekanntgabe erfolgen soll.

2. Anwendung des Schrankengesetzes

Unter Beachtung des Grundsatzes der Verhältnismäßigkeit und Wahrung des Kernbereichs der Persönlichkeitssphäre.

C. Innere Sicherheit und Grundrechte

Im Konflikt des freiheitlichen Rechtsstaats zwischen „Freiheit" und „Sicherheit" sollten die folgenden Fragestellungen vertraut sein, die insbesondere bei der Prüfung der Verfassungsmäßigkeit von Sicherheitsgesetzen eine Rolle spielen.

1. Kompetenzfragen: In aller Regel wird es zunächst um die Verfassungsmäßigkeit eines Gesetzes gehen, das entsprechende Maßnahmen anordnet. Klassisches Kompetenzproblem ist hier die Abgrenzung zwischen Strafverfolgung (Art. 74 I Nr. 1 GG – Kompetenzsperre für die Länder nach Art. 72 I GG) und Sicherheitsrecht (Zuständigkeit der Länder – Ausnahme: internationaler Terrorismus – Art. 73 I Nr. 9a GG). Geht es darum, vorsorglich Beweise zu sichern für künftige Straftaten, so geht es um Strafverfolgung.[25]   **466**

2. Einschlägige Grundrechte: Soweit es darum geht, ob der Staat Informationen sammeln, abhören, observieren, speichern darf, kann einerseits das APR – Recht auf informationelle Selbstbestimmung – einschlägig sein, andererseits die besonderen Persönlichkeitsrechte wie Unverletzlichkeit der Wohnung oder das Fernmeldegeheimnis. So ist bei Videoaufnahmen ohne Kenntnis oder Einwilligung des Betroffenen das APR einschlägig, bei Erhebung personenbezogener Daten durch Überwachung und Aufzeichnung der Telekommunikation Art. 10 GG. Art. 13 GG kommt zur Anwendung, wenn die räumliche Sphäre der Wohnung überwunden wird.   **467**

3. Eingriffe: Auf der Eingriffsebene wird der erweiterte – faktische oder „moderne" – Eingriffsbegriff bedeutsam, da bereits die Beobachtung und das Speichern von Informationen das Verhalten des Einzelnen beeinflussen kann und in seine persönliche Sphäre eindringt. Auch der sichtbare Hinweis auf Videoüberwachung beseitigt die Eingriffsqualität nicht – informationelle Selbstbestimmung gilt auch für den, sich in die Öffentlichkeit begibt.[26] Allerdings ist die Intensität des Eingriffs dann geringer. Schließlich kann auch die gegenüber einem Dritten (zB dem Mobilfunkbetreiber[27]) erteilte Anordnung, Daten herauszugeben, einen Eingriff gegenüber demjenigen bedeuten, auf den sich das Auskunftsverlangen bezieht.[28]   **467a**

---

24 BVerfGE 113, 348 (391).
25 BVerfGE 115, 348 (370 f.).
26 S. hierzu BVerfGK 10, 330 = DÖV 2007, 606.
27 BVerfGE 107, 299.
28 BVerfGE 115, 320 (343).

467b **4. Rechtfertigung:** Gefahrenabwehr stellt ein legitimes Eingriffsziel dar, ebenso wie eine funktionstüchtige Strafrechtspflege. Für „Sicherheit" zu sorgen ist eine zentrale Aufgabe des Staates. Auf ein „Grundrecht auf Sicherheit" zurückzugreifen (oder gar ein „Supergrundrecht") ist nicht erforderlich. Für die **Verhältnismäßigkeitsprüfung** gilt: Grundrechtseingriffe, die durch **Verdachtslosigkeit** und große **Streubreite** gekennzeichnet sind, bei denen also zahlreiche Personen einbezogen werden, die den Eingriff durch ihr Verhalten nicht veranlasst haben, weisen eine hohe Eingriffsintensität auf, zB Rasterfahndung,[29] die Überwachung des Telefonverkehrs,[30] die Videoüberwachung öffentlicher Räume. Besonders intensiv wirkt auch der **heimlich** erfolgende Eingriff.[31] Schwerwiegende Eingriffe setzen hinreichend konkrete Gefahren voraus.[32] Das Gesetz muss dafür Sorge tragen, dass der „unantastbare Kernbereich" der Persönlichkeit geschützt bleibt.

467c **5. Verfassungsbeschwerde:** Wenn der unmittelbare Eingriff durch Vollzug des Gesetzes erfolgt, der Betroffene hiervon jedoch in der Regel keine Kenntnis erhält, ist die Verfassungsbeschwerde unmittelbar gegen das Gesetz bereits dann zulässig, wenn der Beschwerdeführer darlegt, dass er mit einiger Wahrscheinlichkeit in seinen Grundrechten berührt wird.[33] Beschwerdebefugnis ist dann zu bejahen.

Aus der Ausbildungsliteratur: *Kutscha*, Überwachungsmaßnahmen von Sicherheitsbehörden im Fokus der Grundrechte, LKV 2008, 481; *Wißmann*, Grundfälle zu Art. 13 GG, JuS 2007, 324 und 426.

Aktuelle Rechtsprechung: BVerfGK 10, 330 = DÖV 2007, 606 (Videoüberwachung öffentlicher Plätze); BVerfGE 115, 320 (Rasterfahndung); BVerfGE 113, 348 (Nds. SOG); BVerfGE 112, 304 (GPS-Fahndung); BVerfGE 113, 29 (Beschlagnahme von Datenträgern in Anwaltskanzlei); BVerfGE 115, 166 (Durchsuchung); BVerfGE 120, 274 (Online-Durchsuchung) BVerfGE 121, 1 (Vorratsdatenspeicherung – e.A.); BVerfGE 125, 260 (Vorratsdatenspeicherung; BVerfGE 133, 277 (Antiterrordatei); EuGH NJW 2014, 2169 (Vorratsdatenspeicherung) sowie die Beispielsfälle Rn 463b.

---

29 BVerfGE 115, 320 (354).
30 BVerfGE 100, 313 (392); 113, 348 (383).
31 BVerfGE 107, 299 (321); 115, 320 (353).
32 BVerfGE 115, 320 (357).
33 BVerfGE 109, 279 (370); 113, 348 (363).

Fall 12

Nachschau[*]

Anspruchsvoller Fall für die Anfängerübung / Zwischenprüfung, 2-3 Std.

Der „Verein zur Integration buddhistischer Mitbürgerinnen und Mitbürger e.V." (V) be-   **468**
treibt in der Stadt S. im Land A. – ohne Gewinnerzielungsabsicht – die Teestube „West-
östlicher Diwan". Sie ist öffentlich zugänglich und wird vornehmlich von Personen mit
Migrationshintergrund besucht. Die Teestube wird von der Vorsitzenden des Vereins,
Dr. Sabrina Krampf-Kuchelbauer (K) geführt. Die Mitglieder des Vereins haben etwa
zur Hälfte die deutsche Staatsbürgerschaft.

Am 11.3.2010 gegen 19 Uhr betraten zwei Polizeibeamte gegen Ks Willen die geöffnete
Teestube und überprüften die Personalien der anwesenden 10 Personen, ohne Verstöße
gegen Einreise- und Aufenthaltsbestimmungen festzustellen. Bei vorhergehenden Kontrollen waren bei mehreren Gästen ausländerrechtliche Verstöße festgestellt worden,
ebenso war es im Umfeld der Teestube vermehrt zu Verstößen gegen das Betäubungs-
mittelgesetz gekommen. Die Polizeibeamten stützten das Betreten der Teestube auf
§ 25 I 3 des Polizeigesetzes von A., wonach Geschäftsräume zur polizeilichen Identitätsfeststellung während der Geschäftszeit betreten werden dürfen. Sie gaben an, dass
eine Identitätskontrolle vor dem Eingang der Teestube kaum erfolgversprechend gewesen sei, da so tatverdächtige Personen gewarnt gewesen wären und die Teestube entweder nicht betreten oder über einen anderen Ausgang verlassen hätten. Darüber hinaus be-
laste den Verein das Betreten der Teestube nicht unangemessen, da es zur Öffnungszeit
erfolgte, und dies der Ergreifung von Tatverdächtigen diente, von denen die Polizei aus
Erfahrung ausgehen durfte, dass sie sich in der Teestube aufhalten.

K hält das Vorgehen der Polizei für Schikane und wehrt sich gerichtlich gegen das
Betreten der Teestube und die Identitätsfeststellung ihrer Gäste vom 11.3.2010. Ihrer
Ansicht nach handelte es sich beim Betreten der Teestube um eine Hausdurchsuchung.
Diese sei mit der Unverletzlichkeit der Wohnung nicht vereinbar. Die Identitätsfeststel-
lung sei in hohem Maße diskriminierend gewesen und habe das allgemeine Persönlich-
keitsrecht der Gäste verletzt.

K beschreitet den Rechtsweg und unterliegt letztinstanzlich auch vor dem Bundesver-
waltungsgericht. Es verneint eine Hausdurchsuchung. Die Polizisten hätten, so die Ur-
teilsgründe, die Teestube nur betreten, um die Identität der Gäste festzustellen. Es verneint auch einen Fall des Art. 13 VII GG. Die Polizeibeamten hätten vielmehr auf der
Grundlage eines seit jeher anerkannten behördlichen Nachschaurechts gehandelt. Des
Weiteren könne K nicht gegen die Identitätsfeststellung der Gäste klagen, da dies nicht
ihre Rechte, sondern die Rechte der Gäste beträfe.

K bleibt aber unbeirrt und erhebt zwei Wochen nach dem letztinstanzlichen Urteil
schriftlich Verfassungsbeschwerde zum BVerfG gegen das Betreten der Teestube durch

---

[*] Auf der Grundlage eines Entwurfs von *Dr. Patricia Wendel.*

die Polizeibeamten wegen Verletzung von Art. 13 I GG und gegen die Identitätsfeststellung ihrer Gäste sowie gegen die bestätigenden Gerichtsurteile. Sie rügt eine Verletzung der Grundrechte des Vereins aus Art. 13 und 9 GG sowie der Grundrechte der Gäste aus Art. 2 I GG. Die zur Stellungnahme aufgeforderte Landesregierung von A. führt aus, ein öffentlich zugängliches Lokal falle nicht unter das Grundrecht der Unverletzlichkeit der Wohnung, auf das sich der Verein ohnehin nicht berufen könne, zumal allenfalls die Hälfte seiner Mitglieder Deutsche wären. Auch könne sich niemand mehr als beschwert fühlen, da die polizeilichen Maßnahmen schon lange zurücklägen. Im Übrigen habe es Nachschaurechte für Polizei und Gewerbeaufsicht schon immer gegeben, sie seien auch durch das Grundgesetz nicht abgeschafft worden.

Aufgabe: Prüfen Sie die Erfolgsaussichten der Verfassungsbeschwerde. Es ist davon auszugehen, dass die Identitätsfeststellung rechtmäßig war.

Wortlaut von § 25 I PolG-A: [1]Die Polizei kann eine Wohnung ohne Einwilligung des Inhabers betreten, wenn dies zum Schutz eines Einzelnen oder des Gemeinwesens gegen dringende Gefahren für die öffentliche Sicherheit oder Ordnung erforderlich ist. [2]Während der Nachtzeit ist das Betreten zur Abwehr einer gemeinen Gefahr oder einer Lebensgefahr oder schweren Gesundheitsgefahr für einzelne Personen zulässig. [3]Betriebs- und Geschäftsräume dürfen zur Erfüllung einer polizeilichen Aufgabe während der Betriebs- und Geschäftszeit, im Übrigen nach Maßgabe der Sätze 1 und 2 betreten werden.

Wortlaut von § 79 Nr. 3 PolG-A: Durch polizeiliche Maßnahmen aufgrund dieses Gesetzes können im Rahmen des Grundgesetzes für die Bundesrepublik Deutschland und der Verfassung des Landes A eingeschränkt werden (…)
3. die Unverletzlichkeit der Wohnung (Artikel 13 des Grundgesetzes, Artikel 30 Abs. 1 der Verfassung des Landes A.).

Vorüberlegungen

Der anspruchsvolle Fall behandelt grundsätzliche Fragen des Art. 13 GG, insbesondere **468a** die Frage, ob Betriebs- und Geschäftsräume unter den Wohnungsbegriff fallen. Dies wird im Grundsatz einhellig bejaht. Die Rechtsprechung hierzu (zB BVerfGE 32, 54) ist ein gutes Beispiel für die Auslegung der Grundrechte nach ihrem Schutzzweck, insbesondere ihrem jeweiligen Persönlichkeitsbezug. Auch die Unverletzlichkeit der Wohnung wird in Beziehung gesetzt zum Schutz der Persönlichkeit als gemeinsamen Schutzzweck der Unverletzlichkeitsrechte des Grundgesetzes. Es geht um einen Freiraum für Persönlichkeitsentfaltung. Hierfür ist auch die betriebliche oder berufliche Sphäre von Bedeutung. Deshalb werden Betriebs- und Geschäftsräume, in denen sich berufliche Tätigkeit vollzieht, in den Schutzbereich des Grundrechts einbezogen. Für Räume, die der Öffentlichkeit zugänglich sind, wie zB Verkaufs- oder Gasträume, wird dies teilweise allerdings bezweifelt. Die Rechtsprechung stellt hier jedoch darauf ab, dass der Inhaber der Räume diese aus eigenem Entschluss der Öffentlichkeit zugänglich gemacht hat.

Schwierigkeiten bereitet bei Art. 13 GG dann aber die Bestimmung des Eingriffs und dessen Rechtfertigung. Hier sollte das Problem der sog Nachschaurechte im Sinn des Art. 13 GG bekannt sein. Es handelt sich hierbei um traditionelle Befugnisse der Behörden vor allem im Recht der Gewerbeaufsicht, Geschäftsräume zu betreten, um dort „nachzuschauen", ob die gesetzlichen Vorschriften für den Betrieb des Gewerbes eingehalten sind, zB lebensmittelrechtliche oder Hygienevorschriften bei Gaststätten oder auch Bestimmungen für die Beschäftigung von Arbeitnehmern. Sie fallen im Allgemeinen nicht unter den Begriff der Durchsuchung. Die Voraussetzungen des Art. 13 VII GG sind dem gegenüber in aller Regel dann nicht erfüllt. Die Rechtsprechung nimmt hier einen ungeschriebenen Eingriffstatbestand an. Soweit Betriebs- und Geschäftsräume zu Zeiten betreten würden, in denen sie ohnehin für den Publikumsverkehr geöffnet seien, werde die Schutzfunktion des Art. 13 GG nicht berührt, wenn auch die behördlichen Vertreter hier „nachschauen" würden. Dann wäre es eigentlich konsequent, schon den Eingriff zu verneinen. Wenn die Rechtsprechung gleichwohl hier einen Eingriffstatbestand bejaht, so deshalb, weil dann jedenfalls das Verhältnismäßigkeitsprinzip begrenzend wirkt.

Auf der Rechtfertigungsebene muss wiederum zwischen der gesetzlichen Grundlage für den Eingriff und deren Anwendung im konkreten Einzelfall unterschieden werden. Da das Gesetz weitreichendes Ermessen einräumt, liegt hier der Schwerpunkt auf der Verhältnismäßigkeit.

189

469 Gliederung

A. Zulässigkeit der Verfassungsbeschwerde
   I. Beschwerdeführer
     Verein: Art. 19 III GG – inländische juristische Person?
     Prozessfähigkeit: Vorstand
  II. Beschwerdegegenstand
     Maßnahmen der Polizeibeamten und deren Bestätigung durch die Gerichte
  III. Beschwerdebefugnis
     1. Möglichkeit der Grundrechtsverletzung: Art.13, Art. 9 I GG
     2. Eigenes Betroffensein – keine Prozessstandschaft für Gäste;
       gegenwärtiges Betroffensein? Erledigung, aber effektiver Rechtsschutz
  IV. Rechtswegerschöpfung
     lt. SV (+)
   V. Form und Frist
  VI. Rechtsschutzbedürfnis
     Erledigung unschädlich
  VII. Ergebnis: VB teilweise zulässig

B. Begründetheit der Verfassungsbeschwerde
   I. Unverletzlichkeit der Wohnung, Art. 13 GG
     1. Schutzbereich
       a) Geschäftsräume als Wohnung?
       b) Juristische Personen
     2. Eingriff
       a) Durchsuchung?
       b) Nachschau als unbenannter Eingriff?
     3. Rechtfertigung
       a) Gesetzliche Grundlage § 25 LPolG-A
       b) Verfassungskonforme Anwendung des Gesetzes?
  II. Vereinigungsfreiheit, Art. 9 I GG
     Schutzbereich subjektiv – Ausländerverein? objektiv – Schutz der Vereinsräume
     durch Art. 13 GG

C. Ergebnis

Musterlösung

Die Verfassungsbeschwerde hat Aussicht auf Erfolg, wenn sie zulässig und begründet ist.

A. Zulässigkeit der Verfassungsbeschwerde

I. Beschwerdeführer

Der Verein als Beschwerdeführer müsste grundrechtsfähig sein, um als beschwerdefähig **470** zu gelten. Die Beschwerdefähigkeit richtet sich nach Art. 19 III GG. Es müsste sich beim Verein um eine inländische juristische Person handeln. Hierfür ist auf den Sitz des Vereins abzustellen. Da dieser im Inland liegt, ist dies zu bejahen. Die Staatsangehörigkeit seiner Mitglieder ist hierfür unerheblich. Sie könnte allenfalls der Berufung auf Art. 9 I GG als eines Deutschengrundrechts entgegenstehen. Dies ändert aber nichts an der prinzipiellen Grundrechtsfähigkeit des Vereins.

Der Verein ist selbst nicht prozessfähig, sondern muss durch seinen Vorstand vertreten werden. Dies ist der Fall.

II. Beschwerdegegenstand

Die Maßnahmen der Polizeibeamten und deren Bestätigung durch die hiergegen angerufenen Gerichte sind Akte öffentlicher Gewalt und damit geeigneter Gegenstand einer **471** Verfassungsbeschwerde. Es liegt aber nur eine Verfassungsbeschwerde vor.

III. Beschwerdebefugnis

Der Verein ist beschwerdebefugt, wenn eine Grundrechtsverletzung möglich ist und er **472** selbst, gegenwärtig und unmittelbar beschwert ist.

1. Es besteht jedenfalls die **Möglichkeit**, dass der Verein durch das Betreten der Teestube in Art. 13 GG verletzt ist. Denn das Betreten erfolgte gegen den Willen seiner Vertreterin, und es ist auch nicht ausgeschlossen, dass auch der Verein als juristische Person sich auf Art. 13 GG berufen kann. Auch eine Verletzung in seinem Grundrecht aus Art. 9 I GG erscheint nicht ausgeschlossen. Die Identitätsfeststellung könnte eine Verletzung des allgemeinen Persönlichkeitsrechts nach Art. 2 I iVm Art. 1 I GG bewirken.

2. Insoweit ist der Verein allerdings **nicht selbst betroffen**, und er kann auch nicht in **473** Prozessstandschaft die Grundrechte seiner Gäste geltend machen. Im Übrigen ist eigenes und unmittelbares Betroffensein zu bejahen. Sein **gegenwärtiges Betroffensein** könnte jedoch fraglich sein, da die angegriffenen Maßnahmen im Zeitpunkt der Erhebung der Verfassungsbeschwerde bereits beendet sind und deshalb Erledigung eingetreten sein könnte. Eingriffe in das Grundrecht aus Art. 13 I GG können sich jedoch typischerweise erledigen, ehe es zu gerichtlicher Überprüfung kommt. Würde man nun in diesen Fällen die Zulässigkeit einer Verfassungsbeschwerde verneinen, so wäre gegen

derartige Grundrechtseingriffe kein effektiver Rechtsschutz durch das Verfassungsgericht gewährleistet. Deshalb muss der Betroffene Gelegenheit erhalten, jedenfalls bei schwerwiegenden – wenn auch tatsächlich nicht mehr fortwirkenden – Grundrechtseingriffen deren Berechtigung gerichtlich klären zu lassen und insbesondere auch zur verfassungsgerichtlichen Überprüfung zu stellen.[1] Dies gilt auch für die Maßnahmen gegenüber dem Verein, zumal diese diskriminierende Wirkung haben und Wiederholungsgefahr besteht. Die Verfassungsbeschwerde darf nicht deshalb als unzulässig behandelt werden, weil der Grundrechtseingriff sich erledigt hat und es deshalb an einem gegenwärtigen Betroffensein des Beschwerdeführers fehlen könnte.

IV. Rechtswegerschöpfung

474 Der Rechtsweg wurde lt. SV ausgeschöpft.

V. Form und Frist

Ebenso wurde die Verfassungsbeschwerde lt. SV form- und fristgerecht eingelegt, insbesondere wurde die Monatsfrist nach § 93 I 1 BVerfGG gewahrt.

VI. Rechtsschutzbedürfnis

Wie bereits zum gegenwärtigen Betroffensein des Vereins ausgeführt wurde, ist ungeachtet einer Erledigung des angegriffenen Hoheitsaktes ein fortwirkendes Rechtsschutzinteresse zu bejahen.

VII. Ergebnis

Die Verfassungsbeschwerde des Vereins ist also teilweise zulässig. Sie ist unzulässig, soweit Grundrechte der Besucher geltend gemacht werden.

B. Begründetheit der Verfassungsbeschwerde

475 Die Verfassungsbeschwerde ist begründet, wenn in verfassungsrechtlich nicht gerechtfertigter Weise in Grundrechte des Vereins eingegriffen wurde.

I. Unverletzlichkeit der Wohnung, Art. 13 GG

1. Schutzbereich

a) Der Verein könnte in seinem Grundrecht auf Unverletzlichkeit der Wohnung aus Art. 13 GG verletzt sein. Dann müsste zunächst der sachliche Schutzbereich des Grundrechts eröffnet sein. Die Teestube müsste also **„Wohnung"** iSv Art. 13 GG sein. Dagegen spricht zunächst der Wortlaut der Norm. Unter „Wohnung" werden im allgemeinen

---

1 BVerfGE 115, 166 (181).

Sprachgebrauch die Privaträume verstanden, die der persönlichen Lebensführung dienen. Andererseits geht der Schutzzweck des Art. 13 GG dahin, dem Einzelnen einen Freiraum persönlicher Entfaltung und einen Rückzugsraum gegen ein Eindringen von außen zu sichern. Dieser Schutzzweck kommt auch für Betriebs- und Geschäftsräume zum Tragen. Wenn die wirtschaftliche Betätigung für die individuelle Lebensgestaltung bedeutsam ist, so ist es nur folgerichtig, dem räumlichen Bereich, in dem sie sich vollzieht, ebenfalls den Schutz dieses Grundrechts zuzuerkennen.[2] Dass der Verein seinen Betrieb ohne Gewinnerzielungsabsicht führt, steht dem nicht entgegen. Ebenso wenig steht entgegen, dass die Teestube öffentlich zugänglich ist. Denn der Verein als Inhaber der Räume hat diese aus eigenem Entschluss der Öffentlichkeit zugänglich gemacht.[3]

b) Auch **juristische Personen** können sich auf Art. 13 GG berufen. Auch auf sie trifft der Schutzzweck des Grundrechts zu, seinem Träger einen Freiraum privater Entfaltung zu sichern. Der subjektive Schutzbereich des Grundrechts ist also eröffnet. **476**

2. Eingriff

a) Da die Polizeibeamten gegen den Willen des Vereins als des Berechtigten in dessen Räume eingedrungen sind, liegt ein Eingriff in das Grundrecht aus Art. 13 I GG vor. Dabei unterscheidet Art. 13 GG zwischen Durchsuchungen, technischer Überwachung und sonstigen Eingriffen. Eine **Durchsuchung iSv Art. 13 II GG**[4] liegt vor, wenn ziel- und zweckgerichtet nach Personen oder Sachen gesucht wird,[5] mit dem Ziel, etwas aufzuspüren, was der Inhaber der Wohnung nicht von sich aus offenlegen oder herausgeben will.[6] Es geht hier also darum, etwas Verborgenes, Geheimes aufzuspüren. Das Betreten der Teestube diente hier aber der Identitätsfeststellung der Teestubengäste und nicht der Auffindung von verborgenen Sachverhalten. Es lag hier also keine Durchsuchung vor. Um eine technische Überwachung iSv Art. 13 III-VI GG handelt es sich offensichtlich nicht. **477**

b) Es könnte ein Fall des Art. 13 VII GG vorliegen. Hiernach können „Eingriffe und Beschränkungen" zur Abwehr einer gemeinen Gefahr oder einer Lebensgefahr für einzelne Personen, aufgrund eines Gesetzes auch zur Verhütung dringender Gefahren für die öffentliche Sicherheit und Ordnung, vorgenommen werden. Um einen Eingriff mit dieser Zielrichtung handelt es sich hier nicht. Es fragt sich jedoch, ob das Grundgesetz mit Art. 13 GG derartige **Nachschaurechte** generell ausschließen wollte. Hierfür ist wiederum auf den Schutzzweck des Grundrechts abzustellen. Soweit die Betriebs- und Geschäftsräume während der allgemeinen Betriebs- und Öffnungszeiten, in denen sie allgemein zugänglich sind, betreten werden, erfolgt noch kein Eindringen in die räumliche Schutzsphäre, keine Störung des Hausfriedens.[7] Es liegt ein Eingriff in das Grund- **478**

---

2 BVerfGE 32, 54 (68 f.); BVerwGE 121, 345 (348).

3 *AA vertretbar – wer Art. 13 GG verneint, muss auf Art. 2 I GG als Auffangrundrecht zurückgreifen.*

4 Die verfassungsrechtlichen Voraussetzungen für die Rechtfertigung des Eingriffs richten sich danach, ob hier eine Durchsuchung iSv Art. 13 II GG, eine technische Überwachung iSv Abs. 3–6 oder eine sonstige Maßnahme nach Abs. 7 erfolgte – daher ist an dieser Stelle die Qualifikation des Eingriffs vorzunehmen.

5 *Pieroth/Schlink/Kingreen/Poscher* Rn 975.

6 BVerfGE 51, 97 (106 f.); 75, 318 (327); 76, 83 (89); BVerwGE 47, 31 (37).

7 BVerfGE 32, 54 (75).

recht des Art. 13 GG vor, der aber in seiner Intensität hinter den ausdrücklich benannten Eingriffen zurückbleibt. Er ist verfassungsmäßig, wenn er auf einer verfassungsmäßigen gesetzlichen Grundlage beruht und iÜ verhältnismäßig ist.

3. Rechtfertigung

479 a) **Gesetzliche Grundlage** für das Betreten der Räume ist das Betretungsrecht des § 25 LPolG-A. Die Bestimmung ist formell verfassungsgemäß, insbesondere ist lt. SV das Zitiergebot des Art. 19 I 1 GG bejaht. Die Bestimmung ist auch materiell verfassungsgemäß, da Betretungsrechte, wie sie das Gesetz vorsieht, durch Art. 13 GG nicht ausgeschlossen werden. Ob das Betreten der Räume hier verhältnismäßig war, ist eine Frage der Anwendung des Gesetzes im Einzelfall.

480 b) Die mit der Verfassungsbeschwerde angegriffenen Maßnahmen müssten auf einer **verfassungskonformen Anwendung des Gesetzes** beruhen. Diese müsste verhältnismäßig sein. Dies setzt zunächst voraus, dass das Betreten der Teestube einem legitimen Zweck diente. Es diente der Identitätsfeststellung von Personen, die möglicherweise gegen Ausländerrecht oder sonstige Gesetze verstoßen haben. Das ist ein legitimer Zweck. Das Betreten war hierfür auch geeignet. Es war auch erforderlich. Denn hier wird zu Recht geltend gemacht, dass bei einer Kontrolle vor dem Eingang zur Teestube etwaige Verdächtige hiervor gewarnt würden und erst gar nicht die Teestube besucht oder sie durch einen anderen Ausgang oder gar nicht verlassen hätten. Damit wäre das nicht gleich effektiv gewesen. Daher war das Betreten der Teestube erforderlich.

481 Das Betreten der Teestube müsste im Hinblick auf den Zweck, die Aufklärung möglicher Verstöße gegen Ausländerrecht und weitere Gesetze, **verhältnismäßig im engeren Sinn**, also angemessen gewesen sein. Hier fällt ins Gewicht, dass der Eingriff in das Grundrecht aus Art. 13 I GG für den Verein erhebliche diskriminierende Wirkung hatte und insbesondere den Eindruck erwecken musste, die Teestube sei verstärkt polizeilichen Kontrollen ausgesetzt und kein geschützter Raum. Insoweit wurde in erheblichem Maße der Schutzzweck des Grundrechts berührt. Demgegenüber ist die Aufklärung von Verstößen gegen das Ausländerrecht und die Ermittlung illegal sich im Bundesgebiet aufhaltender Personen ein Gemeinwohlbelang von erheblichem Gewicht. Dies rechtfertigt jedoch nicht beliebige Eingriffe. Es kommt entscheidend darauf an, ob hinreichende Verdachtsmomente bestanden. Verdachts- und anlasslose Eingriffe in Freiheitsrechte sind von besonderem Gewicht und nur ausnahmsweise zulässig, es darf keinen Generalverdacht geben. Da es aber lt. SV im unmittelbaren Umfeld der Teestube des Vereins bereits in nicht unerheblichem Maße zu ähnlichen Rechtsverstößen gekommen war, bestand für die Behörde hinreichender Anlass zur Vornahme von Kontrollen. Dass sie willkürlich gewesen seien, kann also nicht festgestellt werden. Die Maßnahme ist verhältnismäßig. Der Verein ist nicht in seinem Grundrecht aus Art. 13 GG verletzt.

AA vertretbar.

II. Vereinigungsfreiheit, Art. 9 I GG

Das Grundrecht aus Art. 9 Abs. 1 GG steht nicht nur den einzelnen Vereinsmitgliedern zu, sondern auch dem Verein selbst. Da es sich aber um ein sog Deutschengrundrecht handelt, nur Deutsche sich also auf das Grundrecht aus Art. 9 Abs. 1 GG berufen können, kann auch der Verein sich auf das Grundrecht nur berufen, wenn es sich um eine Vereinigung von Deutschen im Sinn des Grundgesetzes handelt. Dem könnte hier entgegenstehen, dass ihm lt. SV sowohl Deutsche als auch Nichtdeutsche angehören. Andererseits aber kann es den Mitgliedern eines Vereins nicht verwehrt sein, auch Nichtdeutsche aufzunehmen. Es muss daher ausreichen, dass am Verein jedenfalls maßgeblich deutsche Mitglieder mitwirken. Da der beschwerdeführende Verein in Deutschland ansässig ist, seine Mitglieder jedenfalls zur Hälfte die deutsche Staatsangehörigkeit besitzen, ebenso wie erkennbar die Vorsitzende des Vereins, ist hier von der Geltung des Art. 9 Abs. 1 GG als eines Deutschengrundrechts auszugehen.

482

Es müsste jedoch auch der sachliche Schutzbereich des Grundrechts eröffnet sein. Nicht jede hoheitliche Maßnahme, die einen Verein betrifft, berührt bereits den Schutzbereich seiner Vereinigungsfreiheit. Soweit es um Grundrechte geht, die von Einzelpersonen in gleicher Weise wahrgenommen werden können, sind diese spezifischen Grundrechte einschlägig. Dies könnte auch hier der Fall sein, da es um die Unverletzlichkeit der Wohnung geht. Hier ist der Verein nicht anders betroffen als jede Einzelperson, die eine vergleichbare Einrichtung betreibt. Es geht nicht um die Organisation des Vereins, dessen interne Willensbildung, die Aufnahme oder den Ausschluss von Mitgliedern oder die Mitgliederwerbung. Der Schutzbereich des Art. 9 Abs. 1 GG ist daher nicht eröffnet.

483

C. Ergebnis

Die Verfassungsbeschwerde ist, soweit sie zulässig ist, unbegründet.

Wiederholung und Vertiefung

A. Unverletzlichkeit der Wohnung, Art. 13 GG

I. Schutzbereich des Grundrechts

Wohnung iSd Art. 13 GG ist die räumliche Privatsphäre, dazu zählen Betriebs- und Geschäftsräume, da sich auch in ihnen der Schutzzweck des Grundrechts verwirklicht. Ob dies auch für öffentlich zugängliche Räume gilt, wie im vorstehenden Fall, ist str.

484

II. Eingriffe

485 Für Eingriffe ist zu unterscheiden nach Abs. 2–7: Durchsuchungen, Überwachung mit technischen Mitteln („Lauschangriff", „Spähangriff") und sonstige Beschränkungen; daneben kommen, wie im vorstehenden Fall, unbenannte Eingriffe wie die Nachschau in Betracht.

III. Eingriffsrechtfertigung – Grundrechtsschranken

485a **1. Durchsuchungen, Abs. 2:** Erfordernis einer (verfassungsmäßigen) gesetzlichen Grundlage, Wahrung des Richtervorbehalts, sofern nicht Gefahr im Verzug und Verhältnismäßigkeit der Maßnahme (s vorstehende Lösung).

2. Technische Überwachung: Die Voraussetzungen hierfür sind in **Abs. 3–6** näher geregelt, wobei zwischen präventiver Überwachung und Überwachung zur Strafverfolgung zu unterscheiden ist. Letztere ist nach Abs. 3 nur als akustische Überwachung zulässig. Es gelten Richtervorbehalte.

3. Sonstige Beschränkungen, Abs. 7: Art. 13 VII, 1. Variante GG: Verfassungsunmittelbare Ermächtigungsgrundlage für Eingriffe bei „gemeiner Gefahr"; iÜ Eingriffe auf Grund Gesetzes aus den in Art. 13 VII, 2. Variante GG genannten Gründen. Die zunehmend in die Polizeigesetze der Länder Eingang findende Befugnis zur **Wohnungswegweisung bei häuslicher Gewalt** dürfte als Eingriff in den Schutzbereich des Art. 13 GG zu bewerten sein.

4. Unbenannte Eingriffe – „Nachschau": Darunter versteht man das Betreten (meist) von Geschäfts- und Betriebsräumen zur Kontrolle der Einhaltung gesetzlicher Vorschriften (zB das Betreten der Küchen- und Vorratsräume nach § 22 II GastG, um „nachzuschauen", ob die einschlägigen lebensmittelrechtlichen Vorschriften eingehalten sind). Die Voraussetzungen des Art. 13 VII GG sind in diesen Fällen meist nicht gegeben. BVerfGE 32, 54 nahm an, der Grundgesetzgeber – historische Interpretation! – habe diese traditionellen Nachschaurechte nicht beseitigen wollen; sie werden deshalb nicht als Eingriff in den Schutzbereich gewertet.[8]

In allen Fällen muss gewahrt bleiben: **„Unantastbarer Kernbereich** privater Lebensgestaltung"; Art. 13 I GG „verbürgt dem Einzelnen einen elementaren Lebensraum und gewährleistet das Recht, in ihm in Ruhe gelassen zu werden. Art. 13 I GG schützt die räumliche Privatsphäre …" – Anerkennung eines unmittelbar durch die Menschenwürde des Art. 1 I GG unantastbaren Kernbereichs:[9] „Gefühlsäußerungen, Äußerungen des unbewussten Erlebens sowie Ausdrucksformen der Sexualität". Konkret bedeutet dies: die Wohnung darf „belauscht" werden, wenn Anhaltspunkte gegeben sind, dass dort erhebliche Straftaten verabredet werden – wendet sich das Gespräch aber höchstpersönlichen Dingen zu, werden die Belauschten gar intim, ist die Überwachung abzubrechen. Entsprechend restriktiv ist die Ermächtigung des Art. 13 III GG zu deuten; das Ausfüh-

---

8 Ausführlich dazu: *Ennuschat*, AöR 127 [2002], 252.
9 BVerfGE 109, 279 (309 ff.).

rungsgesetz hatte diesen Rahmen nicht gewahrt. Ein Sondervotum zu BVerfGE 109, 279 sah allerdings die Grenzen des Art. 79 III GG überschritten.

Durchsuchungen zählen schließlich zu jenen Grundrechtseingriffen, die sich typischerweise erledigen können, ehe es zu gerichtlicher Überprüfung kommt; deshalb ist gegenwärtiges Betroffensein bzw **Rechtsschutzbedürfnis** für die Verfassungsbeschwerde zu bejahen.

Prüfungsschema zu Art. 13 GG   486

I. Schutzbereich des Grundrechts
1. Subjektiv: jedermann
2. Beeinträchtigung der Integrität der räuml. Privatsphäre durch Hoheitsakt

II. Eingriff – Durchsuchung, sonstige Beschränkung, technische Überwachung?

III. Rechtfertigung
1. Wenn Durchsuchung:
   a) Ermächtigungsgrundlage (zB im PolG, Gewerberecht oder StPO)
      aa) Formell verfassungsmäßig? Zitiergebot, Art. 19 I 2 GG?
      bb) Materiell verfassungsmäßig, insbesondere Verhältnismäßigkeit
   b) Anwendung der Ermächtigungsgrundlage
      aa) Richtervorbehalt gewahrt bzw entbehrlich wg Gefahr im Verzug?
      bb) Beachtung der vorgeschriebenen Formalien?
      cc) Verhältnismäßigkeit?
2. Wenn technische Überwachung:
   a) Zum Zweck der Strafverfolgung
      aa) Nur akustische Überwachung, Art. 13 III GG
      bb) Gesetzliche Grundlage (StPO)
      cc) Materielle Voraussetzungen des Art. 13 III GG (besonders schwere Straftat)
      dd) Richtervorbehalt
      ee) Verfassungskonforme Anwendung des Gesetzes
   b) Präventiv
      aa) Gesetzliche Grundlage (zB PolG)
      bb) Materielle Voraussetzungen des Art. 13 IV GG
      cc) Richtervorbehalt oder Gefahr im Verzug
      dd) Verfassungskonforme Anwendung des Gesetzes
   c) Zum Schutz eines Einsatzes: Art. 13 V GG
3. Wenn sonstige Beschränkung:
   a) Zur Abwehr gemeiner Gefahr oder Lebensgefahr
      aa) Voraussetzungen des Art. 13 VII GG?
      bb) Verhältnismäßigkeit?
   b) Sonstige Fälle
      aa) Gesetzliche Grundlage?
      bb) Verfassungsmäßigkeit des Gesetzes?
      cc) Anwendung des Gesetzes

Aus der Ausbildungsliteratur: *Haverkamp*, Die akustische Wohnraumüberwachung – ein unzulässiger Eingriff in den unantastbaren Kernbereich privater Lebensgestaltung?, JURA 2010, 492; *Wißmann*, Grundfälle zu Art. 13 GG, JuS 2007, 324 und 426.

B. Exkurs: Menschenwürde in der Fallbearbeitung

487 Anwendungsfälle der Menschenwürdegarantie des Art. 1 I GG liegen seltener in unmittelbaren Eingriffen gerade in dieses Grundrecht, als vielmehr in der Verstärkung anderweitiger Grundrechtsgarantien: Eingriffe in Grundrechte dürfen nicht deren Menschenwürdekern verletzen. Dieser bildet über Art. 79 III GG auch eine Sperre für Verfassungsänderungen. Als unmittelbarer Anwendungsfall des Art. 1 I GG kann das Allgemeine Persönlichkeitsrecht gelten, das aus Art. 2 I GG in Verbindung mit Art. 1 I GG hergeleitet wird. Daraus folgt für die Fallbearbeitung: soweit Einzelgrundrechte thematisch einschlägig sind, sollten diese herangezogen werden. Auf der Rechtfertigungsebene kann dann als Element der Verhältnismäßigkeitsprüfung auch darauf abgestellt werden, dass ein Eingriff den unantastbaren Menschenwürdekern des Grundrechts berührt, vor allem bei höchstpersönlichen Rechtsgütern. Schutz der Menschenwürde bedeutet Schutz der Persönlichkeit des Menschen in seiner Individualität und seinem Geltungsanspruch als Person, Schutz unantastbaren Kernbereichs privater Lebensgestaltung; der Mensch darf nicht zum Objekt herabgewürdigt werden wie im Fall der *Abschussermächtigung* (BVerfGE 115, 118 – Rn 398d).

487a **Unantastbarkeit** der Menschenwürde bedeutet, dass sie keiner Abwägung zugänglich ist. Deshalb hat das Persönlichkeitsrecht aus Art. 2 I iVm Art. 1 I GG stets Vorrang gegenüber der Meinungsfreiheit, wenn die Menschenwürde des Angegriffenen verletzt ist.[10] Deshalb gilt auch das Verbot der Folter – als Eingriff in das Recht auf körperliche Unversehrtheit (Art. 2 II 1 GG) – absolut. Diese Absolutheit der Menschenwürde wird neuerdings in Teilen des Schrifttums in Frage gestellt, so insbesondere in der Neukommentierung des Art. 1 GG bei *Maunz/Dürig*, ua das Folterverbot betreffend. Das BVerfG äußert sich hierzu jedoch recht klar: *„Zwar wird es stets Formen von besonders gravierender Kriminalität und entsprechende Verdachtssituationen geben, die die Effektivität der Strafrechtspflege als Gemeinwohlinteresse manchem gewichtiger erscheinen lässt, als die Wahrung der menschlichen Würde des Beschuldigten. Eine solche Wertung ist dem Staat jedoch durch Art. 1 I, Art. 79 III GG verwehrt".*[11] Wenn die Verfassungsmäßigkeit der uU lebenslangen Unterbringung auch daraus hergeleitet wird, dass der Sicherungsverwahrte gegenüber dem Strafgefangenen Erleichterungen genießt und deshalb der Eingriff abgemildert ist, wird jedoch deutlich, dass in der Sache jedenfalls die Bestimmung von Schutzbereich und Eingriff in wertender Gewichtung vorgenommen wird.[12] Die Menschenwürdegarantie des Art. 1 I GG wirkt über Art. 79 III GG als Schranke gegenüber Verfassungsänderungen, die den Grundrechtsteil des Grundgesetzes betreffen. Die Einzelgrundrechte des Grundgesetzes selbst fallen nicht unter die Unabänderlichkeitssperre, wohl aber die Grundsätze des Art. 1 GG und damit die Einzelgrundrechte in ihrem Menschenwürdekern. Deshalb muss die akustische Wohnraumüberwachung einen unantastbaren Kernbereich privater Lebensgestaltung respektieren.

488 **Menschenwürde als Eingriffsrechtfertigung – Schutzpflicht des Staates:** Auf die Menschenwürde wird häufig auch zurückgegriffen, um **Eingriffe** in andere Grundrechte

---

10 Beispiel aus der Rspr: BVerfGE 75, 369.
11 BVerfGE 109, 279 (314).
12 Vgl BVerfGE 109, 133 (150 ff.); näher *Elsner/Schobert*, DVBl 2007, 278.

zu rechtfertigen, besonders bei solchen Grundrechten, die, weil an sich schrankenlos gewährleistet, nur auf Grund anderweitiger Verfassungsgüter beschränkt werden können (verfassungsimmanente Schranken).

So können Beschränkungen der Freiheit der Kunst oder der Wissenschaft dann gerechtfertigt sein, wenn die fragliche Betätigung die Menschenwürde anderer verletzt. Der Staat ist dann sogar verpflichtet, einzuschreiten. Denn für die Menschenwürdegarantie des Art. 1 I GG braucht eine Schutzpflicht nicht erst im Wege der Auslegung begründet zu werden; sie folgt unmittelbar aus Art. 1 I 2 GG. Auch Rundfunksendungen dürfen nicht gegen die Menschenwürde verstoßen. Es handelt sich hier jedoch um einen fundamentalen Verfassungsgrundsatz, der nicht inflatorisch gebraucht werden sollte. Dies betrifft etwa gewisse Formate einiger privater Rundfunkveranstalter. Die aktuell intensiv diskutierten Fragen der Fortpflanzungsmedizin und der Embryonenforschung berühren Art. 1 I GG ebenfalls unter dem Gesichtspunkt grundrechtlicher Schutzpflichten.[13] Zu beachten ist jedoch: Allein die Existenz einer Schutzpflicht ermächtigt noch nicht zum Eingriff, hierfür bedarf es einer **Eingriffsgrundlage** (wie im vorstehenden Fall der ordnungsbehördlichen bzw polizeilichen Generalklausel). Bei deren Anwendung kann dann allerdings auf Art. 1 I GG abgestellt werden. So kann insbesondere der Menschenwürdesatz den Begriff der *öffentlichen Ordnung* ausfüllen: Menschenunwürdige Veranstaltungen können unter Berücksichtigung des Art. 1 I GG als eines objektiven Prinzips der Rechtsordnung eben auch Verstöße gegen die öffentliche Ordnung sein. Deshalb reicht auch die Einwilligung der unmittelbar Betroffenen (wie der Darstellerinnen in den Peepshow-Fällen oder auch im Fall des „Flatrate-Bordells"[14]) nicht aus, um den Menschenwürdeverstoß zu verneinen. Selbst wenn die Einzelnen nicht menschenunwürdig behandelt werden, können doch objektiv mit Art. 1 GG nicht vereinbare Einstellungen vermittelt werden.

Im Konflikt mit anderen Grundrechten, besonders mit Äußerungsfreiheiten innerhalb der Privatrechtsordnung, setzt die Menschenwürde eine absolute Grenze – sie ist nicht abwägungsfähig. Deshalb hat das Persönlichkeitsrecht aus Art. 2 I iVm Art. 1 I GG stets Vorrang gegenüber der Meinungsfreiheit, wenn die Menschenwürde des Angegriffenen verletzt ist (Schmähung, s auch **Fall 16**, Rn 628).[15] Dies wurde auch in den *Benetton-Fällen* relevant: Der BGH sah in der Darstellung menschlichen Elends (Aidskranke) zum Zweck der Imageförderung eine zynische Herabsetzung der Menschenwürde der Betroffenen und bewertete sie als sittenwidrig im Rahmen der Generalklausel des § 1 UWG aF – auch hier also spielten grundrechtliche Wertungen eine zentrale Rolle im Rahmen von Generalklauseln des Privatrechts. BVerfGE 102, 347 sah hierbei die Meinungsfreiheit unterbelichtet. BGHZ 149, 247 beharrte auf seiner Position und wurde durch BVerfGE 107, 275 erneut aufgehoben. Es verneint eine Verletzung der Menschenwürde, da die Darstellung dem Betrachter die Interpretation überlässt und die Betroffenen nicht etwa verhöhnt oder erniedrigt werden. Die Fallgestaltung zeigt allerdings auch, dass der Schutz der Menschenwürde so „absolut" wiederum nicht ist. Der maßgebliche Wertungsvorgang wird letztlich nur von der Rechtfertigungs- auf die Schutzbereichsebene vorverlegt: Durch welche Art von Äußerungen wird die Menschenwürde berührt?

Aus Art. 1 I GG folgt schließlich – iVm dem Sozialstaatsprinzip – eine Verpflichtung des Staates, dem Hilfsbedürftigen die Mindestvoraussetzungen für eine „menschenwürdige" Existenz zu gewähren – nicht nur Schutz vor dem Verhungern oder Erfrieren, sondern auch Voraussetzungen für soziale Kontakte – dies betraf die Regelleistungen nach „Hartz IV".[16]

---

13 S zB *Starck*, JZ 2002, 1065.
14 Zur Peepshow BVerwGE 64, 274; 84, 314; zum Flatrate-Bordell *Hufen*, § 10 Rn 71.
15 Beispiel aus der Rspr: BVerfGE 75, 369.
16 BVerfGE 125, 175.

Aus der Ausbildungsliteratur: *Aubel*, Das menschenunwürdige Laserdrome, JURA 2004, 255; *Enders*, Würde- und Lebensschutz im Konfliktfeld von Biotechnologie und Fortpflanzungsmedizin, JURA 2003, 666; *Hoerster*, Sind Lebensrecht und Menschenwürde „abstufbar"?, JURA 2011, 241; *Bautze*, Menschenwürde als Ware, JURA 2011, 647; *Hufen*, Die Menschenwürde, Art. 1 I GG, JuS 2010, 1.

Aktuelle Rechtsprechung: EuGH NVwZ 2004, 1471 (Laserdrome); BVerfGE 109, 279 (Großer Lauschangriff und Menschenwürde); BVerfGE 115, 118 (Luftsicherheitsgesetz); BVerfGE 125, 175 (Regelleistungen nach SGB II – „Hartz IV").

Fälle im thematischen Zusammenhang: *Bäcker*, Präimplantationsdiagnostik, JURA 2012, 399.

Fall 13

Law and order

Anspruchsvoller, umfangreicher Fall für die Zwischenprüfung, 3 Std.

Der wegen verschiedener Sexualdelikte zu einer Gesamtfreiheitsstrafe von 4 Jahren ver-   **489**
urteilte Gustav Grabsch (G) wurde nach deren Verbüßung im Juli 2016 aus der Haft
entlassen und wohnt seither bei entfernten Verwandten in der Kleinstadt Saubermannstadt (S) im Bundesland A, eine Bahnstunde von seiner Heimatstadt Krähwinkel, wo er
auch verurteilt wurde, entfernt. Von dort aus begibt er sich auf der Suche nach Arbeit
und einer dauerhaften Bleibe mehrmals wöchentlich sowohl nach Saubermannstadt, als
auch in Nachbarorte.

Zufällig stößt der in S wohnhafte pensionierte Polizeibeamte Zimmermann beim Studium der Gerichtsberichterstattung in alten Jahrgängen des „Krähwinkler Generalan-
zeiger" auf einen Bericht von der Verurteilung des G, wo dieser zwar nicht namentlich
genannt wird, aber unschwer identifizierbar ist. Zimmermann empört sich über die Vorstellung, in der Nähe eines vorbestraften Sexualtäters zu wohnen. Zusammen mit weiteren Bürgerinnen und Bürgern von S organisiert er „Mahnwachen" am Grundstückszaun
des Hauses, in dem G derzeit wohnt, mit gut sichtbaren Transparenten des Inhalts wie
„kein Platz für Triebtäter in Saubermannstadt", „hier wohnt ein verurteilter Sittlichkeits-
verbrecher" oder „Sicherheit für unsere Frauen und Kinder". Durch das Medienecho
auf die Aktion angelockt, versammeln sich auch Mitglieder des Ortsvereins der Partei
„Freie Nationale Aktion" regelmäßig vor dem Haus von G und fordern auf Transparenten und in Sprechchören ua „Zwangskastration für Triebtäter" und „Todesstrafe für
Kinderschänder".

Dem Bürgermeister von S ist die Angelegenheit unangenehm; er fürchtet insbesondere
negative Auswirkungen auf den Fremdenverkehr. Er ersucht die sachlich und örtlich
zuständige Polizeibehörde, durch geeignete Maßnahmen die Sicherheit zu gewährleisten. Die Polizeibehörde entscheidet sich für eine Dauerobservation des G. Wann immer
dieser seine Wohnung verlässt, folgt ihm ein uniformierter Beamter des Polizeivollzugs-
zugsdienstes. G bezweifelt die Gesetzmäßigkeit dieses Vorgehens. Die Behörde beruft
sich demgegenüber auf die Bestimmung des § 3 des Ordnungsbehördengesetzes des
Landes A.

§ 3 OBG-A lautet: „Die Ordnungsbehörden können die notwendigen Anordnungen im Einzelfall treffen, um Gefahren für die öffentliche Sicherheit oder Ordnung abzuwehren."

Es bestehe eine Gefahr für die öffentliche Sicherheit und Ordnung. Es habe eine Eskalation gedroht. Auch habe eine nach Aktenlage vorgenommene Begutachtung durch den
Anstaltspsychologen der Justizvollzugsanstalt, in der G seine Strafe abgesessen habe,
ergeben, dass die Möglichkeit der Begehung neuer Straftaten durch G nicht gänzlich
auszuschließen sei.

G klagt erfolglos gegen die Observation und legt Verfassungsbeschwerde zum BVerfG
ein. Sein Anwalt rügt die Verletzung der Grundrechte des G aus Art. 1 I, 2 I, 2 II, 11 und

12 GG. Die dauernde Observation des G stigmatisiere diesen und vereitle seinen Anspruch auf Resozialisierung. Er sei praktisch Gefangener in seiner Wohnung und werde gehindert, auf Arbeits- und Wohnungssuche zu gehen. Der Eingriff in seine Grundrechte sei ungesetzlich. Auf eine so allgemein gehaltene Bestimmung wie die Generalklausel des § 3 OBG-A könnten so intensive Grundrechtseingriffe nicht gestützt werden; dies verstoße gegen den Vorbehalt des Parlamentsgesetzes. Außerdem sei das Vorgehen der Polizeibehörden krass unverhältnismäßig, zumal die drohende Eskalation nicht von ihm ausgegangen sei. Er wolle die Taten des G – Exhibitionismus (§ 183 StGB), Vornahme sexueller Handlungen vor Personen unter 14 Jahren (§ 177 IV StGB) und Vornahme sexueller Handlungen an einer Person unter 18 Jahren (§ 182 I StGB) – keineswegs bagatellisieren, sie seien aber nicht mit der Ausübung physischer Gewalt verbunden gewesen. Auch deshalb sei das Vorgehen der Behörden unverhältnismäßig. Darin liege auch eine unzulässige Doppelbestrafung.

Die Erfolgsaussichten der Verfassungsbeschwerde des G sind gutachterlich zu prüfen.

Bearbeitervermerk: Das OBG-A enthält eine Bestimmung, wonach auf Grund dieses Gesetzes die Grundrechte der Art. 2 II, 10, 11 und 13 GG eingeschränkt werden können.

Vorüberlegungen

Der Fall behandelt die aktuelle Thematik der polizeilichen Dauerobservation entlassener **490** Straftäter, für die die Voraussetzungen der Sicherungsverwahrung nicht gegeben sind. Es gibt dazu einige wenige Entscheidungen der Verwaltungsgerichte, die sich vor allem mit der Tragweite der unterschiedlichen polizeilichen Befugnisnormen befassen. Die Konstellation des vorstehenden Falles ist jedoch die der Verfassungsbeschwerde. Hier spielt allerdings die Frage eine Rolle, ob eine Generalklausel nach dem Vorbild des § 3 OBG-A des vorstehenden Falles, wie sie in den Polizei- bzw Ordnungsbehördengesetzen aller Länder enthalten ist, ausreichende Grundlage für so intensive Grundrechtseingriffe sein kann. Dies ist eine Frage des Parlamentsvorbehalts, dessen Bedeutung in Abgrenzung zum Vorbehalt des Gesetzes der Fall deutlich macht. Der Eingriff beruht auf einem formellen Gesetz, also ist dem Gesetzesvorbehalt genügt. Die Frage ist dann aber, ob der parlamentarische Gesetzgeber Voraussetzungen und Inhalt der Maßnahmen ausreichend geregelt hat, ob also insoweit dem Parlamentsvorbehalt genügt ist. Dies wird zweckmäßigerweise im Rahmen der Bestimmtheit des Gesetzes geprüft.

In materieller Hinsicht sind die zu prüfenden Grundrechte im Sachverhalt benannt. Der **491** Fall gibt auch Anlass, das eher selten behandelte Grundrecht der Freizügigkeit zu erörtern; hier kommt es auch auf die Abgrenzung zur Freiheit der Person in Art. 2 II GG an. Der Aufbau ist der der Verfassungsbeschwerde. Deren Zulässigkeit wirft keine besonderen Probleme auf. Die Begründetheitsprüfung erfordert, wie stets, wenn die Verfassungsbeschwerde sich gegen einen Akt der Exekutive richtet, auf der Rechtfertigungsebene eine zweistufige Prüfung: zunächst setzt die Rechtfertigung des Eingriffs ein verfassungskonformes, insbesondere grundrechtskonformes Gesetz voraus. Dieses Gesetz muss dann auch in verfassungskonformer Weise angewandt worden sein. Wenn bereits das Gesetz den Eingriff im Einzelnen vorgibt, liegt hier der Schwerpunkt der Prüfung. Im vorstehenden Fall ist die Eingriffsnorm demgegenüber weit gefasst und räumt der Behörde weitreichendes Ermessen ein. Hier liegt dann der Schwerpunkt der Grundrechtsprüfung beim Handeln der Behörde.

Ebenso wie bei der Berichterstattung über Straftaten ist auch hier das Interesse des Tä- **492** ters an Resozialisierung, also Wiedereingliederung in die Gesellschaft zu berücksichtigen, wie es das BVerfG in der Lebach-Entscheidung in grundsätzlicher Weise ausgeführt hat.[1] Wie häufig bei Gesetzen, die im weitesten Sinn die innere Sicherheit und den Schutz vor Straftaten sowie deren Aufklärung betreffen, ist für die Gesetzgebungszuständigkeit zu unterscheiden zwischen Sicherheitsrecht und Strafrecht bzw Strafverfahrensrecht. So zählen herkömmlich auch Maßregeln der Sicherung und Besserung, die zwar eine Präventivfunktion haben, die aber eine Anlasstat voraussetzen, zum Strafrecht.

---

1 BVerfGE 35, 202 (235 f.).

493 Gliederung

A. Zulässigkeit der Verfassungsbeschwerde
   I. Beschwerdeführer
  II. Beschwerdegegenstand
      Handeln der Behörde als Akt der Exekutive und gerichtliche Entscheidungen
 III. Beschwerdebefugnis
     1. Mögliche Grundrechtsverletzung: Art. 2 I 1 iVm Art. 1 I GG,
        Art. 2 II 2 iVm Art. 104 GG, Art. 11 GG;
        Doppelbestrafung als Rüge des Art. 103 III GG (-)
     2. Eigenes, gegenwärtiges und unmittelbares Betroffensein
 IV. Rechtswegerschöpfung/Subsidiarität
  V. Form und Frist

B. Begründetheit der Verfassungsbeschwerde
   I. Allgemeines Persönlichkeitsrecht, Art. 2 I iVm Art. 1 I GG
     1. Schutzbereich: sozialer Geltungsanspruch – Recht auf Resozialisierung
     2. Eingriff: Observation als hoheitliches Handeln
     3. Verfassungsrechtliche Rechtfertigung
       a) Schranken des Art. 2 I GG
       b) § 3 OBG-A Bestandteil der verfassungsmäßigen Ordnung?
         aa) Zuständigkeit: Sicherheitsrecht, nicht Strafrecht
         bb) Bestimmtheit trotz Generalklausel?
         cc) Parlamentsvorbehalt für wesentliche Fragen?
       c) Anwendung des Gesetzes – legitimes Ziel (+), hinreichende Prognose (–)
  II. Art. 2 II 2 iVm Art. 104 GG
     1. Schutzbereich
     2. Eingriff – sonstige Freiheitsbeschränkung
     3. Eingriffsrechtfertigung
       a) Einschränkbarkeit des Grundrechts
       b) Verfassungsmäßigkeit des Gesetzes
       c) Anwendung des Gesetzes im Einzelfall
 III. Art. 11 GG
     1. Schutzbereich – Verhältnis zu Art. 2 II 2 GG
     2. Eingriff – faktisch-mittelbare Beeinträchtigungen?
     3. Eingriffsrechtfertigung
       a) Grundrechtsschranken
       b) Anwendung des Gesetzes
 IV. Weitere Grundrechte?

C. Ergebnis

Musterlösung

Die Verfassungsbeschwerde des G nach Art. 93 I Nr. 4a GG, §§ 13 Nr. 8a, 90 ff. BVerfGG hat Aussicht auf Erfolg, wenn sie zulässig und begründet ist.

A. Zulässigkeit der Verfassungsbeschwerde

I. Beschwerdeführer

G ist als natürliche Person grundrechtsfähig und damit beschwerdefähig. Gegen seine Prozessfähigkeit ergeben sich aus dem Sachverhalt keine Anhaltspunkte. **494**

II. Beschwerdegegenstand

Die Verfassungsbeschwerde des G richtet sich unmittelbar gegen seine Dauerobserva- **495** tion und gegen die gerichtlichen Entscheidungen, die sie billigen. Sowohl das Handeln der Behörde als Akt der Exekutive als auch die gerichtlichen Entscheidungen sind Akte der öffentlichen Gewalt. Unter beiden Gesichtspunkten handelt es sich also um einen tauglichen Beschwerdegegenstand. Es liegt aber nur eine Verfassungsbeschwerde vor.

III. Beschwerdebefugnis

1. G müsste plausibel die **Möglichkeit einer Grundrechtsverletzung** geltend machen. **496**

Wenn G geltend macht, er werde durch die Dauerobservation diskriminiert, so rügt er damit eine Verletzung seines allgemeinen Persönlichkeitsrechts aus Art. 2 I 1 iVm Art. 1 I GG. Eine Grundrechtsverletzung erscheint hier nicht ausgeschlossen. Denn G wird hier in seinem persönlichen Geltungsanspruch nachhaltig beeinträchtigt, insbesondere auch in seinem Recht auf Resozialisierung, das ebenfalls Bestandteil des allgemeinen Persönlichkeitsrechts ist[2]. Es ist auch zumindest möglich, dass die Dauerobservation den G in seiner körperlichen Bewegungsfreiheit und damit in seinem Grundrecht aus Art. 2 II 2 GG verletzt. Wenn G ferner geltend macht, er werde faktisch daran gehindert, sich von seiner derzeitigen Unterkunft fortzubewegen, um eine Wohnung und eine Arbeitsstelle zu finden, so könnte dies sein Recht auf Freizügigkeit einschränken. Auch eine Verletzung seines Grundrechts aus Art. 11 GG ist also nicht ausgeschlossen.

Soweit G eine unzulässig Doppelbestrafung geltend macht, rügt er in der Sache das grundrechtsgleiche Recht aus Art. 103 III GG. Ein Verstoß hiergegen aber erscheint von vornherein als ausgeschlossen. Es geht nicht um eine Strafe oder auch nur um eine Maßregel nach dem StGB, sondern ausschließlich um polizeiliche Maßnahmen

2. G ist auch **selbst** betroffen. Er ist **gegenwärtig** betroffen, da er andauernd observiert wird. Er ist durch das Verhalten der Behörde und die Entscheidungen der Gerichte auch **unmittelbar** betroffen.

---

2 BVerfGE 35, 202 (231 ff., 235); BVerfG (K), NJW 2000, 1859 (1860 f.)

IV. Rechtswegerschöpfung/Subsidiarität

497   Von der Erschöpfung des Rechtswegs ist lt. SV auszugehen.

V. Form und Frist

Ebenso ist von form- und fristgerechter Einlegung der Verfassungsbeschwerde auszugehen.

B. Begründetheit der Verfassungsbeschwerde

498   Die Verfassungsbeschwerde ist begründet, wenn G als Beschwerdeführer durch die polizeilichen Maßnahmen und die sie bestätigenden Gerichtsentscheidungen in seinen Grundrechten verletzt ist, Art. 93 I Nr. 4a GG. Das BVerfG prüft dabei nur, ob die Fachgerichte spezifisches Verfassungsrecht verletzt haben.

I. Allgemeines Persönlichkeitsrecht, Art. 2 I iVm Art. 1 I GG

G könnte durch die Dauerobservation in seinem Allgemeinen Persönlichkeitsrecht aus Art. 2 I 1 iVm Art. 1 I GG verletzt sein.

1. Schutzbereich

498a   Zunächst müsste der Schutzbereich des Grundrechts berührt sein. Dies könnte zunächst der Fall sein unter dem Gesichtspunkt der informationellen Selbstbestimmung. Denn hierunter fällt auch das Recht des Einzelnen, selbst darüber zu bestimmen, wann und in welchen Grenzen Informationen über seine Persönlichkeit offenbart und Lebenssachverhalte bekannt werden. Durch die dauernde Observation werden Informationen darüber, wann G das Haus verlässt, wohin er geht und damit Lebenssachverhalte gegen seinen Willen offengelegt. Sein Persönlichkeitsrecht könnte des Weiteren auch dadurch berührt sein, dass die Observation eine diskriminierende und stigmatisierende Wirkung hat. Dies betrifft den sozialen Geltungsanspruch des G. Denn in der Öffentlichkeit entsteht von ihm der zudem nur bedingt zutreffende Eindruck eines gefährlichen Triebtäters. Insoweit ist der Schutzbereich des Allgemeinen Persönlichkeitsrechts des G auch unter dem Gesichtspunkt seines Rechts auf Resozialisierung[3] berührt. Denn aus Art. 2 I iVm Art. 1 I GG folgt ein Recht auch des verurteilten Straftäters, durch Wiedereingliederung in die Gesellschaft die Chance auf ein selbstbestimmtes Leben zu erhalten. Der Schutzbereich des Allgemeinen Persönlichkeitsrechts des G ist also in mehrfacher Hinsicht berührt, nicht zuletzt auch durch erhebliche Einbußen im Bereich der privaten Lebensführung.

---

3   BVerfGE 98, 169 (198 f.); *Jarass*, in: Jarass/Pieroth, Art. 2 Rn 72a.

2. Eingriff

In dieses Recht des G müsste eingegriffen worden sein. Eingriff ist jede hoheitliche **499**
Maßnahme, durch die der Betroffene in der Wahrnehmung seiner Grundrechte beeinträchtigt oder gehindert wird. Bei der Observation handelt es sich um ein hoheitliches
Handeln, durch das G als der Observierte in erheblichem Maße in seinem allgemeinen
Persönlichkeitsrecht beeinträchtigt wird.

3. Verfassungsrechtliche Rechtfertigung

a) Das Allgemeine Persönlichkeitsrecht aus Art. 2 I iVm Art. 1 I GG wird nicht schran- **500**
kenlos gewährleistet. Es unterliegt den **Schranken des Art. 2 I GG**. Hier kommt aus
der Schrankentrias des Art. 2 I GG die Schranke der verfassungsmäßigen Ordnung in
Betracht. Die Bestimmung des § 3 OBG-A, auf deren Grundlage hier die Observation
erfolgte, müsste dann Bestandteil der verfassungsmäßigen Ordnung sein. Sie müsste
auch in verfassungsmäßiger Weise angewandt worden sein.

b) Zur **verfassungsmäßigen Ordnung** iSv Art. 2 I GG zählen alle Gesetze, die formell **501**
und materiell mit der Verfassung in Einklang stehen.

aa) § 3 OBG-A wäre dann nicht Bestandteil der verfassungsmäßigen Ordnung, wenn
der Landesgesetzgeber für den Erlass des Gesetzes **nicht zuständig** wäre. Würde es
sich hierbei, wie G geltend macht, um „Strafrecht" oder „Strafverfahrensrecht" handeln, dann wäre das Land nicht zuständig. Denn insoweit besteht eine konkurrierende
Gesetzgebungszuständigkeit nach Art. 74 I Nr. 1 GG, von der der Bund umfassend Gebrauch gemacht hat, so dass die Länder nach Art. 72 I GG von eigener Gesetzgebung
ausgeschlossen sind. Das OBG ist aber nach Zielsetzung und Inhalt ausschließlich auf
die Abwehr von Gefahren für die Sicherheit ausgerichtet. Im Unterschied zu den Bestimmungen über Sicherheitsverwahrung wird auch in keiner Weise auf eine Anlasstat
Bezug genommen oder diese vorausgesetzt und es werden keine Sanktionen vorgesehen. Es handelt sich also um Sicherheitsrecht. Dafür bleibt es nach Art. 70 GG bei der
Zuständigkeit des Landes.

bb) In materieller Hinsicht könnte die Bestimmung des § 3 OBG-A allerdings **zu unbe-** **502**
stimmt sein. Der Begriff der „öffentlichen Sicherheit und Ordnung" ist zwar ein unbestimmter Rechtsbegriff, doch ist seine Bedeutung in der Rechtsordnung durch die
Gerichte hinreichend geklärt, so dass der Inhalt der Norm hinreichend erkennbar ist.

cc) Fraglich könnte jedoch sein, ob der **Parlamentsvorbehalt** gewahrt ist. Denn es han- **503**
delt sich bei der Dauerobservation um einen intensiven Grundrechtseingriff. Hier muss
möglicherweise gefordert werden, dass der parlamentarische Gesetzgeber die wesentlichen Fragen selbst entscheidet und sich nicht mit einer bloßen Ermächtigung an die
Exekutive begnügt und dieser im Übrigen die Entscheidung überlässt. Gegen diesen
Parlamentsvorbehalt für grundrechtswesentliche Fragen könnte es verstoßen, die allgemeine Eingriffsermächtigung des OBG-A als Grundlage für eine Maßnahme wie die
Dauerobservation heranzuziehen. Denn dann könnten die wesentlichen Fragen des Persönlichkeitsrechts von der Exekutive nach eigenem Ermessen geregelt werden, an Stelle
des parlamentarischen Gesetzgebers. Andererseits könnte dann die Exekutive ihrer Auf-

gabe, die Allgemeinheit vor Gefahren auch bei neuartigen Gefahrenlagen zu schützen, nicht nachkommen. In diesem Fall muss die Generalklausel des Sicherheitsrechts jedenfalls solange als gesetzliche Grundlage taugen, wie eine im Grunde näher regelungsbedürftige Maßnahme vorläufig und zum Schutz der Allgemeinheit vor unvorhersehbaren Gefahren getroffen wird.[4] Darum geht es hier, nicht zuletzt wegen der Aktionen vor dem Haus des G. § 3 OBG-A ist daher hinreichende gesetzliche Grundlage für eine derartige Maßnahme.

503a c) Das Gesetz müsste weiterhin von Behörden und Gerichten **in verfassungskonformer Weise angewandt** worden sein. Insbesondere müsste die Verhältnismäßigkeit gewahrt sein.

Es müsste ein **legitimes Ziel** verfolgt worden sein. Der Schutz der Bevölkerung vor Straftaten ist ein solches legitimes Ziel. Dass es der Behörde auch darum ging, eine Eskalation zu vermeiden, steht nicht entgegen. Die Observation ist auch grundsätzlich geeignet, G an der Begehung von Straftaten zu hindern. Andere, mildere Maßnahmen sind nicht erkennbar. Fraglich könnte jedoch sein, ob die Maßnahme **im engeren Sinn verhältnismäßig** ist, ob also der Grundrechtseingriff in einem angemessenen Verhältnis zu den damit verfolgten öffentlichen Belangen steht. Auch wenn die Observation nur erfolgt, wenn G das Haus verlässt und damit nicht der Kernbereich seiner privaten Lebensführung betroffen ist, bedeutet sie doch auf Grund ihrer Auswirkungen auf seine Lebensumstände und ihrer Prangerwirkung einen intensiven Eingriff in sein Persönlichkeitsrecht. Andererseits könnte von ihm weiterhin die Gefahr der Begehung von Straftaten ausgehen. Auch wenn es hiernach grundsätzlich gerechtfertigt sein kann, potenzielle Straftäter zu observieren, muss doch eine hinreichend hohe Wahrscheinlichkeit für die Begehung schwerer Straftaten gegeben sein. Die pauschale Feststellung, ein Rückfall sei nicht auszuschließen, reicht hierfür nicht aus, zumal auch keine näheren Feststellungen über die Art der möglicherweise drohenden Delikte und die drohende Anwendung von Gewalt getroffen wurden. Dies haben hier Behörden und Gerichte nicht hinreichend berücksichtigt. Sie haben damit die Bedeutung des Grundrechts des G in verfassungswidriger Weise verkannt. G ist deshalb in seinem allgemeinen Persönlichkeitsrecht aus Art. 2 I iVm Art. 1 I GG verletzt.

AA vertretbar.

II. Art. 2 II 2 iVm Art. 104 GG

503b G könnte zudem in seinem Grundrecht auf Freiheit der Person aus Art. 2 II 2 iVm Art. 104 GG verletzt sein.

1. Schutzbereich

503c Art. 2 II 2 GG schützt die körperliche Bewegungsfreiheit. Darunter fällt insbesondere die Freiheit, sich beliebig von einem Ort fortbewegen zu können. Da G sich auf Grund

---

4 BVerfGK 20, 128 (133).

der Observation zumindest faktisch daran gehindert sieht, seine Wohnung zu verlassen, ist der Schutzbereich des Grundrechts berührt.

2. Eingriff

Das Vorliegen eines Eingriffs könnte deshalb fraglich sein, weil dem G nicht verboten **504** wird, seine Wohnung zu verlassen. Hier könnte jedoch ein Eingriff deshalb zu bejahen sein, weil G sich auf Grund der Beobachtung gehindert sieht, vom seinem Grundrecht auf Freiheit der Person Gebrauch zu machen. Auch **faktische** und informale Beeinträchtigungen können sich als Grundrechtseingriff auswirken, wenn sie ein grundrechtlich geschütztes Verhalten unmöglich machen oder wesentlich erschweren.[5] Dies ist hier der Fall. Es handelt sich jedoch um keine Freiheitsentziehung iSv Art. 104 II GG, sondern um eine sonstige Freiheitsbeschränkung.

AA – kein Eingriff – hier gut vertretbar.

3. Eingriffsrechtfertigung

a) Einschränkbarkeit des Grundrechts

Der Eingriff könnte jedoch gerechtfertigt sein. Denn das Grundrecht auf Freiheit der **505** Person steht nach Art. 2 II 3 GG unter Gesetzesvorbehalt. Art. 104 I 1 GG fordert ein formelles Gesetz, das den Voraussetzungen des Art. 104 I GG entsprechen und auch iÜ verfassungsgemäß sein muss. Gefordert ist insbesondere hinreichende Bestimmtheit. Ebenso ist der Grundsatz der Verhältnismäßigkeit strikt zu beachten. Das Gesetz muss zudem durch das Gericht in der angegriffenen Entscheidung verfassungskonform angewandt worden sein.

b) Verfassungsmäßigkeit des Gesetzes

Die Observation erfolgt auf der Grundlage des § 3 OBG-A. Die Bestimmung ist vom **506** zuständigen Gesetzgeber erlassen worden, wie zu Art. 2 I GG ausgeführt wurde. Sie ist formell verfassungsgemäß, auch das Zitiergebot des Art. 19 I 2 GG ist lt. SV beachtet.

Eine hinreichend bestimmte Fassung des Gesetzes ist zu bejahen; hierfür kann auf die Ausführungen unter I. verwiesen werden. Fraglich könnte jedoch wiederum die Beachtung des Parlamentsvorbehalts für grundrechtswesentliche Fragen sein. Art. 104 GG unterscheidet jedoch zwischen Freiheitsentziehungen und Freiheitsbeschränkungen und stellt an Letztere geringere Anforderungen. Soweit es um Freiheitsentziehungen geht, müssen deren Anlass und deren Dauer im formellen Parlamentsgesetz selbst geregelt sein, während für kurzfristige Freiheitsbeschränkungen im Rahmen polizeilicher Maßnahmen die Generalklausel aus den gleichen Gründen als ausreichend gelten kann, wie sie zum Allgemeinen Persönlichkeitsrecht dargelegt worden sind.

---

5 *Degenhart* Rn 315.

c) Anwendung des Gesetzes im Einzelfall

507 Das Gesetz müsste jedoch auch im Einzelfall in verfassungskonformer Weise angewandt worden sein. Dies bedeutet, dass die öffentlichen Belange, die mit der Maßnahme verfolgt werden, in einem angemessenen Verhältnis zum Freiheitsanspruch des G stehen müssen. Wie das Persönlichkeitsrecht des G, wurde aber auch sein Freiheitsanspruch aus Art. 2 II 2 GG einseitig hintangestellt. Er ist deshalb auch in seinem Grundrecht aus Art. 2 II 2 GG verletzt.

III. Art. 11 GG

1. Schutzbereich

508 G könnte auch in seinem Grundrecht auf Freizügigkeit aus Art. 11 GG verletzt sein. Dann müsste zunächst der Schutzbereich des Grundrechts berührt sein. Unter Freizügigkeit ist die Freiheit zu verstehen, sich innerhalb der Bundesrepublik an einen beliebigen Ort zu begeben, um dort Wohnsitz oder Aufenthalt zu nehmen. Ob der Aufenthalt von gewisser Dauer sein muss,[6] kann hier dahingestellt bleiben, da es dem G gerade darum geht, einen dauerhaften Wohnsitz zu begründen. Der Schutzbereich des Art. 11 GG ist also objektiv eröffnet; in subjektiver Hinsicht ist Voraussetzung, dass G Deutscher im Sinn des Grundgesetzes ist. Davon ist mangels entgegenstehender Angaben im Sachverhalt auszugehen.

Art. 11 GG könnte jedoch durch die Gewährleistung der Freiheit der Person in Art. 2 II 2 GG verdrängt werden.[7] Beide Grundrechte haben jedoch unterschiedliche Schutzgüter. Bei Art. 2 II 2 GG geht es um die Freiheit, an einem Ort nicht bleiben zu müssen, bei Art. 11 GG aber um die Fortbewegung zur Begründung eines Aufenthalts. Deshalb ist Idealkonkurrenz anzunehmen.

AA vertretbar.

2. Eingriff

509 Ein Eingriff könnte deshalb zu verneinen sein, weil dem G nicht verboten wird, anderweitigen Aufenthalt zu nehmen. Art. 11 GG schützt aber auch vor faktisch-mittelbaren Beeinträchtigungen.[8] Durch das Verhalten der Behörden wird es dem G nachhaltig erschwert, von seinem Grundrecht aus Art. 11 GG Gebrauch zu machen. Ein Eingriff ist deshalb zu bejahen.

AA vertretbar.

---

6 Vgl. *Frenzel*, JuS 2011, 595 (596).
7 Dafür *Jarass*, in: Jarass/Pieroth, Art. 2 Rn 111.
8 AA BVerfGE 110, 177 (191), wonach es sich um einen mittelbaren, zielgerichteten Eingriff handeln muss.

3. Eingriffsrechtfertigung

a) Grundrechtsschranken

Für das Grundrecht der Freizügigkeit besteht ein qualifizierter Gesetzesvorbehalt. Ein- **510** schränkungen sind nur auf Grund eines formellen Gesetzes und nur aus den in Art. 11 II GG genannten Gründen zulässig. Grundlage für den Eingriff ist hier wiederum die Generalklausel des OBG-A. Dagegen könnte sprechen, dass nach Art. 73 I Nr. 3 GG der Bund die ausschließliche Gesetzgebungszuständigkeit für die Freizügigkeit hat. Dies kann jedoch nicht bedeuten, dass die Länder keine Regelungen erlassen können, durch die die Freizügigkeit eingeschränkt wird. Denn dann wären die Gesetzesvorbehalte des Art. 11 II GG, bei denen es auch um Gefahrenabwehr geht, wofür die Länder zuständig sind, weitgehend gegenstandslos. Die Bestimmung des § 3 OBG-A ist damit eine geeignete Grundlage für Beschränkungen der Freizügigkeit; das Zitiergebot des Art. 19 I 2 GG, das für Art. 11 GG zu beachten ist, ist gewahrt.

Allerdings könnte gegen die Heranziehung des § 3 OBG-A sprechen, dass dessen Schutzgut die öffentliche Sicherheit und Ordnung ist, während nach Art. 11 II GG Eingriffe mit den dort genannten Zielsetzungen möglich sind. Die Bestimmung ist deshalb verfassungskonform anzuwenden, in der Weise, dass Maßnahmen auf Grund des § 3 OBG-A nur dann getroffen werden können, wenn die Rechtfertigungsgründe des Art. 11 II GG gegeben sind.

b) Anwendung des Gesetzes

Dies ist an sich der Fall. Denn die Observation des G erfolgt jedenfalls auch, um strafba- **511** ren Handlungen vorzubeugen. Sie ist jedoch aus den o. zu Art. 2 I und 2 II GG genannten Gründen unverhältnismäßig. G ist also auch in seinem Grundrecht aus Art. 11 GG verletzt.

IV. Weitere Grundrechte?

Soweit G sein Grundrecht auf freie Berufswahl aus Art. 12 I GG geltend macht, fehlt es **512** an einem berufsbezogenen Eingriff. Ein Verstoß gegen Art. 103 II GG wurde bereits bei der Zulässigkeit ausgeschieden. Das Grundrecht der allgemeinen Handlungsfreiheit aus Art. 2 I GG tritt als subsidiär zurück.

C. Ergebnis

Die Verfassungsbeschwerde des G ist zulässig und begründet.

Wiederholung und Vertiefung

A. Freiheit der Person, Art. 2 II 2 iVm Art. 104 GG

I. Grundrechtsprüfung

513 **Grundrechtstatbestand**: Freiheit der Person bedeutet persönliche Bewegungsfreiheit; beim Eingriff ist zu unterscheiden zwischen der **Freiheitsentziehung** als Festhalten an eng umgrenztem Ort – Haft, Gewahrsam, Unterbringung in einer geschlossenen Einrichtung – und (sonstiger) Freiheitsbeschränkung, wie zB kurzfristigem Festhalten zur Feststellung der Personalien, aber auch das „Einkesseln" einer Kundgebung. Da Art. 104 GG hierfür die näheren Voraussetzungen enthält, wird regelmäßig auf Art. 2 II 2 iVm Art. 104 GG abgestellt.

Eingriffe bedürfen nach Art. 2 II 2 GG stets einer gesetzlichen Grundlage; im Fall der Freiheitsentziehung gelten die gleichen Bestimmtheitsanforderungen wie nach Art. 103 II GG. Für Freiheitsentziehung ist zwingende Rechtmäßigkeitsvoraussetzung: Beachtung der vorgeschriebenen Form, Art. 104 I GG; Wahrung des *Richtervorbehalt*, Art. 104 II-IV GG, also vorherige Entscheidung, bei vorl. Festnahme spätestens am Tage nach der Festnahme, Benachrichtigungspflicht nach Art. 104 IV GG und strikte Beachtung des Verhältnismäßigkeitsgebots. Da der Eingriff umso intensiver ist, je länger die Freiheitsentziehung bereits andauert, steigen auch die Anforderungen an die Rechtfertigung, so im Fall der Unterbringung/Sicherungsverwahrung – hierzu BVerfGE 128, 326: Gefährlichkeit hinsichtlich der Begehung schwerer und schwerster Straftaten, zunehmende Anforderungen an Gefahrenprognose mit Dauer des Freiheitsentzugs, regelmäßige Überprüfung und therapieorientierte Ausgestaltung in Abgrenzung zur Strafhaft – sog. Abstandsgebot.

II. Grundrechtsschutz durch Verfahren

514 Art. 2 II 2 GG iVm dem Rechtsstaatsgebot gewährleistet dem Angeklagten das Recht auf faires Verfahren und insbesondere auch auf Verteidigerbeistand. Im Fall länger andauernden Freiheitsentzugs aus präventiven Gründen müssen dessen Voraussetzungen regelmäßig überprüft werden. Beachte: **Misshandlungsverbot** des Art. 104 I 2 GG gilt absolut, kein Abwägungsvorbehalt.

III. Prüfungsschema zu Art. 2 II 2 iVm Art. 104 GG

515
1. **Schutzbereich des Grundrechts**
   a) Subjektiv: jedermann
   b) Beeinträchtigung der körperlichen Bewegungsfreiheit durch Hoheitsakt
2. **Eingriff** – insbesondere Qualifikation des Eingriffs: Freiheitsentziehung oder -beschränkung?
3. **Rechtfertigung des Eingriffs**
   a) Ermächtigungsgrundlage (zB im PolG)
      aa) Formell verfassungsmäßig – insbesondere: Kompetenz?
      bb) Materiell verfassungsmäßig
         – besondere Anforderungen des Art. 104 II 1 GG, insbes. Bestimmtheit?
         – insbesondere Verhältnismäßigkeit (zB Dauer des Unterbindungsgewahrsams)?

b) Anwendung der Ermächtigungsgrundlage
   aa) Richtervorbehalt gewahrt?
   bb) Beachtung der vorgeschriebenen Formalien?
   cc) Verhältnismäßigkeit?

Zur Wiederholung: *Pieroth/Schlink/Kingreen/Poscher* Rn 460–480.

Aus der Ausbildungsliteratur: *Ruß,* Urteil des BVerfG vom 5.2.2004, JA 2004, 710.

Aktuelle Rechtsprechung: BVerfGE 109, 133 und 190 (Sicherungsverwahrung); BVerfGE 128, 326 (Sicherungsverwahrung II); EGMR NJW 2010, 2495 (Sicherungsverwahrung); BVerfGE 134, 33 (Therapieunterbringung).

B. Freizügigkeit, Art. 11 GG

Das Grundrecht auf Freizügigkeit hat die Rechtsprechung in vergleichsweise geringem **516** Umfang beschäftigt. Die wohl bekannteste Entscheidung hierzu – eine der wichtigsten Entscheidungen des BVerfG überhaupt –, das Elfes-Urteil (BVerfGE 6, 32) zur allgemeinen Handlungsfreiheit hat für die Ausreisefreiheit den Schutzbereich von Art. 11 GG verneint.

I. Schutzbereich

Subjektiv: Die Freizügigkeit ist Deutschengrundrecht; wegen des Diskriminierungs- **517** verbots des Art. 18 AEUV gilt sie auch für EU-Bürger; die Arbeitnehmerfreizügigkeit in Art. 45 ff. AEUV meint die Freiheit von EU-Bürgern, in jedem EU-Staat einer Beschäftigung nachzugehen.

Objektiv: Geschützt ist die Aufenthalts- und Wohnsitznahme innerhalb der Bundesrepublik und die Fortbewegung zu diesem Zweck; für den Aufenthalt ist eine gewisse Dauer erforderlich (eine Übernachtung?), unter Art. 11 GG fällt die Einreise in das Bundesgebiet, nicht aber die Ausreise. Das Grundrecht auf Freizügigkeit ist jedoch nicht berührt, wenn die rechtlichen Voraussetzungen für eine Wohnsitznahme nicht gegeben sind, weil zB eine Wohnbebauung im fraglichen Bereich unzulässig ist.[9]

II. Eingriffe

Unter Art. 11 GG fallen Eingriffe im klassischen Sinn wie zB ein Aufenthaltsverbot, ein **518** Näherungsverbot etwa für gewalttätige Fans bei Fußballspielen, die Auflage, sich täglich bei der Polizei zu melden, da sie den räumlichen Bewegungskreis erheblich einschränkt, der Wohnungsverweis im Fall gewalttätiger Partnerschaftskonflikte. Kein Eingriff: polizeilicher Platzverweis, da nur vorübergehender Aufenthalt betroffen.

Mittelbare Eingriffe können vorliegen zB bei Sanktionen im Fall eines Verstoßes gegen einen zugewiesenen Wohnort (Kürzung der Sozialhilfe für Spätaussiedler, BVerfGE 110, 177.

---

9 BVerfGE 134, 242 Rn 261 ff.

III. Schranken: Art. 11 II GG

**519
-539** Art. 11 GG steht unter einem qualifizierten Gesetzesvorbehalt; die Schranken sind eng gefasst. In formeller Hinsicht ist für die Gesetzgebungskompetenzen Art. 73 I Nr. 3 GG zu beachten, der aber polizeirechtliche Zuständigkeiten der Länder nicht ausschließen will, s den vorstehenden Fall, in materieller Hinsicht ist der Einschränkungsgrund einer nicht ausreichenden Lebensgrundlage historisch bedingt – Sozialvorbehalt; es gelten weiterhin der Notstandsvorbehalt für inneren Notstand, der Jugendschutzvorbehalt und der Jugendschutzvorbehalt, der Kriminalvorbehalt wie im vorstehenden Fall.

Aktuelle Rechtsprechung: BVerfGE 134, 242 (Garzweiler).

Aus der Ausbildungsliteratur: *Schoch*, Das Grundrecht der Freizügigkeit (Art. 11 GG), JURA 2005, 34; *Frenzel*, Grundfälle zu Art. 11 GG, JuS 2011, 595.

Fall 14

Integration

Kleiner Schein / Zwischenprüfung, 3 Std., gekürzt (nur erster Aufgabenteil) 2 Std.

Die Kinder der seit Längerem in einer Großstadt des Bundeslandes X ansässigen, einer   **540**
strenggläubigen islamischen Glaubensrichtung anhängenden Familie F besuchen das
dortige staatliche Albert-Einstein-Gymnasium, wo sie neuerdings schulische Probleme
haben. Die 15-jährige Mara (M) besucht seit Beginn des neuen Schuljahrs 2016/17 den
Unterricht mit einer Ganzkörperverschleierung, der sog. Burka, bei der auch das Gesicht
bis auf einen schmalen Sehschlitz bedeckt ist. Nachdem sie wiederholten Aufforderun-
gen, auf das Tragen der Burka zu verzichten, nicht nachgekommen ist, entschließt sich
die Leiterin des Gymnasiums, Oberstudiendirektorin Anna Amalia Abromeit (A) zu
disziplinarischen Maßnahmen. Sie stützt sich auf **§ 39 LSchulG X**, der, soweit hier von
Belang, lautet:

„Alle Schülerinnen und Schüler haben sich so zu verhalten, dass der Erziehungs- und Bildungsauftrag
der Schule (§ 1) erfüllt werden kann. Zur Sicherung des Erziehungs- und Bildungsauftrags (…) können
nach dem Grundsatz der Verhältnismäßigkeit Ordnungsmaßnahmen gegenüber Schülern getroffen werden. Ordnungsmaßnahmen sind:

1. schriftlicher Verweis;
2. Ausschluss vom Unterricht und anderen schulischen Veranstaltungen bis zu vier Wochen;
3. Androhung des Ausschlusses aus der Schule;
4. Ausschluss aus der Schule.
(5. Ausschluss von allen weiterführenden Schulen des Landes durch Beschluss der obersten Schulauf-
sichtsbehörde)"

Der Erziehungs- und Bildungsauftrag wird in **§ 1 LSchulG X** – das im Übrigen wie alle
Schulgesetze der Länder die allgemeine Schulpflicht festlegt – wie folgt definiert:

„Die schulische Bildung soll zur Entfaltung der Persönlichkeit der Schüler in der Gemeinschaft beitragen. Diesen Auftrag erfüllt die Schule, indem sie den Schülern (…) Werte wie (…) Verantwortungsbe-
wusstsein, Gerechtigkeit und Achtung vor der Überzeugung des anderen, berufliches Können, soziales
Handeln und freiheitliche demokratische Haltung vermittelt…"

Nachdem mehrere schriftliche Verweise keine Veränderung im Verhalten der M brachten, ordnet die A einen zweiwöchigen Ausschluss vom Unterricht an und droht gleichzeitig mit Schulverweis. Es sei den engagierten Lehrkräften des Gymnasiums unmöglich, den Bildungs- und Erziehungsauftrag der Schule wahrzunehmen, wenn keinerlei
Möglichkeit eines Blickkontakts mit der Schülerin bestünde. Schulunterricht könne,
um dem Bildungsauftrag gerecht zu werden, nicht in einem monologartigen Vortrag des
Lehrstoffs bestehen, sondern sei auf vielfältige offene Kommunikation angewiesen.

Schwierigkeiten bereitet A neuerdings auch der 12-jährige Erkan F (E), Bruder von
Mara F. Bei der Überreichung der Jahreszeugnisse sowie der Ehrenurkunden für besondere Leistungen zum Ende des Schuljahrs 2016 in der Aula des Gymnasiums ver-
weigerte er der A vor den versammelten Schülerinnen und Schülern, Eltern sowie dem
Lehrkörper demonstrativ den Handschlag. Im Gymnasium ist es zudem üblich, dass sich

zu Beginn des Wochenendes die Schüler per Handschlag vom jeweiligen Lehrer ver-
abschieden. Seit Beginn des neuen Schuljahrs verweigert Erkan F auch dies gegenüber
weiblichen Lehrkräften. A nimmt mit den Eltern Kontakt auf; diese erklären, nach ihrer
religiösen Überzeugung sei es Personen männlichen Geschlechts ab dem 12. Lebensjahr
untersagt, Frauen körperlich zu berühren. Oberstudiendirektorin A erteilt dem E einen
schriftlichen Verweis und droht weitere Ordnungsmaßnahmen an. Das Verhalten des E
sei nicht Ausdruck religiöser Überzeugung, sondern einer frauenfeindlichen Grundein-
stellung. Dies sei nicht tolerabel.

M und E beschreiten erfolglos den Rechtsweg gegen die Maßnahmen der Schulleitung.
Nachdem im Fall der M das Oberverwaltungsgericht den zweiwöchigen Unterrichts-
ausschluss und die Androhung der Verweisung als rechtmäßig bestätigt hat, M aber
weiterhin auf der Burka beharrt, spricht A am 1.3.2017 zum Schuljahresende 2017 den
Schulverweis aus. M möchte ihre Ausbildung am Albert-Einstein-Gymnasium beenden,
da andere Schulen mit ähnlicher Fächerkombination nicht erreichbar sind. Von der Sinn-
losigkeit weiterer gerichtlicher Verfahren überzeugt, wendet sie sich bereits am 3.3.2017
an das BVerfG. Sie beruft sich auf zwingende religiöse Gebote, deren Beachtung nicht
dazu führen dürfe, dass ihr das Grundrecht auf schulische Bildung verweigert werde.
Auch ihr Bruder E wendet sich, vertreten durch seine Eltern, an das BVerfG, nachdem das Verwaltungsgericht seine Klage gegen die Maßnahmen der A abgewiesen hat
und mit Zurückweisung einer Beschwerde zum Oberverwaltungsgericht der Rechtsweg
erschöpft wurde. Schließlich legen die Eltern auch in eigenem Namen Verfassungsbeschwerde gegen den Schulverweis der M ein. Sie berufen sich auf ihre religiösen Überzeugungen und ihr Erziehungsrecht.

Mit Aussicht auf Erfolg?

§ 5 des Gesetzes über die religiöse Kindererziehung (RelKErzG)

(1) Nach der Vollendung des 14. Lebensjahres steht dem Kinde die Entscheidung darüber zu, zu welchem religiösem Bekenntnis es sich halten will.

(2) Hat das Kind das 12. Lebensjahr vollendet, so kann es nicht gegen seinen Willen in einem anderen
Bekenntnis als bisher erzogen werden.

Vorüberlegungen

Mit der Abnahme konfessioneller Gebundenheit und religiöser Homogenität der Gesellschaft scheinen die Verfassungskonflikte um Art. 4 GG zuzunehmen. Vor allem Konflikte zwischen elterlichem Erziehungsrecht in religiösen Angelegenheiten und Schulpflicht bzw schulischem Erziehungsauftrag treten vermehrt auf (sind allerdings nicht
ganz neu: so war in den 1960er/1970er-Jahren die Einführung von Sexualkundeunter-
richt nicht unumstritten; er wird auch jetzt von fundamentalistischen Gruppierungen in
Frage gestellt). In der vieldiskutierten Frage der Teilnahme am koedukativen Schwimm-
und Sportunterricht (**Fall 14** der Vorauflage) hat mittlerweile das Grundsatzurteil des
BVerwG vom 11.9.2013 Klarheit gebracht, unter deutlicher Betonung des schulischen
Bildungs- und Integrationsauftrags. Ein allgemeines Burka-Verbot der französischen
Republik hat der EGMR mit Urteil vom 1.7.2014 bestätigt.[1] Mit dem Streit um den ver-
weigerten Handschlag wird auf aktuelle Fälle in Berlin und Hamburg abgestellt.

541

Aus dem Sachverhalt ergibt sich unschwer, dass hier einerseits die Verfassungsbe-
schwerden des Mädchens und des Jungen zu bearbeiten sind, andererseits die der Eltern.
Bei M und E geht es um Art. 4 GG, bei den Eltern in erster Linie um Art. 6 GG, also das
Elternrecht (das wiederum durch Art. 4 ergänzt oder verstärkt werden kann). Für beide
Grundrechte muss auf die verfassungsimmanenten Schranken zurückgegriffen werden,
da sie (sieht man ab von Art. 6 IV GG) an sich schrankenlos gewährleistet sind. Als
Schranke wirkt hier die gesetzliche Schulpflicht – um als verfassungsimmanente Schranke zu wirken, müsste sie ihrerseits Verfassungsrang haben. Hierfür bietet sich der Rückgriff auf den Schul-Artikel des Grundgesetzes an, also Art. 7 GG, aus dem jedenfalls
hervorgeht, dass der Staat Verantwortung für die schulische Bildung trägt.

542

Die Verfassungsbeschwerden sind hier unabhängig voneinander zu prüfen, zumal sich
bei M besondere Zulässigkeitsprobleme ergeben: sie ist noch nicht volljährig. Der bei-
gegebene Gesetzestext zeigt aber, dass der Gesetzgeber Minderjährigen in religiösen
Dingen offenbar besondere Selbstständigkeit zuerkennt: wenn sie ein Alter erreicht haben, in dem sie ihr Grundrecht aus Art. 4 GG selbstständig und ohne Mitwirkung ihrer
gesetzlichen Vertreter wahrnehmen können, sollte dies auch für die prozessuale Wahrnehmung, die Fähigkeit gelten, das Grundrecht im Wege der Verfassungsbeschwerde
wahrzunehmen. Hier kann auf die Rechtsfigur der „Grundrechtsmündigkeit" zurückgegriffen werden – die überhaupt nur in diesem Zusammenhang eine relevante Funktion
hat. Wenn im Übrigen das Mädchen hier grundrechtsmündig ist, so könnte dies die Frage aufwerfen, ob die Eltern insoweit noch ein elterliches Erziehungsrecht geltend machen können – hierauf allerdings dürfte man in der Bearbeitung nur nach intensivem
Nachdenken kommen. Im Namen der Tochter Verfassungsbeschwerde einzulegen, dürfte den Eltern jedoch verwehrt sein. Auch ist bei M der Rechtsweg noch nicht erschöpft;
hier könnte ein „schwerer und unabwendbarer Nachteil" in Erwägung gezogen werden.

543

In der Begründetheit folgt die Grundrechtsprüfung der üblichen Systematik. Wichtig ist,
genau herauszuarbeiten, worin der Grundrechtseingriff liegt: in der Verpflichtung, an

544

---

1 NJW 2014, 2925.

einer bestimmten Schulveranstaltung teilzunehmen. Diese Verpflichtung muss verfassungsrechtlich gerechtfertigt sein. Sie muss wie jeder Eingriff auf Gesetz beruhen – verfassungsimmanente Schranken wie bei Art. 4 I, II GG lassen ja den Vorbehalt des Gesetzes unberührt und laufen im Ergebnis auf einen qualifizierten Gesetzesvorbehalt hinaus: das einschränkende Gesetz muss dem Schutz eines gleichrangigen Verfassungsgutes dienen. Dies ist hier der staatliche Bildungsauftrag in seinem aus Art. 7 GG folgenden Verfassungsrang. Dabei wird darauf einzugehen sein, dass es sich bei der Ermächtigungsgrundlage im Schulgesetz um eine generalklauselartige Bestimmung handelt. Das BVerfG hat im Urteil vom 27.01.2015 – BVerfGE 138, 296 mit lesenswertem Sondervotum – für ein generelles Kopftuchverbot eine ausdrückliche gesetzliche Regelung gefordert.

545 # Gliederung

1. Teil: Verfassungsbeschwerde der M

A. Zulässigkeit
  I. Beschwerdeführerin
    1. M beteiligtenfähig (+)
    2. Prozessfähigkeit? (+): Grundrechtsmündigkeit
  II. Beschwerdegegenstand: Schulverweis
  III. Beschwerdebefugnis
    1. Mögliche Grundrechtsverletzung: Glaubensfreiheit aus Art. 4 I, II GG
    2. M selbst, gegenwärtig und unmittelbar betroffen
  IV. Rechtswegerschöpfung, Vorabentscheidung, § 90 II 2 BVerfGG
  V. Form und Frist

B. Begründetheit
  I. Glaubens- und Gewissensfreiheit, Art. 4 I, II GG
    1. Schutzbereich (+): Beachtung der Bekleidungsvorschriften
    2. Eingriff: Sonderrechtsverhältnis?
    3. Eingriffsrechtfertigung
      a) Verfassungsimmanente Schranken
      b) Gesetzliche Grundlage: LSchulG; Verfassungsmäßigkeit: Art. 7 I GG
      c) Anwendung des Gesetzes: Eignung (+), Erforderlichkeit (+),
         Angemessenheit? (+)
  II. Weitere Grundrechte (–)

C. Ergebnis

2. Teil: Verfassungsbeschwerde des E

A. Zulässigkeit

B. Begründetheit
    I. Religionsfreiheit des E, Art. 4 I, II GG
        1. Schutzbereich und Eingriff
        2. Rechtfertigung
    II. Weitere Grundrechte (–)

C. Ergebnis

3. Teil: Verfassungsbeschwerde der Eltern

A. Zulässigkeit
    I. Beschwerdeführer
    II. Beschwerdegegenstand
    III. Beschwerdebefugnis
        1. Mögliche Grundrechtsverletzung
        2. Betroffenheit
    IV. Weitere Zulässigkeitsvoraussetzungen

B. Begründetheit
    I. Religionsfreiheit der Eltern, Art. 4 I, II GG
        1. Schutzbereich – religiöses Erziehungsrecht und Grundrechtsmündigkeit
        2. Eingriff
        3. Rechtfertigung
    II. Elterliches Erziehungsrecht, Art. 6 II GG

C. Ergebnis

Musterlösung

546 Gegen die Entscheidung der Schulleiterin und die gerichtlichen Entscheidungen könnten sowohl die M in eigenem Namen als auch deren Eltern Verfassungsbeschwerde einlegen; Letztere einerseits als gesetzliche Vertreter der M, andererseits in eigenem Namen.

1. Teil: Verfassungsbeschwerde der M

Eine Verfassungsbeschwerde (VB) der M hat Aussicht auf Erfolg, wenn sie zulässig und begründet ist.

A. Zulässigkeit

I. Beschwerdeführerin

547 1. Die M ist als natürliche Person grundrechtsfähig und damit im Verfahren der Verfassungsbeschwerde **beteiligtenfähig**.

2. Fraglich ist jedoch, ob M **prozessfähig** ist, da sie minderjährig ist. Prozessfähigkeit bedeutet die Fähigkeit, selbst oder durch einen gewillkürten Vertreter Prozesshandlungen vorzunehmen, also auch eine Verfassungsbeschwerde einzulegen. Der Minderjährige, der ja nicht geschäftsfähig ist, ist grundsätzlich auch nicht prozessfähig. Etwas anderes könnte hier jedoch gelten, wenn M jedenfalls in Bezug auf ihr Grundrecht auf Glaubensfreiheit als **grundrechtsmündig** anzusehen wäre. Hierfür könnte an § 5 des Gesetzes über die religiöse Kindererziehung anzuknüpfen sein, wonach der Minderjährige bereits mit 12 Jahren eigene, von seinen Erziehungsberechtigten unabhängige Rechte, mit Vollendung des 14. Lebensjahres dann das uneingeschränkte Recht zur Selbstbestimmung in religiösen Angelegenheiten hat. Ihm wird also das Recht verliehen, seine Grundrechte selbstständig wahrzunehmen. Er wird damit als grundrechtsmündig anerkannt. Wenn aber der Minderjährige selbst über die Ausübung seiner Grundrechte bestimmen kann, wird man ihm auch das Recht zugestehen müssen, seine Grundrechte selbstständig geltend zu machen, insbesondere im Wege einer Verfassungsbeschwerde. Da die M das 14. Lebensjahr überschritten hat, ist sie hinsichtlich Art. 4 GG grundrechtsmündig. Damit hat M auch das Recht, ihr Grundrecht auf Glaubensfreiheit im Prozess selbstständig auszuüben. Sie ist prozessfähig.

II. Beschwerdegegenstand

548 Die VB der M ist gem. Art. 93 I Nr. 4a GG, § 90 I BVerfGG statthaft, wenn sie sich gegen einen Akt der öffentlichen Gewalt des Bundes oder eines Landes richtet. Zu den Akten der öffentlichen Gewalt zählt jede öffentlich-rechtliche Tätigkeit des Staates oder seiner Untergliederungen, also alle Akte der Legislative, Exekutive und Judikative. M richtet ihre VB gegen die **Verweisung** vom staatlichen Gymnasium. Dies ist ein Akt öffentlicher Gewalt.

III. Beschwerdebefugnis

Die M muss weiterhin beschwerdebefugt sein. **549**

1. Dies setzt zunächst voraus, dass die M plausibel geltend machen kann, durch den ihr angesonnenen Verzicht auf die Burka in ihren Grundrechten verletzt zu sein; dh nach ihrem Vortrag muss eine **Grundrechtsverletzung als möglich** erscheinen. Vorliegend beruft sich die M auf religiös motivierte Bekleidungsvorschriften, die sie für sich als maßgeblich erachtet, zu deren Missachtung sie gezwungen werde und deren Einhaltung für sie mit rechtlichen Nachteilen, dem Schulverweis, verbunden sei. Damit erscheint eine Verletzung ihres Grundrechts auf Glaubensfreiheit aus Art. 4 I, II GG jedenfalls als möglich. Denn zur Glaubensfreiheit ist grundsätzlich auch die Freiheit zu zählen, religiös bedingte Verhaltensregeln in Bezug auf das Verhalten in der Öffentlichkeit und die Kleidung dabei zu befolgen.

2. Die M ist auch **selbst**, **gegenwärtig** und **unmittelbar** betroffen.

IV. Rechtswegerschöpfung

Der Rechtsweg ist lt. Sachverhalt nicht ausgeschöpft. Dies könnte jedoch gemäß **550** § 90 II 2 BVerfGG ausnahmsweise nicht zur Unzulässigkeit der Verfassungsbeschwerde führen, wenn der Bf. sonst schwere und unabwendbare Nachteile drohen würden. Würde M auf den Rechtsweg verwiesen, so liefe sie Gefahr, das Schuljahr nicht abschließen zu können und in ihrer weiteren schulischen Ausbildung erhebliche Nachteile zu erleiden. Allerdings setzt eine **Vorabentscheidung** voraus, dass der Rechtsweg noch offen ist. Dies ist hier der Fall: eine verwaltungsgerichtliche Klage wäre noch nicht verfristet.

V. Form und Frist

Die VB der M muss gem. § 23 I BVerfGG schriftlich abgefasst und gem. § 92 BVerfGG begründet werden. Die Frist nach § 93 I BVerfGG hat noch nicht zu laufen begonnen.

Ergebnis: Die VB der M ist zulässig.

B. Begründetheit

Die VB der M ist begründet, wenn sie durch die Entscheidung der Direktorin in ihren **551** Grundrechten verletzt ist.

I. Glaubens- und Gewissensfreiheit, Art. 4 I, II GG

Die Beschwerdeführerin könnte in ihrem Grundrecht auf Glaubens- und Gewissensfreiheit aus Art. 4 I, II GG verletzt sein.

1. Schutzbereich

552 Dann müsste zunächst der Schutzbereich des Grundrechts eröffnet sein. Nach Art. 4 I GG ist die Freiheit des Glaubens unverletzlich. Nach Art. 4 II GG ist die freie Religionsausübung gewährleistet. Beide Absätze sind zusammen zu lesen und stellen ein einheitliches Grundrecht der Glaubens- und Religionsfreiheit dar. Da M sich hier auf die Lehren und Vorschriften des Islam beruft, ist der Schutzbereich des Art. 4 I, II GG eröffnet; jegliche religiöse Überzeugung ist geschützt.

Auch das Verhalten der M, die Beachtung der von ihrer Glaubensgemeinschaft vorgegebenen und als verbindlich erachteten Bekleidungsvorschriften, müsste in den Schutzbereich des Art. 4 I, II GG fallen. Die Glaubensfreiheit umfasst jedoch nicht nur die Freiheit, einen Glauben oder eine religiöse Überzeugung innezuhaben, das sog. forum internum, sondern auch, diesen Glauben nach außen hin zu vertreten, wie schließlich auch das glaubensgeleitete Verhalten im Alltag, das sog. forum externum. Wenn nun eine Glaubensgemeinschaft die Einhaltung bestimmter Bekleidungsvorschriften als wesentlichen Bestandteil einer vom Glauben geleiteten Lebensführung ansieht, so genießen auch diese als Ausdruck religiös fundierter Überzeugungen den Schutz des Art. 4 I, II GG. Wenn M sich also an das Gebot einer Ganzkörperverschleierung halten will, das sie auf Grund ihrer religiösen Einstellung für sich als verbindlich erachtet, so ist diese Entscheidung als Ausdruck der Glaubensfreiheit des Art. 4 I, II GG zu achten. Dem steht auch nicht entgegen, dass andere, liberalere Richtungen im Islam dies nicht fordern. Denn es geht um die religiöse Überzeugung der M als Angehöriger einer strengen Auslegung des Islam. Der Schutzbereich des Art. 4 I, II GG ist also auch insoweit eröffnet.

2. Eingriff

553 Es müsste ein Eingriff vorliegen. Ein Eingriff kann darin liegen, dass die Grundrechtsträgerin veranlasst wird, den Bekleidungsvorschriften ihres Glaubens zuwider zu handeln und an das aus ihrer Sicht glaubenskonforme Verhalten nachteilige Sanktionen wie hier die Schulverweisung geknüpft werden. Auch im Schulverhältnis gelten die Grundrechte.

3. Eingriffsrechtfertigung

554 a) Dieser Eingriff in die Religionsfreiheit der M müsste aus den Schranken des Grundrechts zu rechtfertigen sein. Das Grundrecht aus Art. 4 I, II GG ist an sich schrankenlos gewährleistet. Ein Gesetzesvorbehalt könnte sich jedoch aus den Bestimmungen der WRV ergeben, die durch Art. 140 GG in das Grundgesetz inkorporiert wurden und die auch vollgültiges Verfassungsrecht sind. Wenn nach Art. 136 I WRV die für alle geltenden staatsbürgerlichen Rechte und Pflichten durch die Ausübung der Religionsfreiheit unberührt bleiben, so könnte dies im Sinne eines Gesetzesvorbehalts aufgefasst werden. Dies würde allerdings der vorbehaltlosen Gewährleistung des Art. 4 I, II GG widersprechen. Aus ihr wird, gerade auch angesichts der systematischen Stellung des Art. 4 GG im Grundrechtsteil des Grundgesetzes, deutlich, dass dieses Grundrecht keinem einfachen Gesetzesvorbehalt unterliegen soll. Vielmehr können für das Grundrecht aus

Art. 4 I, II GG nur **verfassungsimmanente Schranken** gelten. Denn kein Grundrecht kann schrankenlos ausgeübt werden, die grundrechtliche Freiheit muss dort jedenfalls enden, wo ihre Ausübung andere gleichrangige Rechtsgüter verletzt. Deshalb können Eingriffe in das vorbehaltlose Grundrecht aus Art. 4 I, II GG durch kollidierende Grundrechte und anderweitige Verfassungsgüter gerechtfertigt werden. Es sind dies die so genannten „immanenten Schranken" des Grundrechts.[2]

b) Voraussetzung für einen Eingriff ist wegen des Gesetzesvorbehalts für alle Eingriffs­akte auch dann eine **gesetzliche Grundlage**.[3] Sie liegt hier in der Verhaltenspflicht und der daran anknüpfenden Ermächtigung zu Ordnungsmaßnahmen in § 39 LSchG X iVm der Festlegung des Erziehungs- und Bildungsauftrags in § 1 LSchG X. Es handelt sich beim LSchulG um ein formelles Gesetz, das vom zuständigen Landesgesetzgeber er­lassen wurde und an dessen verfassungsmäßigem Zustandekommen keine Zweifel bestehen.

555

Um aber als Beschränkung für das an sich vorbehaltlose Grundrecht aus Art. 4 I, II GG herangezogen zu werden, müsste es sich hier um eine verfassungsimmanente Schranke handeln, müsste also das Gesetz Rechtsgüter von Verfassungsrang schützen. Dies könnte hier der verfassungsrechtliche Bildungs- und Erziehungsauftrag des Staates aus Art. 7 I GG sein. Er umfasst nicht nur die Vermittlung von „Wissen". Vielmehr sollen die Ju­gendlichen auf das Erwachsenenleben und hierbei auf eine verantwortliche und selbst­bestimmte Teilhabe an der Gesellschaft vorbereitet werden. Sie sollen soziale Kompe­tenzen erwerben, wie sie in der Bestimmung des Erziehungs- und Bildungsauftrag in § 1 LSchulG X genannt werden. Dieser Integrationsauftrag der Schule hat Verfassungs­rang. Er kann also Beschränkungen auch der Glaubensfreiheit rechtfertigen. Dem steht hier auch nicht unter dem Gesichtspunkt eines Parlamentsvorbehalts entgegen, dass es sich bei der Ermächtigungsgrundlage im Schulgesetz um eine generalklauselartige Bestimmung handelt. Angesichts der Vielgestaltigkeit möglicher Verhaltensweisen im Widerspruch zum Erziehungs- und Bildungsauftrag muss der Gesetzgeber nicht jeden Einzelfall im Voraus erfassen, kann vielmehr die Exekutive – hier also die Schule – dazu ermächtigen, die im Einzelfall erforderlichen Maßnahmen zu treffen.

Die Bestimmungen des Schulgesetzes sind somit geeignete Rechtsgrundlage.

c) Ein Grundrechtsverstoß könnte jedoch in der **Anwendung des Gesetzes** gegenüber M liegen. Das von der Direktorin ausgesprochene Verbot der Ganzkörperverschleierung müsste eine legitime Zielsetzung verfolgen. Dies ist zu bejahen. Ein Unterricht, der ent­sprechend dem Erziehungs- und Bildungsauftrag der Schule sowohl Wissensvermittlung anstrebt, als auch die Förderung sozialen Verhaltens und die Integration in eine Schul­gemeinschaft, erfordert die Möglichkeit der Kommunikation zwischen Schülern und Pädagogen ebenso wie unter den Schülern. Eine Ganzkörperverschleierung nach Art der Burka steht dem entgegen, zumal dazu auch die non-verbale Kommunikation zu zählen ist. Das Verbot war also im Interesse des Erziehungs- und Bildungsauftrags er-

556

---

2 BVerfGE 28, 243 (260); 52, 223 (246).
3 Achtung: die verfassungsimmanenten Schranken allein sind noch keine Grundlage für ein Einschreiten; erforder­lich ist ein Gesetz (Gesetzesvorbehalt!), das seinerseits die verfassungsimmanenten Schranken verwirklicht, also dem Schutz entsprechend hochrangiger Rechtsgüter dient.

forderlich. Das gilt dann aber auch für hieran anknüpfende Sanktionen, um das Verbot durchzusetzen.

557 Die Entscheidung der Direktorin müsste aber auch im engeren Sinn verhältnismäßig, also **angemessen** sein. Sie müsste auf einem verfassungskonformen Ausgleich der Glaubensfreiheit der M mit dem staatlichen Bildungsauftrag beruhen. Hierfür bedarf es einer Abwägung der kollidierenden verfassungsrechtlichen Belange.

Auf der einen Seite steht die Glaubensfreiheit der M als ein Grundrecht von hohem verfassungsrechtlichem Gewicht. Auf der anderen Seite verfolgt der Staat gleichermaßen mit Verfassungsrang ausgestattete Bildungsziele. Diese Verfassungsgüter sind in verhältnismäßigem Ausgleich zu bringen. Der Staat hat einerseits religiöse Empfindungen zu achten, und damit auch die Freiheit, die Lebensführung an der Glaubensüberzeugung auszurichten. Dies darf jedoch nicht dazu führen, dass religiös bedingte Verhaltensweisen die Durchführung des staatlichen Bildungs- und Erziehungsauftrags soweit behindern, dass ihm der Staat nicht mehr oder nur unzureichend nachkommen kann. Dies ist der Fall bei einem Verhalten, das offene Kommunikation nahezu unmöglich macht. Dabei ist auch in Rechnung zu stellen, inwieweit der staatliche Bildungs- und Erziehungsauftrag beeinträchtigt wird, wenn unter vergleichbaren Umständen eine Vielzahl von Grundrechtsträgerinnen in gleicher Weise von ihrer Glaubensfreiheit Gebrauch machen wollten.[4] Andererseits würde M nicht die Möglichkeit genommen, in einer ihren Vorstellungen zumindest nahekommenden Bekleidung am Unterricht teilzunehmen. Das Verbot ist daher verhältnismäßig, die Bedeutung der Religionsfreiheit wurde nicht verkannt. Ebenso verhältnismäßig ist dann auch die Sanktion der Schulverweisung jedenfalls dann, wenn diese als ultima ratio ergriffen wird. Dies ist hier der Fall, nachdem weniger eingreifende Maßnahmen wirkungslos geblieben sind.

Die Entscheidung der Direktorin war also nicht unangemessen, die M ist nicht in ihrem Grundrecht auf Glaubens- und Gewissensfreiheit verletzt.

II. Weitere Grundrechte

558 Weitere Grundrechte, die verletzt sein könnten, sind nicht ersichtlich. Das Recht auf freie Wahl der Ausbildungsstätte in Art. 12 I GG bezieht sich nicht auf allgemein bildenden Schulen, sondern auf berufsvorbereitende Ausbildungseinrichtungen und gewährt zudem keinen Anspruch auf auf Einrichtung etwa einer Schulklasse, in der die Unterrichtung von verschleierten Schülerinnen mit einer geeigneten Unterrichtsmethode möglich ist. Das Recht auf Teilhabe an staatlichen Leistungen im Ausbildungswesen beschränkt sich auf das, was der oder die Einzelne von der Gesellschaft vernünftigerweise erwarten kann.[5]

C. Ergebnis

Die Verfassungsbeschwerde der M ist zulässig, aber unbegründet.

---

4 BayVGH NVwZ 2014, 1109 Rn 18.
5 BVerfGE 33, 303.

2. Teil: Verfassungsbeschwerde des E

Eine Verfassungsbeschwerde (VB) des E hat Aussicht auf Erfolg, wenn sie zulässig und begründet ist.

A. Zulässigkeit

Da E durch seine Eltern vertreten ist, kommt es auf die Frage der Grundrechtsmündig- **558a**
keit nicht an. Im Rahmen der Beschwerdebefugnis könnte fraglich sein, ob E sich in der Frage der Verweigerung des Handschlags auf das Grundrecht des Art. 4 I, II GG unter dem Gesichtspunkt religiöser Lebensführung berufen kann. Dies erscheint jedoch zumindest nicht gänzlich ausgeschlossen, stellt man die Einlassung seiner Eltern in Rechnung. Im Übrigen kann für die Zulässigkeit der Verfassungsbeschwerde auf die Ausführungen zu M verwiesen werden; der Rechtsweg ist im Fall des E erschöpft.

B. Begründetheit

I. Religionsfreiheit des E, Art. 4 I, II GG

1. Im Fall des E könnte fraglich sein, ob auch die Verweigerung des Handschlags dem **559**
Schutz der Glaubens- und Gewissensfreiheit des Art. 4 I, II GG unterfällt. Es ist grundsätzlich Sache der jeweiligen Glaubensgemeinschaft, autonom darüber zu entscheiden, welche Anforderungen an die Lebensführung ihrer Mitglieder zu stellen sind. Wenn E einer Glaubensrichtung anhängt, die besonders rigide Anforderungen an das Verhältnis der Geschlechter stellt, so ist dies hinzunehmen. Der Schutzbereich des Art. 4 I, II GG ist also eröffnet. Auch ein **Eingriff** in das Grundrecht ist gegeben; hierfür kann auf die Ausführungen zu M verwiesen werden.

2. Dies gilt auch für die **Rechtfertigung des Eingriffs**, soweit die hinreichende gesetz- **559a**
liche Grundlage in Frage steht. Auch ist ein legitimes Eingriffsziel zu bejahen. Denn das Verhalten des E widerspricht dem Erziehungs- und Bildungsauftrag, der auch auf soziales Verhalten, Toleranz und Vermittlung grundlegender Werte wie den der Gleichberechtigung gerichtet ist. Der Eingriff müsste des Weiteren verhältnismäßig sein. Da hier die mildeste Sanktion gewählt wurde, ist Erforderlichkeit zu bejahen. Des Weiteren müsste der Eingriff auch angemessen sein. Auch wenn hier auf Seiten des E sein Grundrecht aus Art. 4 I, II GG betroffen ist, so handelt es sich doch eher um einen Randaspekt einer glaubensgeleiteten Lebensführung. Auch ist dessen Gewicht deshalb geringer anzusetzen, weil hier ein deutlicher Widerspruch zu grundlegenden Wertungen der Verfassung, insbesondere der Gleichberechtigung besteht. Eben hierauf ist andererseits der Bildungsauftrag der Schule gerichtet. Seine Verwirklichung wird nachhaltig erschwert, wenn das Verhalten der Schüler als Ausdruck einer grundsätzlichen Missachtung weiblicher Lehrkräfte empfunden werden muss.

Art. 4 I, II GG ist also nicht verletzt.

II. Weitere Grundrechte

Weitere Grundrechte, die verletzt sein könnten, sind nicht ersichtlich.

C. Ergebnis

Die Verfassungsbeschwerde des E ist unbegründet.

3. Teil: Verfassungsbeschwerde der Eltern

A. Zulässigkeit

I. Beschwerdeführer

560 Bei einer Verfassungsbeschwerde der Eltern der M im eigenen Namen bestehen keine Bedenken gegen ihre Beschwerdefähigkeit und Prozessfähigkeit.

II. Beschwerdegegenstand

Der Beschwerdegegenstand einer solchen Verfassungsbeschwerde wäre identisch mit dem bei den von M und E selbst erhobenen Verfassungsbeschwerden. Auch die Eltern wenden sich gegen die Entscheidungen der Schulleitung.

III. Beschwerdebefugnis

561 1. Die Eltern müssten, wenn sie in eigenem Namen Verfassungsbeschwerde erheben, geltend machen, **in eigenen Grundrechten verletzt** zu sein. Sie könnten insbesondere ihr elterliches Erziehungsrecht aus Art. 6 II GG geltend machen, das grundsätzlich auch die Erziehung in religiösen Angelegenheiten umfasst. Ein Verstoß hiergegen ist jedenfalls dann nicht ausgeschlossen, wenn Vorstellungen der Erziehungsberechtigten und der Schulleitung einander widersprechen und die Schulleitung ihre Vorstellungen gegen die der Erziehungsberechtigten durchsetzt. Auch eine Verletzung ihrer Grundrechte aus Art. 4 I, II GG ist dann nicht ausgeschlossen, wenn die Eltern eine entsprechende Erziehung als ihre religiöse Pflicht ansehen.

2. Die Eltern sind in ihren Grundrechten auch selbst, gegenwärtig und unmittelbar **betroffen**.

IV. Weitere Zulässigkeitsvoraussetzungen

562 Für die Frage der Rechtswegerschöpfung, der Form und Frist ist auf die Ausführungen zur Verfassungsbeschwerde der M und des E zu verweisen.

B. Begründetheit

563 Die Verfassungsbeschwerde der Eltern der M ist begründet, wenn sie durch die Entscheidung der Schulleitung in ihren Grundrechten verletzt sind.

I. Religionsfreiheit der Eltern, Art. 4 I, II GG

1. Schutzbereich

Nach Art. 4 I, II GG ist es Sache der Eltern, ihren Kindern Überzeugungen in Glaubens- und Weltanschauungsfragen zu vermitteln.[6] Wenn also M gezwungen wird, religiös motivierten Bekleidungsvorschriften zuwiderzuhandeln, so sind damit auch deren Eltern in ihrem Recht, M die entsprechende religiöse Einstellung zu vermitteln, berührt. Dies könnte allerdings deshalb fraglich sein, weil das Mädchen hier grundrechtsmündig ist. Hierdurch könnten die Eltern aus ihrem religiösen Erziehungsrecht verdrängt sein. Nun besagt aber das einschlägige Gesetz (§ 5 RelKErzG) nur, dass Kinder ab einem bestimmten Alter nicht mehr gegen ihren Willen in einem bestimmten Bekenntnis erzogen werden dürfen. Nur im Konfliktfall muss das Erziehungsrecht insoweit zurücktreten. Der Schutzbereich des Art. 4 I, II GG ist also auch auf Seiten der Eltern eröffnet.

564

2. Eingriff

Ebenso wie im Verhältnis zu M, liegt auch im Verhältnis zu den Eltern der M ein Grundrechtseingriff vor.

565

3. Rechtfertigung

Auch gegenüber den Eltern der M bezeichnet der gesetzliche Bildungsauftrag eine verfassungsimmanente Schranke der Grundrechte aus Art. 4 I, II GG. Das Gesetz müsste aber auch im Verhältnis zu den Eltern verfassungskonform angewandt worden sein. Dabei wiegt jedoch in der Abwägung der Eingriff in ihre Grundrechte weniger schwer, als gegenüber der M. Denn mit der Grundrechtsmündigkeit der M in religiösen Fragen verliert das Erziehungsrecht der Eltern in dieser Beziehung an Gewicht. Auch werden sie selbst nicht veranlasst, unmittelbar gegen religiös motivierte Bekleidungsvorschriften zu verstoßen. Der Eingriff ist nicht unangemessen.

566

II. Elterliches Erziehungsrecht, Art. 6 II GG

Das Recht der Eltern, ihren Kindern Überzeugungen in Glaubens- und Weltanschauungsfragen zu vermitteln, wird auch durch Art. 6 II GG geschützt. Es wird ebenso wie das Grundrecht aus Art. 4 I, II GG durch den staatlichen Bildungs- und Erziehungsauftrag des Art. 7 I GG begrenzt und vermittelt keinen weitergehenden Schutz als dieses. Auch die Rechte der Eltern der M aus Art. 6 II GG werden also nicht verletzt.

567

C. Ergebnis

Die Verfassungsbeschwerde der Eltern der M ist zulässig, aber unbegründet.

---

6   Vgl BVerfGK 10, 423 = NVwZ 2008, 72.

Wiederholung und Vertiefung

A. Glaubens- und Gewissensfreiheit, Art. 4 I, II GG

I. Schutzbereich

1. Schutz des Glaubens, Freiheit des religiösen Bekenntnisses, Art. 4 I GG

568 Grundrechtlich geschützt sind:

- Das **forum internum**: der Glauben (oder Unglauben), die religiöse und die areligiöse Weltanschauung;
- das **forum externum**: die Äußerung des Glaubens/der Weltanschauung;
- die **religiöse Lebensführung** außerhalb der eigentlichen religiösen Betätigung: darunter fällt insbesondere die Einhaltung von Bekleidungs- und Ernährungsvorschriften, aber auch die religiös motivierte Ablehnung lebensrettender Bluttransfusionen (BVerfG NJW 2002, 206);
- geschützt ist auch: die **negative Glaubensfreiheit**; insbesondere gegenüber der ungewollten Konfrontation mit religiösen Inhalten, so iFd Kruzifix-Entscheidung BVerfGE 93, 1.

2. Ungestörte Religionsausübung, Art. 4 II GG

- Art. 4 II GG ist ein Unterfall des Art. 4 I GG, häufig wird einheitlich auf Art. 4 I, II GG abgestellt; Art. 4 II GG umfasst insbesondere auch die kollektive Religionsausübung und ist das Grundrecht der Glaubensgemeinschaften; geschützt sind der kultische Bereich und das Wirken „in der Welt".
- Grundrechtlichen Schutz genießt über Art. 4 II GG auch das Selbstbestimmungsrecht der Glaubensgemeinschaften nach Art. 140 GG iVm Art. 137 III WRV; dessen Schutzbereich wird vom BVerfG weit gefasst und umfasst insbesondere auch Autonomie der kirchlichen Einrichtungen im Bereich des Arbeitsrechts (BVerfGE 70, 138) – weshalb die Kündigung des Arztes in einem kirchlichen Krankenhaus wegen seiner Äußerungen zum Abtreibungsparagrafen oder der Kindergärtnerin eines kirchlichen Kindergartens wegen außerehelicher Beziehungen von Art. 4 II iVm Art. 140 GG, Art. 137 III WRV grundrechtlichen Schutz genießt.

3. Gewissensfreiheit, Art. 4 I GG

Freiheit, dem „persönlichen Bewusstsein vom sittlich Guten und Bösen" gemäß zu handeln.

II. Eingriff

568a Ein typischer Eingriff in die **positive** Glaubensfreiheit liegt in jenen schulischen Fällen vor, in denen aus religiösen Gründen Befreiung vom Schulunterricht oder sonstigen schulischen Veranstaltungen (Klassenfahrt) begehrt wird – so beim koedukativen Sportunterricht: Schülerinnen bzw deren Eltern beantragen Befreiung, weil das Tragen von Sportdress und Badebekleidung in der Öffentlichkeit und der Anblick ihrer Mitschüler in knapper Badebekleidung ihren Glaubensvorstellungen widerspricht. Andererseits kann besonders im Schulverhältnis die staatlicherseits bewirkte Konfrontation mit religiösen Inhalten einen Eingriff in die **negative Religionsfreiheit** bedeuten, so im Fall der viel diskutierten Kruzifix-Entscheidung (BVerfGE 93, 1), das Kruzifix als Symbol des christlichen Glaubens wurde staatlicherseits angebracht, der Schüler hiermit konfrontiert.

Erhebt eine Schülerin, die zur Teilnahme am Sportunterricht gezwungen wird, Verfassungsbeschwerde, so wird regelmäßig die Frage der **Grundrechtsmündigkeit** anzusprechen sein (dazu *Pieroth/Schlink/Kingreen/Poscher* Rn 143). Sie ist richtigerweise allein auf die Prozessfähigkeit zu beziehen – die grundrechtsmündige Beschwerdeführerin ist prozessfähig; hinsichtlich der Glaubensfreiheit ist an § 5 des Gesetzes über die religiöse Kindererziehung anzuknüpfen, wonach mit Vollendung des 14. Lebensjahres das Recht zur Selbstbestimmung in religiösen Angelegenheiten verliehen wird.

III. Eingriffsrechtfertigung

1. Die Wirkweise **verfassungsimmanenter Schranken** von Grundrechten wie Art. 4 I, II GG wird exemplarisch deutlich am Beispiel der Kopftuch tragenden Lehrerin.[7] Die Einhaltung religiös motivierter Kleidungsvorschriften fällt unter Art. 4 I, II GG, das Kopftuchverbot greift also in das Grundrecht ein. Es bedarf deshalb einer gesetzlichen Grundlage (die in den jeweiligen landesrechtlichen Vorschriften zu suchen ist). Dem Eingriff muss jedoch ein Regelungsziel mit Verfassungsrang zugrundeliegen – ein beliebiges öffentliches Interesse genügt nicht. Insofern handelt es sich bei den verfassungsimmanenten Schranken um einen qualifizierten Gesetzesvorbehalt. Es muss also dargelegt werden, dass das Tragen des Kopftuchs durch die Lehrerin im Widerspruch zu Werten des Grundgesetzes steht, wie die Lehrerin zB den verfassungsrechtlichen Erziehungsauftrag der Gleichberechtigung der Geschlechter nicht zu verkörpern vermag und dass deshalb auf der Grundlage des einschlägigen Schulgesetzes bzw des Beamtenrechts das Tragen des Kopftuchs untersagt werden kann (Rn 569a). **569**

Die Eingriffsrechtfertigung setzt also voraus:
– Schrankengesetz
– zum Schutz gleichrangiger Verfassungsgüter
– Verfassungsmäßigkeit des Schrankengesetzes
– verfassungskonforme Anwendung

2. Art. 137 III WRV garantiert kirchliche Selbstbestimmung im Rahmen der allg. Gesetze; diese aber sind nach Maßgabe von Art. 4 II GG anzuwenden; auch hier besteht also ein qualifizierter Gesetzesvorbehalt.

IV. Aktuelle Entwicklungen

Nach der Verlagerung der Gesetzgebung über den Ladenschluss in die ausschließliche Zuständigkeit der Länder stehen unterschiedliche Ladenschlussgesetze im Hinblick auf **569a**

---

7 Dazu eingehend *Hufen*, Staatsrecht II, § 22 Rn 44.

den Sonntagsschutz zur Diskussion. Das BVerfG entnimmt hier aus Art. 4 I, II GG iVm Art. 140 GG, Art. 139 WRV eine staatliche Schutzpflicht.[8] Im Ladenschlussgesetz des Landes Berlin sah das BVerfG diese Schutzpflicht nicht hinreichend verwirklicht.

Im **Kopftuchstreit** hat das BVerfG die abstrakte Gefahr innerschulischer Konflikte nicht als ausreichende Grundlage für ein generelles gesetzliches Kopftuchverbot bzw Verbot des Tragens „religiös konnotierter Bekleidungsstücke" für Lehrerinnen gesehen und konkrete einzelfallbezogene Entscheidung durch die Schule verlangt.[9] Für Schülerinnen sieht BayVGH ein Burkaverbot durch das Lehrkonzept offener Kommunikation als gerechtfertigt.[10] In den endlosen Auseinandersetzungen um koedukativen Sport- und Schwimmunterricht betont nunmehr das BVerwG den staatlichen Bildungs- und Erziehungsauftrag.[11] Dieser würde leerlaufen, würde man jedweder individuellen Glaubenshaltung Vorrang einräumen. Die Konfrontation mit abweichenden Verhaltensweisen muss hingenommen werden, sensible Schülerinnen müssen also den Anblick ihrer Mitschüler in Badebekleidung ertragen.

Aus der Ausbildungsliteratur: *Tillmanns*, Die Religionsfreiheit (Art. 4 I, II GG), JURA 2004, 619; *Sachs*, Verbot einer Religionsgemeinschaft („Kalifatsstaat") – BVerwG, NVwZ 2003, 986, JuS 2004, 12; *Neureither*, Grundfälle zu Art. 4 I, II GG, JuS 2006, 1067, JuS 2007, 20; *Büscher/Glasmacher*, Schule und Religion, JuS 2015, 513; *Volkmann*, Dimensionen des Kopftuchstreits, JURA 2015, 1083.

Aktuelle Rechtsprechung: BVerfGE 108, 282 (Kopftuch I); BVerfGE 105, 279 (Osho); BVerfGE 104, 337 (Schächten); LAG Hamm, NJW 2002, 1970 (Gebetspausen während der Arbeitszeit); BVerwGE 141, 223 (Gebet in der Schule); EGMR NVwZ 2010, 1353 (Kruzifix); BVerfGE 138, 296 (Kopftuch II); EGMR NJW 2014, 2925 (Burkaverbot Frankreich).

Weitere Fälle im thematischen Zusammenhang: *Laskowski/Dietrich*, Eine Richterin mit Kopftuch, JURA 2002, 271; *Lyra*, Kleider machen Leute – und Probleme, JA 2002, 678; *Jeand'Heur/Cremer*, Warnungen vor Sekten, JuS 2000, 991; *Kahl*, Koran und Schulsport, JuS 1995, 904; *Rademacher/Janz*, Schulpflicht auch im Glauben?, JURA 2008, 223; *Kühn/Wank*, Helm oder Glaube?, JURA 2014, 94; *Goerlich/Zimmermann*, Kampf der Religionen, JuS 2013, 1117; *Enders*, Hüllenbad statt Hallenbad?, JuS 2013, 54; *Stumpf*, Ora et cena: Das (ge)wichtige Recht der Religionsfreiheit, JuS 2014, 1110.

B. Ehe, Familie, Schule, Art. 6, 7 GG

I. Schutz von Ehe und Familie, Art. 6 I GG

570 1. Schutzbereich: „Ehe" ist das auf Dauer angelegte und staatlich beurkundete Zusammenleben von Mann und Frau in umfassender Lebensgemeinschaft; nicht aber die Lebensgemeinschaft, nicht die gleichgeschlechtliche Lebensgemeinschaft; entspr. allg. Begriffsverständnis und Leitbild der bürgerlich-rechtlichen Ehe; „Familie" ist die umfassende Gemeinschaft von Eltern und Kindern, auch Elternpaare mit nichtehelichen Kindern, auch „Teilfamilien"; auch zwei Personen gleichen Geschlechts, die in einer biologischen oder rechtlichen Elternbeziehung stehen.

---

8 BVerfGE 125, 39 (77 f.).
9 BVerfGE 138, 296 mit abw. Meinung *Schluckebier* und *Herrmann*.
10 BayVGH NVwZ 2014, 1109.
11 BVerwGE 147, 362.

2. Art. 6 I GG schützt als *Abwehrrecht* gegen Eingriffe, zB in die Freiheit zur Eheschließung und Familiengründung und zum Zusammenleben in Ehe und Familie, in die ehel. Privatsphäre und den räumlich-gegenständlichen Bereich der Ehe. Der Gesetzgeber kann (und muss) ausgestaltende Regelungen treffen, die jedoch – wie zB gesetzliche Ehehindernisse – gegenüber dem Grundrecht gerechtfertigt sein müssen. Eingriffe sind nur im Rahmen verfassungsimmanenter Schranken möglich, für Eingriffe in das elterliche Erziehungsrecht s Art. 6 II, III GG.

3. Art. 6 I GG schützt Ehe und Familie als *obj. Grundsatznorm*; hieraus folgt ein Schutz- und Förderungsgebot, insbesondere Familienlastenausgleich sowie ein Diskriminierungsverbot – deshalb war die Zweitwohnungssteuer bei beruflich bedingtem zweiten Wohnsitz und ehelicher Wohnung in einer anderen Gemeinde eine verfassungswidrige Diskriminierung der Ehe.[12] Der besondere Schutz für die Ehe verbietet jedoch nicht eine Gleichstellung auch der nichtehelichen Lebensgemeinschaft bzw der gleichgeschlechtlichen Partnerschaft.[13]

II. Elternrecht, Art. 6 II, III GG und schulischer Bildungs- und Erziehungsauftrag

1. Inhalt des Elternrechts – Pflege und Erziehung, Art. 6 II 1 GG: umfasst Erziehungsziele, Erziehungsmittel, keine Festlegung staatlicher Erziehungsziele; es handelt sich um ein pflichtgebundenes Recht: Orientierung am Kindeswohl; Träger des Elternrechts sind die natürlichen Eltern, auch der nichteheliche Vater; sowie die Pflegeeltern[14] – insofern sind Grundrechtskollisionen im Verhältnis zu den natürlichen Eltern möglich. **571**

2. Schranken: Das staatliche Wächteramt, Art. 6 II 2 GG, ermächtigt zu Eingriffen im Interesse des Kindeswohls.

3. Beschränkungen sind insbesondere legitimiert durch staatliche Schulhoheit, Art. 7 I GG; sie wirkt als verfassungsimmanente Schranke des Elternrechts nach Art. 6 II GG und ist hierzu in verhältnismäßigen Ausgleich zu bringen.

4. Das Grundrecht auf freie Gründung von **Privatschulen** begründet nach BVerfGE 112, 74 jedenfalls objektive Verfassungspflicht zur Förderung von Privatschulen.

Aktuelle Rechtsprechung: VG Berlin NVwZ-RR 2010, 189 (Islamisches Gebet in der Schule); BVerfGE 133, 59 (Sukzessivadoption durch Lebenspartner); BVerfG NJW 2015, 44 (Schulpflicht).

Aus der Ausbildungsliteratur: *Franz/Günther*, Grundfälle zu Art. 6 GG, JuS 2007, 626, 716; *Kramer*, Grundfälle zu Art. 7 GG, JuS 2009, 1090;

Weitere Fälle im thematischen Zusammenhang: *Reimer*, Fortgeschrittenenhausarbeit – Öffentliches Recht: Homeschooling, JuS 2008, 424; s ferner o. zu Art. 4 GG sowie Klausurenkurs II, Fall 4.

---

12 BVerfGE 114, 316.
13 BVerfGE 105, 313.
14 BVerfGE 68, 176; 79, 51; 133, 59.

Fall 15

Sehen und gesehen werden[1]

Kleiner Schein / Zwischenprüfung, 2-3 Std.

572 Nicole W, regierende Bürgermeisterin eines Stadtstaats der Bundesrepublik (S) sieht sich wegen gravierender Termin- und Kostenüberschreitungen bei einem Großprojekt seit Längerem erheblicher Kritik ausgesetzt; insbesondere wird ihr vorgeworfen, im Aufsichtsrat der Projektgesellschaft versagt zu haben. Die Opposition hat aus diesem Grund ein Misstrauensvotum beantragt. Die Chancen der W, im Amt zu verbleiben, werden angesichts unklarer Mehrheitsverhältnisse im Parlament (Senat) als unsicher bezeichnet. W übersteht den Misstrauensantrag mit knapper Mehrheit. Am Tag nach dem Misstrauensvotum erscheint in der für S bestimmten Lokalausgabe der überregionalen „Abendpost" ein Artikel über W mit der Überschrift „Vor der Vertrauensabstimmung ging's in die New-York-Bar", der sich mit diversen Stadien der Laufbahn von W befasst und mit drei, offenbar durch die Scheibe fotografierten Aufnahmen illustriert, wie sie, so die Bildunterschrift, „sichtlich entspannt mit Freunden in der New-York-Bar" saß. Es handle sich hier um ein „Künstler- und Promilokal" in einem „In-Viertel von S". Auf einer der Aufnahmen ist W zusammen mit ihrer Lebensgefährtin, der mit ihr verpartnerten Schauspielerin Georgette K zu sehen. Der Bericht mit den Abbildungen erscheint auch im Internet-Auftritt „www.abendpost.online".

W sieht hierin eine Verletzung ihrer Privatsphäre. Sie habe als Privatfrau in ihrer Freizeit das Lokal aufgesucht, wo sie Stammgast sei und habe nicht damit rechnen müssen, hierbei von aufdringlichen Pressefotografen beobachtet zu werden. Sie klagt gegen die „Berliner Verlags AG (V-AG)", bei der die Abendpost erscheint, auf Unterlassung der Berichterstattung und Entfernung des Artikels von der Internetseite „www.abendpost.online". Auch K klagt auf Unterlassung bzw Entfernung des sie zeigenden Fotos. W und K rügen die Verletzung ihrer Privatsphäre. Der Bundesgerichtshof gibt der Klage der K in letzter Instanz statt. Ein Unterlassungs- und Beseitigungsanspruch folge aus § 1004 BGB; gemäß § 22 KUG hätte sie nicht ohne Einwilligung abgebildet werden dürfen. Ihre Beziehung zu W sei rein privater Natur, deshalb müsse hier ihr Persönlichkeitsrecht Vorrang haben. Die Klage der W wird demgegenüber abgewiesen. Sie sei eine Person der Zeitgeschichte.

Sowohl W als auch der Verlag (V-AG) legen gegen das jeweils für sie nachteilige Urteil Verfassungsbeschwerde ein. W meint, auch Prominente hätten Anspruch auf Privatsphäre. Dies fordere auch die EMRK. Der Verlagsvertreter rügt Verletzung der Pressefreiheit und führt u.a. aus, in der New-York-Bar gebe es keine Privatsphäre. Dort gelte

---

1 Der Fall ist einem bei Drucklegung dieser Auflage noch beim BGH anhängigen Rechtsstreit nachempfunden, in dem der ehemalige regierende Bürgermeister von Berlin, Klaus Wowereit dagegen klagt, dass in der Presse über seinen Aufenthalt in der Paris Bar in Charlottenburg am Vorabend eines Misstrauensvotums im Senat wegen des BER berichtet wurde.

„sehen und gesehen werden" – eben deshalb gehe man dort hin, und nicht wegen der überteuerten Drinks.

Die Erfolgsaussichten der Verfassungsbeschwerden sind zu prüfen.

Die Bestimmungen des **Kunsturhebergesetzes (KUG)**, soweit hier von Belang, lauten

§ 22
Bildnisse dürfen nur mit Einwilligung des Abgebildeten verbreitet oder zur Schau gestellt werden.

§ 23
(1) Ohne die nach § 22 erforderliche Einwilligung dürfen verbreitet oder zur Schau gestellt werden
    1.   Bildnisse aus dem Bereiche der Zeitgeschichte,
    (…)
(2) Die Befugnis erstreckt sich jedoch nicht auf eine Verbreitung oder Schaustellung, durch die ein berechtigtes Interesse des Abgebildeten verletzt wird.

§ 1004 BGB Beseitigungs- und Unterlassungsanspruch
(1) Wird das Eigentum in anderer Weise als durch Entziehung oder Vorenthaltung des Besitzes beeinträchtigt, so kann der Eigentümer von dem Störer die Beseitigung der Beeinträchtigung verlangen. Sind weitere Beeinträchtigungen zu besorgen, so kann der Eigentümer auf Unterlassung klagen.

Vorüberlegungen

573 Es handelt sich bei den Verfassungsbeschwerden um klassische „Drittwirkungsfälle": In einem Rechtsstreit zwischen Privaten – V-AG und W bzw K – ergeht ein Urteil, durch das eine der Parteien sich in ihren Grundrechten verletzt sieht. Dieses Urteil ist dann Gegenstand der Verfassungsbeschwerde; es sind also die Besonderheiten einer sog. „Urteilsverfassungsbeschwerde" zu berücksichtigen. Dies bedeutet in der Zulässigkeit, klar herauszuarbeiten, worin hier die Grundrechtsverletzung liegen kann, nämlich darin, dass das Gericht bei seiner Urteilsfindung Grundrechte verkannt hat. Dies wirkt sich dann auch auf die Begründetheitsprüfung aus: hier geht es darum, ob das Gericht einen grundrechtskonformen Ausgleich der Rechte der Parteien vorgenommen hat. Der Schwerpunkt der Begründetheitsprüfung liegt dann also bei der verfassungskonformen Anwendung der einschlägigen Normen des Zivilrechts, wobei diese ihrerseits verfassungskonform sein müssen, was aber bei den hier in Frage stehenden Normen des BGB nicht das zentrale Problem der Arbeit sein dürfte.

574 Wichtig ist es, sich stets zu vergegenwärtigen, dass hier kein verwaltungsaktsmäßiger Eingriff in Grundrechte vorliegt. Es wäre also verfehlt, das Gerichtsurteil wie einen Verwaltungsakt auf Geeignetheit, Erforderlichkeit und Verhältnismäßigkeit im engeren Sinn zu prüfen (ein in derartigen Fällen häufiges Missverständnis). Der Aufbau ist durch die prozessuale Konstellation vorgegeben: Zulässigkeit und Begründetheit einer Verfassungsbeschwerde.

575 Mit dem Konflikt zwischen Meinungsfreiheit und Schutz der Ehre und Persönlichkeit stellt sich die Aufgabe im Übrigen als ein klassischer äußerungsrechtlicher Fall dar. Im Fall der W ist entscheidend, ob die Fachgerichte ihr Persönlichkeitsrecht zu gering gewichtet haben gegenüber der Pressefreiheit des Verlags; für die Beschwerde des Verlags geht es umgekehrt um die Frage, ob die Pressefreiheit zu gering gewichtet wurde. Dabei ist noch die Besonderheit zu berücksichtigen, dass die Abbildungen auch im Internet verbreitet wurden; hier sollte darauf eingegangen werden, ob die Pressefreiheit sich auch hierauf erstreckt.

576 Mit dem Hinweis auf die EMRK wird auf die Rechtsprechung des EGMR zum Privatsphärenschutz Prominenter angespielt. Für die Fallbearbeitung bedeutet dies, dass die Grundrechte des Grundgesetzes auch unter Berücksichtigung der Gewährleistungen der EMRK anzuwenden sind, soweit hierfür Anlass besteht.

Gliederung

Musterlösung

1. Teil: Verfassungsbeschwerde der W

578 Da W hier als private Grundrechtsträgerin gegen eine behauptete Grundrechtsverletzung durch die öffentliche Gewalt vorgehen will, ist die Verfassungsbeschwerde zum BVerfG statthafter Rechtsbehelf, Art. 93 I Nr. 4a GG iVm §§ 13 Nr. 8a, 23 und 90 ff. BVerfGG. W tritt hier als Privatperson auf. Es geht ihr um den Schutz ihrer Privatsphäre, also ihres Persönlichkeitsrechts. Die Verfassungsbeschwerde hat Aussicht auf Erfolg, wenn sie zulässig und begründet ist.

A. Zulässigkeit

I. Beschwerde- und Prozessfähigkeit

578a W ist als natürliche Person grundrechtsfähig, also beschwerdefähig. An ihrer Prozessfähigkeit zu zweifeln, besteht kein Anlass.

II. Beschwerdegegenstand

579 Die Verfassungsbeschwerde muss sich gem. Art. 93 I Nr. 4a GG, § 90 I BVerfGG gegen einen geeigneten Beschwerdegegenstand richten. Verfassungsbeschwerden sind statthaft gegen Akte öffentlicher Gewalt. Hierunter fallen Akte der Legislative, der Exekutive und der Judikative. Das Urteil des Bundesgerichtshofs, durch das die Klage der W abgewiesen wurde, ist als Akt öffentlicher Gewalt geeigneter Beschwerdegegenstand.

III. Beschwerdebefugnis

W müsste beschwerdebefugt sein.

580 1. W muss zunächst plausibel geltend machen, durch das zivilrechtliche Urteil in einem ihrer **Grundrechte verletzt** zu sein, Art. 93 I Nr. 4a GG, d.h. sie muss die Möglichkeit einer Grundrechtsverletzung darlegen.

Hier könnte insbesondere das Allgemeine Persönlichkeitsrecht (APR) der W aus Art. 2 I iVm Art. 1 I GG verletzt sein. Hiervon umfasst ist der Schutz der Privatsphäre. Es ist nicht ausgeschlossen, dass durch die Verbreitung der Abbildungen die Privatsphäre der W verletzt wurde, da diese nicht auf den häuslichen Bereich beschränkt ist. Dies wurde hier von W plausibel geltend gemacht.

581 2. Die Möglichkeit einer Grundrechtsverletzung könnte allerdings deshalb fraglich sein, weil es sich hier um eine Streitigkeit unter Privaten handelt. Grundsätzlich und in erster Linie sind die Grundrechte Abwehrrechte des Bürgers gegenüber dem Staat. Die Grundrechte enthalten darüber hinaus aber auch objektive Wertentscheidungen für die gesamte Rechtsordnung und wirken als solche mittelbar auch auf die Zivilrechtsordnung ein. Sie sind insbesondere dort zu beachten, wo das Zivilrecht wertungsoffene Begriffe, ausfüllungsbedürftige Generalklauseln enthält.[2] Dass im Rahmen dieser **mittelbaren Drittwirkung** die Gerichte hier in Anwendung der Bestimmungen des KUG und hier insbesondere der Annahme von Bildnissen aus dem Bereich der Zeitgeschichte gemäß § 23 I Nr. 1 KUG die Reichweite des APR in Abgrenzung zur Pressefreiheit des Verlags nicht hinreichend berücksichtigt haben, erscheint jedenfalls nicht von vornherein ausgeschlossen.

3. W ist durch die zivilgerichtlichen Urteile darüber hinaus **selbst, gegenwärtig** und **unmittelbar** betroffen.

Die Beschwerdebefugnis der W ist also zu bejahen.

IV. Rechtswegerschöpfung

W hat den Rechtsweg iSv § 90 II BVerfGG erschöpft.   **582**

V. Form und Frist

Die Verfassungsbeschwerde müsste form- und fristgerecht eingelegt worden sein. Die Schriftform des § 23 I BVerfGG kann mangels entgegenstehender Angaben als eingehalten unterstellt werden. Es kann auch davon ausgegangen werden, dass die Verfassungsbeschwerde gem. § 93 I BVerfGG innerhalb von einem Monat nach Zustellung des letztinstanzlichen Urteils beim BVerfG eingereicht wird.

VI. Ergebnis

Die Verfassungsbeschwerde ist zulässig.

B. Begründetheit

I. Prüfungsmaßstab

Die Verfassungsbeschwerde der W ist begründet, wenn sie durch die zivilgerichtlichen   **583** Urteile in ihren Grundrechten verletzt ist. Es muss sich um eine Verletzung spezifischen Verfassungsrechts handeln.[3] Für die Begründetheit der Verfassungsbeschwerde kommt es also entscheidend darauf an, ob die Gerichte in den angegriffenen Entscheidungen bei Anwendung und Auslegung der §§ 22, 23 KUG iVm § 1004 BGB die Grundrechte der Beschwerdeführerin hinreichend beachtet haben. Die Verfassungsbeschwerde ist also dann begründet, wenn das Gericht Grundrechte der W generell nicht beachtet hat, wenn es falsche Bewertungsmaßstäbe zugrundegelegt hat, von unzutreffenden Voraussetzungen ausgegangen ist, wie auch dann, wenn es die Bedeutung der Grundrechte der W in der Abwägung zu widerstreitenden grundrechtlichen Schutzgütern falsch gewichtet hat.[4]

---

2 BVerfGE 7, 198 (204 ff., 208) – Lüth; st. Rspr. zB BVerfGE 85, 1 (13) – kritische Bayer-Aktionäre; BVerfGE 34, 269 (280) – Soraya.

3 Dazu eingehend *Pieroth/Schlink/Kingreen/Poscher* Rn 1304 ff.

4 BVerfGE 7, 198 (204 ff.) – Lüth; BVerfGE 61, 1 (6) – Wahlkampf; BVerfGE 54, 208 (217) – Heinrich Böll.

II. Verstoß gegen das Allgemeine Persönlichkeitsrecht, Art. 2 I iVm Art. 1 I GG

1. Schutzbereich

584 a) Das Allgemeine Persönlichkeitsrecht aus Art. 2 I iVm 1 I GG (APR) steht „jedermann" zu. W ist hier als Privatperson betroffen; der **personale Schutzbereich** ist eröffnet.

b) Des Weiteren müsste der **sachliche Schutzbereich** des APR eröffnet sein. W geht es um den Schutz ihrer Persönlichkeitssphäre gegen Einwirkungen von außen, also darum, dass gegen ihren Willen Informationen über sie in die Öffentlichkeit gelangen. Art. 2 I iVm Art. 1 I GG schützt also das Recht auf Privatheit. Hierunter fällt insbesondere der Schutz der Privatsphäre gegen Indiskretion und das Recht am eigenen Bild. Hiernach soll der einzelne selbst über die Anfertigung und Verwendung von Fotografien seiner Person entscheiden. Mit der Veröffentlichung der Bilder von W's Barbesuch ist dieses Recht berührt. Der Schutz der Privatsphäre bezieht sich demgegenüber nicht speziell auf Abbildungen, sondern ist thematisch und räumlich bestimmt. Er umfasst Angelegenheiten, die wegen ihres Informationsinhalts typischerweise als „privat" eingestuft werden. Mit der Berichterstattung über die Abendgestaltung der W ist ihr Allgemeines Persönlichkeitsrecht auch in seiner Ausprägung der Privatsphäre berührt.[5]

2. Eingriff

585 Ein Eingriff in das Allgemeine Persönlichkeitsrecht der W ist darin zu sehen, dass ihr gerichtlicherseits kein Schutz gegen die Berichterstattung des beklagten Verlags gewährt wurde. Der Staat ist jedoch gehalten, die Persönlichkeitsrechte der Bürger durch die Gerichte zu schützen und auch in Rechtsbeziehungen zwischen Privaten den Schutz der Grundrechte zu gewährleisten. Dies folgt auch aus Art. 8 EMRK. Auch Personen, die, wie bekannte Politiker, aufgrund ihres Ranges oder Amtes besondere öffentliche Beachtung finden, haben hiernach ein Anrecht auf eine Privatsphäre, die den Blicken der Öffentlichkeit entzogen bleibt. Politiker sind für ihre Amtsführung öffentlich rechenschaftspflichtig, nicht aber für ihr Privatleben, sofern dieses die Amtsführung nicht berührt. Indem das Urteil des BGH die Berichterstattung in der „Abendpost" für zulässig erklärte, hat es W insoweit keinen Schutz gewährt, ihre Grundrechte für nachrangig erklärt. Hierin liegt ein Eingriff in ihr Recht auf Privatheit und am eigenen Bild und damit in ihr grundrechtlich geschütztes APR.

3. Verfassungsrechtliche Rechtfertigung

586 Der Eingriff könnte jedoch verfassungsrechtlich gerechtfertigt sein.

a) Das Allgemeine Persönlichkeitsrecht ist jedoch nicht schrankenlos gewährleistet. Es findet seine **Schranken** in der Schrankentrias des Art. 2 I GG, insbesondere also in der verfassungsmäßigen Ordnung. Die in dem Kunsturhebergesetz enthaltenen Regelungen über das Recht am eigenen Bild beschränken als Bestandteil der verfassungsmäßigen Ordnung gemäß Art. 2 I GG den Persönlichkeitsschutz. Dies gilt auch für die Gewährleistung der Pressefreiheit in Art. 5 I 2 GG.

---

5 Vgl BVerfGE 101, 361 (382).

b) Soweit das Urteil des BGH sich auf die Bestimmungen des KUG stützt, setzt die **587**
verfassungsrechtliche Rechtfertigung des Grundrechtseingriffs zunächst die Verfassungsmäßigkeit dieser Bestimmungen voraus.

In formeller Hinsicht besteht kein Anlass, die **Verfassungsmäßigkeit des KUG** in Frage zu stellen. In materieller Hinsicht ist zu prüfen, ob die Bestimmungen der §§ 22, 23 KUG dem Schutz des Persönlichkeitsrechts hinreichend Rechnung tragen. Nach § 22 KUG dürfen Bildnisse nur mit Einwilligung des Abgebildeten verbreitet oder öffentlich zur Schau gestellt werden. Von diesem Grundsatz nimmt § 23 I KUG unter anderem Bildnisse aus dem Bereich der Zeitgeschichte aus (Nr. 1). Dies gilt gemäß § 23 II KUG jedoch nicht für eine Verbreitung, durch die ein berechtigtes Interesse des Abgebildeten verletzt wird. Mit diesem abgestuften Schutzkonzept trägt die Regelung sowohl dem Schutzbedürfnis der abgebildeten Person als auch den Informationswünschen der Öffentlichkeit und den Interessen der Medien, die diese Wünsche befriedigen, ausreichend Rechnung.[6]

Soweit das Urteil des BGH sich auf Bestimmungen des BGB stützt, ist gleichermaßen von einem verfassungskonformen Schrankengesetz auszugehen. An der Verfassungsmäßigkeit des § 1004 BGB zu zweifeln, besteht mangels gegenteiliger Anhaltspunkte kein Anlass.

c) Das den Eingriff tragende **Schrankengesetz** – § 1004 BGB – muss im Urteil ohne **588**
Grundrechtsverstoß angewandt worden sein.

Die den Eingriff tragenden Schrankengesetze könnten jedoch im Urteil in grundrechtswidriger Weise angewandt worden sein.

aa) Dass im Urteil des BGH die Grundrechte der W überhaupt nicht gesehen oder in ihrer Bedeutung generell verkannt worden wären, ist nicht ersichtlich. Die Fachgerichte müssten aber auch in Anwendung der Normen des Zivilrechts den Grundrechten der W das ihnen zukommende Gewicht beigemessen haben. Sie hatten bei der Beurteilung der Berichterstattung eine Abwägung kollidierender Rechtsgüter vorzunehmen. Bei der Frage, ob ein Ereignis der Zeitgeschichte nach § 23 I Nr. 1 KUG vorlag, muss ein Ausgleich zwischen den grundrechtlich geschützten Belangen der W und denen der V-AG vorgenommen werden.

bb) Auf der Seite von W steht ihr Allgemeines Persönlichkeitsrecht. Es schützt die **589**
Privatsphäre, auf die sich auch „Prominente" berufen können. Deren Schutz ist auch nicht auf die häusliche Sphäre beschränkt. W hat mit dem Besuch der Bar zusammen mit Lebenspartnerin und Freunden zum Ausdruck gebracht, als Privatperson auftreten zu wollen und demgemäß in Ruhe gelassen zu werden. Dieser Wunsch ist auch dann beachtlich, wenn die häusliche Privatsphäre verlassen wird. Dem gegenüber ist jedoch zu bedenken, dass in einem Lokal wie dem beschriebenen keine räumliche Abgeschiedenheit denkbar ist, in die die Gäste sich zurückziehen könnten, vielmehr mit interessierter Öffentlichkeit gerechnet werden muss. Der Schutz der Privatsphäre hat dann von vornherein geringeres Gewicht.

---

6 BVerfGE 101, 361 (387).

590 cc) Auf der anderen Seite steht als essenzielle Voraussetzung einer freiheitlichen Demokratie das **Grundrecht der Pressefreiheit aus Art. 5 I 2 GG**. Die Veröffentlichung des Berichts fällt unter den Schutz der Pressefreiheit des Art. 5 I 2 GG. Beim „Abendblatt" handelt es sich zweifelsfrei um Presse iSd Art. 5 I 2 GG. Unter die Pressefreiheit fällt insbesondere die Gestaltung der Presseerzeugnisse und damit auch die Illustration von Berichten durch Bilder. Fraglich könnte jedoch sein, ob auch die Internet-Publikation des Berichts über W in den Schutzbereich der Pressefreiheit fällt. Denn hier handelt es sich nicht um ein „Druckerzeugnis". Andererseits wurde der Artikel aus der gedruckten Version unverändert in das Internet eingestellt. Wenn aber die Presse ihre Inhalte nicht nur in gedruckter Form, sondern auch über das Internet verbreitet, ist auch für Letzteres die Geltung der Pressefreiheit zu bejahen. Die besondere Funktion der Presse für die Freiheit der Meinungsbildung ist unabhängig davon, ob der Leser das gedruckte Exemplar zur Hand nimmt oder die gleichen Inhalte auf seinem iPad liest. Daher ist jedenfalls die ergänzende Internet-Berichterstattung der Presse unter die Pressefreiheit des Art. 5 GG zu fassen.

591 Dem steht nicht entgegen, dass die Berichterstattung aus Szenetreffpunkten, Prominententreffs und In-Lokalen nicht zwingend dem Bereich „seriöser" Berichterstattung zuzuordnen ist, sondern vor allem der Unterhaltung des Publikums dient. Dass es der Presse um Unterhaltung geht, schließt den Schutz der Pressefreiheit keinesfalls aus. Die Unterhaltsamkeit des Inhalts oder seiner Aufmachung ist eine häufig wichtige Bedingung zur Gewinnung öffentlicher Aufmerksamkeit. Im Übrigen erfüllt auch Unterhaltung wichtige Funktionen im Rahmen des Art. 5 I 2 GG, dessen Schutz deshalb auch für die sog. Klatschpresse nicht verneint werden darf.

592 dd) Das APR der W wurde also noch nicht dadurch verletzt, dass die Gerichte ihr die Pressefreiheit des Verlags entgegengehalten haben. Es wäre nur dann verletzt, wenn sie dem Grundrecht der W gegenüber dem des Verlags zu geringes Gewicht beigemessen hätten. Doch ist hier zu berücksichtigen, dass beim Besuch eines Lokals wie der im Sachverhalt geschilderten Bar nur in sehr eingeschränktem Maße auf Privatheit vertraut werden kann. Für den **Vorrang der Pressefreiheit** spricht demgegenüber das **Informationsinteresse der Öffentlichkeit** an der Person der W. Die bevorstehende Vertrauensabstimmung war angesichts ihrer politischen Funktion ein Ereignis von zeitgeschichtlicher Bedeutung. Ein relevantes Informationsinteresse der Öffentlichkeit besteht deshalb auch in der Frage, wie sie hierauf reagierte und wie sie sich darauf vorbereitete. Dass die Berichterstattung einschließlich der Illustration in einem unterhaltenden Beitrag nach Art der Gesellschaftspresse erfolgt, mindert das Gewicht der Pressefreiheit nicht. Auch „nur" unterhaltende Beiträge liefern Gesprächsstoff, können Werthaltungen und Einstellungen vermitteln und sind ein Teil der öffentlichen Kommunikation, die durch die Pressefreiheit geschützt werden soll. Ohnehin sind die Grenzen zwischen „unterhaltender" und „informierender" Presse zusehends fließend geworden.

593 -595 Ein relevantes Informationsinteresse besteht auch an den illustrierenden Fotoaufnahmen, die in den textlichen Zusammenhang des Beitrags eingebunden sind und dessen Aussagen verdeutlichen. Allerdings könnte die Art und Weise, in der die Aufnahmen erfolgten, gegen die Zulässigkeit der Veröffentlichung sprechen. Auch wenn die Aufnahmen unbemerkt erfolgt sein sollten, ist der Reporter hier doch nicht rechtswidrig

eingedrungen, sondern hat sich, als er durch die Scheibe fotografierte, lediglich den Umstand zunutze gemacht, dass die Räume der Bar einsehbar waren. Der BGH hat also zu Recht hier auf den Schutz der Pressefreiheit abgestellt. Er hat andererseits das Persönlichkeitsrecht der W, ihr Recht auf Privatheit, gewürdigt und nicht etwa deshalb schon verneint, weil W Person der Zeitgeschichte wäre. Er hat vielmehr die konkreten zeitgeschichtlichen Zusammenhänge der Berichterstattung einbezogen und deshalb ein relevantes Informationsinteresse bejaht. Seine Entscheidung kann daher nach den eingangs dargelegten grundrechtlichen Maßstäben nicht als fehlerhaft angesehen werden. Sie ist im Ergebnis unter verfassungsrechtlichen Gesichtspunkten nicht zu beanstanden. W ist nicht in ihrem Grundrecht aus Art. 2 I iVm Art. 1 I GG verletzt.

C. Ergebnis

Die Verfassungsbeschwerde der W ist zulässig, aber unbegründet.

2. Teil: Verfassungsbeschwerde des Verlags

A. Zulässigkeit

Als inländische juristische Person des Privatrechts ist die Verlags-AG gem. Art. 19 III GG insoweit grundrechtsfähig, als die Grundrechte dem Wesen nach auf sie anwendbar sind. Hier ist vorrangig die Pressefreiheit des Art. 5 I 2 GG in Betracht zu ziehen. Juristische Personen kommen als Herausgeber von Presseerzeugnissen in Betracht; die Pressefreiheit wird regelmäßig im arbeitsteiligen Verbund einer juristischen Person oder Personengesellschaft verwirklicht. Die Verlags-AG ist also grundrechtsfähig und damit **beschwerdefähig**. Sie wird durch ihren Vorstand vertreten. **596**

Beschwerdegegenstand ist das letztinstanzliche Urteil des BGH als Akt öffentlicher Gewalt. Die V-AG müsste des Weiteren beschwerdebefugt sein. Wie schon zur Verfassungsbeschwerde der W ausgeführt, fällt die Veröffentlichung des Beitrags in der „Abendpost" in den Schutzbereich der Pressefreiheit, auch in der Online-Version. Es ist daher nicht ausgeschlossen, dass die V-AG in ihrem Grundrecht aus Art. 5 I 2 GG verletzt ist. Die weiteren Zulässigkeitsvoraussetzungen sind im Fall der V-AG gegeben.

B. Begründetheit

I. Pressefreiheit, Art. 5 I 2 GG

1. Schutzbereich und Eingriff

Wie zur VB der W ausgeführt wurde, fällt der Artikel in der „Abendpost" in den Schutzbereich der Pressefreiheit des Art. 5 I 2 GG; auch die „Unterhaltungspresse" ist Presse iSd Grundrechtsnorm. Ein Eingriff in das Grundrecht der V-AG liegt darin, dass sie die in Frage stehenden Abbildungen nicht mehr verbreiten darf. **597**

2. Rechtfertigung

598 Die Pressefreiheit des Art. 5 I 2 GG gilt nicht schrankenlos. Sie findet ihre Schranken insbesondere in den allgemeinen Gesetzen, Art. 5 II GG. Allgemeines Gesetz bedeutet: kein Sonderrecht gegen die Presse; für die hier herangezogenen Normen des Bürgerlichen Rechts und des KUG ist Allgemeinheit in diesem Sinn zu bejahen. Die Bestimmungen des KUG sind zwar insoweit kommunikationsbezogen, als sie auch die Verbreitung von Bildern betreffen. Sie enthalten jedoch kein Sonderrecht gegen bestimmte Kommunikationsinhalte.

599 Die hier maßgeblichen Schrankengesetze mussten jedoch auch in verfassungskonformer Weise zur Anwendung gebracht worden sein. Wie schon im Fall der W, war auch hier eine Abwägung zwischen der Pressefreiheit der V und Persönlichkeitsrechten – hier der K – vorzunehmen. Ein berechtigtes Informationsinteresse der Öffentlichkeit, das hier auf Seiten der V-AG in Abwägung zu bringen ist, ist nicht schon deshalb ausgeschlossen, weil K als Lebensgefährtin der W nicht selbst Trägerin eines öffentlichen Amtes ist. Auch die Berichterstattung über die engsten Vertrauten im persönlichen Umfeld eines Amtsträgers in herausgehobener politischer Funktion kann einem legitimen Informationsinteresse dienen.[7] Ob ein solches Interesse anzuerkennen ist, hängt entscheidend davon ab, ob die Berichterstattung eine erkennbar private Situation betrifft. Dagegen spricht hier, dass K sich zusammen mit W in eine Situation begeben hat, in der mit gesteigertem öffentlichen Interesse gerechnet werden musste. Dies betrifft den Zeitpunkt des Abends vor der Vertrauensabstimmung und die Örtlichkeit. Damit gilt hier der Schutz der Privatheit und des Rechts am eigenen Bild als Ausdruck des Persönlichkeitsrechts der K nur abgeschwächt, während andererseits ein relevantes Informationsinteresse der Öffentlichkeit anzuerkennen ist. Daher musste hier die Pressefreiheit der V-AG Vorrang in der Abwägung genießen.

II. Weitere Grundrechte der V-AG

Weitere Grundrechte, die hier verletzt sein könnten, sind nicht ersichtlich.

C. Ergebnis

Die Verfassungsbeschwerde der V-AG ist begründet. Das BVerfG wird das letztinstanzliche Urteil aufheben und die Sache an den BGH zurückverweisen.

Wiederholung und Vertiefung

Zu den Kommunikationsgrundrechten (Art. 5 I, II GG) s nach **Fall 16**, Rn 623 ff.

---

7 Vgl zu Begleitpersonen BGH NJW 2007, 3440.

Fall 16

Al Dschasira

Mittelschwerer Fall für kleinen Schein / Zwischenprüfung, 2 Std.

Der im deutschen Exil lebende, aus einem der Sahara-Staaten in Nordafrika stammende **600** Sidi Ali (A), dessen Muttersprache arabisch, dessen Staatsangehörigkeit aber unklar ist, lebt mit seiner deutschen Ehefrau und drei Kindern in der deutschen Großstadt S. Er bewohnt dort eine Mietwohnung der städtischen Wohnungsbaugesellschaft SWG GmbH, deren Gesellschaftskapital zu 100 % von der Stadt S gehalten wird. Wie alle Wohnungen der SWG, hat auch die des A Kabelanschluss. Hierüber können insgesamt 134 deutschsprachige, ein englischsprachiges und zwei türkische Fernsehprogramme empfangen werden. Es besteht die Möglichkeit, gegen Zusatzentgelte weitere Programme zu empfangen, darunter auch einen arabischen Nachrichtensender.

A ist mit diesem Angebot nicht zufrieden. Er spricht neben arabisch noch einen weiteren nordafrikanischen Dialekt sowie französisch, verfügt aber nur über rudimentäre Deutschkenntnisse. Um arabisch- und französischsprachige Fernsehprogramme aus seiner Heimat empfangen zu können, bringt er an einem Außenfenster seiner Wohnung eine Satelliten-Parabolantenne an, ohne hierfür die Zustimmung des Vermieters einzuholen. Die SWG verlangt von A Beseitigung der Antenne. Mit ihrem Durchmesser von 0,75 m störe sie empfindlich das Erscheinungsbild der Hausfassade; die Wohnungsbaugesellschaft müsse auch deshalb auf Beseitigung bestehen, weil sonst auch andere Mieter ein entsprechendes Ansinnen stellen würden. Das über Kabel empfangbare Programmangebot sei mehr als ausreichend. Dem erwidert A, er wolle im Exil nicht die Bindungen an seine Heimat aufgeben, müsse sich deshalb über Sender aus seinem Kulturraum informieren können. Der einzige über Kabel empfangbare arabisch-sprachige Sender sei keine zumutbare Alternative, nicht nur wegen der Mehrkosten, sondern auch, weil es sich hierbei um einen regierungsamtlichen Sender aus einem der Arabischen Emirate und nicht aus seiner Heimat handle.

Daraufhin klagt die SWG auf Beseitigung der Antenne und obsiegt sowohl vor dem Amtsgericht als auch in letzter Instanz vor dem Landgericht in S. A wird verurteilt, die Antenne zu beseitigen. Das Landgericht führt in seinem Berufungsurteil aus, A als Mieter sei nicht zur Anbringung der Antenne berechtigt gewesen, mithin könne der Vermieter nach §§ 541, 549 BGB Beseitigung verlangen. Mit der Bereitstellung des Kabelanschlusses sei der Vermieter seinen Pflichten nachgekommen; er sei auch nach § 242 BGB nicht verpflichtet, der Anbringung der Außenantenne zuzustimmen. Das Gericht schließt sich der Argumentation der SWG an und führt zusätzlich aus, A könne beispielsweise über Kurzwellensender im Hörfunk oder im Internet sich über Geschehnisse aus seiner Heimat informieren.

A wendet sich daraufhin an das BVerfG. Er legt durch seinen Rechtsanwalt Rietz dar, das Berufungsurteil, gegen das keine weiteren Rechtsmittel zugelassen seien, verletze ihn in seinen verfassungsmäßig garantierten Rechten, sich frei informieren zu können und seine Mietwohnung ungehindert zu nutzen. Die vom Landgericht aufgezeigten

Möglichkeiten seien kein gleichwertiger Ersatz für den Empfang von Fernsehprogrammen aus seiner Heimat. Dies habe er dem Gericht aber nicht aus seiner Sicht klarmachen können, da ihm, obwohl er des Deutschen kaum mächtig sei, kein Dolmetscher gestellt worden sei.

Es ist davon auszugehen, dass gegen das Urteil des Landgerichts S keine weiteren Rechtsmittel zugelassen sind, dass die sog. Gehörsrüge nach § 321a ZPO erfolglos beim Landgericht erhoben wurde und dass der Antrag des A innerhalb eines Monats nach Zugang der letzten Entscheidung des Berufungsgerichts gestellt wird.

Vorüberlegungen

Auf den ersten Blick scheint es sich hier um einen typischen Drittwirkungsfall zu handeln: der Mieter einer Wohnung streitet mit dem Vermieter und beruft sich hierbei auf seine Grundrechte. Er unterliegt vor Gericht und macht im Rahmen der Verfassungsbeschwerde geltend, die Gerichte hätten seine Grundrechte nicht hinreichend berücksichtigt. Die Fallgestaltung ist also die der Urteilsverfassungsbeschwerde (die im Zusammenhang mit Art. 5 GG in der Tat die Mehrzahl der Fälle ausmacht). **601**

Um eine Urteilsverfassungsbeschwerde handelt es sich auch im Fall des A, allerdings mit einer Besonderheit: beim Gegner des Ausgangsverfahrens, der Wohnungsbaugesellschaft, handelt es sich um eine städtische Wohnungsbaugesellschaft. Ob eine solche Gesellschaft grundrechtsfähig ist, ist fraglich – Gemeinden als Untergliederungen des Staates sind nicht grundrechtsfähig und sind dies auch dann nicht, wenn sie privatwirtschaftlich agieren. Sie sind im Gegenteil grundrechtsverpflichtet. Denn es ist letztlich die grundrechtsverpflichtete Gemeinde, die durch sie handelt, auch wenn sie keine spezifischen öffentlichen Aufgaben erfüllt, etwa im Bereich des Verwaltungsprivatrechts. Diese seit jeher heftig umstrittene Frage wurde durch die Entscheidung des BVerfG vom 22.2.2011 zur uneingeschränkten Grundrechtsverpflichtung der Betreibergesellschaft des Frankfurter Flughafens FRAPORT AG (BVerfGE 128, 226) mittlerweile geklärt.

Doch kommt es letztlich hierauf nicht entscheidend an. Denn die Verfassungsbeschwerde ist begründet, wenn das Gericht Grundrechte des A nicht hinreichend bei seiner Entscheidung berücksichtigt hat. Gegenüber den Belangen des Vermieters musste das Gericht in jedem Fall die Informationsfreiheit des A berücksichtigen. Hierauf muss insbesondere die Begründetheitsprüfung abstellen, und dieser Prüfungsansatz ist, wie stets bei der Urteilsverfassungsbeschwerde, im Eingang zur Begründetheitsprüfung klarzustellen, während die Frage der prinzipiellen Grundrechtsgeltung im Privatrechtsverhältnis in der Zulässigkeitsprüfung und hier im Rahmen der Beschwerdebefugnis erörtert wird. **602**

Im Übrigen dürfte die Begründetheitsprüfung keine besonderen Probleme aufwerfen – dass auch der Empfang ausländischer Rundfunkprogramme über Satellit vom Schutz der Informationsfreiheit umfasst wird, kann aus dem Begriff der allgemein zugänglichen Informationsquelle abgeleitet werden. Nach BVerfG ist das Besitzrecht des Mieters an der Wohnung „Eigentum" iSd Art. 14 I GG – dies ist hier aber nicht einschlägig, da ja das Besitzrecht nicht in Frage gestellt wird, führt aber hier jedenfalls zu keinem weitergehenden Schutz als Art. 5 I 1 GG; Die Verständigungsschwierigkeiten der des Deutschen nicht mächtigen Prozesspartei schließlich sind eine Frage des rechtlichen Gehörs aus Art. 103 I GG. Denn wer sich vor Gericht nicht verständlich machen kann, der kann sich auch kein „Gehör" verschaffen. Mit dem Hinweis auf die „Gehörsrüge" nach § 321a ZPO wird dem Umstand Rechnung getragen, dass zum Zeitpunkt der Zwischenprüfung Kenntnisse in ZPO in der Regel noch nicht vorhanden sein dürften. Der Bearbeiter wird hier auf den nach der Plenarentscheidung BVerfGE 107, 395 eingeführten außerordentlichen Rechtsbehelf der Gehörsrüge verwiesen, der zur Rechtswegerschöpfung eingelegt werden muss, wenn eine Verletzung des rechtlichen Gehörs gerügt werden soll. **603**

604 Gliederung

Ausdeutung des Rechtsschutzbegehrens

A. Zulässigkeit der Verfassungsbeschwerde
  I. Beschwerdeführer
  1. Beteiligtenfähigkeit (+)
  2. Prozessfähigkeit (+)
  II. Beschwerdegegenstand
  Akt öffentlicher Gewalt: Verhalten der Wohnungsbaugesellschaft in städtischem
  Besitz? zw, jedenfalls aber Entscheidungen der Gerichte
  III. Beschwerdebefugnis
  1. Plausible Geltendmachung einer Grundrechtsverletzung:
    Informationsfreiheit, Art. 5 I 1 GG (+) – unmittelb. Grundrechtsbindung/
    mittelbare Geltung der Grundrechte im Mietverhältnis; Art. 103 I GG (+)
  2. A selbst, gegenwärtig und unmittelbar betroffen (+)
  IV. Rechtswegerschöpfung
  lt. SV (+) – Gehörsrüge nach § 321a ZPO (+)
  V. Form und Frist
  1. Schriftform nach § 23 I 1 BVerfGG, Begründung (+)
  2. Beschwerdefrist, § 93 I 1 BVerfGG
  VI. Ergebnis

B. Begründetheit der Verfassungsbeschwerde
  Vorbemerkung: Prüfungsmaßstab
  I. Informationsfreiheit, Art. 5 I 1 GG
  1. Schutzbereich
    Allg. zugängliche Informationsquelle: Auslandsprogramm (+)
  2. Eingriff
    Verurteilung zur Entfernung der Antenne
  3. Rechtfertigung, Art. 5 II GG
    a) Mietrecht als „allgemeines Gesetz"
    b) Wechselwirkung Informationsfreiheit – Vermieterrechte; Informations-
      bedürfnisse des fremdsprachigen Mieters; keine gleichwertigen Alter-
      nativen, geringfügige Beeinträchtigung des Vermieters
  II. Eigentumsgarantie, Art. 14 I GG
  Mietrecht an der Wohnung als Eigentum? – zw, hier jedenfalls nicht betroffen
  III. Rechtliches Gehör, Art. 103 I GG
  Sprachbedingte Verständigungsschwierigkeiten: Recht auf Dolmetscher? (+)

C. Entscheidung des BVerfG

246

Musterlösung

Der Antrag des A ist als Verfassungsbeschwerde iSv Art. 93 I Nr. 4a GG zu deuten. **605** Hiernach kann jedermann mit der Behauptung, durch die öffentliche Gewalt in einem seiner Grundrechte bzw in einem der weiteren, dort genannten Rechte verletzt zu sein, das BVerfG anrufen. Darum geht es hier dem A. Sein Rechtsschutzbegehren ist also als Verfassungsbeschwerde zu deuten. Diese muss, um Erfolg zu haben, zulässig und begründet sein.

A. Zulässigkeit der Verfassungsbeschwerde

I. Beschwerdeführer

1. A müsste **beteiligtenfähig** sein. Beteiligtenfähig (beschwerdefähig) ist gemäß Art. 93 I **606** Nr. 4a GG „jedermann". Er muss jedoch Träger von Grundrechten sein können. Die Beteiligtenfähigkeit entspricht der Grundrechtsfähigkeit. A ist als natürliche Person grundrechtsfähig. Dass er nicht Deutscher iSd Grundgesetzes ist, führt zu keiner anderen Beurteilung. Denn er ist jedenfalls grundrechtsfähig in Bezug auf jene Grundrechte des Grundgesetzes, die für „jedermann" gelten, insbesondere auch auf das Auffanggrundrecht des Art. 2 I GG.

2. An der **Prozessfähigkeit** des A zu zweifeln, besteht hier kein Anlass.

II. Beschwerdegegenstand

Voraussetzung für die Zulässigkeit der Verfassungsbeschwerde ist weiterhin, dass diese **607** sich gegen einen geeigneten Beschwerdegegenstand richtet, also gegen einen Akt öffentlicher Gewalt. Als ein derartiger **Akt öffentlicher Gewalt** könnte zunächst das Verhalten der Wohnungsbaugesellschaft in Betracht kommen, da diese zu 100 % im städtischen Besitz ist. Die Wohnungsbaugesellschaft handelt aber nicht in Ausübung öffentlicher Gewalt, sondern privatwirtschaftlich. Die Verfassungsbeschwerde richtet sich jedoch unmittelbar gegen das Berufungsurteil des Landgerichts sowie die vorangehende Entscheidung des Amtsgerichts. Hierbei handelt es sich um Akte der öffentlichen Gewalt. Denn hierunter fallen alle Akte der Exekutive, der Legislative und der Judikative. Dass die Entscheidungen dieser Gerichte in einem privatrechtlichen Rechtsstreit ergangen sind, ändert hieran nichts.

III. Beschwerdebefugnis

1. A müsste zunächst **plausibel geltend machen**, durch die angegriffenen Entscheidun- **608** gen in seinen Grundrechten verletzt zu sein. Im vorliegenden Fall kommt eine Verletzung der Informationsfreiheit des A aus Art. 5 I 1 GG in Betracht. Die Möglichkeit einer Grundrechtsverletzung ist insoweit zu bejahen, da A geltend macht, am Empfang bestimmter Fernsehprogramme gehindert zu sein. Hierbei handelt es sich um allgemein

zugängliche Informationsquellen iSv Art. 5 I 1 GG.[1] Dass die Grundrechte im Verhältnis des Beschwerdeführers zur Wohnungsbaugesellschaft als Vermieterin zur Anwendung kommen, wird auch nicht dadurch ausgeschlossen, dass es sich hierbei um eine juristische Person des Privatrechts handelt, die auch keine öffentliche Gewalt ausübt, sondern privatwirtschaftlich tätig wird, durch die Vermietung von Wohnungen. Die Wohnungsbaugesellschaft befindet sich zu 100 % im Besitz der Stadt. Sie ist daher ebenso wie die Stadt selbst unmittelbar an die Grundrechte gebunden.[2] Denn die Gemeinde ist Teil des Staates und ebenso wie dieser gemäß Art. 1 III GG Adressatin der Grundrechte. Dies gilt für jegliches staatliches Handeln, auch wenn es keine besonderen öffentlichen Zwecke verfolgt.

609   Schon deshalb waren die Gerichte gehalten, die Grundrechte im Verhältnis der Parteien zu beachten und besteht daher die Möglichkeit einer Grundrechtsverletzung. Doch auch unabhängig von der Frage der Grundrechtsbindung der Wohnungsbaugesellschaft kommen die Grundrechte jedenfalls mittelbar im Rahmen des Mietvertrags zur Anwendung. Die Grundrechte jedoch sind objektive Wertentscheidungen für die gesamte Rechtsordnung und wirken als solche mittelbar auch auf die Zivilrechtsordnung ein. Sie sind insbesondere von den Fachgerichten dort zu beachten, wo das Zivilrecht wertungsoffene Begriffe, ausfüllungsbedürftige Generalklauseln enthält.[3] Dass die Gerichte hier in Anwendung der mietrechtlichen Bestimmungen und besonders des § 242 BGB die Bedeutung der Informationsfreiheit des A verkannt haben, erscheint auch deshalb nicht von vornherein als ausgeschlossen. Ebenso erscheint eine Verletzung des rechtlichen Gehörs aus Art. 103 I GG als möglich, wenn A sich vor Gericht nicht verständlich machen konnte. Auch die Verletzung dieses nach Art. 93 I Nr. 4a GG beschwerdefähigen Grundrechts bzw grundrechtsgleichen Rechts[4] wird hier hinreichend plausibel dargelegt.

610   2. A müsste ferner **selbst**, **gegenwärtig** und **unmittelbar** betroffen sein. Diese Voraussetzungen sind hier unproblematisch. A kann geltend machen, in eigenen Grundrechten verletzt zu sein; er ist gegenwärtig betroffen und, da die Realisierung des Grundrechtsbetroffenseins keinen weiteren behördlichen Akt mehr erfordert, auch unmittelbar in seinen Grundrechten betroffen.

Die Beschwerdebefugnis des A ist also im Ergebnis zu bejahen.

IV. Rechtswegerschöpfung

611   Vor Erhebung der Verfassungsbeschwerde muss der Rechtsweg erschöpft sein, § 90 II 1 BVerfGG. Hier richtet sich die Verfassungsbeschwerde gegen ein Berufungsurteil eines Landgerichts, gegen das laut Sachverhalt keine Rechtsmittel mehr eröffnet sind. Damit hat A den Rechtsweg erschöpft. Dies ist lt. Sachverhalt auch insoweit der Fall, als A die Verletzung des rechtlichen Gehörs rügt, für die gemäß § 321a ZPO das sog. Gehörsrügeverfahren durchzuführen ist.

---

1 Vgl *Hufen,* Staatsrecht II, § 26 Rn 19.
2 So jetzt BVerfGE 128, 226.
3 BVerfGE 7, 198 (204 ff., 208) – Lüth; st. Rspr. zB BVerfGE 85, 1 (13) – kritische Bayer-Aktionäre; BVerfGE 34, 269 (280) – Soraya.
4 Zur Grundrechtsqualität des Art. 103 I GG s *Degenhart,* in: Sachs, Art. 103 Rn 2.

V. Form und Frist

1. Die Verfassungsbeschwerde bedarf der **Schriftform** nach § 23 I 1 BVerfGG; hiervon ist mangels entgegenstehender Angaben im Sachverhalt auszugehen. Den Begründungserfordernissen des § 92 BVerfGG ist genügt. Insbesondere lässt der Vortrag des A hinreichend erkennen, in welchen Grundrechten er sich verletzt fühlt; die ausdrückliche Benennung dieser Grundrechte ist zur **Begründung** der Verfassungsbeschwerde nicht erforderlich.

612

2. Die einmonatige **Beschwerdefrist** nach § 93 I 1 BVerfGG ist hier laut Sachverhalt gewahrt.

VI. Ergebnis

Die Verfassungsbeschwerde ist also im Ergebnis zulässig.

B. Begründetheit der Verfassungsbeschwerde

Die Verfassungsbeschwerde ist begründet, wenn A als Beschwerdeführer durch die angegriffenen Gerichtsentscheidungen in seinen Grundrechten verletzt ist, Art. 93 I Nr. 4a GG. Das BVerfG prüft dabei nur, ob die Fachgerichte spezifisches Verfassungsrecht verletzt haben. Die Verfassungsbeschwerde ist also nicht schon dann begründet, wenn die Fachgerichte das einfache Recht falsch ausgelegt und angewandt haben, sondern erst dann, wenn sie Grundrechte des Bf. generell verkannt, falsche Bewertungsmaßstäbe zugrundegelegt oder die Bedeutung der Grundrechte des Bf. im Verhältnis zu den Belangen der Gegenseite falsch gewichtet haben.[5]

613

I. Informationsfreiheit, Art. 5 I 1 GG

A könnte durch das Urteil des Landgerichts – und die vorangehende Gerichtsentscheidung – in seinem Grundrecht auf *Informationsfreiheit*, also auf ungehinderte Unterrichtung aus frei zugänglichen Quellen, verletzt sein.

614

1. Schutzbereich

Dies setzt zunächst voraus, dass der Schutzbereich des Grundrechts berührt ist.

In personeller Hinsicht bestehen hieran keine Zweifel; A ist Träger des Grundrechts aus Art. 5 I 1 GG. In sachlicher Hinsicht ist zu fordern, dass es sich bei den Fernsehprogrammen, an deren Empfang A sich gehindert sieht, um allgemein zugängliche Informationsquellen iSd Grundrechts der Informationsfreiheit handelt. Dies ist dann der Fall, wenn die Informationsquelle „technisch geeignet und bestimmt (ist), der Allgemeinheit, d.h. einem individuell nicht bestimmbaren Personenkreis, Informationen zu liefern".[6] Bei Rundfunkprogrammen[7] ist dies stets der Fall – sie sollen ja der Allgemeinheit In-

---

5 BVerfGE 7, 198 (204 ff.); 61, 1 (6); 102, 347 (362).
6 BVerfGE 27, 71 (83); 90, 27 (32).
7 Unter Rundfunk wird hier wie stets Hörfunk und Fernsehen verstanden.

formationen liefern. Auch ausländische Programme fallen ohne Weiteres hierunter; das Grundrecht der Informationsfreiheit ist nach seinem Schutzzweck gerade auch auf die Freiheit grenzüberschreitender Information ausgerichtet.[8] Dass für den Empfang des Programms eine Parabolantenne erforderlich ist, schließt die Eigenschaft als allgemein zugängliche Informationsquelle nicht aus. Denn allgemein zugänglich sind jedenfalls alle Programme, die am Ort ihres Empfangs mit durchschnittlichem technischem Aufwand empfangbar sind.[9] Eine Parabolantenne erfordert nicht mehr als durchschnittlichen technischen Aufwand. Die Fernsehprogramme, die A empfangen will, sind also Informationsquellen iSv Art. 5 I 1 GG. Ihr Empfang ist grundrechtlich geschützt, ebenso dann aber auch die Benutzung der erforderlichen Antenne: Sind für den Empfang von Programmen technische Empfangsvorrichtungen erforderlich, so ist auch deren Nutzung vom Grundrechtstatbestand der Informationsfreiheit umfasst.[10]

2. Eingriff

615   In dieses Grundrecht müsste eingegriffen worden sein. A wird daran gehindert, sich aus ihm an sich zugänglichen Informationsquellen ungehindert zu unterrichten. Ursächlich hierfür ist zunächst das Verhalten der Wohnungsbaugesellschaft, die die Anbringung der Antenne nicht duldet. Bereits hierin ist ein Eingriff in die Informationsfreiheit des A zu sehen, da die Wohnungsbaugesellschaft unmittelbar an die Grundrechte gebunden ist. In jedem Fall aber wird in die Grundrechte des A unmittelbar dadurch eingegriffen, dass die Gerichte ihn dazu verurteilt haben, die Antenne zu entfernen. Bei dieser Entscheidung hatten sie auch die Grundrechte des A und insbesondere sein Grundrecht auf Informationsfreiheit zu berücksichtigen.

3. Rechtfertigung, Art. 5 II GG

Dieser Eingriff könnte durch die Grundrechtsschranken des Art. 5 II GG gerechtfertigt sein.

616   a) In Betracht kommen hier die **„allgemeinen Gesetze"**. Darunter sind alle Gesetze zu verstehen, die sich nicht gegen bestimmte Meinungen „als solche" – im Fall der Informationsfreiheit dann gegen bestimmte Informationsquellen – richten, nicht eine Meinung wegen ihres Inhalts verbieten und auch nicht auf bestimmte Meinungsträger abzielen, die schließlich kein Sonderrecht gegen Rundfunk oder Presse oder gegen bestimmte Informationsträger enthalten. Bei den mietrechtlichen Bestimmungen des BGB handelt es sich um allgemeine Gesetze in diesem Sinn.

617   b) Diese sind jedoch ihrerseits „im Lichte des Grundrechts", also unter Berücksichtigung der Bedeutung der Informationsfreiheit, ihrer wertsetzenden Funktion für Rechtsbeziehungen des Privatrechts, also unter **Berücksichtigung** der **Wechselwirkung** zwischen Grundrecht und grundrechtsbeschränkendem Gesetz zur Anwendung zu bringen[11].

---

8 BVerfGE 90, 27 (32); *Degenhart*, in: BonnK, Art. 5 I und II (2006) Rn 325.
9 Näher *Degenhart* aaO Rn 286 ff.
10 BVerfGE 90, 27 (32).
11 „Wechselwirkungstheorie", seit BVerfGE 7, 198 (208 f.).

Nach Maßgabe dieser Wechselwirkung könnten hier die Gerichtsentscheidungen im Rechtsstreit zwischen A und der WGS einen Grundrechtsverstoß enthalten. Ein solcher Grundrechtsverstoß könnte hier insbesondere darin liegen, dass die Gerichte die Informationsfreiheit des A nicht hinreichend gewürdigt und sie im Verhältnis zu den Belangen des Vermieters zu gering gewichtet haben, als sie im Rahmen der Generalklauseln der §§ 541 („vertragswidriger Gebrauch") und 242 BGB dem A das Recht auf Anbringung der Antenne abgesprochen haben.

Auch wenn grundsätzlich davon ausgegangen werden kann, dass ein Kabelanschluss, **618** über den eine Vielzahl von Programmen empfangbar ist, dem Informationsbedürfnis eines Mieters genügt und der Vermieter damit seiner Verpflichtung nachkommt, dem Mieter den vertragsgemäßen Gebrauch der Mietsache zu ermöglichen, kann dies doch im Fall des A anders sein. Hier können besondere Informationsbedürfnisse zu berücksichtigen sein. Bei ausländischen Mietern ist in der Regel ein besonders schutzwürdiges Interesse daran anzuerkennen, Programme in der Heimatsprache zu empfangen, um sich hinreichend etwa über Geschehnisse im Heimatland zu unterrichten. Dies hat das Landgericht jedoch nicht grundsätzlich verkannt. Es ist auf mögliche Alternativen eingegangen, die A jedoch nicht als ausreichend empfindet. Ein grundrechtlich bedeutsames Informationsinteresse an dem Empfang von Fernsehprogrammen aus dem Herkunftsland des A ist mithin anzuerkennen.

Auf der anderen Seite steht das Interesse der SWG, die eine erhebliche Beeinträchtigung **619** des Erscheinungsbildes des Gebäudes geltend macht. Auch wenn die SWG als eine städtische Gesellschaft sich möglicherweise nicht auf die Eigentumsgarantie des Art. 14 GG berufen kann,[12] sind ihre Belange gleichwohl im Rahmen des Mietverhältnisses schutzwürdig. Ihre Beeinträchtigung durch eine Parabolantenne der hier genannten Art ist jedoch insgesamt geringfügig. Dem steht die hohe menschenrechtliche und demokratiestaatliche Funktion der Informationsfreiheit[13] gegenüber. Die vom Landgericht hier aufgezeigten Alternativen genügen dem nicht. Hörfunkprogramme über Kurzwelle ersetzen nicht die Information durch Fernsehprogramme; inländische Programme tragen nicht dem spezifischen Informationsbedürfnis über Geschehnisse im Heimatland Rechnung. Allerdings bietet das Internet einfache zugängliche Informationsmöglichkeiten über das Weltgeschehen. Solange jedoch A nicht die Fernsehprogramme, an denen er interessiert ist, hierüber empfangen kann, ist auch insoweit die Gleichwertigkeit der Informationsmöglichkeit zu verneinen.

Daher muss in der Abwägung die Informationsfreiheit des A Vorrang genießen. Im Ergebnis hat also das Landgericht in seiner Entscheidung (und in der Vorinstanz das Amtsgericht) das Grundrecht des A aus Art. 5 I 1 GG nicht hinreichend berücksichtigt und ihn hierdurch in diesem Grundrecht verletzt.

AA mit entsprechender Begründung, etwa unter dem Gesichtspunkt, dass der im Inland vorgefundene Informationsstandard auch vom ausländischen Mieter hinzunehmen ist oder unter Hinweis auf ausreichende Information im Internet, gut vertretbar.

---

12 Vgl BVerfGE 128, 226.
13 BVerfGE 27, 71 (83).

II. Eigentumsgarantie, Art. 14 I GG

620 A könnte ferner in seinem Eigentumsrecht aus Art. 14 I GG verletzt sein, geht man davon aus, dass die Nutzung der gemieteten Wohnung grundsätzlich unter den Schutz des Art. 14 I GG fällt[14] (*aA gut vertretbar*). Doch geht es insoweit um den Schutz der Wohnung als individuellen Lebensmittelpunkt; die Benutzung der Außenwand der Mietwohnung ist hiervon nicht mehr umfasst, Art. 14 GG ist also vom Grundrechtstatbestand her nicht einschlägig.

Aber auch dann, wenn man Art. 14 GG hier als einschlägig sehen wollte, liegt doch auf Seiten des A hier keine nachhaltige Grundrechtsbeeinträchtigung vor. Denn maßgeblich für den Grundrechtsschutz ist das „existenzielle Angewiesensein" des Mieters auf die Wohnung; unter diesem Aspekt ist hier die Grundrechtsposition des A nicht berührt, sodass insoweit im Rahmen einer Abwägung die Belange des A keinen Vorrang genießen, die Gerichte nicht in grundrechtswidriger Weise seine Interessen zurückgestellt haben.

III. Rechtliches Gehör, Art. 103 I GG

621 Darin, dass dem A kein Dolmetscher gestellt wurde, könnte ein Verstoß gegen das Recht auf Gehör aus Art. 103 I GG liegen.

Das grundrechtsgleiche Recht auf Gehör verleiht den Verfahrensbeteiligten das Recht, sich zum Verfahrensstoff äußern zu können. Deshalb sind die Gerichte verpflichtet, sprachbedingte Verständigungsschwierigkeiten zu beheben[15], wie dies auch in § 185 GVG zum Ausdruck kommt. Dies haben sie hier unterlassen.

Ein Verstoß gegen diese Verpflichtung bedeutet daher im Regelfall einen Verstoß auch gegen Art. 103 I GG. Dem A wurde die Möglichkeit genommen, sich zum Verfahrensgegenstand zu äußern und seine Sichtweise der Angelegenheit dem Gericht gegenüber zum Ausdruck zu bringen. Mithin liegt auch ein Verstoß gegen Art. 103 I GG vor (*aM auch hier vertretbar*).

C. Entscheidung des BVerfG

622 Die Verfassungsbeschwerde ist also begründet. Das BVerfG wird die fachgerichtlichen Entscheidungen aufheben und die Sache an das Landgericht zurückverweisen, § 95 II BVerfGG.

---

14 BVerfGE 89, 1 (5).
15 Vgl *Degenhart*, in: Sachs, Art. 103 Rn 25.

Wiederholung und Vertiefung

A. Meinungs-, Informations-, Presse- und Rundfunkfreiheit: die Kommunikationsfreiheiten des Art. 5 I GG

I. Systematik des Art. 5 I, II GG

Gemeinsamer Schutzzweck der Kommunikationsfreiheiten des Art. 5 I GG ist die freie **623** private und öffentliche Meinungsbildung als unmittelbarster Ausdruck der menschlichen Persönlichkeit und „schlechthin konstituierende" Voraussetzung für freiheitliche Demokratie. Dieser Schutzzweck ist bei jeglicher Abwägung zu vergegenwärtigen. Er betrifft alle Teilfreiheiten des Art. 5 I GG: Meinungsfreiheit, Informationsfreiheit, Pressefreiheit, Rundfunkfreiheit, Freiheit des Films. Das Zensurverbot ist kein eigenständiges Grundrecht, sondern „Schranken-Schranke".

II. Grundrechtsprüfung

1. Schutzbereiche

a) Meinungsfreiheit, Art. 5 I 1 GG: Meinungsäußerung ist jede wertende Stellung- **624** nahme, auch die Tatsachenmitteilung, wenn sie geeignet ist, zur Meinungsbildung beizutragen (was in aller Regel zu bejahen ist); nicht geschützt sind bewusst unwahre oder evident unrichtige Tatsachenäußerungen; geschützt sind Äußern und Verbreiten in Wort, Schrift und Bild als Mittel der Meinungsäußerung.

b) Informationsfreiheit, Art. 5 I 1 GG: Allg. zugängliche Informationsquelle: entscheidend ist die Bestimmung für die Allgemeinheit durch den Träger der Informationsquelle; Kostenfreiheit nicht erforderlich. Unterrichtung ist jede Form der Kenntnisnahme, auch durch Hilfsmittel wie zB Antennen.

c) Pressefreiheit, Art. 5 I 2 GG: Presse iSv Art. 5 I 2 GG ist jedes zur Verbreitung geeignete und bestimmte Druckerzeugnis. In den personellen Schutzbereich fallen die Presseangehörigen, aber grundsätzlich auch Hilfsberufe wie zB der Grossist. Der sachliche Schutzbereich ist weit zu fassen: geschützt ist die gesamte Tätigkeit der Presse von der Informationsbeschaffung bis zur Verbreitung; geschützt ist jede Art von Presse, auch die „Unterhaltungspresse" – auch sie kann meinungsbildend wirken und ist daher vom Schutzzweck der Pressefreiheit umfasst.

d) Rundfunkfreiheit, Art. 5 I 2 GG: Rundfunk ist jede mittels elektronischer Schwingungen verbreitete Darbietung für die Allgemeinheit. Besonderheiten bestehen hier in der Grundrechtsinterpretation, s Rn 630. Grundrechtsträger sind: öffentlich-rechtliche Rundfunkanstalten und private Veranstalter; sachlicher Schutzbereich: wie Presse.

e) Filmfreiheit, Art. 5 I 2 GG: Geschützt sind Werkbereich und Wirkbereich des zur öffentlichen Vorführung bestimmten Films.

f) Zensurverbot, Art. 5 I 3 GG: Keine eigenständige Grundrechtsgewährleistung, sondern Schranken-Schranke für Anwendung des Art. 5 II GG; erfasst ist nur die Vorzensur.

g) Zum Verhältnis von Meinungsfreiheit und Medienfreiheiten: Inhalt und Zulässigkeit einer Äußerung ist stets Fall der Meinungsfreiheit, unabhängig vom Medium der Äußerung; institutionelle Aspekte sind Fragen der Medienfreiheiten – zB Pressebeschlagnahme, Konzentrationskontrolle, Aufsicht.

2. Grundrechtseingriffe

625 Einen Eingriff in die Meinungsfreiheit bedeutet jedes Verbot eines Meinungsbeitrags und jede nachteilige Sanktion für Meinungsäußerung. Ein Eingriff in die Presse- und Rundfunkfreiheit liegt in der Beeinträchtigung der freien Betätigung von Presse und Rundfunk, zB ihrer redaktionellen Arbeit und damit auch in der Durchsuchung von Redaktionsräumen.[16]

3. Eingriffsrechtfertigung: Grundrechtsschranken des Art. 5 II – Schrankentrias

626 *Wie stets bei der verfassungsrechtlichen Rechtfertigung von Grundrechtseingriffen, müssen sowohl das Schrankengesetz als auch dessen Anwendung bestimmten Anforderungen genügen. Der Schwerpunkt liegt – jedenfalls bei Eingriffen in die Meinungs- und in die Pressefreiheit – regelmäßig bei der Gesetzesanwendung.*

a) Die **allgemeinen Gesetze**: Wichtigster Fall der Grundrechtsschranken sind die **allgemeinen Gesetze.** Zum Begriff: es darf sich um kein Sonderrecht handeln, das Gesetz darf sich nicht gegen eine bestimme Meinung als solche richten, sondern muss dem Schutz „schlechthin" zu wahrender Rechtsgüter dienen (formale Abgrenzung); ob das Gesetz eine unverhältnismäßige Beschränkung der Kommunikationsfreiheiten bewirkt, ist wohl keine Frage der Allgemeinheit des Gesetzes, sondern seiner materiellen Verfassungsmäßigkeit.[17] Das BVerfG hat im Wunsiedel-Beschluss (BVerfGE 124, 300) diese Grundsätze aufgestellt:

„Ausgangspunkt für die Prüfung, ob ein Gesetz ein allgemeines ist, ist zunächst die Frage, ob eine Norm an Meinungsinhalte anknüpft. Erfasst sie das fragliche Verhalten völlig unabhängig von dem Inhalt einer Meinungsäußerung, bestehen hinsichtlich der Allgemeinheit keine Zweifel. Knüpft sie demgegenüber an den Inhalt einer Meinungsäußerung an, kommt es darauf an, ob die Norm dem Schutz eines auch sonst in der Rechtsordnung geschützten Rechtsguts dient. Ist dies der Fall, ist in der Regel zu vermuten, dass das Gesetz nicht gegen eine bestimmte Meinung gerichtet ist, sondern meinungsneutral-allgemein auf die Abwehr von Rechtsgutverletzungen zielt."[18]

b) Die Anwendung des Gesetzes hat unter Berücksichtigung der Ausstrahlungswirkung des Grundrechts zu erfolgen, **Wechselwirkungstheorie**; dies betrifft die Auslegung des Gesetzes und zB das Verständnis einer Äußerung: sind unterschiedliche Deutungen möglich, so ist diejenige zu wählen, bei der die Äußerung zulässig bleibt.[19]

---

16 BVerfGE 117, 244 – Cicero.
17 Vgl BVerfGE 93, 266 für § 185 StGB.
18 BVerfGE 124, 300 (322).
19 „Variantenlehre" des BVerfG, vgl BVerfGE aaO („Soldaten – Mörder").

c) Nach den gleichen Kriterien erfolgt die Anwendung der **Ehrenschutzbestimmungen**, die sich zT mit den allgemeinen Gesetzen überlagern.

d) Jugendschutz: Bestimmungen zum Schutz der Jugend iSv Art. 5 II GG müssen jedenfalls dazu bestimmt sein, dem Schutz der Jugend zu dienen. In erster Linie ist daher abzustellen auf grundlegende Wertentscheidungen der Verfassung selbst, wie Menschenwürde, Persönlichkeitsrecht, Friedensgebot und Völkerverständigung.

e) Zensurverbot als Schranken-Schranke: Beschränkungen der Meinungsfreiheit dürfen sich nicht als Zensur auswirken.

4. Insbesondere: Meinungsfreiheit/Pressefreiheit und Persönlichkeits- und Ehrenschutz

a) Im Konflikt zwischen Art. 5 GG und APR – s Rn 462 – wirken die deliktsrechtlichen Bestimmungen des § 823 I BGB und das Recht am eigenen Bild aus §§ 22, 23 KUG als Schranke iSv Art. 5 II GG; Rechtsfolgen sind die Verurteilung zur Unterlassung, ggf zum Widerruf, und zum Ersatz auch des immateriellen Schadens als „Schmerzensgeld" bzw „Strafschaden". Im Strafrecht sind Schrankengesetze vor allem die §§ 185 ff. StGB (auch Schutzgesetze iSv § 823 II BGB). **627**

b) Der Schwerpunkt der Grundrechtsprüfung liegt hier bei der Anwendung der Schrankengesetze. Art. 5 I 1 GG ist verletzt, wenn die Gerichte die Bedeutung des Grundrechts bei Anwendung der Schrankengesetze nicht hinreichend berücksichtigt haben. Voraussetzung ist zunächst, dass der Sinn der Äußerung zutreffend erfasst wurde, insbesondere auch in der Abgrenzung von Tatsachen und Werturteilen. Weiterhin müssen Meinungs- bzw Pressefreiheit und APR bzw Ehrenschutz zutreffend gewichtet und in angemessenen Ausgleich gebracht werden. **628**

– Bei **Werturteilen**: es gilt Vorrang des Ehrenschutzes bei reiner Schmähung und umgekehrt Vermutung für die freie Rede bei Angelegenheiten von öffentlichem Interesse; im Übrigen einzelfallbezogene Abwägung.

– Bei **Tatsachenbehauptungen** entfällt der Grundrechtstatbestand, wenn sie bewusst **unwahr** sind; sind sie sonst unrichtig, gilt grundsätzlich Vorrang des Ehrenschutzes; hat der Äußernde hinreichende Sorgfalt gewahrt, greifen jedoch keine verschuldensabhängigen Sanktionen wie zB Schadensersatz; Unterlassung kann aber verlangt werden.

– Für **zutreffende Tatsachenmitteilungen** gilt: Vorrang des APR generell, soweit die Intimsphäre betroffen ist, iÜ ist eine Abwägung APR – Meinungsfreiheit bzw Berichterstattungsfunktion der Presse und Informationsinteresse der Öffentlichkeit vorzunehmen; dabei sind die Vorgaben aus der Rspr. des EGMR einzubeziehen.

c) Zum Problemkreis Schutz der **Privatsphäre Prominenter** s jetzt BVerfGE 120, 180: Es gilt ein abgestuftes **Schutzkonzept**. Ohne Einwilligung darf berichtet werden bei Ereignissen von zeitgeschichtlicher Bedeutung; dies können auch alle Fragen von allgemeinem gesellschaftlichen Interesse sein. Die Presse muss wegen Art. 5 I 2 GG nach publizistischen Kriterien entscheiden können. **629**

Hiernach war **unzulässig**: Bericht über den Skiurlaub einer Prinzessin am Arlberg, über deren private Geburtstagsfeier in St. Moritz – nicht aber über ihren Urlaub bei gleichzeitiger Berichterstattung über erkrankten Fürsten (BGHZ 171, 275); **zulässig** war das Urlaubsfoto zum Bericht über die Vermietung der Ferienvilla (auch die Reichen und Schönen müssen sparen) – dazu jetzt BVerfGE 120, 180.

5. Insbesondere: Rundfunkordnung

630   Aus der „dienenden" Funktion der Rundfunkfreiheit folgt ein Erfordernis positiver Ordnung: Staatsfreiheit des Rundfunks, aber auch Freiheit von gesellschaftlicher Beherrschung und Rundfunkvielfalt sind sicherzustellen. Daraus folgt: der Gesetzgeber hat eine verfassungskonforme Rundfunkorganisation zu schaffen. Diese muss sicherstellen, dass Rundfunk staatsfrei, aber auch frei von einseitiger gesellschaftlicher Beherrschung bleibt. Es darf keine Meinungsmonopole geben, alle gesellschaftlichen Gruppen müssen sich im Rundfunk wiederfinden können, das Programm muss meinungsmäßige und gegenständliche Vielfalt gewährleisten. Dabei hat der Gesetzgeber Gestaltungsfreiheit in der Frage, wie der Rundfunk organisiert sein soll. Deshalb war das bis 1984 bestehende öffentlich-rechtliche Monopol verfassungskonform. Aber auch die jetzige „duale" Rundfunkordnung, in der private und öffentlich-rechtliche Veranstalter tätig sind, ist verfassungsgemäß. Die privaten Rundfunkveranstalter, so das BVerfG, unterliegen jedoch kommerziellen Zwängen und können die notwendige Programmvielfalt nicht in vollem Umfang gewährleisten. Deshalb muss es den öffentlich-rechtlichen Rundfunk geben, und dieser hat ein Recht auf Bestand, Entwicklung und Finanzierung. Dies rechtfertigt die Erhebung von Rundfunkgebühren (BVerfGE 119, 181)

III. Prüfungsschema – Drittwirkungsfall

631

> **1. Schutzbereich berührt?**
> Meinungsäußerung iSv Art. 5 I 1 GG – nicht geschützt: bewusste Lüge, evident unrichtige Tatsachenbehauptung
> **2. Eingriff in die Freiheit der Meinungsäußerung** – Verbot oder nachteilige Sanktion, zB Schadensersatz
> **3. Eingriffsrechtfertigung**
>   a) Schranken des Grundrechts, insbes. allgemeine Gesetze
>   aa) Bestimmungen des BGB sind allg. Gesetze iSv Art. 5 II GG, da nicht gegen bestimmte Meinungen „als solche" gerichtet.
>   bb) Verfassungskonformität der Grundrechtsschranken insoweit nicht zw
>   b) Verfassungskonforme Anwendung des Schrankengesetzes
>   aa) Unzulässige Deutung der fraglichen Äußerung durch das Fachgericht?
>   bb) Maßgeblichkeit der Meinungsfreiheit generell verkannt?
>   cc) Fehlgewichtung im Rahmen der Abwägung im Einzelfall? – hier insbesondere zu berücksichtigen: Meinungsäußerung in einer die Öffentlichkeit wesentlich berührenden Frage, in diesem Fall „Vermutung für die freie Rede"; Intensität der Grundrechtsbeeinträchtigung, Intensität der Persönlichkeitsverletzung, bei „Schmähung" Vorrang des Ehrenschutzes.

Ähnlich bei strafgerichtlicher Verurteilung wegen § 185 StGB; hierin ist ein besonders intensiver Eingriff in die Meinungsfreiheit zu sehen.

§ 185 StGB ist allg. Gesetz iSv Art. 5 II GG und hierin verfassungsgemäß, insbesondere weder zu unbestimmt iSv Art. 103 II GG noch unverhältnismäßig, zumal über § 193 StGB Berücksichtigung der Meinungsfreiheit eröffnet.

Zur Wiederholung: *Pieroth/Schlink/Kingreen/Poscher* Rn 611 ff.

Aus der Ausbildungsliteratur: *Bölke/Gostomzyk*, Die Auswirkungen der Caroline-Entscheidung des EGMR auf die Bildberichterstattung nach deutschem Recht, JURA 2005, 336; *Lutz*, Gerichtsberichterstattung, JURA 2007, 230; *Mielke*, Religionsgemeinschaften und Meinungsfreiheit, JURA 2008, 548.

Aktuelle Rechtsprechung: BVerfGE 101, 361 und 120, 180 (Caroline I und II); BVerfGE 102, 347 und 107, 275 (Benetton I und II); EGMR NJW 2004, 2647 (Caroline); BVerfGE 119, 309 (Fernsehaufnahmen im Sitzungssaal); zur Rundfunkordnung BVerfGE 119, 181 und BVerfGE 121, 30; BVerfGE 124, 300 (Wunsiedel); BVerfGE 136, 9 (ZDF-Staatsvertrag); BVerfG NJW 2014, 764 (Bezeichnung als „durchgeknallte Frau" in Presseveröffentlichung); BVerfG NJW 2013, 3021 (Bezeichnung Rechtsanwaltskanzlei als „Winkeladvokatur"); BVerfG NJW 2015, 3430 (Durchsuchung von Redaktionsräumen und Wohnungen von Journalisten); EuGH, Entscheidung vom 23.12.2015, Az C-547/14 (zu Herstellung, Aufmachung und Verkauf von Tabakerzeugnissen); BVerfG NJW 2013, 1293 (NSU-Verfahren).

Weitere Fälle im thematischen Zusammenhang: *Marx/Schwarz*, Hausarbeit im öffentlichen Recht: „Der Schutz der deutschen Sprache", NdSVBl 2003, 307; *Castendyk/Woesler*, Werbeverbote für überregionale Hörfunksender und Verfassungsrecht, JURA 2007, 791; *Staufer*, Die unfaire Professorenbewertung, JURA 2009, 549; *Brugger/Schaefer*, „Freiheit ist immer die Freiheit des Andersdenkenden", JuS 2009, 640; *Hilwig*, Flugblätter gegen den „Kriegsminister", NdsVBl 2003, 27; *Frenzel*, Anfängerklausur – Öffentliches Recht: Grundrechte – „Marmor, Stein und Eisen bricht…", JuS 2013, 37; *Ernst*, Das allzu kritische Schulbuch, JURA 2012, 145; *Breder/Przygoda*, Meinungsfreiheit im Eilrechtsschutz – „Freie Rede über fragwürdige Helden?", JuS 2010, 1004; *Bäcker*, Die O-Söhne, JuS 2013, 522.

IV. Aktuelle Entwicklungen

Meinungsfreiheit: Für § 130 IV StGB – Billigung der NS-Verbrechen – hat BVerfGE 124, 300 zwar Allgemeinheit des Gesetzes verneint, es aber aus verfassungsimmanenten Schranken gerechtfertigt, unter ausdrücklicher Betonung der Besonderheiten des Falles. Zu **Werbung** als Meinungsäußerung s **Fall 17**; sie trägt ebenso zur Meinungsbildung bei wie auf der anderen Seite Produktkritik. Bei Werbeverboten für „schädliche" Produkte wie zB Tabak, Alkohol, „ungesunde" Lebensmittel stellt sich wiederum das Problem des „paternalistischen" Staates. **631a**

Informationsfreiheit: Auskunftsansprüche der Presse gegenüber Behörden folgen nicht aus dem Grundrecht der Informationsfreiheit, sondern dem der Pressefreiheit.[20] Demgegenüber folgt das Recht auf Zugang zu öffentlichen Gerichtsverhandlungen auch für die Presse grundsätzlich aus dem Grundrecht der Informationsfreiheit.

Pressefreiheit: Ungeklärt ist die Frage, ob die Pressefreiheit „technologieneutral" aufzufassen ist und zB die „elektronische" Presse unter das Grundrecht der Pressefreiheit fällt, oder ob es sich möglicherweise um Rundfunk handelt. Soweit es sich um „pres-

---

20 BVerwGE 146, 56; 151, 348.

seähnliche", textgeprägte Angebote handelt, dürfte die Pressefreiheit einschlägig sein, s **Fall 15**.

Rundfunkfreiheit: Um die Staatsfreiheit des Rundfunks ging es im Verfahren um die Verfassungsmäßigkeit des ZDF-Staatsvertrags. BVerfGE 136, 9 sah das Gebot der Staatsfreiheit des Rundfunks deshalb verletzt, weil die Vertreter des Staates, zu denen auch die der politischen Parteien gezählt wurden, in den Gremien zu stark vertreten waren (näher *Degenhart* **Fall 4** Rn 66).

Das **Internet** ist als solches kein Medium, sondern ein Übertragungsweg. Informationsangebote im Internet können daher unter die Pressefreiheit fallen, wenn es sich um presseartige Angebote handelt, unter die Rundfunkfreiheit oder unter die allgemeine Meinungsfreiheit; mitunter wird auch eine besondere Internet-Freiheit analog zur Pressefreiheit angenommen (näher *Degenhart,* CR 2011, 231). Presseähnliche Angebote im Internet („Tagesschau-App") sind nicht Rundfunk iSv Art. 5 I 2 GG.

B. Exkurs: Freiheit der Kunst und der Wissenschaft, Art. 5 III GG

I. Schutzbereich

1. Kunstfreiheit

631b **a) „Kunst":** Problematik der Definition des Kunstbegriffs: formal nach Werktypus, weiterführend insbesondere dann, wenn eine der anerkannten Kategorien künstlerischer Betätigung einschlägig ist (Roman – *Mephisto*); material iS freier schöpferischer Gestaltung, in der Eindrücke, Erfahrungen, Erlebnisse durch das Medium einer bestimmten Formensprache zum Ausdruck gebracht werden; aber auch neuartige, ungewöhnliche Ausdrucksformen sind einzubeziehen: kein „staatliches Kunstrichtertum"; andererseits ist bei staatlicher Kunstförderung qualitative Bewertung unabdingbar.

b) Tragweite des Grundrechtsschutzes: Werkbereich und Wirkbereich, also auch öffentliche Darbietung der Kunst, allerdings nicht unter Eingriff in Rechte Dritter (Sprayer) und grundsätzlich auch nicht unter Inanspruchnahme generell in der Rechtsordnung nicht vorgesehener Befugnisse (Problem bei „Straßenkunst").

c) Schutzwirkung des Grundrechts: Abwehrrecht gegen staatliche Eingriffe, objektives Prinzip der Rechtsordnung relevant bei Ermessensentscheidungen, Drittwirkung (zB im Fall *Mephisto/Esra*).

2. Wissenschaftsfreiheit

631c **a) „Wissenschaft"** = nach Inhalt und Form ernsthafter und planmäßiger Versuch der Ermittlung der Wahrheit, maßgeblich die wissenschaftliche Methodik; umfasst insbesondere Forschung und wissenschaftliche, also auf wissenschaftlichen Erkenntnissen und Methoden beruhende Lehre.

b) Träger des Grundrechts: der einzelne Wissenschaftler innerhalb und außerhalb der Universität, aber auch die Universität als Körperschaft bzw deren Fakultäten.

c) Schutzbereichsbegrenzung: Treupflicht zur Verfassung für die Lehre.

II. Rechtfertigung

Problem der vorbehaltlosen Gewährleistung der Kunstfreiheit: Einschränkbarkeit nur im Rahmen sog. verfassungsimmanenter Schranken, die sich aus anderen, gleichwertigen Verfassungsgütern ergeben, zB APR, oder – im Ausgangsfall (BVerwG NJW 1995, 2648) – Art. 20a GG.

Aus der Ausbildungsliteratur: *Kobor*, Grundfälle zu Art. 5 III GG, JuS 2006, 593, 695.

Aktuelle Rechtsprechung: BVerfGE 119, 1 (Esra).

Fälle im thematischen Zusammenhang: *Betzinger*, Grenzen der Kunstfreiheit, JA 2009, 125.

C. Das Recht auf Gehör, Art. 103 I GG

Art. 103 I GG als das Recht auf Gehör ist die verfassungsrechtliche Grundnorm für das **632** gerichtliche Verfahren[21]. Sie ist Maßstab sowohl für die Ausgestaltung des Prozessrechts als auch für dessen Anwendung. Typische Fallkonstellation ist die Verfassungsbeschwerde gegen eine gerichtliche Entscheidung, durch die der Beschwerdeführer sein Recht auf Gehör verletzt sieht.

Hier ist folgende **Prüfungsreihenfolge** angezeigt.[22]

> (1) Zunächst ist zu fragen, ob das Recht auf Gehör verkürzt wurde; hier ist zu vergegenwärtigen, dass das Recht auf Gehör sich in verschiedenen Stufen realisiert[23]:
> – Mitteilungspflichten des Gerichts (keine Überraschungsentscheidungen!)
> – Äußerungsrechte des Verfahrensbeteiligten
> – Berücksichtigungspflichten des Gerichts
>
> Auf der 1. Stufe kann das Gehörsrecht durch eine Überraschungsentscheidung verkürzt werden, auf der 2. Stufe durch Anwendung einer Präklusionsnorm, durch übersteigerte Anforderungen an die Einhaltung von Fristen uÄ (*Degenhart* **Fall 42**, Rn 457, 463), bei Verständigungsschwierigkeiten zu beheben.[24] Auf der 3. Stufe kann die Nichtberücksichtigung eines Beweisantrags oder eines in zulässiger Weise eingereichten Schriftsatzes das Gehör verkürzen.
>
> (2) Verletzung spezifischen Verfassungsrechts: nicht jeder Verfahrensfehler bewirkt einen Grundrechtsverstoß; dieser kann liegen:
> – in der Verfassungswidrigkeit der Verfahrensnorm selbst, zB bei übersteigerten gesetzlichen Fristerfordernissen
> – in der verfassungswidrigen Handhabung der Verfahrensnorm, zB einer Fristbestimmung.

---

21 Näher *Degenhart* Rn 458 ff.
22 Das Schema Schutzbereich – Eingriff – Rechtfertigung passt hier nicht recht, wenn, wie *Pieroth/Schlink/Kingreen/Poscher* Rn 1209 darlegen, jedes Zurückbleiben hinter den verfassungsrechtlichen Anforderungen einen Eingriff darstellt und jeder Eingriff eine Grundrechtsverletzung ist.
23 Vgl *Degenhart*, in: Sachs, Art. 103 Rn 11 ff.; *Degenhart* Rn 458 f.
24 Vgl *Jarass/Pieroth*, Art. 103 Rn 37 f.

Fall 17

No sports

Anspruchsvoller Fall für die Anfängerübung / Zwischenprüfung, 2–3 Std.

633 Um das Recht des Glücksspiels und der Wetten auf eine verfassungsmäßige Grundlage zu stellen, haben sich die Ministerpräsidenten der Länder am 1. Oktober 2013 auf einen neuen Glücksspielstaatsvertrag (GlüStV) geeinigt.

Er enthält u.a. diese Bestimmungen:

„**§ 1   Ziele des Gesetzes**

Ziele des Gesetzes sind gleichrangig

1. das Entstehen von Glücksspielsucht und Wettsucht zu verhindern,

2. durch ein begrenztes, eine Alternative zum nicht erlaubten Glücksspiel darstellendes Glücksspielangebot den natürlichen Spieltrieb der Bevölkerung in geordnete und überwachte Bahnen zu lenken sowie dem unerlaubten Glücksspiel entgegenzuwirken,

3. den Jugend- und den Spielerschutz zu gewährleisten,

4. sicherzustellen, dass Glücksspiele ordnungsgemäß durchgeführt werden, betrügerische Machenschaften und die mit Glücksspielen verbundene Folge- und Begleitkriminalität abzuwehren und

5. Gefahren für die Integrität des sportlichen Wettbewerbs durch Sportwetten vorzubeugen.

(…)

§ 9   Erlaubnispflicht

(1) Die Veranstaltung und die Vermittlung von Lotterien und Sportwetten bedarf der Erlaubnis.

(2) Die Veranstaltung von Lotterien darf nur juristischen Personen erteilt werden, die sich im alleinigen Besitz eines Landes oder mehrerer Länder befinden.

§ 12   Werbung

(1) Art und Umfang der Werbung für öffentliches Glücksspiel ist an den Zielen des § 1 auszurichten.

(3) Werbung für öffentliches Glücksspiel ist im Fernsehen und im Internet verboten. Davon abweichend können die Länder zur besseren Erreichung der Ziele des § 1 Werbung für Lotterien nach § 9 Abs. 2 auch im Fernsehen und Internet erlauben.

(…)"

Verstöße gegen die Bestimmungen des Vertrags, auch gegen das Werbeverbot, sollen mit Bußgeld bzw Geldstrafe geahndet werden.

Der Landtag von A hat durch Gesetz vom 1.11.2013 dem GlüStV zugestimmt. Er hat gleichzeitig ein Ausführungsgesetz erlassen, in dem Werbung für die staatliche Lotterie in A erlaubt wird.

Zorro Zocker (Z) vermittelt Sportwetten auf Pferderennen, Boxkämpfe u.a.m. über sein Wettbüro in der Kleinstadt Krähwinkel im Land A, Vertriebsweg ist vor allem das Internet, über das er auch Werbung betreibt.

Z sieht sich durch die Neuregelung in seiner wirtschaftlichen Existenz bedroht. Bisher habe er sein Gewerbe, die Vermittlung von Sportwetten, erfolgreich über das Internet betrieben und dafür auch im Internet geworben. Sein Geschäftsmodell breche ihm nun weg. Er beauftragt die in der Branche erfahrene Rechtsanwältin Dr. Charlotte Runkel-Rübe, für ihn Verfassungsbeschwerde einzulegen.

Sie führt zur Begründung aus, dass es sich bei dem Werbeverbot um eine wirtschaftliche Regelung handle und daher der Bund zuständig gewesen sei und die Regelung allein auf dem Glücksspielstaatsvertrag und damit nicht auf einem Gesetz beruhe. Der Staatsvertrag sei von der Landesregierung unterzeichnet worden, der Landtag hätte nur noch zustimmen oder ablehnen können, aber keine Möglichkeit der inhaltlichen Einflussnahme gehabt. Das Werbeverbot sei unverhältnismäßig; die Ziele des Vertrags könnten gleichermaßen durch Werbeauflagen, zB die Verbindung der Werbung mit Suchtaufklärung und Warnungen, erreicht werden. Sie rügt weiterhin, dass für staatliche Lotterien geworben werden dürfe, dies sei willkürlich und diene in Wahrheit nur den fiskalischen Interessen des Landes, das mit seiner staatlichen Lotterie hohe Gewinne erziele. Sie rügt Verletzung der Art. 3, 5, 12 und 14 GG. Die Verfassungsbeschwerde geht am 15.10.2014 beim Gericht ein.

Die Landesregierung A hält die Verfassungsbeschwerde für verfristet, denn seit Unterzeichnung des Vertrags sei über ein Jahr verstrichen. Das Werbeverbot diene der Suchtprävention. Glücksspiel und Wetten würden an sich von der Rechtsordnung generell missbilligt. Wenn sie in begrenztem Umfang zugelassen würden, werde damit lediglich ein Abgleiten in die Illegalität verhindert.

Bearbeitervermerk: Die Erfolgsaussichten der Verfassungsbeschwerde sind gutachtlich zu prüfen. Es ist davon auszugehen, dass außer den genannten keine weiteren Bestimmungen zum Glücksspiel existieren.

Vorüberlegungen

633a Staatliche Verbote, für bestimmte Produkte oder Dienstleistungen zu werben – Tabak, Alkohol, fette/süße oder sonst ungesunde Nahrungsmittel oder eben auch Sportwetten – werfen die Frage nach dem grundsätzlichen Staatsverständnis auf, die Frage insbesondere nach einem „paternalistischen" Staat, der besser als der Bürger weiß, was für diesen gut ist. Darauf läuft letztlich die Grundrechtsprüfung hinaus, die hinsichtlich der Grundrechte der Beschwerdeführer zu einer durchaus ergebnisoffenen Abwägung führen wird.

Welche Grundrechte einschlägig sind, wird im Sachverhalt angesprochen. Ob Art. 5 I GG – Meinungsfreiheit – einschlägig ist, hängt davon ab, ob Werbeaussagen als Meinungsäußerungen angesehen werden, grundsätzlich bejahend BVerfGE 102, 347: soweit Werbung meinungsbildenden Inhalt hat. Bejaht man dies, so kann auf der Rechtfertigungsebene einerseits auf Jugendschutz abgestellt werden. Das Gesetz greift allerdings weit darüber hinaus; es dient wohl nicht speziell dem Schutz Jugendlicher. Durchaus fraglich ist aber auch die Allgemeinheit des Gesetzes, das sich ja explizit gegen werbende Aussagen für bestimmte Dienstleistungen richtet, andererseits aber doch schlechthin schutzwürdige Rechtsgüter schützen will. Bejaht man auch die Allgemeinheit des Gesetzes, gelangt man in der Abwägung zu dem eingangs angesprochenen Problem legitimer staatlicher Aufgaben. Es ist dies ein Problem speziell des Art. 5 I GG, der freiheitlichen, staatlich nicht beeinflussten Kommunikation.

633b Bei Art. 12 I GG ist der Gesetzgeber bei der Bestimmung legitimer Handlungsziele freier. Die Prüfung der Verhältnismäßigkeit muss also nicht notwendig in die stets gleichen Abwägungsvorgänge münden; der Bearbeiter sollte hier sehen, dass die einzelnen Grundrechte durchaus in ihrer Schutzwirkung unterschiedlich sein können und dass es darauf ankommt, grundrechtsspezifisch für das jeweils betroffene Grundrecht zu argumentieren. Hier aber ist das sog. Kohärenzgebot zu beachten, wie es BVerfGE 115, 276 für das Glücksspielrecht und BVerfGE 121, 317 für Rauchverbote in Gaststätten entwickelt hat; es folgt auch aus dem Gebot der Widerspruchsfreiheit der Rechtsordnung und wird aus Art. 12 I iVm Art. 3 I GG abgeleitet.

Dieses Kohärenz- oder Konsistenzgebot sollte in den Grundzügen vertraut sein, und ebenso die Praxis der Staatsverträge der Länder, die in Landesrecht transformiert werden.

In der Zulässigkeit ist wie stets bei Verfassungsbeschwerden unmittelbar gegen Gesetze auf unmittelbares Betroffensein besonders einzugehen; der Aufbau folgt im Übrigen der Grundrechtsprüfung.

Gliederung

A. Zulässigkeit der Verfassungsbeschwerde

    I. Beschwerdeführer

    II. Beschwerdegegenstand

    III. Beschwerdebefugnis

        1. Plausible Geltendmachung einer Grundrechtsverletzung: Art. 12 I GG, Art. 14 I GG, Art. 5 I 1 GG

        2. Eigenes, gegenwärtiges, unmittelbares Betroffensein: kein weiterer Vollzugsakt erforderlich

    IV. Rechtswegerschöpfung/Subsidiarität

        Kein Rechtsweg eröffnet, Bußgeldverfahren unzumutbar

    V. Form und Frist

    VI. Ergebnis

B. Begründetheit der Verfassungsbeschwerde

    I. Berufsfreiheit, Art. 12 I GG

        1. Schutzbereich

        2. Eingriff

        3. Rechtfertigung

            a) Schranken des Art. 12 I 2 GG – Berufsausübungsregelung

            b) Formelle Verfassungsmäßigkeit

                aa) Gesetzgebungskompetenz: Art. 74 I Nr. 11, Art. 72 I GG

                bb) Zustandekommen des Staatsvertrags: Demokratieprinzip

            c) Materielle Verfassungsmäßigkeit, insbesondere: Vernünftige Gemeinwohlerwägung? (+); Verhältnismäßigkeit (-): Kohärenzgebot

    II. Eigentumsgarantie, Art. 14 I GG

        Schutzbereich (–)

    III. Meinungsfreiheit, Art. 5 I 1 GG

        1. Schutzbereich

            Werbung als Meinungsäußerung (+)

        2. Eingriff

        3. Rechtfertigung

            a) Schranken: Art. 5 II GG: Allgemeinheit des Gesetzes

            b) Weitere Voraussetzungen

                aa) formell

                bb) materiell – Schutz des Bürgers vor sich selbst? (–)

    IV. Gleichheitssatz, Art. 3 I GG iVm Art. 12 I GG

C. Ergebnis

Musterlösung

635 Die Verfassungsbeschwerde (VB) des Z hat Aussicht auf Erfolg, wenn sie zulässig und begründet ist.

A. Zulässigkeit der Verfassungsbeschwerde

I. Beschwerdeführer

Z ist als natürliche Person beschwerdefähig. Er ist mangels entgegenstehender Anhaltspunkte auch prozessfähig.

II. Beschwerdegegenstand

636 Die VB des Z ist gem. Art. 93 I Nr. 4a GG, § 90 I BVerfGG statthaft, wenn sie sich gegen einen Akt der öffentlichen Gewalt des Bundes oder eines Landes richtet. Mit dem Zustimmungsgesetz zum Staatsvertrag wurde dieser in Landesrecht transformiert. Damit richtet sich die VB unmittelbar gegen das Zustimmungsgesetz. Dieses ist als Akt der Gesetzgebung des Landes ein zulässiger Beschwerdegegenstand.

III. Beschwerdebefugnis

637 Z muss weiterhin beschwerdebefugt sein.

1. Z müsste insbesondere **plausibel geltend machen**, durch das gesetzliche Werbeverbot in seinen **Grundrechten verletzt** zu sein. Da er ein Gewerbe, also einen Beruf iSd Art. 12 I GG ausübt und Werbung Bestandteil der gewerblichen Betätigung ist, erscheint eine Verletzung des Grundrechts aus Art. 12 I GG jedenfalls als möglich. Ebenso erscheint ein Eingriff in das Recht am Gewerbebetrieb und damit in das Grundrecht aus Art. 14 I GG nicht von Vornherein ausgeschlossen. Schließlich erscheint es auch nicht ausgeschlossen, dass Werbung in den Schutzbereich der Meinungsfreiheit fallen, ein Werbeverbot also das Grundrecht aus Art. 5 I 1 GG verletzen könnte.

638 2. Die Zulässigkeit einer Verfassungsbeschwerde unmittelbar gegen ein Gesetz setzt des Weiteren voraus, dass der Beschwerdeführer durch die angegriffene Norm **selbst**, **gegenwärtig** und **unmittelbar** in seinen Grundrechten betroffen ist. Z ist selbst, gegenwärtig und auch unmittelbar betroffen, da das Verbot unmittelbar durch Gesetz angeordnet wird und ein weiterer Vollzugsakt nicht erforderlich ist.

Z ist daher beschwerdebefugt.

IV. Rechtswegerschöpfung/Subsidiarität

639 Grundsätzlich muss gem. § 90 II BVerfGG vor Erhebung der VB der Rechtsweg erschöpft sein. Unmittelbar gegen Gesetze ist allerdings kein Rechtsweg eröffnet. Das Erfordernis der Rechtswegerschöpfung steht also der Zulässigkeit der VB nicht entgegen. Z ist auch nicht zuzumuten, zunächst gegen das Werbeverbot zu verstoßen, um dann im durchzuführenden Bußgeldverfahren die Verfassungswidrigkeit des Verbots geltend zu machen. Auch der Grundsatz der Subsidiarität der Verfassungsbeschwerde steht also ihrer Zulässigkeit nicht entgegen.

V. Form und Frist

Die VB des Z muss gem. § 23 I BVerfGG schriftlich abgefasst sein. Sie muss ferner fristgerecht eingelegt sein. Nach § 93 III BVerfGG muss eine VB unmittelbar gegen ein Gesetz innerhalb eines Jahres ab Inkrafttreten erhoben werden. Die Jahresfrist ist hier noch nicht abgelaufen. Dass der Staatsvertrag zu einem früheren Zeitpunkt unterzeichnet wurde, steht dem nicht entgegen. Denn Gegenstand der Verfassungsbeschwerde ist das Gesetz, durch das der Staatsvertrag in innerstaatliches Recht transformiert wurde. **640**

VI. Ergebnis

Die VB des Z ist zulässig.

B. Begründetheit der Verfassungsbeschwerde

Die Verfassungsbeschwerde des Z ist begründet, wenn er durch die gesetzliche Regelung, gegen die er sich wendet, in seinen Grundrechten verletzt ist.

I. Berufsfreiheit, Art. 12 I 1 GG

Das Werbeverbot könnte gegen das Grundrecht der Berufsfreiheit aus Art. 12 I GG verstoßen. Art. 12 I GG ist neben Art. 5 I 1 GG anwendbar. Während Art. 5 I GG den Schutz der freien Kommunikation bezweckt, geht es bei Art. 12 I GG um die Freiheit der wirtschaftlichen Betätigung. Angesichts dieser Unterschiedlichkeit der Schutzgüter kann Art. 5 I GG nicht als die speziellere Gewährleistung gegenüber Art. 12 I GG gesehen werden. Beide Grundrechte sind nebeneinander anwendbar. **641**

1. Schutzbereich

Das gesetzliche Werbeverbot könnte Z im Grundrecht aus Art. 12 I GG verletzen. Hierfür müsste zunächst der Schutzbereich des Grundrechts eröffnet sein. Mit der Vermittlung von Sportwetten übt Z eine Tätigkeit aus, die auf Dauer angelegt und auf die Erzielung wirtschaftlicher Ergebnisse, also auf die Erhaltung einer Lebensgrundlage gerichtet ist. Es handelt sich auch um eine erlaubte Tätigkeit. Der Schutz des Art. 12 I GG kann auch nicht mit der Begründung verneint werden, es handle sich um eine von der Rechtsordnung „missbilligte" Tätigkeit. Dieses Kriterium ist bereits zu unbestimmt, um einem Gewerbe den Grundrechtsschutz zu entziehen. Wenn zudem der Gesetzgeber die Veranstaltung von Glücksspielen und Wetten durch konzessionierte Betreiber als ein Instrument vorsieht, um das an sich missbilligte Glücksspiel zu kanalisieren und dessen Risiken in Griff zu nehmen, so ist auch der einzelne Betreiber hierdurch in das gesetzliche Konzept eingebunden. Dann kann ihm andererseits nicht der Schutz der Rechtsordnung **642** mit der Begründung versagt werden, er übe eine von der Rechtsordnung „missbilligte" Tätigkeit aus. Der Schutzbereich des Art. 12 I GG ist also eröffnet. Die Berufsfreiheit erfasst auch die Werbung als berufliche Außendarstellung. Dass Werbung möglicherweise schädliche Wirkungen insofern entfaltet, als sie ein Suchtverhalten begünstigen kann, bedeutet noch nicht, dass sie als sozial unwertig oder schädlich vom tatbestandlichen Schutzbereich des Grundrechts ausgenommen werden darf. Solange die Dienstleistungen, für die geworben wird, nicht generell verboten sind, muss dies auch für die Werbung hierfür gelten. Etwaigen Gefährdungen auf Grund der Werbung ist also im Rahmen der Grundrechtsbeschränkungen zu begegnen.

2. Eingriff

643 In dem unmittelbar wirkenden Verbot der Werbung liegt ein Eingriff im klassischen Sinn, der durch eine rechtlich verbindliche Anordnung ein grundrechtlich geschütztes Handeln untersagt. Die gesetzliche Regelung zielt auch unmittelbar darauf ab, die Betroffenen in ihrer beruflichen Betätigung zu beschränken, ist also unmittelbar berufsbezogen.

3. Rechtfertigung

644 a) Nach Art. 12 I 2 GG kann die **Freiheit der Berufsausübung** durch Gesetz oder auf Grund eines Gesetzes beschränkt werden. Entgegen dem Wortlaut der Bestimmung gilt dies auch für die Berufswahl. Berufswahl und Berufsausübung formen ein einheitliches Grundrecht der Berufsfreiheit und unterliegen einem einheitlichen Schrankenvorbehalt. Die Anforderungen an eine Grundrechtsbeschränkung richten sich jedoch danach, ob dieser Schrankenvorbehalt auf der Stufe der Berufswahl oder der Berufsausübung erfolgt. Dem Z wird jedoch die Ausübung seiner beruflichen Tätigkeit nicht generell untersagt oder unmöglich gemacht. Er wird vielmehr in ihrer Außendarstellung durch Werbung beschränkt. Der Gesetzgeber reguliert also die Art und Weise, in der Z seiner Tätigkeit nachgehen darf. Dies ist eine Regelung auf der Stufe der Berufsausübung. Eine Regelung auf dieser Stufe ist bereits dann zulässig, wenn ihr vernünftige Erwägungen des Gemeinwohls zugrunde liegen und das Gesetz auch im Übrigen verfassungskonform ist.

645 b) Das Werbeverbot des GlüStV ist durch das Zustimmungsgesetz des Landes in Landesrecht transformiert worden. Das Gesetz müsste **formell** und **materiell verfassungsmäßig** sein. Es müsste vom zuständigen Gesetzgeber erlassen worden sein.

aa) Grundsätzlich sind nach Art. 70 GG die Länder zuständig, wenn nicht ausdrücklich dem Bund die Gesetzgebungskompetenz zugewiesen ist. Für das Werbeverbot könnte eine **konkurrierende Gesetzgebungskompetenz** des Bundes nach Art. 74 I Nr. 11 GG in Betracht kommen; dann müsste es sich um Recht der Wirtschaft handeln. Darunter sind alle Vorschriften zu verstehen, die das wirtschaftliche Leben und die wirtschaftliche Betätigung als solche regeln, die sich in irgendeiner Form auf die Erzeugung, Herstellung und Verteilung von Gütern des wirtschaftlichen Bedarfs beziehen.[1] Vorschriften

---

1 *Degenhart*, in: Sachs, Art. 74 Rn 44.

über die Werbung beziehen sich auf den Vertrieb von Gütern und Dienstleistungen; sie sind daher Recht der Wirtschaft iSd Art. 74 I Nr. 11 GG. Es könnte sich jedoch auch um Ordnungsrecht handeln, wie von seiten der Landesregierung geltend gemacht wird. Kommt eine mehrfache Zuordnung in Betracht,[2] so ist zunächst auf den unmittelbaren Gegenstand der Regelung abzustellen. Dies ist nicht die Gefahrenvorsorge, sondern die Regulierung der Werbung. Es geht um spezifische Auswirkungen einer bestimmten wirtschaftlichen Tätigkeit. Mithin ist der Staatsvertrag und damit auch das Zustimmungsgesetz dem Wirtschaftsrecht zuzuordnen.

In diesem Fall sind die Länder nur zuständig, wenn und soweit nicht ein Bundesgesetz besteht, Art. 72 I GG. Dies ist nicht der Fall. Die Zuständigkeit des Landes A ist also gegeben.

bb) Wenn Z weiterhin geltend macht, der Staatsvertrag sei zustande gekommen, ohne dass der Landtag von A hätte auf seinen Inhalt Einfluss nehmen können, so ist fraglich, ob das BVerfG dies prüfen kann. Denn das Zustandekommen von Landesgesetzen richtet sich nach der Landesverfassung. Sie ist im Verfahren vor dem BVerfG kein Prüfungsmaßstab. Z rügt aber in der Sache die Praxis bei Staatsverträgen der Länder, die von der Exekutive ausgehandelt werden und bei denen die Parlamente nur die Wahl haben, entweder im Ganzen zuzustimmen oder sie zur Gänze abzulehnen. Damit verlieren die Landtage eigene Gestaltungsmöglichkeiten. Dies berührt das **demokratische Prinzip** des Grundgesetzes. Dies kann das BVerfG überprüfen.   **646**

Staatsverträge zwischen den Ländern schwächen die Bedeutung der Landesparlamente. Ziel ist eine Vereinheitlichung der Gesetzgebung. Wo dies im Interesse auch der Bürger sachgerecht ist, kann durch Staatsverträge einer Inanspruchnahme von Bundeskompetenzen entgegengewirkt werden. Sie können also zur Stärkung der Länder selbst beitragen. Solange den Landesparlamenten insgesamt ausreichend Gestaltungsmöglichkeiten verbleiben, kann daher, wenn ein sachlicher Grund hierfür besteht, die Praxis der Staatsverträge hingenommen werden. Das Glücksspiel in den Ländern einheitlich zu regeln, ist sachlich gerechtfertigt, um die Ziele der Regelung wirksam zu verfolgen. Das Zustandekommen des Gesetzes verstieß also nicht gegen das Demokratieprinzip des Grundgesetzes.   **647**

c) Das Werbeverbot müsste auch **materiell verfassungsmäßig** sein.   **648**

Es müsste einen legitimen Zweck verfolgen. Anreize für übermäßiges Wetten zu verhindern, stellt einen **vernünftigen Gemeinwohlbelang** dar. Das Werbeverbot müsste auch geeignet sein, diesen Zweck zumindest zu fördern. Es beruht auf der Einschätzung, dass Werbung zum Spiel verleiten kann. Diese Einschätzung des Gesetzgebers ist jedenfalls vertretbar. Mehr aber darf für die Feststellung, dass das Gesetz geeignet ist, nicht verlangt werden. Dies betrifft auch die Erforderlichkeit. Der Gesetzgeber durfte davon ausgehen, dass andere Mittel wie zB obligatorische Warnhinweise nicht gleich wirksam sind.

---

2 *Degenhart* Rn 180.

649 Das Gesetz müsste schließlich im Hinblick auf die Gewährleistung des Art. 12 I GG **verhältnismäßig im engeren Sinn**, also angemessen sein. Es bewirkt einen intensiven Eingriff in das Grundrecht des Z, der gerade für die Vermittlung über das Internet auf Werbung angewiesen ist. Das vom Gesetzgeber mit dem Werbeverbot für das Fernsehen und das Internet verfolgte Ziel könnte zwar grundsätzlich gerechtfertigt sein, geht man davon aus, dass hier die Gefahr einer Beeinflussung durch Werbung besonders hoch ist. Es wird jedoch nicht konsequent durchgeführt. Denn für staatliche Lotterien darf die Werbung erlaubt werden. Hierin liegt ein Verstoß gegen das **Kohärenzgebot**. Es folgt aus Art. 12 I iVm Art. 3 I GG und besagt, dass der Gesetzgeber die mit der Beschränkung verfolgten Zielsetzungen auch tatsächlich effektiv und konsequent verfolgen muss, und nicht in Wahrheit finanzielle bzw fiskalische Interessen. Das Werbeverbot ist also nicht angemessen und verletzt Z in seinem Grundrecht aus Art. 12 I iVm Art. 3 I GG.

AA vertretbar.

II. Eigentumsgarantie, Art. 14 I GG

650 Der **Schutzbereich** der Eigentumsgarantie des Art. 14 I GG ist nicht eröffnet. Dies gilt auch, soweit man auf das Recht am eingerichteten und ausgeübten Gewerbebetrieb bzw das Recht am Unternehmen abstellt. Art. 14 I GG schützt lediglich den Bestand des Unternehmens, das durch unternehmerische Tätigkeit bereits Erworbene, nicht dagegen den Vorgang des Erwerbs als solchen; insoweit kommt allein Art. 12 I GG zur Anwendung.[3]

III. Meinungsfreiheit, Art. 5 I 1 GG

1. Schutzbereich

651 Das Werbeverbot könnte unvereinbar mit dem Grundrecht der Meinungsfreiheit aus Art. 5 I 1 GG sein. Hierfür kommt es zunächst entscheidend darauf an, ob auch Werbung geschützte Meinungsäußerung iSv Art. 5 I 1 GG sein kann. Meinung iSd Art. 5 I 1 GG ist jede wertende Stellungnahme. Es darf hierbei nicht zwischen „wertvollen" und weniger „wertvollen" Äußerungen unterschieden werden. Deshalb kann Werbung nicht mit der Begründung, sie diene nur kommerziellen Zwecken, vom Grundrechtstatbestand der Meinungsfreiheit ausgenommen werden. Wenn Werbung einen wie immer gearteten wertenden, meinungsbildenden Inhalt hat oder Angaben enthält, die der Meinungsbildung dienen",[4] ist sie als geschützte Meinungsäußerung einzustufen. Wenn es um die bloße Vermittlung von Wetten geht, für die geworben wird, kann dies allerdings fraglich sein. Doch ist mit jeder Werbung, wenn sie nicht in der bloßen Präsentation etwa des Markennamens besteht, wie zB bei der Trikotwerbung, eine positive Aussage verbunden, zB des Inhalts, dass Sportwetten dem einzelnen Chancen eröffnen und sein Exper-

---

3 BVerfGE 88, 366 (377).

4 BVerfGE 102, 347 (359); ebenso BVerfGE 71, 162 (175); BVerfG, NJW 2001, 3403; einschränkend BVerfGE 95, 173 (182); *Jarass*, in: Jarass/Pieroth, Art. 5 Rn 4; *Wendt*, in: von Münch/Kunig I, Art. 5 Rn 11.

tenwissen herausfordern. Von einer Meinungsäußerung ist also auszugehen. Der Schutzbereich des Art. 5 I 1 GG ist eröffnet.

AA gut vertretbar.

2. Eingriff

Soweit es sich bei Werbung für Sportwetten um Meinungsäußerungen handelt, bedeutet ihr Verbot einen Eingriff in das Grundrecht der Meinungsfreiheit.

652

3. Rechtfertigung

a) Das Grundrecht der Meinungsfreiheit ist nicht schrankenlos gewährleistet. Seine **Schranken** ergeben sich aus Art. 5 II GG. Auch wenn Jugendschutz als Ziel des Gesetzes genannt ist, dient das Werbeverbot nicht in erster Linie dem Jugendschutz, sondern soll generell der Spielleidenschaft entgegenwirken. Es müsste sich daher um ein allgemeines Gesetz iSv Art. 5 II GG handeln.[5]

653

Dagegen könnte sprechen, dass das Gesetz Werbung für bestimmte Wettangebote und Glücksspiele untersagt und damit an eine Meinungsäußerung anknüpft. In diesem Fall kommt es darauf an, ob es dem Schutz eines auch sonst von der Rechtsordnung geschützten Rechtsguts dient. Der Schutz vor negativen Auswirkungen des Glücksspiels ist ein solches Rechtsgut, dieses liegt den Regelungen des GlüStV insgesamt zugrunde. Es handelt sich also um ein **allgemeines Gesetz**.

b) Dieses müsste auch im Übrigen **verfassungskonform** sein.

654

aa) Das Gesetz ist **formell** verfassungskonform, s.o. zu Art. 12 I GG.

bb) Das Schrankengesetz nach Art. 5 II GG muss jedoch seinerseits im Lichte der Bedeutung des Grundrechts aus Art. 5 I 1 GG gesehen werden. In dem umfassenden Werbeverbot kommt ein sehr „paternalistisches" Staatsverständnis zum Ausdruck, also die Vorstellung vom Staat, der besser als der Bürger weiß, was für diesen gut ist und der es auch als seine Aufgabe sieht, den **Bürger vor sich selbst zu schützen** und so zu bevormunden. Das Grundgesetz geht davon aus, dass der Bürger grundsätzlich selbst zur Verarbeitung und zur kritischen Bewertung von Informationen in der Lage ist. Dies gilt auch im Bereich der Werbung. Deshalb trägt ein so weitreichendes Werbeverbot dem Grundrecht der Meinungsfreiheit nicht hinreichend Rechnung. Dies gilt jedenfalls dann, wenn es wie hier nicht konsequent verwirklicht ist. Das Werbeverbot des GlüStV, den das Zustimmungsgesetz umsetzt, verstößt also gegen Art. 5 I 1 GG.

IV. Gleichheitssatz, Art. 3 I GG

Das Werbeverbot des GlüStV verletzt, weil es nicht widerspruchsfrei durchgeführt ist, Z in seinem Grundrecht aus Art. 12 I iVm Art. 3 I GG, s.o.

655

---

5 S dazu BVerfGE 124, 300 (321 f.).

C. Ergebnis

656
-659
Die Verfassungsbeschwerde hat Aussicht auf Erfolg, da sie zulässig und begründet ist. Gemäß § 95 III 1 BVerfGG ist das Zustimmungsgesetz zum GlüStV für verfassungswidrig und nichtig zu erklären.[6]

Wiederholung und Vertiefung

Zu Art. 5 I GG s nach **Fall 16**, Rn 623 ff.; zu Art. 12 I GG s nach **Fall 19**, Rn 711 ff.; zu aktuellen bundesstaatlichen Verfassungsfragen Rn 397a.

Vgl zur thematisch verwandten Problematik der Verpflichtung zur Anbringung von Warnhinweisen den Fall „Warnung vor gentechnisch veränderten Lebensmitteln" von *Kremer*, JURA 2008, 299.

---

6 Vgl *Degenhart* Rn 855.

Fall 18

Der unliebsame Staatsbesuch

Kleiner Schein / Zwischenprüfung, 2 Std.

Der Ministerpräsident des wirtschaftlich aufstrebenden, aber diktatorisch regierten asia- **660** tischen Staates S wird mit einer hochrangigen Wirtschaftsdelegation zu offiziellen Gesprächen mit der Regierung des Bundeslandes L erwartet; dabei soll es insbesondere um eine Beteiligung an dem in L ansässigen, vor dem Konkurs stehenden Autozulieferer Schrott AG gehen, bei dem mehrere tausend Arbeitsplätze auf dem Spiel stehen. Da in der Bundesrepublik zahlreiche politisch Verfolgte aus S Aufnahme gefunden haben, befürchtet die Landesregierung L Kundgebungen gegen den Besuch, die die Gesprächsatmosphäre stören könnten. Sie beschließt deshalb, den Besuch nicht vorab bekannt zu geben. Die Polizei wird angewiesen, etwaige gleichwohl stattfindende Kundgebungen im Rahmen ihres Ermessens zu beenden.

Tatsächlich gelingt es, den Besuch der Delegation bis wenige Stunden vor deren Ankunft auf dem Hauptbahnhof der Landeshauptstadt von L geheim zu halten. In aller Eile organisieren dort im Exil lebende Staatsbürger von S zusammen mit Angehörigen deutscher Menschenrechtsgruppen eine Protestversammlung, melden diese eine Stunde vor der geplanten Ankunft per E-Mail bei der Behörde an und begeben sich zum Bahnhof. Sie halten Transparente hoch, auf denen der Ministerpräsident von S als „unerwünscht" bezeichnet, die „Unterdrückung Andersdenkender" und „Korruption" in S angeprangert und Portraits „verschwundener" Dissidenten gezeigt werden.

Die anwesende Polizei löst die Versammlung auf. Sie stützt sich auf die Befugnis nach § 15 II des am 1.7.2009 in Kraft getretenen Landesversammlungsgesetzes (LVersG).

Die Auflösung der Versammlung wird mit diesen Erwägungen begründet:
– Die Versammlung sei nicht rechtzeitig angemeldet und es sei auch kein verantwortlicher Versammlungsleiter benannt worden;
– die auf den Transparenten verbreiteten Parolen seien zwar nicht strafbar, aber doch geeignet gewesen, die internationalen Beziehungen der Bundesrepublik und die Interessen des Landes erheblich zu stören; die öffentliche Ordnung erfordere es, dass ausländische Staatsmänner sich nicht beleidigen lassen müssten;
– schließlich hätten zur Begrüßung angereiste Mitarbeiter der Schrott AG, darunter zahlreiche arbeitskampferprobte Stahlarbeiter, bereits drohende Haltung gegenüber den Demonstranten eingenommen. Die öffentliche Sicherheit sei also gefährdet gewesen.

Nach Erschöpfung des Rechtsweges erhebt die Menschenrechtsaktivistin Wanda W., eine deutsche Staatsangehörige, die an der Versammlung teilgenommen hatte, Verfassungsbeschwerde.

Wie wird das BVerfG entscheiden?

§ 14 LVersG

(1) Wer die Absicht hat, eine öffentliche Versammlung unter freiem Himmel oder einen Aufzug zu ver-
anstalten, hat dies spätestens 72 Stunden vor der Bekanntgabe der zuständigen Behörde unter Angabe
des Gegenstandes der Versammlung oder des Aufzuges und unter Benennung eines verantwortlichen
Leiters anzumelden.

(…)

§ 15 LVersG

(1) Die zuständige Behörde kann die Versammlung oder den Aufzug verbieten oder von bestimmten
Auflagen abhängig machen, wenn nach den zur Zeit des Erlasses der Verfügung erkennbaren Umständen die öffentliche Sicherheit oder Ordnung bei Durchführung der Versammlung oder des Aufzuges
unmittelbar gefährdet ist.

(2) Sie kann eine Versammlung oder einen Aufzug auflösen, wenn sie nicht oder nicht rechtzeitig angemeldet sind, wenn von den Angaben der Anmeldung abgewichen oder den Auflagen zuwider gehandelt
wird oder die öffentliche Sicherheit oder Ordnung unmittelbar gefährdet ist.

Ist die Versammlung aufgelöst, haben die Beteiligten sich unverzüglich zu entfernen.

Vorüberlegungen

Das Versammlungsrecht ist seit der sog. Föderalismusreform in ausschließlicher Län-   **661**
derzuständigkeit; bis zum Erlass von Landesgesetzen gilt nach Art. 125a I 1 GG das
VersG des Bundes als Bundesrecht weiter. Im vorliegenden Fall liegt ein Versammlungsgesetz des Landes vor. Die vom BVerfG entwickelten Grundsätze zu Art. 8 GG
gelten aber selbstverständlich weiter.

In der Sache behandelt der Fall ein Standardproblem: die Spontan- oder Eilversammlung. Das Versammlungsrecht des Bundes, das in einer Reihe von Ländern weitergilt,
fordert rechtzeitige Anmeldung – dies ist auch gerechtfertigt, nicht zuletzt im Interesse
der Versammlungsteilnehmer selbst. Im Einzelfall aber kann es die Versammlungsfreiheit leerlaufen lassen, will man undifferenziert darauf bestehen. Würde das Gesetz hier
keine Ausnahmen ermöglichen, wäre es verfassungswidrig. Es räumt jedoch der Behörde Ermessen ein – auf der Stufe der Anwendung des Gesetzes ist dann dem Grundrecht
Rechnung zu tragen. Neue Versammlungsgesetze der Länder enthalten bereits den Verzicht auf die Anmeldefrist bei Spontan- und Eilversammlungen.

Der vorstehende Fall belegt beispielhaft, wie auf der Rechtfertigungsebene bei Eingrif-   **662**
fen auf gesetzlicher Grundlage eine **zweistufige Grundrechtsprüfung** vorzunehmen
ist: auf einer ersten Stufe ist die Verfassungsmäßigkeit des Gesetzes zu prüfen, auf einer
zweiten Stufe geht es dann um Verfassungsverstöße bei der Anwendung des Gesetzes im
konkreten Fall. Diese beiden Prüfungsschritte dürfen nicht vermengt werden (häufiger
Fehler): bei der Prüfung des Gesetzes ist eine abstrakte Bewertung vorzunehmen. Erst
wenn gefragt wird, ob Behörden/Gerichte bei der Anwendung des Gesetzes verfassungswidrig gehandelt haben, ist auf die Gegebenheiten des Einzelfalles abzustellen.

Auf dieser Ebene sind die Erwägungen der Behörde verfassungsrechtlich zu würdigen.
Der Bearbeiter sollte hier insbesondere wissen, dass die Spontan- oder Eilversammlung nicht allein wegen der nicht eingehaltenen Anmeldefrist verboten oder aufgelöst
werden darf, sofern das Landesrecht diese Fälle nicht ohnehin regelt, dass bei Gegendemonstrationen die Behörde gegen den „Störer" vorzugehen hat, dass meinungsbezo-
gene Eingriffe, also behördliche Maßnahmen wegen des Inhalts der auf der Kundgebung
geäußerten Meinungen, nur zulässig sind, wenn sie auch vor Art. 5 I GG Bestand haben.
Denn die Versammlungsfreiheit ist die Freiheit zur kollektiven Meinungsäußerung.

In der Zulässigkeit stellt sich das bekannte Problem der Erledigung bei schwerwiegenden Grundrechtseingriffen, bei denen effektiver Rechtsschutz notwendig bleibt. Deshalb
ist von einem fortbestehenden Rechtsschutzbedürfnis auszugehen und darf die Verfassungsbeschwerde nicht mangels gegenwärtigen Betroffenseins als unzulässig behandelt
werden.

663 Gliederung

A. Zulässigkeit der Verfassungsbeschwerde
    I. Beteiligten- und Prozessfähigkeit
    II. Beschwerdegegenstand
    III. Beschwerdebefugnis
        1. Plausible Geltendmachung einer Grundrechtsverletzung (+): Art. 8 I GG
        2. Eigenes, gegenwärtiges und unmittelbares Betroffensein: Erledigung?
    IV. Rechtswegerschöpfung
    V. Form und Frist
    VI. Rechtsschutzbedürfnis (+)
        Erledigung?
    VII. Ergebnis

B. Begründetheit der Verfassungsbeschwerde
    I. Versammlungsfreiheit, Art. 8 I GG
        1. Schutzbereich
            sachlich: Versammlung; subjektiv: W als Deutsche
        2. Eingriff
        3. Verfassungsrechtliche Rechtfertigung
            a) Schranken, Art. 8 II GG: Gesetzesvorbehalt
            b) Verfassungsmäßigkeit der Schrankenregelung
                aa) Zuständigkeit: Art. 125a I 2 GG
                bb) Materielle Verfassungsmäßigkeit:
                    (1) § 14 I LVersG: Anmeldepflicht/– aber verfassungskonforme
                         Anwendung für Eil- und Spontanversammlungen
                    (2) Öffentliche Sicherheit (+); öffentliche Ordnung:
                         verfassungskonform auszulegen
            c) Verfassungsmäßigkeit der Gesetzesanwendung
                aa) Anmeldepflicht/Angabe des Leiters nach § 14 I LVersG (–):
                    Eil-/Spontanversammlung
                bb) „Drohende Haltung" Dritter (–): Priorität der Versammlung
                cc) Öffentliche Ordnung (–): kein meinungsbezogener Eingriff
    II. Weitere Grundrechte: Art. 5 I 1 GG
        1. Schutzbereich und Eingriff (+)
        2. Rechtfertigung (–)

C. Entscheidung des BVerfG

Musterlösung

A. Zulässigkeit der Verfassungsbeschwerde

I. Beteiligten- und Prozessfähigkeit

W ist als natürliche Person grundrechtsfähig und damit beteiligtenfähig im Verfahren der Verfassungsbeschwerde. An ihrer Prozessfähigkeit zu zweifeln, besteht kein Anlass. **664**

II. Beschwerdegegenstand

Die Verfassungsbeschwerde muss sich gegen einen Akt öffentlicher Gewalt richten. Darunter fallen Akte der Gesetzgebung, der Rechtsprechung und der Exekutive. Die Verfassungsbeschwerde der W richtet sich gegen die polizeiliche Versammlungsauflösung und die sie bestätigenden Gerichtsentscheidungen sowie mittelbar gegen die zugrundeliegenden gesetzlichen Bestimmungen; es handelt sich jedoch nur um eine Verfassungsbeschwerde. **665**

III. Beschwerdebefugnis

1. Um beschwerdebefugt zu sein, müsste die W zunächst **plausibel geltend machen**, in einem ihrer **Grundrechte verletzt** zu sein. Eine Grundrechtsverletzung muss zumindest als möglich erscheinen. Da W an einer aufgelösten Versammlung teilgenommen hat und sie sich als Deutsche auch auf das Grundrecht der Versammlungsfreiheit berufen kann, erscheint es nicht als ausgeschlossen, dass sie in diesem Grundrecht verletzt ist. **666**

2. W müsste weiterhin **selbst, gegenwärtig** und **unmittelbar betroffen** sein. Sie ist selbst betroffen, da die Auflösung der Versammlung gegen alle Versammlungsteilnehmer wirkt, sie ist auch unmittelbar durch die Auflösung betroffen. **667**

Fraglich kann allerdings sein, ob das Erfordernis des gegenwärtigen Betroffenseins gewahrt ist. Denn die Versammlung ist tatsächlich beendet, die Delegation ist wieder abgereist, der Anlass für die Versammlung verstrichen. Bei Versammlungen, deren Zweck eine Stellungnahme, eine Äußerung zu einem aktuellen Ereignis ist, wird die Situation freilich regelmäßig eintreten, dass sich der Anlass für die Versammlung **erledigt** hat, ehe Rechtsschutz, insbesondere auch verfassungsgerichtlicher Rechtsschutz erlangt werden kann. Würde man die Zulässigkeit einer Verfassungsbeschwerde in derartigen Fällen wegen fehlender gegenwärtiger Betroffenheit verneinen, so wären Behörden dann bei rechtswidrigen Grundrechtseingriffen klaglos gestellt, wäre kein wirksamer Rechtsschutz gewährleistet. Das Grundrecht der Versammlungsfreiheit würde in zahlreichen Fällen des Art. 8 GG leer laufen.[1] Deshalb darf auch wegen der Rechtsschutzgarantie des Art. 19 IV GG unter dem Gesichtspunkt der prozessualen Überholung das Kriterium des gegenwärtigen Betroffenseins so zu handhaben sein, dass es jedenfalls bei gravierenden Grundrechtseingriffen, bei denen regelmäßig oder typischerweise Erledigung

---

1 Vgl BVerfGE 96, 27; *Schenke*, Verwaltungsprozessrecht, Rn 583 f.

eintritt, ehe verfassungsgerichtlicher Rechtsschutz in der Sache erlangt werden kann, der Zulässigkeit der Verfassungsbeschwerde nicht entgegensteht. Bei einer Versammlungsauflösung handelt es sich regelmäßig um einen intensiven Grundrechtseingriff, so auch im vorliegenden Fall. Die Gesichtspunkte, unter denen gegenwärtiges Betroffensein zu bejahen ist, wenn die Maßnahme sich erledigt, ehe verfassungsgerichtlicher Schutz erlangt werden kann, treffen hierauf zu. Die Verfassungsbeschwerde ist also nicht wegen nicht mehr gegenwärtigen Betroffenseins unzulässig.

IV. Rechtswegerschöpfung

668 Der Rechtsweg gegen die Auflösung der Versammlung ist ausgeschöpft.

V. Form und Frist

Die Verfassungsbeschwerde bedarf der Schriftform. Die Monatsfrist des § 93 I B VerfGG ist lt. Sachverhalt gewahrt.

VI. Rechtsschutzbedürfnis

Die Tatsache der Erledigung vor Erhebung der Verfassungsbeschwerde steht deren Zulässigkeit auch unter dem Gesichtspunkt des allgemeinen Rechtsschutzbedürfnisses nicht entgegen.

VII. Ergebnis

Die Verfassungsbeschwerde der W ist zulässig.

B. Begründetheit der Verfassungsbeschwerde

669 Die Verfassungsbeschwerde der W ist begründet, wenn sie durch die angegriffenen Hoheitsakte in ihren Grundrechten verletzt ist. In erster Linie ist hier an die Versammlungsfreiheit des Art. 8 I GG zu denken.

I. Versammlungsfreiheit, Art. 8 I GG

1. Schutzbereich

Damit der sachliche Schutzbereich des Art. 8 I GG eröffnet ist, müsste es sich bei der Kundgebung gegen die Delegation aus S um eine Versammlung iSd Grundrechts gehandelt haben. Wenn unter Versammlung die Zusammenkunft einer Mehrzahl von Personen zum Zweck der gemeinsamen Meinungskundgabe zu verstehen ist, so fällt die Kundgebung unter diesen Versammlungsbegriff. Da sie sich auch auf eine Angelegenheit von öffentlichem Interesse bezog, ist auch der enge Versammlungsbegriff erfüllt, wonach es sich um eine Meinungskundgabe zu Fragen handeln muss, die die Öffentlichkeit berühren, die von öffentlichem Interesse sind. Ob dieser enge oder ein weiterer Versammlungsbegriff zugrundezulegen sind, braucht daher nicht entschieden zu werden.

Der Annahme einer grundrechtlich geschützten Versammlung steht auch nicht entgegen, **670** dass es sich beim Grundrecht der Versammlungsfreiheit um ein Deutschengrundrecht handelt. Dies ist eine Frage des subjektiven Schutzbereichs. Liegt eine Versammlung iSd Art. 8 I GG vor, so können sich jedenfalls deren Teilnehmer, die Deutsche iSd Grundgesetzes sind, auf das Grundrecht aus Art. 8 I GG berufen. Auch der subjektive Schutzbereich der Versammlungsfreiheit ist also im Fall der W eröffnet.

2. Eingriff

In das Grundrecht der W müsste eingegriffen worden sein. Eingriff ist jede staatliche **671** Maßnahme, die das grundrechtlich geschützte Verhalten ganz oder teilweise unmöglich macht. Die Auflösung einer Versammlung bedeutet, dass diese zu beenden ist und die Versammlungsteilnehmer sich zu entfernen haben. Sie ist also wie das Verbot der denkbar intensivste Eingriff in das Grundrecht der Versammlungsfreiheit.

3. Verfassungsrechtliche Rechtfertigung

a) Schranken

Die Versammlungsfreiheit gilt nicht uneingeschränkt. Sie steht unter Gesetzesvorbehalt. **672** Nach Art. 8 II GG kann die Versammlungsfreiheit für Versammlungen unter freiem Himmel durch Gesetz oder auf Grund eines Gesetzes eingeschränkt werden. Bei der Versammlung, an der die W teilgenommen hat, handelt es sich um eine Versammlung unter freiem Himmel. Daher konnte die Polizei hier auf der Grundlage des Versammlungsgesetzes Maßnahmen gegen die Versammlung treffen. Dessen Bestimmungen sind jedoch nur dann eine geeignete Schranke der Versammlungsfreiheit, wenn sie ihrerseits formell und materiell verfassungsmäßig sind.

b) Verfassungsmäßigkeit der Schrankenregelung

aa) Der Gesetzgeber des Landes L muss zum Erlass des Versammlungsgesetzes **zustän-** **673** **dig** gewesen sein. Die Zuständigkeit ergibt sich hier aus Art. 70 GG. Hiernach sind die Länder zuständig, wenn nicht dem Bund ausdrücklich die Gesetzgebungszuständigkeit verliehen wird. Für das Versammlungsrecht ist den Bestimmungen der Art. 73 und 74 GG weder eine ausschließliche Zuständigkeit des Bundes noch eine konkurrierende Zuständigkeit zu entnehmen. Es bleibt also bei der Zuständigkeit des Landes. Dem steht auch nicht entgegen, dass vor Erlass des Landesgesetzes der Bund ein Versammlungsgesetz erlassen hat. Es ist davon auszugehen, dass er hierfür bei Erlass des Gesetzes zuständig war, die Zuständigkeit aber durch eine Grundgesetzänderung entfallen ist. Dann gilt nach Art. 125a I 1 GG das Versammlungsgesetz des Bundes als Bundesrecht fort. Es kann aber nach Art. 125a I 2 GG durch Landesrecht ersetzt werden. Daher durfte der Gesetzgeber des Landes L das Versammlungsgesetz des Bundes durch ein Versammlungsgesetz des Landes ersetzen.

bb) Die Bestimmungen des Versammlungsgesetzes des Landes L müssten auch **mate-** **674** **riell verfassungsmäßig** sein.

Für die materielle Verfassungsmäßigkeit einer gesetzlichen Beschränkung der Versammlungsfreiheit nennt Art. 8 II GG keine näheren Voraussetzungen; das Grundrecht steht unter einfachem Gesetzesvorbehalt. Für ein grundrechtsbeschränkendes Gesetz muss jedoch gefordert werden, dass der Gesetzgeber einen legitimen Zweck verfolgt und dass die Grundrechtsbeschränkung verhältnismäßig ist.

675 (1) Für die **Anmeldepflicht des § 14 I LVersG** kann davon ausgegangen werden, dass sie legitimen öffentlichen Zwecken dient. Zum einen wird durch die rechtzeitige Anmeldung gewährleistet, dass Beeinträchtigungen Dritter und Störungen der öffentlichen Sicherheit von Vornherein begrenzt werden, die Behörde also etwaigen Störungen entgegenwirken kann. Dies liegt andererseits auch im Interesse der Versammlungsteilnehmer selbst, da damit ein möglichst störungsfreier Ablauf der Versammlung gewährleistet werden kann. Eine Anmeldepflicht ist also verfassungsrechtlich grundsätzlich gerechtfertigt und belastet die Veranstalter einer Versammlung oder Kundgebung auch nicht unverhältnismäßig. Grundsätzlich muss der Gesetzgeber dann auch befugt sein, Sanktionen wie die Auflösung der Versammlung vorzusehen, wenn die Anmeldepflicht nicht beachtet wurde.

676 Andererseits darf nicht verkannt werden, dass im Einzelfall die Anmeldepflicht dazu führen könnte, dass das Grundrecht der Versammlungsfreiheit nicht wahrgenommen werden kann. Dies ist insbesondere dann der Fall, wenn es den Versammlungsteilnehmern darum geht, zu einem aktuellen Anlass Stellung zu beziehen und bei Abwarten der Anmeldefrist dieser Anlass bereits vorbei wäre. Dann würde das Grundrecht der Versammlungsfreiheit leer laufen. Die Anwendung des Schrankengesetzes darf jedoch nicht zur Aushöhlung des Grundrechts führen. Deshalb kann § 14 I LVersG verfassungsrechtlich nur dann Bestand haben, wenn für derartige Fälle von Eildemonstrationen auf die Anmeldefrist verzichtet wird. § 14 I LVersG muss aber verfassungskonform angewendet werden.[2] Auch die in § 14 I LVersG enthaltene Verpflichtung, einen verantwortlichen Leiter der Versammlung zu benennen, ist nicht von Vornherein unverhältnismäßig. Sie erleichtert es der Behörde, mit den Veranstaltern einer Kundgebung zusammenzuwirken, um so einen störungsfreien Ablauf zu ermöglichen. Andererseits können sich Versammlungen auch spontan bilden. Sinn der Versammlungsfreiheit ist es, den Bürgern die Freiheit zu gewährleisten, gemeinsam in der Öffentlichkeit Stellung zu beziehen. Würde man nun stets fordern, dass zunächst ein gemeinsamer Leiter der Versammlung bestimmt wird, so könnte dies wiederum zu einem Leerlaufen der Versammlungsfreiheit führen. Dem ist bei der Anwendung des Gesetzes im Einzelfall Rechnung zu tragen.

677 (2) Soweit Beschränkungen der Versammlungsfreiheit aus Gründen der **öffentlichen Sicherheit** vorgesehen sind, ist dies zu bejahen. Denn der Staat ist gehalten, die öffentliche Sicherheit, also insbesondere die Unversehrtheit von Rechtsgütern der Bürger zu gewährleisten. Für den Beschränkungsgrund der **öffentlichen Ordnung** könnte fraglich sein, ob hier ein legitimer Zweck zugrunde liegt. Denn mit diesem Begriff verbindet man die von der Allgemeinheit anerkannten Vorstellungen über die Regeln für ein ge-

---

2 Die Frage der verfassungskonformen Anwendung stellt sich beim aktuellen SächsVersG vom 25.01.2012, SächsGVBl 2012, 54 nicht mehr: gemäß § 14 III SächsVersG gilt die Anmeldefrist für Eilversammlungen nicht, gemäß § 14 IV SächsVersG entfällt die Anzeigepflicht bei Spontanversammlungen.

ordnetes menschliches Zusammenleben. Das demokratische Grundrecht der Versammlungsfreiheit soll aber auch ein Forum für solche Äußerungen ermöglichen, die diesen herrschenden Auffassungen widersprechen, also ein Forum auch für Minderheiten und Außenseiter. Deshalb muss der Beschränkungsgrund der öffentlichen Ordnung einschränkend ausgelegt werden. Er kann nicht als Grund dafür herangezogen werden, Versammlungen zu verbieten oder zu beschränken, weil dort Meinungen vertreten werden, die sich gegen die öffentliche Ordnung richten. Allenfalls die Begleitumstände einer Versammlung können also unter diesem Aspekt eine Beschränkung der Versammlungsfreiheit rechtfertigen.[3] § 15 I LVersG muss insoweit verfassungskonform ausgelegt werden, um eine verhältnismäßige Grundrechtsbeschränkung darzustellen und ist dann auch hinreichend bestimmt. Ob dann die konkret erfolgenden Grundrechtseinschränkungen verhältnismäßig sind, kann jedoch nur für den Einzelfall festgestellt werden. § 15 I LVersG stellt das Versammlungsverbot in das Ermessen der Behörde und ermöglicht es damit, die im Einzelfall verhältnismäßige und damit auch verfassungskonforme Maßnahme zu ergreifen.[4]

c) Verfassungsmäßigkeit der Gesetzesanwendung

Das Gesetz müsste in verfassungskonformer Weise angewandt worden sein.

aa) Die Polizei hat die Versammlungsauflösung zunächst damit begründet, dass die **Anmeldefrist nach § 14 I LVersG** nicht eingehalten wurde. Deren Einhaltung hätte hier jedoch dazu geführt, dass die Versammlung ihren Zweck, gegen den Besuch der Delegation aus S zu demonstrieren, nicht mehr hätte erfüllen können. Sie wäre ins Leere gelaufen. Dies hätte die Polizei im Rahmen ihrer Entscheidung über die Auflösung der Versammlung berücksichtigen müssen. Sie durfte also im Rahmen ihres Ermessens nach § 15 II LVersG die Versammlung nicht schon deshalb auflösen, weil sie nicht innerhalb der Frist des § 14 I LVersG angemeldet worden war. Sie hat damit die Bedeutung des Grundrechts der Versammlungsfreiheit für Eilversammlungen verkannt. Dies bedeutet einen Verstoß gegen Art. 8 I GG. Ebenso liegt ein Grundrechtsverstoß darin, dass die Auflösung der Versammlung darauf gestützt wurde, dass kein **verantwortlicher Leiter angegeben** worden war. Dies war angesichts der kurzfristig spontan anberaumten Versammlung nicht möglich. 678

bb) Ein Verfassungsverstoß könnte des Weiteren darin liegen, dass die Versammlung wegen der **„drohenden Haltung"** der zur Begrüßung angereisten Mitarbeiter des Unternehmens aufgelöst wurde. Auch wenn die Einschätzung der Polizei, hierdurch sei die öffentliche Sicherheit, etwa durch gewaltsame, zu Verletzten führende Auseinandersetzungen gefährdet gewesen, plausibel erscheint, ist doch fraglich, ob deshalb gegen die Teilnehmer der Demonstration eingeschritten werden durfte. Denn diese haben, wie dargelegt, von ihrem Grundrecht auf Versammlungsfreiheit in rechtmäßiger Weise Gebrauch gemacht. Wenn sich also Dritte gegen sie wandten, so bedrohten diese die Versammlungsteilnehmer in der Wahrnehmung ihrer Grundrechte. Würde man für derartige 679

---

3 BVerfGE 111, 147 (155 ff.).
4 Vgl dazu Einführung Rn 123 f.: Wenn die gesetzliche Regelung Ermessen einräumt, liegt der Schwerpunkt der Grundrechtsprüfung auf der Anwendung des Gesetzes.

Fälle ein Einschreiten gegen die Versammlungsteilnehmer für zulässig ansehen, so bestünde die Gefahr, dass Dritte, etwa gewaltbereite Gegendemonstranten, letztlich nach Belieben Kundgebungen verhindern und dadurch die Versammlungsteilnehmer an der Wahrnehmung ihres Grundrechts hindern könnten. Deshalb muss hier den Veranstaltern Priorität eingeräumt werden. Die Polizei hätte gegen die nach ihrer eigenen Einschätzung eine „drohende Haltung" einnehmenden Mitarbeiter des Unternehmens einschreiten müssen. Etwas anderes könnte dann gelten, wenn hier die Polizei auch mit zumutbaren Bemühungen die öffentliche Sicherheit nicht hätte garantieren können. Für einen derartigen „polizeilichen Notstand" sind hier jedoch keine Anhaltspunkte gegeben. Die Polizei hat also bei der Auflösung der Versammlung auch in diesem Punkt die Bedeutung der Grundrechte der Versammlungsteilnehmer verkannt und das Gesetz in verfassungswidriger Weise angewandt.

680 cc) Damit verbleibt nur der Gesichtspunkt einer Störung der **öffentlichen Ordnung** auf Grund der Äußerungen der Versammlungsteilnehmer auf den von ihnen mitgeführten Transparenten. Wie schon zur Verfassungsmäßigkeit des § 15 I LVersG ausgeführt wurde, kann aber eine Versammlung nicht allein mit der Begründung aufgelöst werden, dass die mit der Versammlung bezweckte Meinungsäußerung gegen die öffentliche Ordnung verstoßen könnte.[5] Solange eine Äußerung nicht gegen Strafgesetze verstößt, darf die Polizei nicht dagegen einschreiten. Die Bestimmung des § 15 I LVersG muss verfassungskonform restriktiv in der Weise ausgelegt werden, dass allein wegen des Inhalts der auf der Versammlung geäußerten Meinungen kein Rückgriff auf die öffentliche Ordnung zulässig ist. Deshalb kann das Verbot auch nicht auf eine Gefährdung des Ansehens der Bundesrepublik gestützt werden. Auch diese Befürchtung ist nicht geeignet, den verfassungsrechtlich geschützten Prozess der freien Meinungsbildung zu beschränken. Dass die konkreten Begleitumstände der Kundgebung die öffentliche Ordnung beeinträchtigt hätten, ist nicht ersichtlich.

Der Eingriff in das Grundrecht der Versammlungsfreiheit ist also verfassungsrechtlich nicht gerechtfertigt.

II. Weitere Grundrechte: Art. 5 I 1 GG

681 Das Handeln der Polizei könnte die W weiterhin in ihrem Grundrecht auf freie Meinungsäußerung aus Art. 5 I 1 GG verletzt haben.

1. Schutzbereich und Eingriff

Dann müsste Art. 5 I 1 GG neben Art. 8 I GG anwendbar sein. Dies ist insoweit der Fall, als die Versammlungsfreiheit gerade wegen des Inhalts der auf der Versammlung vertretenen Meinungen beschränkt wird.

In den Protesten der Versammlungsteilnehmer gegen das Regime von S sind Meinungsäußerungen iSd Art. 5 I 1 GG zu sehen; dies gilt auch für das Zeigen der Portraits der „Verschwundenen", mit dem konkludent dem Regime vorgeworfen wird, hierfür ver-

---

5 BVerfGE 111, 147 (155 ff.).

antwortlich zu sein. Diese Äußerungen hat die W sich durch aktive Teilnahme an der Kundgebung zu eigen gemacht. Daher liegt in der Auflösung der Versammlung auch ein Eingriff in ihr Grundrecht auf Meinungsfreiheit.

2. Rechtfertigung

Die Meinungsfreiheit findet ihre Schranken in den allgemeinen Gesetzen nach Art. 5 II **682** GG. Auch wenn die Bestimmungen des Versammlungsrechts als allgemeine Gesetze damit grundsätzlich geeignet sind, Beschränkungen der Meinungsfreiheit zu rechtfertigen, müssen sie doch im Einzelfall unter Berücksichtigung der Bedeutung des Grundrechts angewandt werden. Im vorliegenden Fall hat die Polizei jedoch verkannt, dass allein aus Gründen der öffentlichen Ordnung Meinungsäußerungen im Rahmen einer Versammlung nicht unterbunden werden dürfen. Sie hat damit die Bedeutung nicht nur der Versammlungs-, sondern auch der Meinungsfreiheit verkannt und damit auch das Grundrecht der Versammlungsteilnehmer und damit auch das der W aus Art. 5 I 1 GG verletzt.

Ergebnis: Die Polizei hat also das Gesetz in verfassungswidriger Weise angewandt. **683** Mit der Auflösung der Versammlung hat die Polizei, mit den klageabweisenden Entscheidungen haben die Gerichte die W in ihren Grundrechten aus Art. 8 I GG und Art. 5 I 1 GG verletzt.

C. Entscheidung des BVerfG

Auf die Verfassungsbeschwerde der W wird das BVerfG die Entscheidungen der Verwaltungsgerichte aufheben und gemäß § 95 II BVerfGG die Sache an ein zuständiges Gericht zurückverweisen.

Wiederholung und Vertiefung

Art. 8 GG – Versammlungsfreiheit: Schutzzweck und Systematik

Die Versammlungsfreiheit schützt vor allem die Freiheit der kollektiven Meinungs- **684** äußerung, insoweit in Ergänzung zu Art. 5 I GG und als demokratische Grundfreiheit „Stellung zu nehmen" unentbehrliches und grundlegendes, stabilisierendes Funktionselement der Demokratie, insbesondere im repräsentativen System.

I. Schutzbereich

Subjektiv: „alle Deutschen"

Objektiv – Versammlungsbegriff: in Abgrenzung zur bloßen Ansammlung erforderlich innere Verbundenheit der Versammlungsteilnehmer; BVerfG: kollektive Meinungskundgaben in öffentlichen Angelegenheiten – enger Versammlungsbegriff; keine Versammlung: Loveparade als Spaß-, Tanz- und Unterhaltungsveranstaltung, *BVerfG NJW 2001, 2459*; geschützt ist auch die freie Wahl von Ort und Zeit. Die freie Ortswahl wird insbesondere dann bedeutsam, wenn der für eine Versammlung in Anspruch genommene öffentliche Raum sich in privater Hand befindet, zB Einkaufszentren („Malls"), City-Passagen uÄ, die dem allgemeinen Passantenverkehr geöffnet sind. In der FRAPORT-Entscheidung (*BVerfGE 128, 226*) hatte das BVerfG eine Grundrechtsbindung des Flughafenbetreibers daraus abgeleitet, dass es sich um eine vom Staat beherrschte Gesellschaft handelte; deshalb erstreckte sich die Versammlungsfreiheit auf den allgemein und nicht etwa nur für Fluggäste zugänglichen Bereich des Flughafens vor der Sicherheitskontrolle und stellt hierbei maßgeblich auf dessen „Kommunikationsfunktion" ab, die der öffentlicher Straßen und Plätze vergleichbar sei. In einem Beschluss vom 18.7.2015[6] wird diese Kommunikationsfunktion auch einem gänzlich in privater Hand befindlichen Platz am Ende einer Fußgängerzone zugesprochen. Für derartige „öffentliche Foren" wird mittelbare Grundrechtsbindung des privaten Eigentümers, etwa im Fall eine Hausverbots, angenommen

Friedlichkeitsvorbehalt: geschützt ist nur die „friedliche" Versammlung (Schutzbereichsbegrenzung); unfriedlich sind Handlungen von einiger Gefährlichkeit durch aggressive Ausschreitungen gegen Personen oder Sachen (s. aber Rn 687c).

II. Eingriff

Verbot, Auflage, Auflösung, aber auch faktische Eingriffe iSd modernen Eingriffsbegriffs: Beobachtung, insbesondere Anfertigung von Übersichtsaufnahmen und deren Speicherung; intensiver Eingriff insbesondere bei Bußgeldbewehrung.

III. Eingriffsrechtfertigung

1. Versammlungen unter freiem Himmel

685 Begriff: entscheidend ist die räumliche Begrenzung des Versammlungsraums.

a) VersG als Grundrechtsschranke

Schrankenvorbehalt nach Art. 8 II GG, ausgefüllt durch VersG bzw neue, dieses ersetzende Versammlungsgesetze der Länder, s Art. 125a I GG.

Beschränkungen im VersG des Bundes: Anmeldepflicht unter Angabe des Leiters der Versammlung, § 14 VersG; behördliche Eingriffsbefugnisse: Auflagen oder Verbot zum Schutz der öffentlichen Sicherheit und Ordnung; Auflösung im Ermessen der Behörde, wenn die Anmeldung versäumt wurde oder fehlerhaft war oder gegen Auflagen verstoßen wird oder die Voraussetzungen für Verbot vorliegen, zB weil die Versammlung gewalttätig wird. Die verbotene Versammlung muss aufgelöst werden. Sollte im jeweiligen Bundesland bereits ein Landesversammlungsgesetz bestehen, kommt es darauf

---

6 BVerfG NJW 2015, 2485 mit Anm. *Smets*, NVwZ 2016, 35.

an, ob dort für Spontan- und Eilversammlungen Ausnahmen von der Anmeldeplicht vorgesehen sind.

Rechtsfolge der Auflösung: Pflicht zum Entfernen; Versammlung wird zur bloßen Ansammlung mit der Folge der Anwendbarkeit des allgemeinen Polizeirechts.

Die Beschränkungen sind grundsätzlich verfassungsrechtlich gerechtfertigt, gelten auch für Großdemonstrationen.

b) Grundrechtskonforme Anwendung des VersG

Beachtung der Schutzwirkung des Art. 8 I GG; daher kein Verbot, wenn Auflagen ausreichend sind. Auflagen können ausgesprochen werden in Abwägung mit entgegenstehenden Rechten Dritter, die Versammlung hat aber ein „Recht auf die Straße". Bei Gegendemonstrationen gilt der Grundsatz der Priorität: Inanspruchnahme des Störers, also der Gegendemonstration, Verbot nur bei polizeilichem Notstand. **686**

Die Anwendung des Schrankengesetzes darf nicht zur Aushöhlung des Grundrechts führen, daher Verzicht auf Anmeldepflicht bei Spontan- und Eildemonstration; grundrechtskonforme Anwendung der Anmeldepflicht auch bei Großdemonstrationen; Auflösung noch nicht bei unfriedlichem Verhalten Einzelner.

Insbesondere bei **meinungsbezogenen Eingriffen** ist zu beachten: der Eingriff muss auch nach Art. 5 II GG gerechtfertigt sein, in erster Linie dann, wenn gegen Strafgesetze verstoßen wird und deshalb die öffentliche Sicherheit bedroht ist. Eine Gefahr für die öffentliche Ordnung darf nur aus den Umständen der Versammlung abgeleitet werden, nicht aus dem Inhalt von Äußerungen: Polizeifestigkeit der Meinungsfreiheit.

2. Versammlungen in geschlossenen Räumen

Kein Schrankenvorbehalt; Beschränkungen sind nur möglich im Rahmen der Schutzbereichsbegrenzung des Art. 8 I GG und in Anwendung verfassungsimmanenter Schranken.

IV. Prüfungsschema Versammlungsauflösung

> 1. **Schutzbereich des Grundrechts** **687**
>   Versammlung iSv Art. 8 I GG?
> 2. **Eingriff** – bei Auflösung zu bejahen
> 3. **VersG als Grundrechtsschranke**
>   a) Art. 8 II GG als Schrankenvorbehalt, wenn Versammlung unter freiem Himmel (Demonstration)
>   b) Verfassungsmäßigkeit der §§ 14, 15 VersG grundsätzlich zu bejahen
>   c) Aber Erfordernis verfassungskonformer Anwendung
> 4. **Anwendung des Schrankengesetzes**
>   a) Voraussetzungen für Versammlungsauflösung?
>   (zB Unfriedlichkeit, Abweichung von Auflagen, keine Anmeldung, verspätete Anmeldung)
>   b) Verhältnismäßigkeit der Auflösung?
>   – bei Unfriedlichkeit: nur Verhalten Einzelner oder von der Versammlung getragen?
>   – bei Verstoß gegen Anmeldepflicht: Spontan- oder Eilversammlung?

V. Aktuelle Problemfälle

687a Das Versammlungsrecht ist seit der Föderalismusreform in der ausschließlichen Zuständigkeit der **Länder**; soweit diese keine eigenen Versammlungsgesetze erlassen haben, gilt nach Art. 125a I GG das VersG des Bundes fort. BVerfGE 122, 342 beanstandet die weitreichenden und formalisierten Anmeldungs- und Mitwirkungspflichten des Veranstalters nach bayerischem Recht, die auf Grund ihrer Bußgeldbewehrung den Grundrechtsgebrauch unverhältnismäßigen Erschwerungen und Risiken aussetzen. Ein sächsisches VersG hatte nach dem Vorbild des § 15 II VersG, der Kundgebungen an **Gedenkstätten** für die NS-Opfer weitreichenden Beschränkungen unterwirft und in Nr. 2 ausdrücklich die Holocaust-Gedenkstätte in Berlin benennt, ua für weite Bereiche der Dresdner Innenstadt ähnliche Beschränkungen vorgesehen. Da das Gesetz aus formellen Gründen für nichtig erklärt wurde, steht die Klärung der damit verbundenen Verfassungsfragen noch aus. Das Gesetz wurde inzwischen mit den gleichen Beschränkungen neu erlassen; inhaltlich nimmt es die in der Rechtsprechung entwickelten Grundsätze zu Spontan- und Eilversammlungen auf. Die Entwicklung der Landesgesetzgebung wird jedenfalls sorgfältig zu beobachten sein. Als verfassungswidrig wertet das BVerfG auch die umfangreichen und tatbestandlich nahezu voraussetzungslosen **Observationsbefugnisse** der Polizei unter Einsatz aller verfügbaren Mittel der Technik.[7]

687b Generell bedeutet die Observation von Versammlungen einen Grundrechtseingriff. Dies gilt auch für sog. **„Übersichtsaufnahmen"**, da hierbei die Einzelpersonen in der Regel individualisierbar mit erfasst werden. Der Eingriff liegt darin, dass das Bewusstsein der Teilnehmer, dass ihre Teilnahme an einer Versammlung und ihre Interaktion mit den Versammlungsteilnehmern in dieser Weise festgehalten wird, einschüchternd wirken kann und dies zugleich auf die Grundlagen der demokratischen Auseinandersetzung zurückwirkt. Dies gilt erst recht dann, wenn ein Gesetz verdeckte Aufnahmen zulässt.

Hinreichend geklärt sind mittlerweile die Fragen, die durch Versammlungen extremistischer Tendenz aufgeworfen werden. Auch hier gilt: Äußerungen, die als Meinungsäußerungen wegen Art. 5 GG zulässig sind, können kein Einschreiten rechtfertigen, wohl aber Äußerungen, die den Tatbestand des § 130 StGB erfüllen.[8] Doch muss die Gefahrprognose dann hinreichend abgesichert sein.[9] Schließlich können die besonderen Umstände ein Verbot rechtfertigen – dies kann die zeitliche Nähe zu einem besonderen Gedenktag sein,[10] oder die räumliche Nähe zu Gedenkstätten. Geht die Versammlung von einer politischen Partei aus, so ist Art. 21 II GG zu beachten: wegen Verfassungsfeindlichkeit einer nicht verbotenen Partei ist ein Versammlungsverbot unzulässig. Im **Fall 13** (Rn 489 ff.) könnte erwogen werden, die Zusammenkunft der protestierenden „besorgten" Bürger als Versammlung iSv Art. 8 I GG zu qualifizieren; hier könnte jedoch bereits die „Friedlichkeit" der Versammlung fraglich sein, jedenfalls aber sind

---

7 BVerfGE 122, 342 (368).
8 Vgl zB BVerfG NVwZ 2004, 1111.
9 Vgl zB BVerfG NJW 2005, 3202.
10 BVerfG BayVBl 2006, 348.

Eingriffe zum Schutz individueller Rechtsgüter gerechtfertigt. Dies gilt auch zB für Versammlungen vor Flüchtlingsunterkünften.[11]

Anlässlich der Großkundgebung von Anhängern des türkischen Staatspräsidenten *Erdo-* **687c** *gan* am 31.7.2016 in Köln wurden Forderungen nach einem Verbot laut, das jedoch auf der Grundlage geltenden Rechts kaum durchsetzbar sein dürfte, auch wenn es ersichtlich der Intention des Art. 8 GG zuwiderläuft, dessen demokratische Freiheit mit dem Ziel einzusetzen, einen Machthaber zu unterstützen, der den demokratischen Rechtsstaat weitgehend beseitigen will. Denn das Anliegen einer Versammlung und das Motto einer Demonstration entziehen sich einer rechtlichen Bewertung (sofern nicht die Grenze der Strafbarkeit erreicht ist). Gleichwohl verbleiben Bedenken: Die Versammlungsfreiheit ist ein Deutschen-Grundrecht. Es steht deutschen Staatsangehörigen zu, auch dann, wenn sie möglicherweise eine zweite Staatsangehörigkeit besitzen, nicht aber Nicht-Deutschen. So könnte durchaus der Charakter der Versammlung als einer Versammlung von Deutschen näher betrachtet werden, zumal dann, wenn die maßgeblichen Anstöße zu der Versammlung aus dem Ausland, etwa von der türkischen Regierungspartei kommen sollten. Es ist auch nicht ganz zweifelsfrei, ob zB eine Versammlung, auf der eine fanatisierte Menge die Hinrichtung politischer Gegner fordert, zwingend als „friedlich" zu werten ist. Auch ein Unbehagen angesichts der offensichtlich von den meisten Teilnehmern mitgeführten türkischen Fahnen in gleichartiger Größe und Aufmachung erscheint nicht unberechtigt. So enthält § 3 VersG ein Uniformverbot – genauer: das Verbot des Tragens gleichartiger Kleidungsstücke als Ausdruck gemeinsamer politischer Gesinnung. Grund für dieses Verbot sind die damit verbundenen suggestivmilitanten Effekte „in Richtung auf einschüchternde uniforme Militanz."[12] Eben diese Wirkung geht auch von 10 000 uniformen Fahnen aus.

Aus der Ausbildungsliteratur: *Höfling/Krohne*, Versammlungsrecht in Bewegung, JA 2012, 734; *Alemann/Scheffczyk*, Aktuelle Fragen der Gestaltungsfreiheit von Versammlungen, JA 2013, 407; *Lembke*, Grundfälle zu Art. 8 GG, JuS 2005, 984, 1081.

Aktuelle Rechtsprechung: BVerfGK 11, 361 = NVwZ-RR 2007, 641 (Inanspruchnahme eines Nichtstörers); BVerfG (K) NVwZ 2003, 601 (Volkstrauertag); BVerfG (K) NVwZ 2006, 815 (§ 130 III StGB); BVerfGE 122, 342 (e.A. gegen BayVersG); BVerfGE 124, 300 (Wunsiedel); BVerfGE 128, 226 (Fraport).

Weitere Fälle im thematischen Zusammenhang: *Droege*, Militärische Beobachtung freier Versammlungen – „Tornados im Tiefflug", JuS 2008, 135; *Rozek/Lehr*, Vermummte Weihnachtsmänner", JA 2004, 900; *Riedel*, Die Polizei in der Versammlung, JURA 2010, 144; *Otto*, Anfängerklausur – Versammlungsfreiheit, JuS 2011, 143; *Bews/Greve*, Versammlungsfreiheit am Flughafen, JURA 2012, 723.

---

11 *Hufen* § 30 Rn 38 f.
12 OLG Hamburg, B. v. 10.5.2016 Rn 7; BVerfG NJW 1982, 1803.

Fall 19

Die Wende

Umfangreicher Fall für die Zwischenprüfung, 3 Std.

688 Der Betrieb eines Kernkraftwerks zur Erzeugung von Elektrizität bedurfte in der Bundesrepublik stets einer Genehmigung nach § 7 AtG. Auf dessen Grundlage hatte die Power AG (P) im Jahr 1980 die unbefristete Genehmigung für den Betrieb eines Kernkraftwerks erhalten. Voraussetzung für die Erteilung der Genehmigung war nach der damaligen Fassung der Norm, dass die nach dem Stand von Wissenschaft und Technik erforderliche Vorsorge gegen Schäden durch den Betrieb getroffen war und dass der Betreiber die erforderliche Zuverlässigkeit und Sachkunde nachweisen konnte. Das Gesetz sah ferner vor, dass nachträgliche Auflagen erlassen werden konnten, wenn dies erforderlich wurde, um die Voraussetzungen des § 7 AtG zu erfüllen, und dass die Genehmigung zu widerrufen war, wenn diese Voraussetzungen nicht mehr gegeben waren. Für die Erteilung der Genehmigung, den Erlass von Auflagen und die Rücknahme der Genehmigung waren und sind die Länder zuständig, die hierbei im Auftrag des Bundes handeln.

Im Jahr 2010 – die P hatte bis dahin ohne Störungen das Kernkraftwerk betrieben – beschloss die Bundesregierung, langfristig auf Atomkraft zu verzichten. Eine Änderung des Atomgesetzes sah vor, dass keine neuen Kernkraftwerke mehr genehmigt werden sollten. Die in Betrieb befindlichen Anlagen sollten zu bestimmten Terminen abgeschaltet werden. Für das Atomkraftwerk der P ergab sich aus dem Gesetz ein Abschalttermin im Jahr 2030; dies entsprach der durchschnittlichen Lebensdauer der Anlage. Voraussetzung war, dass die Anlage stets dem neuesten Stand von Wissenschaft und Technik entsprach. Hierfür investierte die P im Jahr 2010 insgesamt eine Milliarde Euro.

Nach dem Reaktorunglück im Frühjahr 2011 in Fukushima beschloss die Bundesregierung den sofortigen Ausstieg aus der Atomkraft. Zwar hätten sich die Risiken nicht verändert, diese würden aber anders wahrgenommen. Ein in § 7 AtG neu eingefügter Absatz 1a sieht für jedes Kernkraftwerk einen festen Abschalttermin vor; für die Anlage der P ist dies nach § 7 Ia Nr. 10 AtG der 30.6.2013. In der Begründung zum Gesetz wird ausgeführt, bei einer Laufzeit von 33 Jahren sei davon auszugehen, dass die Anlage sich amortisiert habe.

Die P sieht sich ihrer Existenzgrundlage beraubt. Ihr Gewerbe sei die Gewinnung von Energie aus Kernkraft. Daran werde sie vollständig gehindert. Sie sieht sich außerdem enteignet, da ihr die ursprünglich unbefristete und dann jedenfalls die zu erwartende, die Lebensdauer der Anlage abdeckende Genehmigung ersatzlos entzogen worden sei. Nur im Vertrauen auf deren Bestand habe sie 2010 noch in die Anlage investiert.

Sie erhebt Verfassungsbeschwerde zum BVerfG und rügt die Verletzung ihrer Grundrechte aus Art. 12 und 14 GG. § 7 Ia AtG sei schon deshalb verfassungswidrig, weil mit der Festlegung des Ausstiegsdatums ein Verwaltungsakt in Gesetzesform erlassen worden sei. Das Gesetz verstoße gegen elementare Grundsätze des Rechtsstaats, wie die

Gewaltenteilung und das Rückwirkungsverbot. Die Bundesregierung ist der Auffassung, das Betreiben eines Atomkraftwerks könne angesichts der damit verbundenen Gefahren keinen Grundrechtsschutz genießen, iÜ sei es der P unbenommen, künftig Strom durch Wind- oder Sonnenergie zu erzeugen. Die Anlage habe sich ohnehin in den vergangen über 30 Jahren amortisiert, künftige Gewinnerwartungen seien nicht geschützt, ebenso wenig wie es Eigentumsschutz für eine öffentlich-rechtliche Genehmigung geben könne. Die Ereignisse in Japan hätten gezeigt, wie gefährlich Atomkraft sei. Der Schutz der Bevölkerung müsse absoluten Vorrang haben. Dem erwidert die P, ihre Anlage sei stets unter Beachtung aller denkbaren Sicherheitsvorkehrungen betrieben worden; das Reaktorunglück in Japan sei auf Mängel der dortigen Anlage zurückzuführen.

Die Erfolgsaussichten der Verfassungsbeschwerde sind gutachtlich zu prüfen.

Bearbeitervermerk: Es ist die im Sachverhalt wiedergegebene, vereinfachte Gesetzeslage zugrundezulegen. Weitere Bestimmungen des AtG werden für die Bearbeitung nicht benötigt.

Vorüberlegungen

689 Der Fall behandelt die aktuelle Thematik des Atomausstiegs durch Gesetz. Die Gesetzeslage ist vereinfacht dargestellt, es werden natürlich keinerlei Kenntnisse zum Atomrecht vorausgesetzt. Vielmehr geht es um vertraute grundrechtliche Fragestellungen. Einem Wirtschaftsunternehmen wird durch Gesetz die weitere Ausübung einer gewinnorientierten Tätigkeit untersagt. Dies ist zunächst eine Frage des Art. 12 GG. Hier bewegt sich der Bearbeiter auf dem vertrauten Gelände der Stufentheorie. Dabei ist die Unterscheidung zwischen Berufswahl- und Berufsausübungsregelungen hier nicht ganz eindeutig. Wenn die Bundesregierung darauf hinweist, die Beschwerdeführerin könne künftig Strom durch Windkraft oder Solarenergie gewinnen, so macht sie damit geltend, dass lediglich die Art und Weise der Ausübung der Unternehmenstätigkeit hier betroffen sei. Dann wäre es also eine Berufswahlregelung. Demgegenüber sieht die Beschwerdeführerin gerade das Betreiben eines Atomkraftwerks als ihr Gewerbe, also ihren Beruf. Dann wäre es eine Berufswahlregelung. In der Frage der Verhältnismäßigkeit dürfte dies aber letztlich keinen Unterschied machen. Bekanntlich werden Berufsausübungsregelungen ähnlich wie Berufswahlregelungen geprüft, wenn sie sich letzteren in ihrer Wirkung annähern.

690 Im Sachverhalt sind weiterhin zentrale Fragen des Art. 14 GG angesprochen. Der Beschwerdeführerin wird zunächst hier nur die ihr erteilte Genehmigung entzogen. Dies wirft die Frage auf, ob öffentlich-rechtliche Positionen, wie zB eine Konzession, Eigentum im Sinn des Art. 14 GG sein können, und ob hier etwa das Recht am Gewerbebetrieb einschlägig ist. Ein Schwerpunkt des Falles liegt in der Einordnung des Gesetzes in die Systematik des Art. 14 GG. Dem Beschwerdeführer geht es in dem Verfahren nicht um Entschädigung, er will, dass das sein Eigentumsgrundrecht verletzende Gesetz für nichtig erklärt wird. Art. 14 GG kommt hier also in seiner primären Bedeutung als Abwehrrecht gegen verfassungswidrige Eigentumseingriffe zum Tragen. Andererseits wird gezielt im Einzelfall auf das Unternehmen zugegriffen. Das Gesetz nimmt keine generalisierende Bestimmung von Rechten und Pflichten der Eigentümer vor, wie dies für Inhalts- und Schrankenbestimmungen kennzeichnend ist. Beide Auffassungen sind hier vertretbar, bei der Bearbeitung muss nur das Problem gesehen werden. Gesehen werden muss auch, dass hier möglicherweise ein Fall der Rückwirkung vorliegt, hier in der Form der nur unechten Rückwirkung oder tatbestandlichen Rückanknüpfung. Sie ist hier nicht im Rahmen eines eigenständigen Gliederungspunktes zu erörtern, sondern im Zusammenhang der im Einzelnen betroffenen Grundrechte, als Frage der Verhältnismäßigkeit. Hier sollte zumindest gebracht werden, dass der Gesetzgeber nicht gehindert sein kann, eine Materie neu zu ordnen, dass dann aber aus Gründen des Vertrauensschutzes und der Verhältnismäßigkeit hinreichende Übergangsfristen geboten sein können.

Im Aufbau wirft die Aufgabe keine besonderen Schwierigkeiten auf. Es ergeben sich auch keine besonderen Zulässigkeitsprobleme bei der Verfassungsbeschwerde. Die Begründetheitsprüfung folgt dem Aufbau der Grundrechtsprüfung.

Gliederung

A. Zulässigkeit der Verfassungsbeschwerde
    I. Beschwerdeführer
        1. Beschwerdefähigkeit: Art. 19 III GG
        2. Prozessfähigkeit
    II. Beschwerdegegenstand: § 7 Ia AtG als Akt der Legislative
    III. Beschwerdebefugnis
        1. Plausible Geltendmachung einer Grundrechtsverletzung: Art. 12 I GG, Art. 14 I GG
        2. P selbst, gegenwärtig und unmittelbar betroffen – gesonderte behördliche Entscheidung über den Wegfall der Genehmigung nicht erforderlich
    IV. Rechtswegerschöpfung/Subsidiarität
        Vorrang des Primärrechtsschutzes?
    V. Form und Frist
    VI. Ergebnis
        Die VB der P ist zulässig.

B. Begründetheit der Verfassungsbeschwerde
    I. Berufsfreiheit, Art. 12 I GG
        1. Schutzbereich
            a) Sachlicher Schutzbereich – Berufsbegriff
            b) Subjektiver Schutzbereich
        2. Eingriff
        3. Rechtfertigung
            a) Grundrechtsschranken – Berufswahlschranke?
            b) Gesetzgebungszuständigkeit: Art. 73 I Nr. 14 GG – „Verwaltungsakt in Gesetzesform"?
            c) Gesetz materiell verfassungsmäßig?
                aa) Einzelfallgesetz?
                bb) Gemeinwohlbelange
                cc) Verhältnismäßigkeit – Vertrauensschutz
            d) Zwischenergebnis
    II. Schutz des Eigentums, Art. 14 I GG
        1. Schutzbereich Eigentumsschutz auf Grund öffentlich-rechtlicher Konzession?
        2. Eigentumseingriff
            Enteignung oder Inhalts- und Schrankenbestimmung?
        3. Rechtfertigung – Vertrauensschutzprinzip

C. Ergebnis

Musterlösung

692 Die Verfassungsbeschwerde (VB) der P hat Aussicht auf Erfolg, wenn sie zulässig und begründet ist.

A. Zulässigkeit der Verfassungsbeschwerde

I. Beschwerdeführer

1. Die P müsste **beschwerdefähig** sein. Beschwerdefähig ist gem. Art. 93 I Nr. 4a GG, § 90 I BVerfGG „jedermann", der Träger von Grundrechten bzw grundrechtsgleichen Rechten sein kann. Die Beschwerdefähigkeit entspricht der Grundrechtsfähigkeit. Grundrechtsfähig ist grundsätzlich jede natürliche Person. Aber auch juristische Personen des Privatrechts können nach Art. 19 III GG grundrechtsfähig sein, wenn die als verletzt gerügten Grundrechte ihrem Wesen nach auf die AG anwendbar sind. Dies ist der Fall, wenn die von dem Grundrecht geschützte Tätigkeit nicht nur individuell, sondern auch kooperativ von juristischen Personen ausgeübt,[1] das Grundrecht auch im arbeitsteiligen Verbund einer juristischen Person verwirklicht werden kann. Eine juristische Person kann jedenfalls ein Gewerbe, also einen Beruf ausüben und sie kann auch Eigentum haben. Die P ist somit beschwerdefähig.[2]

693 2. Die P müsste auch **prozessfähig** sein. Prozessfähig ist, wer Prozesshandlungen selbst oder durch einen selbst bestimmten Vertreter vor Gericht vornehmen kann. Die P als Aktiengesellschaft ist als solche nicht prozessfähig; sie muss sich durch ihren gesetzlichen Vertreter, den Vorstand, vertreten lassen.

II. Beschwerdegegenstand

694 Die VB der P ist gem. Art. 93 I Nr. 4a GG, § 90 I BVerfGG statthaft, wenn sie sich gegen einen Akt der öffentlichen Gewalt des Bundes oder eines Landes richtet. Zu den Akten der öffentlichen Gewalt zählt jede öffentlich-rechtliche Tätigkeit des Staates oder seiner Untergliederungen, also alle Akte der Legislative, Exekutive und Judikative. Die P richtet ihre VB gegen die Regelung des § 7 Ia Nr. 10 AtG und damit gegen einen Akt der Legislative des Bundes. Dies ist ein zulässiger Beschwerdegegenstand.

III. Beschwerdebefugnis

695 Die P muss weiterhin beschwerdebefugt sein.

1. Das setzt zunächst voraus, dass die P **plausibel geltend machen** kann, durch die Regelung des § 7 Ia Nr. 10 AtG in ihren **Grundrechten verletzt zu sein**; dh nach ihrem

---

1 BVerfGE 42, 212 (219).
2 Möglich ist auch diese Aufbauvariante: zur Beschwerdefähigkeit wird ausschließlich auf die prinzipielle Grundrechtsfähigkeit abgestellt; hiernach ist die (inländische) juristische Person wie die natürliche Person beschwerdefähig; ob sie Träger der konkret gerügten Grundrechte sein kann, wird dann im Rahmen der Beschwerdebefugnis geklärt.

Vortrag muss eine **Grundrechtsverletzung möglich** erscheinen. Das ist dann der Fall, wenn die behauptete Grundrechtsverletzung nicht offensichtlich ausgeschlossen ist. Vorliegend beruft sich die P darauf, dass sie an der weiteren Ausübung ihres Gewerbes gehindert wird und rügt eine Verletzung des Art. 12 I GG. Dies erscheint hier nicht von vornherein ausgeschlossen. Denn die P wird jedenfalls an ihrer bisherigen wirtschaftlichen Betätigung gehindert. Ebenso ist es nicht ausgeschlossen, dass die P in ihrem Eigentum am Gewerbebetrieb verletzt ist.

2. Die Zulässigkeit einer VB unmittelbar gegen ein Gesetz setzt des Weiteren voraus, dass die P durch die angegriffene Norm **selbst**, **gegenwärtig** und **unmittelbar** in ihren Grundrechten betroffen ist.

696

Die Beschwerdeführerin P ist als Kraftwerksbetreiberin Adressat der Vorschrift in § 7 Ia Nr. 10 AtG und somit selbst betroffen. Sie ist gegenwärtig betroffen, wenn die angegriffene Vorschrift auf ihre Rechtsstellung aktuell „schon oder noch" einwirkt. Gegenwärtiges Betroffensein könnte deshalb in Frage gestellt werden, weil die P noch für einen Übergangszeitraum weiter ihre Anlage betreiben darf. Das Beendigungsdatum ist jedoch bereits jetzt verbindlich vorgegeben. Darauf muss die P sich auch einstellen. Die Grundrechtsbetroffenheit der P ist somit bereits konkret, die P folglich auch gegenwärtig betroffen. Sie müsste auch unmittelbar betroffen sein. Dies ist bei einem Gesetz dann der Fall, wenn die angegriffene Regelung, ohne eines weiteren Vollzugaktes zu bedürfen, Rechte verändert.[3] Für die P steht ohne weiteren Vollzugsakt fest, dass sie zu einem bestimmten Datum den Betrieb einzustellen hat. Eine gesonderte behördliche Entscheidung über den Wegfall der Genehmigung ist nicht erforderlich. Die P ist also durch das angegriffene Gesetz unmittelbar betroffen.

697

Die P ist daher beschwerdebefugt.

IV. Rechtswegerschöpfung/Subsidiarität

Da unmittelbar gegen Gesetze kein Rechtsweg eröffnet ist, steht § 90 II BVerfGG der Zulässigkeit der VB nicht entgegen. Es könnte der Grundsatz der Subsidiarität entgegenstehen, wenn der Beschwerdeführer vor Anrufung des BVerfG auf andere zumutbare Weise Rechtsschutz durch die Fachgerichte erlangen kann. Damit soll erreicht werden, dass das BVerfG nicht auf ungesicherter Tatsachen- und Rechtsgrundlage entscheiden muss.[4] Man könnte daran denken, dass die P vor einem ordentlichen Gericht einen Entschädigungsanspruch geltend machen müsste. Dem steht jedoch bei Art. 14 GG der Vorrang des Primärrechtsschutzes entgegen. Der Grundsatz der Subsidiarität steht also der Zulässigkeit der VB nicht entgegen.

698

---

3 BVerfGE 53, 366 (389); 70, 35 (50 f.).
4 BVerfGE 79, 1 (20); 97, 157 (165).

V. Form und Frist

699 Die VB der P muss gem. § 23 I BVerfGG schriftlich abgefasst und gem. § 92 BVerfGG begründet sowie gem. § 93 III BVerfGG innerhalb eines Jahres seit Inkrafttreten des Gesetzes erhoben werden. Die Jahresfrist ist hier noch nicht abgelaufen.

VI. Ergebnis

Die VB der P ist zulässig.

B. Begründetheit der Verfassungsbeschwerde

Die VB der P ist begründet, wenn die P durch § 7 Ia Nr. 10 AtG in ihren Grundrechten aus Art. 12 I, 14 I GG verletzt ist.

I. Berufsfreiheit, Art. 12 I GG

1. Schutzbereich

700 a) Der sachliche Schutzbereich der Berufsfreiheit des Art. 12 I GG müsste eröffnet sein. Dies ist dann der Fall, wenn es sich bei der Tätigkeit der P, also dem Betreiben eines Atomkraftwerks bzw der Energieerzeugung aus Atomkraft um einen **Beruf iSv Art. 12 I GG** handelt.

Der Begriff „Beruf" ist weit auszulegen. Er erfasst dabei jede Tätigkeit, die auf Dauer angelegt ist und der Schaffung und Erhaltung einer Lebensgrundlage dient. Bei einer juristischen Person bedeutet dies die Sicherung ihrer wirtschaftlichen Grundlage. Die Erzeugung von Energie ist eine solche Tätigkeit. Es handelt sich um einen Beruf iSv Art. 12 GG, unabhängig davon, ob man nun allgemein die Tätigkeit eines gewerblichen Energieerzeugers oder im Besonderen die eines Erzeugers von Energie aus Atomkraft als den maßgeblichen Beruf ansehen will. Dass der Betrieb von der Erteilung einer Genehmigung abhängig ist, wie dies für eine Reihe von Berufen bzw Gewerben der Fall ist, steht nicht entgegen. P war eine Betriebserlaubnis erteilt worden, auf deren Grundlage hat sie ihr Gewerbe ausgeübt. Mit der Erlaubniserteilung war eine vom Gesetz vorgesehene subjektive Zulassungsvoraussetzung für die Ausübung ihres Berufs erfüllt.

701 b) Auch der **subjektive Schutzbereich** des Grundrechts müsste eröffnet sein. Dass das Grundrecht des Art. 12 I GG auch auf juristische Personen des Privatrechts anwendbar ist, wurde dargelegt. Die P kann sich folglich als inländische juristische Person auf Art. 12 I GG iVm Art. 19 III GG berufen.

2. Eingriff

702 Das Grundrecht der Berufsfreiheit umfasst insbesondere das Recht, einen Geschäftsbetrieb zu eröffnen, fortzusetzen oder zu beenden. In der unmittelbar durch das Gesetz getroffenen Anordnung, zu einem bestimmten Zeitpunkt den Betrieb des Atomkraftwerks einzustellen, liegt ein Eingriff im klassischen Sinn, der ein grundrechtlich geschütztes Handeln untersagt. Darauf zielt die gesetzliche Regelung ab. Sie ist also unmittelbar berufsbezogen. Ein Eingriff in den Schutzbereich der Berufsfreiheit liegt vor.

3. Rechtfertigung

a) Nach Art. 12 I 2 GG kann die Freiheit der Berufsausübung durch Gesetz oder auf **703** Grund eines Gesetzes beschränkt werden; sie unterliegt also einem **Gesetzesvorbehalt**. Entgegen dem Wortlaut der Bestimmung gilt dies auch für die Berufswahl. Berufswahl und Berufsausübung formen ein einheitliches Grundrecht der Berufsfreiheit und unterliegen einem einheitlichen Schrankenvorbehalt. Die Anforderungen an eine Grundrechtsbeschränkung richten sich jedoch danach, ob sie auf der Stufe der Berufswahl oder der Berufsausübung erfolgt. Für eine bloße Berufsausübungsregelung könnte sprechen, dass, wie die Bundesregierung einwendet, die P künftig anderweitig Strom erzeugen könnte. Sieht man sie aber nicht allgemein als Energieunternehmen betroffen, sondern gerade als Betreiberin eines Kernkraftwerks, so würde es sich um eine Berufswahlregelung handeln. Letztlich kann diese Einordnung aber nicht entscheidend sein. Denn die P wird jedenfalls veranlasst, ihre bisherige Unternehmenstätigkeit zu beenden. Dieser Eingriff ist in seiner Intensität zumindest einer Berufswahlregelung angenähert und ist deshalb nach ähnlichen Kriterien zu beurteilen.

Die Beschränkung der Berufsfreiheit erfolgt hier unmittelbar durch Gesetz. Dieses Gesetz müsste formell und materiell verfassungsgemäß sein.

b) Die **Gesetzgebungszuständigkeit** des Bundes folgt aus Art. 73 I Nr. 14 GG. Daran **704** ändert auch nichts, dass es sich, wie die P geltend macht, um einen „Verwaltungsakt in Gesetzesform" handeln soll. Denn der Gesetzesbegriff des Grundgesetzes ist ein formeller. Für die Gesetzgebungszuständigkeit kommt es also darauf an, dass der Atomausstieg in der Form des Gesetzes beschlossen wurde.

c) Das Gesetz müsste auch **materiell verfassungsmäßig** sein. **705**

aa) Wenn das Gesetz für eine ausdrücklich benannte, einzelne Anlage konkret festlegt, dass die Genehmigung zu einem bestimmten Zeitpunkt unwirksam wird, trifft es eine **Einzelfallentscheidung**, die gegen den Grundsatz der Gewaltenteilung verstoßen könnte.[5] Gesetzgebung und Verwaltung sind aber nicht strikt getrennt. Der Gesetzgeber kann ihm bedeutsam erscheinende Fragen an sich ziehen und entscheiden, solange er nicht einen Kernbereich der Exekutive verletzt. Im Fall des Atomausstiegs handelt es sich um eine Entscheidung von so wesentlicher Bedeutung, dass sie in sachgerechter Weise vom Gesetzgeber zu entscheiden war. Damit liegt auch kein unzulässiges Einzelfallgesetz iSv Art. 19 I 1 GG vor. Auch die bundesstaatliche Kompetenzordnung wird nicht verletzt,[6] da beim Vollzug des Atomgesetzes die Länder in Auftragsverwaltung handeln, also den Weisungen des Bundes unterstehen, Art. 85 III GG und der Bund die Sachkompetenz hat.

---

5   Vgl BVerfGE 95, 1 (15 ff.).
6   Vgl BVerfGE 95, 1 (18).

706 bb) Das Gesetz müsste einem überragend wichtigen Gemeinschaftsgut dienen. Ihm liegt die Einschätzung zugrunde, die Risiken der Kernenergie seien an sich unverändert, würden anders als bisher wahrgenommen, also nicht mehr wie bisher akzeptiert. Auch wenn fraglich ist, ob damit **objektive Gemeinwohlbelange** benannt werden, ist es doch Sache des Gesetzgebers, die Grundlinien der Energieversorgung zu bestimmen und demgemäß eine Energieversorgung ohne Atomenergie als Gemeinwohlbelang im öffentlichen Interesse zu benennen.

707 cc) Fraglich könnte jedoch sein, ob der mit dem Gesetz bewirkte Grundrechtseingriff **verhältnismäßig** ist. Zwar mag die Festlegung eines nahen Datums für die Abschaltung der Anlagen geeignet und erforderlich sein, das gesetzliche Ziel eines schnellen Atomausstiegs zu fördern. Doch könnte die Angemessenheit fraglich sein. Denn hier wird vom Gesetzgeber in bestandskräftige Rechtspositionen eingegriffen. Die der P erteilte, zunächst unbefristet, dann jedenfalls bis 2030 geltende Genehmigung wird in ihrer Geltungsdauer verkürzt. Die P hatte jedoch auf deren Bestand vertraut und deshalb erhebliche Investitionen getätigt. Durch § 7 Ia Nr. 10 AtG wird nachträglich der Inhalt der Genehmigung verändert. Dies könnte ein Fall unzulässiger Rückwirkung sein. Da das Gesetz keine Rechtsfolgen für die Vergangenheit anordnet, kann es sich allerdings nicht um einen Fall „echter" Rückwirkung handeln, wohl aber um „unechte" Rückwirkung. Diese ist dann gegeben, wenn ein Gesetz einen Sachverhalt betrifft, der in der Vergangenheit ins Werk gesetzt wurde und hieran nachteilige Rechtsfolgen anknüpft. Sie ist dem Gesetzgeber nicht generell verwehrt, doch ist dem schutzwürdigen Vertrauen des Bürgers Rechnung zu tragen.[7] Es ist also abzuwägen zwischen dem Anliegen des Gesetzgebers, ein Rechtsgebiet neu zu ordnen, und dem Vertrauensschutzinteresse des Normadressaten. Es muss ein angemessener Ausgleich stattfinden, zB durch hinreichende Übergangsfristen. Daran aber fehlt es hier. Angesichts der sehr kurzen Übergangsfrist ist davon auszugehen, dass die Investitionen der P weitgehend entwertet sind. Hierin liegt ein unverhältnismäßiger Eingriff, der auch nicht durch die von der Bundesregierung geltend gemachte Gefährlichkeit der Atomenergie gerechtfertigt wird. Denn die Sicherheitslage der Anlage der P ist unverändert.

d) Im **Ergebnis** ist also von einem Verstoß gegen den rechtsstaatlichen Vertrauensschutz auszugehen. Damit ist der Eingriff in das Grundrecht der P aus Art. 12 I GG unverhältnismäßig. Die P ist in ihrem Grundrecht verletzt.

II. Schutz des Eigentums, Art. 14 I GG

1. Schutzbereich

708 Die P könnte weiterhin in ihrem Eigentum verletzt sein. Dann müsste zunächst der Schutzbereich des Art. 14 GG eröffnet sein. Dies könnte deshalb zweifelhaft sein, weil es sich bei der Anlagengenehmigung um eine öffentlich-rechtliche Erlaubnis handelt. Eigentum iSd Art. 14 GG sind grundsätzlich alle vermögenswerten privaten Rechte.[8]

---

7 Vgl die Grundsätze der Rechtsprechung zusammenfassend BVerfGE 127, 1 (17 f.).
8 Vgl *Pieroth/Schlink/Kingreen/Poscher*, Rn 1004; *Wendt*, in: Sachs, Art. 14 Rn 22 ff.

Auch öffentlich-rechtliche Positionen können jedoch Eigentum sein, wenn der Schutzzweck des Art. 14 GG, dem Grundrechtsträger privat und für seine wirtschaftliche Betätigung einen gesicherten vermögensrechtlichen Bereich zu sichern,[9] auf sie gleichermaßen zutrifft.[10] Dies ist hier der Fall. Die P als Inhaberin einer bestandskräftigen und langfristigen Erlaubnis hat auf deren Grundlage ihren Betrieb eingerichtet. Die hierfür getätigten Investitionen begründeten also im Zusammenwirken mit der Erlaubnis nach dem AtG die Grundlage für ihren Betrieb, ihre grundrechtlich geschützte Betätigung. Es geht also um den Eigentumsschutz des auf der Grundlage der Zulassung durch Eigenleistung Erworbenen. Auf Grund dieses Zusammenhangs besteht Eigentumsschutz. Ob darüber hinaus das Recht am Gewerbebetrieb als solches Eigentumsschutz genießt,[11] kann daher dahinstehen. Der Eigentumsschutz entfällt auch nicht deshalb, weil Atomenergie mit Risiken behaftet ist. Die Erlaubnis nach § 7 AtG war der P im Einklang mit der Rechtsordnung erteilt worden; es handelt sich nicht um „störendes" Eigentum.

2. Eigentumseingriff

Mit der Bestimmung des § 7 Ia AtG wird der P die öffentlich-rechtliche Grundlage ihres Betriebs entzogen. Da diese im Zusammenhang mit dem Betrieb Eigentumsschutz genießt, wird ihr Eigentum beeinträchtigt. Es könnte sich hierbei um eine **Enteignung** nach Art. 14 III GG oder aber eine **Inhalts- und Schrankenbestimmung** iSv Art. 14 I 2 GG handeln. Für Letzteres könnte sprechen, dass die P wie weitere Betreiber nach Eintritt des im Gesetz bestimmten Datums gehalten ist, ihren Betrieb einzustellen. Hierin könnte eine Bestimmung von Pflichten der Eigentümer zu sehen sein. Für Enteignung spricht demgegenüber die gezielte und unmittelbare Eingriffswirkung des Gesetzes, das sich nicht darauf beschränkt, Rechte und Pflichten der Inhaber der Erlaubnisse festzulegen, vielmehr diese Rechte jeweils individuell verkürzt und letztlich zur Gänze unmittelbar entzieht. Gegen Enteignung könnte sprechen, dass kein Eigentum auf die öffentliche Hand übertragen wird, also keine Güterbeschaffung iSd klassischen Enteignungsbegriffs erfolgt. Es kann aber keinen entscheidenden Unterschied machen, ob Eigentum dem Berechtigten entzogen wird, weil der Staat es zur Verwirklichung eigener öffentlicher Zwecke verwenden will, oder aber der Staat das Recht entzieht, um den Eigentümer daran zu hindern, es für eigene Zwecke privatnützig einzusetzen. In beiden Fällen wird Eigentum entzogen, ein Eigentumsrecht im Wortsinn enteignet, weil dies zur Verwirklichung öffentlicher Zwecke, hier also des Atomausstiegs als erforderlich gesehen wird. Es ist also von einem Enteignungstatbestand auszugehen, der nach Art. 14 III GG zu beurteilen ist.

AA vertretbar.

---

9 BVerfGE 51, 193 (218); 83, 201 (208); 97, 350 (370); *Wendt*, in: Sachs, Art. 14 Rn 21.
10 Vgl BVerfGK NVwZ 2010, 771 (772) Rn 27.
11 Das BVerfG hat dies bisher offengelassen, vgl. BVerfGK NVwZ 2009, 1426 (1428).

3. Rechtfertigung

710 Letztlich kann aber die Frage, ob hier eine Enteignung oder eine inhalts- und schranken-
bestimmende Norm vorliegt, dahingestellt bleiben, wenn in beiden Fällen das Gesetz
nicht gegenüber Art. 14 GG gerechtfertigt werden kann. Geht man wie hier von Enteignung aus, ist dies schon deshalb der Fall, weil es an einer Entschädigungsregelung
fehlt, also die Junktim-Klausel des Art. 14 III 2 GG nicht beachtet wurde. Aber auch im
Fall einer Inhalts- und Schrankenbestimmung iSv Art. 14 I 2 GG wären deren Voraussetzungen nicht gewahrt. Der Gesetzgeber hat einen angemessenen Ausgleich zwischen
den Belangen des Eigentümers und denen der Allgemeinheit vorzunehmen. Daran fehlt
es hier schon deshalb, weil das Gesetz auf Grund seiner Rückwirkung gegen das **Ver-
trauensschutzprinzip** verstößt.

Im Ergebnis ist die P also auch in ihrem Grundrecht aus Art. 14 GG verletzt.

C. Ergebnis

Die Verfassungsbeschwerde der P ist zulässig und begründet. Sie hat Aussicht auf Erfolg.

Wiederholung und Vertiefung

A. Das Grundrecht der Berufsfreiheit in der Fallbearbeitung, Art. 12 I GG

I. Schutzbereich

711 **Subjektiv:** Deutschengrundrecht; zu Art. 2 I GG als Auffanggrundrecht für Nichtdeutsche s das Schächt-Urteil BVerfGE 104, 337; beim EU-Ausländer ist allerdings zu
erörtern, ob das Diskriminierungsverbot des Art. 18 AEUV den Schutz des Art. 12 I GG
erfordert.

Objektiv: Beruf = auf Schaffung und Unterhaltung einer Lebensgrundlage gerichtete
und auf Dauer angelegte Tätigkeit, die nicht per se verboten ist.

Die freie Wahl der Ausbildungsstätte ist eigenständiges Grundrecht; es spielt eine Rolle
bei Studiengebühren.

II. Eingriff

712 Auf der Eingriffsebene ist zu genau zu prüfen: nicht jede hoheitliche Maßnahme, die,
gleichsam nur zufällig, den Grundrechtsträger in der Ausübung seines Berufs betrifft
(wie zB die Tatsache, dass er Steuern zahlen oder Geschwindigkeitsbeschränkungen
beachten muss), ist schon ein Eingriff in die Berufsfreiheit. Vielmehr muss der Eingriff
eine berufsregelnde Tendenz haben, also entweder gezielt die Berufsausübung ein-

schränken (subjektiv berufsregelnde Tendenz) oder aber bei neutraler Zielsetzung sich tatsächlich mit erheblichem Gewicht darauf auswirken (objektiv berufsregelnde Tendenz). Ist eine Beeinträchtigung der beruflichen Betätigung nur mittelbare Folge eines Gesetzes (Beispiel: Abgabengesetze), so ist diese objektive berufsregelnde Tendenz erforderlich.[12]

> Berufsregelnd war im **Fall 17** das Werbeverbot; die Ökosteuer war, obschon sie die Spediteure besonders betraf, nicht berufsregelnd, da sie alle Verbraucher trifft, BVerfGE 110, 274. Berufsbezogen können auch faktische (mittelbare) Eingriffe iSd „modernen" Eingriffsbegriffs sein. Für **staatliche Informationstätigkeit** ist jedoch die „Glykol-Entscheidung", BVerfGE 105, 252, zu beachten, wonach „marktbezogene Informationen" keine Grundrechtsbeeinträchtigung darstellen.   **713**

Auf dieser Ebene der Prüfung kann bereits die Zuordnung zu einer der „Stufen" i.S.d. Stufentheorie vorgenommen werden, sofern man diese Prüfung nicht der Ebene der verfassungsrechtlichen Rechtfertigung vorbehalten will.[13] Letzteres ist gut vertretbar: die Stufentheorie ist nichts anderes als das auf das Grundrecht des Art. 12 GG hin formulierte Verhältnismäßigkeitsprinzip. Der Bearb. sollte sich jedoch bewusst sein, dass ein ausdrücklicher Hinweis auf die unterschiedlichen „Stufen" vom Korrektor meist erwartet wird.

III. Rechtfertigung

1. Einschränkbarkeit des Grundrechts

Hierbei sollte erwähnt werden, dass Berufswahl und -ausübung ein einheitliches und einem einheitlichen Schrankenvorbehalt unterliegendes Grundrecht darstellen, verbunden mit der Feststellung, dass für Eingriffe auf jeglicher Stufe eine gesetzliche Grundlage erforderlich ist; auch an dieser Stelle könnte geprüft werden, auf welcher „Stufe" i.S.d. Stufentheorie sich das Gesetz bewegt – sofern man diese Feststellung nicht der Prüfung der Verhältnismäßigkeit vorbehalten will.   **714**

2. Schrankengesetz

a) Formelle Verfassungsmäßigkeit

b) Materielle Verfassungsmäßigkeit

aa) Der Parlamentsvorbehalt muss gewahrt sein; dh grundrechtswesentliche Fragen sind vom Gesetzgeber selbst zu regeln und nicht im Wege der Verordnung oder Satzung; (näher *Degenhart* Rn 360 ff.).   **715**

bb) Das Gesetz muss verhältnismäßig sein; die Anforderungen richten sich nach der „Stufentheorie". Deshalb ist zu prüfen: **716**

---

12 Vgl *Jarass*, in: Jarass/Pieroth, Art. 12 Rn 14 f.
13 Dafür zB der Fall einer Altersgrenze für kommunale Wahlbeamte bei *Kelm*, JURA 2001, 611, dort auch zum Verhältnis von Art. 12 I und Art. 33 GG; für eine Einordnung nach Stufen bereits bei Feststellung des Eingriffs s demgegenüber den Fall bei *Pieroth/Görisch*, NWVBl 2001, 282 (284).

(1) Eingriff auf welcher Stufe (sofern des nicht schon unter III.1 oder beim Eingriff festgestellt wurde)? Liegt dem Eingriff ein legitimer Zweck zugrunde? Hierfür ist je nach „Stufe" zu differenzieren:
– wenn Berufsausübungsregelung: „vernünftige Erwägungen des Gemeinwohls";
– wenn subjektive Berufswahlregelung: „wichtige" Gemeinschaftsgüter";
– wenn objektive Berufswahlregelung: dringende Gefahren für „überragend wichtige Gemeinschaftsgüter".

Zu den Anforderungen an legitime Gemeinwohlziele s beispielhaft BVerfGE 107, 186 (Impfstoffversand an Ärzte); BVerfGE 108, 150 (Sozietätswechsel); BVerfGE 117, 163 (Erfolgshonorare).

(2) Ist die Regelung **geeignet und erforderlich – wäre eine** Regelung auf niedrigerer Stufe ausreichend?

(3) Verhältnismäßigkeit im engeren Sinn – ist der Eingriff angemessen? Im Sportwettenurteil BVerfGE 115, 276 und im Urteil zum Rauchverbot in Gaststätten, BVerfGE 121, 317 verlangt das BVerfG auch, dass die Regelung in sich konsequent sein muss **(Kohärenzgebot)** – in beiden Fällen wurde dies verneint; im Urteil zum Ladenschluss bejaht.[14]

3. Anwendung des Schrankengesetzes
(wenn Eingriff durch Verwaltung/Rechtsprechung)

Hier wie stets bei der Prüfung im Einzelfall ist darauf abzustellen, inwieweit eine gebundene, inwieweit eine Ermessensentscheidung zu treffen ist: wenn etwa ein Gesetz zur Gewerbeuntersagung oder zu Auflagen ermächtigt, ist die Stufentheorie auch auf die behördliche Entscheidung anzuwenden.

IV. Aktuelle Problemlagen

717 Die Frage der **erlaubten** Tätigkeit stellte sich auch für die Tätigkeit des Abtreibungsarztes, der zwar eine an sich rechtswidrige (wenn auch nicht strafbare) Tätigkeit ausübt, die jedoch in das gesetzliche Schutzkonzept eingebunden ist, vgl BVerfGE 98, 265 (297); hierauf wird ebenso wie beim Spielbankbetreiber abgestellt. Das Recht des **Glücksspiels** ist auch iÜ weiterhin stark umstritten (**Fall 17**), hierbei auch stark unionsrechtlich beeinflusst. Unter verfassungsrechtlichen Gesichtspunkten ist vor allem das Erfordernis der in sich konsistenten Regelung zu beachten, das auch bei den Rauchverboten in Gaststätten vom BVerfG (BVerfGE 121, 317) der Verhältnismäßigkeitsprüfung zugrundegelegt wurde. Sie sind als Eingriff in die Berufsfreiheit zu werten, Berufsbezogenheit ist zu bejahen.

718 **Werbeverbote** insbesondere für die freien Berufe beschäftigen weiterhin kontinuierlich das BVerfG, das hierbei die Freiheit des einzelnen Berufsangehörigen betont, zu entscheiden, in welcher Weise er sich für die interessierte Öffentlichkeit darstellt, solange

---

14 BVerfGE 111, 10 (39 ff.).

er sich in den durch schützende Gemeinwohlbelange gezogenen Schranken hält;[15] dies betriff auch Werbung im Internet, der nicht per se engere Grenzen gezogen werden.[16]

Mit dem Verhältnis von Unionsrecht zur Berufsfreiheit des Grundgesetzes und der Frage, unter welchen Voraussetzungen das BVerfG hier eine Kontrollbefugnis hat, befasst sich BVerfGE 126, 286 (Mangold), dazu *Degenhart* Rn 268 ff.

Aus der Ausbildungsliteratur: *Nolte/Tams*, Grundfälle zu Art. 12 I GG, JuS 2006, 31, 130, 218; *Krimms*, Das Grundrecht der Berufsfreiheit in der Fallbearbeitung, JuS 2001, 664; *Mann/Worthmann*, Berufsfreiheit (Art. 12 GG) – Strukturen und Problemkonstellationen, JuS 2013, 385; *Frenz*, Die Berufsfreiheit – Nichtraucherschutz, Sportwetten, Studiengebühren, JA 2009, 252; *Lippert*, Glücksspielrecht – nationale und europarechtliche Grundlagen, JA 2012, 124.

Aktuelle Rechtsprechung: EuGH DVBl 2004, 424 (Versandhandel mit Arzneimitteln); EuGH, Urteil vom 4. Februar 2016, C-336/14 (Vermittlung von Sportwetten in Bayern ohne Erlaubnis); BVerfGE 105, 232 (marktbezogene Informationen); BVerfGE 107, 186 (Impfstoffversand an Ärzte); BVerfGE 108, 150 (Sozietätswechsel); BVerfGE 110, 141 (Kampfhunde); BVerfGE 111, 10 (Ladenschluss); BVerfGE 115, 276 (Sportwetten); BVerfGE 117, 163 (Erfolgshonorare); BVerfGE 121, 317 (Rauchverbot in Gaststätten); BVerfG (K) NJW 2011, 665 (Internet-Werbung von Zahnärzten); BVerfG MDR 2016, 242 (kein Sozietätsverbot eines Rechtsanwalts mit Ärzten/Apothekern); BVerfG NJW 2014, 613 (gleichzeitige Zulassung als Rechtsanwalts- und Patentanwaltsgesellschaft).

Fälle im thematischen Zusammenhang: *Kremer*, Erlaubnis zum Betrieb einer Spielbank, JURA 2004, 1135; *Wernsmann*, Wassertiere in der Waschmittelforschung: Problematische Tierversuche, JURA 2001, 106; *Siemen*, Blockade eines Schlachthofs, JuS 2005, 251; *Lohse*, Milchbauern in Aufruhr, JURA 2009, 458; *Prehn*, Alles Gute kommt von oben, JA 2010, 438; *Weinbuch*, „Du sollst nicht rauchen", JA 2013, 197; *Lüdemann/Hermstrüwer*, Das Verkaufsverbot für Schokozigaretten, JuS 2012, 57.

B. Rückwirkung und Vertrauensschutz

Grundlage des Rückwirkungsverbots ist das Rechtsstaatsgebot. Es gilt diese Ableitung: Rechtsstaatsgebot – Rechtssicherheit – Vertrauensschutz – Rückwirkungsverbot. Es geht also der Sache nach immer um Vertrauensschutz. Wer sich dieses Grundprinzips bewusst ist, wird Rückwirkungsfälle erfassen können. Positiv gewusst werden sollte allerdings, dass die Rechtsprechung diese Fälle unterscheidet: **719**

Echte Rückwirkung liegt vor, wenn der Gesetzgeber nachträglich in Tatbestände eingreift, die in der Vergangenheit begonnen und abgeschlossen wurden und nunmehr an diese bereits abgeschlossenen Tatbestände andere Rechtsfolgen knüpft, als die bisherige Regelung; der Begriff der Rückbewirkung von Rechtsfolgen bringt dies zum Ausdruck; **unechte Rückwirkung** liegt vor, wenn vom Gesetzgeber in Tatbestände eingegriffen wird, die in der Vergangenheit begonnen, jedoch noch nicht abgeschlossen wurden; hier kann auch von tatbestandlicher Rückanknüpfung gesprochen werden (näher *Degenhart* Rn 394 ff.). Wird die bloße **Erwartung** enttäuscht, dass alles so bleibt, wie es ist, so ist dies kein Fall der Rückwirkung; instruktiv: BVerfGE 105, 17 – Sozialpfandbriefe.

---

15 Vgl zB BVerfGK NJW 2011, 2636.
16 BVerfGK NJW 2011, 2636.

720 **Zur klausurmäßigen Prüfung:** Das Rückwirkungsverbot folgt aus dem Rechtsstaat-
prinzip. Wird ein Verstoß durch ein belastendes Gesetz gerügt, kann dies über Art. 2 I
GG auf Grund seiner „Vehikelfunktion" für die VB gerügt werden (das unzulässig rück-
wirkende Gesetz ist kein Bestandteil der verfassungsmäßigen Ordnung iSv Art. 2 I GG).

721 Bei der Prüfung ist etwa wie folgt vorzugehen:
-724

---

1. **Einordnung des Gesetzes:** echte oder unechte Rückwirkung?
2. **Rechtfertigungsebene**
   a) Bei echter Rückwirkung: nur ausnahmsweise Zulässigkeit (näher *Degenhart* Rn 396),
      wenn:
      (1) für den Rückwirkungszeitraum mit der Regelung zu rechnen war
      (2) die bisherige Rechtslage „unklar und verworren" war
      (3) lediglich Bagatellbelastungen gegeben sind
      (4) in besonders gelagerten Ausnahmefällen *„zwingende Gründe des öffentlichen Wohls"*
          die Regelung erzwingen (zw)
   b) Bei unechter Rückwirkung: Abwägung zwischen Vertrauensschutz und Zielsetzung des
      Gesetzgebers
   c) Liegt kein Fall der Rückwirkung vor, so kann ausnahmsweise Vertrauensschutz eingreifen,
      doch ist die Rspr. hier restriktiv: darauf, dass eine bestimmte Rechtslage erhalten bleibt,
      kann grundsätzlich nicht vertraut werden. Zur Prüfung in diesem Fall s *Degenhart* Rn 407.

Zur Wiederholung: *Degenhart* Rn 393 ff.

Aktuelle Rechtsprechung: BVerfGE 127, 1; 127, 31; 127, 61 (Rückwirkung im Steuerrecht I, II und
III); BVerfGE 128, 326 (Sicherungsverwahrung II); BVerfGE 132, 302 (Rückwirkung im Steuerrecht);
BayVerfGH NVwZ 2016, 999 (Windenergie).

Aus der Ausbildungsliteratur: *Wernsmann*, Grundfälle zur verfassungsrechtlichen Zulässigkeit rück-
wirkender Gesetze, JuS 1999, 1177 und JuS 2000, 39; *Fischer*, Die Verfassungsmäßigkeit rückwirken-
der Normen, JuS 2001, 861; *Voßkuhle/Kaufhold*, Grundwissen öffentliches Recht – Vertrauensschutz,
JuS 2011, 794; *Selmer*, Rechtsstaatlicher Vertrauensschutz, JuS 2011, 189; *Schwarz*, Rückwirkung von
Gesetzen, JA 2013, 683.

Fälle im thematischen Zusammenhang: *Huber*, Der enttäuschte Parteispender, JURA 2014, 1282.

Fall 20

Halali!

Anspruchsvoller, umfangreicher Fall für die Anfängerübung / Zwischenprüfung,
2–3 Std.

Das Bundesjagdgesetz unterscheidet zwischen dem Jagdrecht, das mit dem Eigentum an   **725** Grund und Boden untrennbar verbunden ist (§ 3 I 1 und 2 BJagdG), und dem Jagdaus-übungsrecht, das der Jagdgenossenschaft zusteht. Nach § 8 I BJagdG bilden alle Grund-flächen einer Gemeinde, die nicht zu einem Eigenjagdbezirk gehören, einen gemein-schaftlichen Jagdbezirk, wenn sie im Zusammenhang mindestens 150 ha umfassen. Die Eigentümer der Grundflächen, die zu einem gemeinschaftlichen Jagdbezirk gehören, bilden gem. § 9 I 1 BJagdG eine Jagdgenossenschaft. Ihr steht im gemeinschaftlichen Jagdbezirk die Ausübung des Jagdrechts zu (§ 8 V BJagdG). Die Jagdgenossenschaft nutzt die Jagd in der Regel durch Verpachtung. Zweck dieser Regelungen ist es, hinrei-chend große Jagdbezirke (sog. „Reviersystem") zu bilden, um eine an dem Ziel einer natur- und umweltverträglichen Regulierung des Wildbestandes orientierte Jagd zu er-möglichen, nicht zuletzt auch zur Erhaltung eines gesunden Wildbestandes in ökolo-gisch vertretbarer Größenordnung und zur Begrenzung von Wildschäden.

Diana Artemis (A) ist Eigentümerin eines forstwirtschaftlich genutzten Grundstücks in der Gemeinde G von 50 ha Fläche. Zusammen mit den umliegenden Grundstücken bil-det es nach dem BJagdG einen gemeinschaftlichen Jagdbezirk mit der Folge, dass die A auch zwangsweise Mitglied in der Jagdgenossenschaft ist (§ 9 I 1 BJagdG).

A hält die Zwangsmitgliedschaft in der Jagdgenossenschaft für verfassungswidrig. Ih-rem Antrag auf Entlassung aus der Jagdgenossenschaft hat der Landkreis nicht ent-sprochen. Die hiergegen erhobene Klage auf Feststellung, dass sie nicht Mitglied in der Jagdgenossenschaft sei, hat das BVerwG in letzter Instanz abgewiesen. Mit ihrer Verfassungsbeschwerde wendet sich die A, die die Jagd auf Tiere aus Gewissensgründen ablehnt, gegen die nach dem Bundesjagdgesetz bestehende Zwangsmitgliedschaft in einer Jagdgenossenschaft. Sie beruft sich auf ihre Grundrechte aus Art. 4, 9 und 14 GG. Sie beruft sich ferner auf den Schutz des Eigentums nach der EMRK (Art. 1 Zusatzpro-tokoll). Der Europäische Gerichtshof für Menschenrechte habe in einem vergleichbaren Fall nach luxemburgischem Recht entschieden, dass die Verpflichtung eines Eigentü-mers, auf seinem Grundstück die Anwesenheit von Jägern und Jagdhunden zu dul-den, konventionswidrig sei, da sie für den Fall keinen angemessenen Ausgleich mit den Rechten des Eigentümers bewirke,[1] dass dieser die Jagd aus ethischen Gründen ablehne.

Wie wird das BVerfG entscheiden?

---

1 S EGMR NJW 2012, 3629.

Auszug aus dem 1. Zusatzprotokoll zur EMRK:

Artikel 1 – Schutz des Eigentums

Jede natürliche oder juristische Person hat das Recht auf Achtung ihres Eigentums. Niemandem darf sein Eigentum entzogen werden, es sei denn, daß das öffentliche Interesse es verlangt, und nur unter den durch Gesetz und durch die allgemeinen Grundsätze des Völkerrechts vorgesehenen Bedingungen.

Absatz 1 beeinträchtigt jedoch nicht das Recht des Staates, diejenigen Gesetze anzuwenden, die er für die Regelung der Benutzung des Eigentums im Einklang mit dem Allgemeininteresse oder zur Sicherung der Zahlung der Steuern oder sonstigen Abgaben oder von Geldstrafen für erforderlich hält.

Vorüberlegungen

726 Die Fallkonstellation ist die der Verfassungsbeschwerde, die sich unmittelbar gegen eine Entscheidung der Verwaltung und die gerichtlichen Entscheidungen, die diese Entscheidung bestätigen, richtet, bei der es aber in der Sache um das zugrundeliegende Gesetz geht, also um die Bestimmungen des Bundesjagdgesetzes. Die Zulässigkeitsprüfung sollte keine Probleme aufwerfen – in der Person des Beschwerdeführers gibt es keinerlei Besonderheiten, der Beschwerdegegenstand liegt ebenso klar zutage, wie die Beschwer des Beschwerdeführers, der Rechtsweg ist ausgeschöpft, Fristen sind nicht erwähnt.

Die Probleme des Falles liegen also allein in der Begründetheit, hier im materiellen Verfassungsrecht, insbesondere in den Grundrechten.[2] Neben dem Eigentumsgrundrecht des Art. 14 GG und dem Grundrecht der Gewissensfreiheit, Art. 4 I GG wäre im Hinblick auf die Jagdgenossenschaft noch an Art. 2 I GG zu denken: Die Zwangsmitgliedschaft in einer öffentlich-rechtlichen Vereinigung bedeutet einen Eingriff in den Schutzbereich der allgemeinen Handlungsfreiheit. Da diese Zwangsmitgliedschaft hier aber unmittelbare Folge der jagdrechtlichen Regelung und damit unmittelbar mit dem Grundeigentum verbunden ist, könnte auch insoweit Art. 14 I GG als die speziellere Norm einschlägig sein.

727 Hierauf liegt jedenfalls der grundrechtliche Schwerpunkt des Falles. Der Bearbeiter muss sich hierzu über die Struktur des Art. 14 I GG im Klaren sein. Die Eigentumsgarantie ist zunächst ein Freiheitsrecht, wie auch andere Grundrechte. Das Grundrecht schützt als Abwehrrecht den Eigentümer gegen ungerechtfertigte Eingriffe von Seiten des Staates. Wie auch in anderen Grundrechten, sind in Art. 14 GG Beschränkungsmöglichkeiten angelegt, das Grundrecht gilt nicht schrankenlos. Eine entsprechende Ermächtigung für den Gesetzgeber enthält zunächst Art. 14 I 2 GG: hiernach werden „Inhalt und Schranken" des Eigentums durch Gesetz bestimmt. Um genau so ein Gesetz könnte es sich hier handeln. Andererseits sind nach Art. 14 III durch Gesetz oder auf Grund eines Gesetzes Enteignungen möglich (wenn auch nur gegen Entschädigung). Es kann sich also bei einem Gesetz, das in den Schutzbereich des Eigentums eingreift, ent-

---

2 Der Fall beruht auf BVerfGK 10, 66 = NVwZ 2007, 808.

weder um eine Inhalts- und Schrankenbestimmung nach Art. 14 I handeln, oder um eine Enteignung; deren Verfassungsmäßigkeit bestimmt sich nach Art. 14 III. Diese Abgrenzung ist die entscheidende Weichenstellung. Allerdings: die Inhalts- und Schrankenbestimmung ist der Regelfall, Enteignungsgesetze die Ausnahme – eine Enteignung liegt nur vor, wenn ein Eigentumsobjekt, meist ein Grundstück, dem Eigentümer entzogen und auf einen neuen Rechtsträger übertragen wird. Regelt das Gesetz jedoch, was der Eigentümer darf und was nicht und welche Pflichten er hat, so handelt es sich um eine Inhalts- und Schrankenbestimmung. Dies ist auch hier der Fall: der Gesetzgeber bestimmt den Inhalt des Grundeigentums in der Frage des Jagdrechts dahingehend, dass dieses Bestandteil des Grundeigentums ist, es aber nur im Rahmen von Jagdgenossenschaften ausgeübt werden darf und legt hierdurch Eigentumsschranken fest.

Im Rahmen der Begründetheit der Verfassungsbeschwerde kommt es nun darauf an, die **728** Voraussetzungen für eine derartige Inhalts- und Schrankenbestimmung näher zu bestimmen und zu prüfen. Dabei sollten die grundsätzlichen Anforderungen an Inhalts- und Schrankenbestimmungen bekannt sein: angemessener Ausgleich zwischen Eigentümer- und Allgemeininteressen, unter Berücksichtigung der Eigenart des jeweiligen Eigentums.

Mit der Berufung auf Gewissensgründe macht die Beschwerdeführerin ihr Grundrecht aus Art. 4 I GG geltend; hierzu müsste im Ansatz bekannt sein, dass Gewissensentscheidung „jede ernste sittliche, an den Kategorien von gut und böse orientierte Entscheidung ist, die der Einzelne für sich als bindend ansieht".

Eine Besonderheit des Falles liegt in der Berufung der A auf die EMRK. Hier sollte der Bearb. eine Vorstellung von deren Einwirkung auf die innerstaatliche Rechtsordnung haben.

729 Gliederung

A. Zulässigkeit der Verfassungsbeschwerde
   I. Beschwerdeführer
   II. Beschwerdegegenstand: BJagdG als Akt der Legislative;
      Ablehnung der Entlassung aus der Jagdgenossenschaft; insbesondere aber
      gerichtliche Entscheidung des BVerwG als Akt der Judikative
   III. Beschwerdebefugnis
     1. Plausible Geltendmachung einer Grundrechtsverletzung
        Art. 14 I GG (+): Eigentumsrechte betroffen
        Art. 4 I GG (+): Gewissensentscheidung
        Art. 2 I GG (?): Zwangsmitgliedschaft in ö-r Verband, aber evtl. subsidiär
     2. EMRK: nicht rügefähig
     3. Selbst, gegenwärtig und unmittelbar betroffen?
   IV. Rechtswegerschöpfung/Subsidiarität (+)
   V. Form und Frist (+)
   VI. Ergebnis

B. Begründetheit der Verfassungsbeschwerde
   I. Art. 14 I GG
     1. Schutzbereich: Eigentum iSv Art. 14 I GG (+); auch: Nutzung
     2. Eingriff (+) – Inhalts- und Schrankenbestimmung
     3. Rechtfertigung
       a) Voraussetzungen einer Inhalts- und Schrankenbestimmung
       b) BJagdG als verfassungsmäßige Inhalts- und Schrankenbestimmung
         aa) Formelle Verfassungsmäßigkeit
           (1) Kompetenz
           (2) Verfahren
         bb) Materielle Verfassungsmäßigkeit
           (1) Legitimes Regelungsziel: hier insbes. Naturschutz, Art. 20a GG;
           (2) Geeignetheit, Erforderlichkeit
           (3) Angemessenheit: Ausgleich Eigentümerinteressen –
              Gemeinwohlbelange
           (4) Kernbestand des Eigentums – Privatnützigkeit
       c) Anwendung des Gesetzes
   II. Art. 4 I GG
     1. Schutzbereich (+): Gewissensentscheidung
     2. Eingriff (–): kein Zwang zur Handlung gegen Gewissensentscheidung
   III. Allgemeine Handlungsfreiheit als negative Vereinigungsfreiheit, Art. 2 I GG
     1. Schutzbereich: negative Vereinigungsfreiheit
     2. Eingriff
     3. Rechtfertigung

C. Entscheidung des BVerfG

Musterlösung

Da die A sich hier durch ein staatliches Handeln in einem ihrer Grundrechte verletzt **730**
sieht, könnte sie Verfassungsbeschwerde nach Art. 93 I Nr. 4a GG einlegen. Diese hat
Erfolg, wenn sie zulässig und begründet ist.

A. Zulässigkeit der Verfassungsbeschwerde

I. Beschwerdeführer

A ist als natürliche Person grundrechtsfähig und damit beschwerdefähig; sie ist auch **731**
prozessfähig.

II. Beschwerdegegenstand

Die VB der A ist gem. § 90 I BVerfGG statthaft, wenn sie sich gegen einen Akt der öffentlichen Gewalt des Bundes oder eines Landes richtet. Zu den Akten der öffentlichen
Gewalt zählen Akte der Legislative, Exekutive und Judikative. A wendet sich gegen unmittelbar gegen die Weigerung der Behörde, sie aus der Jagdgenossenschaft zu entlassen
sowie die Entscheidungen der Verwaltungsgerichte, die diese Weigerung als rechtmäßig bestätigen, sowie mittelbar gegen die Bestimmungen des BJagdG, auf denen diese
Entscheidungen beruhen, also unmittelbar gegen Entscheidungen der Exekutive und
Judikative und mittelbar gegen einen Akt der Legislative. Es liegt also in jeder Hinsicht
ein geeigneter Beschwerdegegenstand vor.

III. Beschwerdebefugnis

A muss weiterhin beschwerdebefugt sein.

1. Das setzt zunächst voraus, dass sie **plausibel geltend machen** kann, durch die ange- **732**
griffenen Hoheitsakte **in ihren Grundrechten verletzt** zu sein. Da sie als Eigentümerin
eines Grundstücks gegen ihren Willen Mitglied der Jagdgenossenschaft ist und diese
Mitgliedschaft an ihre Eigentümerstellung anknüpft, da zudem die Ausübung des Jagdrechts als ein Aspekt der Nutzung des Eigentums berührt ist, ist eine Verletzung von
Art. 14 I GG jedenfalls nach dem Vortrag der Beschwerdeführerin nicht ausgeschlossen.
Auch ist ein Eingriff in ihre Gewissensfreiheit nach ihrem Vortrag möglich, da sie plausibel geltend macht, gegen ihre Gewissensentscheidung die Jagd auf ihrem Grundstück
dulden zu müssen. Schließlich ist es nicht ausgeschlossen, dass die Zwangsmitgliedschaft in der öffentlich-rechtlichen Jagdgenossenschaft gegen das Grundrecht des Art. 2 I
GG verstößt.

2. Soweit A sich auf die **EMRK** beruft, kann sie die Eigentumsgewährleistung in Art. 1 **732a**
Zusatzprotokoll (ZP) nicht unmittelbar im Wege der Verfassungsbeschwerde geltend
machen. Art. 93 I Nr. 4a GG lässt ausdrücklich nur die Berufung auf Grundrechte des
Grundgesetzes zu, die EMRK ist nicht unmittelbar Prüfungsmaßstab für das BVerfG. Es
zieht jedoch die Rechte der EMRK und die Rechtsprechung des EGMR hierzu bei der
Auslegung der Grundrechte des Grundgesetzes heran. Denn die völkerrechtsfreundliche

Tendenz des Grundgesetzes bedeutet, dass die EMRK als eine völkerrechtliche Rechtsquelle im Rahmen der Rechtsordnung des Grundgesetzes zur Geltung zu bringen ist.

733 3. Die A müsste durch die angegriffenen Hoheitsakte **selbst**, **gegenwärtig** und **unmittelbar** in ihren Grundrechten betroffen sein. Sie ist bereits durch das Gesetz unmittelbar betroffen, da die Mitgliedschaft in der Jagdgenossenschaft und die Beschränkung des Jagdausübungsrechts sich als Rechtsfolge ohne Weiteres aus dem Gesetz ergeben. Durch die ablehnende Entscheidung des Landkreises wird die Beeinträchtigung der A in ihren Grundrechten festgeschrieben. Auch hierdurch ist sie unmittelbar betroffen. Sie ist auch selbst und gegenwärtig betroffen.

IV. Rechtswegerschöpfung/Subsidiarität

734 Gegen die ablehnende Entscheidung des Landkreises war der Rechtsweg zu beschreiten. Dies ist lt. SV geschehen. Dem Erfordernis der Rechtswegerschöpfung und dem Grundsatz der Subsidiarität der Verfassungsbeschwerde wurde damit genügt.

V. Form und Frist

Die Verfassungsbeschwerde muss dem Schriftformerfordernis des § 23 I BVerfGG genügen. Sie musste gemäß § 93 I BVerfGG innerhalb eines Monats nach Bekanntgabe der letztinstanzlichen Entscheidung des BVerwG eingelegt werden. Hiervon ist mangels entgegenstehender Gesichtspunkte im SV auszugehen.

VI. Ergebnis

Die Verfassungsbeschwerde ist also zulässig.

B. Begründetheit der Verfassungsbeschwerde

Die Verfassungsbeschwerde ist begründet, wenn die Beschwerdeführerin durch die angegriffenen Hoheitsakte in ihren Grundrechten verletzt ist.

I. Art. 14 I GG

A könnte insbesondere in ihrem Grundrecht auf Eigentum aus Art. 14 I GG verletzt sein.

1. Schutzbereich

735 Das Eigentum der A an dem Grundstück ist Eigentum iSv Art. 14 I GG. Dem Schutzbereich der Eigentumsgarantie unterfällt dabei auch die Nutzung des Eigentums. Nach seiner gesetzlichen Ausgestaltung ist das Jagdrecht mit dem Grundeigentum verbunden. Es zählt damit zu den eigentümerischen Nutzungsbefugnissen am Grundstück, die in den sachlichen Schutzbereich der Eigentumsgarantie des Grundgesetzes fallen. Wenn nun die Ausübung dieses Rechts vom Gesetzgeber dahingehend geregelt wird, dass sie nur durch die Jagdgenossenschaft zu erfolgen hat, so berührt dies das Eigentum an den betroffenen Grundstücken. Wenn zudem die gesetzliche Regelung die Mitgliedschaft in der Jagdgenossenschaft zwingend an die Eigentümerstellung anknüpft und damit dem Eigentümer die mit der Mitgliedschaft verbundenen Verpflichtungen auferlegt werden, so berührt auch dies den Schutzbereich des Eigentums. Unabhängig davon ist der Schutzbereich auch deshalb berührt, weil dem Eigentümer die Verpflichtung auferlegt wird, die Jagd auf seinem Grundstück und damit die Anwesenheit von Jägern und Jagd-hunden zu dulden. Denn zum Recht auf Nutzung des Eigentums zählt auch die Befug-nis, Dritte von der Einwirkung auf sein Eigentum auszuschließen.

2. Eingriff – Inhalts- und Schrankenbestimmung

Die gesetzliche Regelung im BJagdG, durch die die Ausübung des Jagdrechts beschränkt **736** wird, könnte eine Inhalts- und Schrankenbestimmung iSv Art. 14 I 2 GG darstellen.

Während eine Enteignung iSv Art. 14 III GG den konkret-individuellen Entzug einer Eigentumsposition bedeutet, handelt es sich bei Inhalts- und Schrankenbestimmungen um generelle Bestimmungen der Rechte und Pflichten des Eigentümers durch den Ge-setzgeber sowie deren Vollzug durch die Exekutive. Im Fall des BJagdG werden die Eigentümer der vom Gesetz erfassten Grundstücke daran gehindert, mit dem Eigentum verbundene Rechte selbst wahrzunehmen. Sie werden also in ihrer eigentümerischen Nutzungsbefugnis beschränkt. Gleichzeitig werden ihnen bestimmte Verpflichtungen auferlegt, etwa die Pflicht, die Jagdausübung durch die Jagdgenossenschaft auch auf ihrem Grundstück zu dulden. Das Gesetz bestimmt also nach generellen Kriterien Rech-te der Eigentümer. Es handelt sich daher um eine Inhalts- und Schrankenbestimmung, wie sie dem Gesetzgeber nach Art. 14 I 2 GG obliegt, nicht aber um eine Enteignung nach Art. 14 III GG. Diese Inhalts- und Schrankenbestimmung liegt gegenüber der Be-schwerdeführerin in der gesetzlichen Regelung des BJagdG und deren Anwendung ihr gegenüber.

3. Rechtfertigung

a) Voraussetzungen einer Inhalts- und Schrankenbestimmung

Auch wenn nach Art. 14 I 2 GG der Gesetzgeber, ohne dass dafür weitere Kriterien ge- **737** nannt werden, befugt ist, Inhalt und Schranken des Eigentums zu bestimmen, unterliegt er hierbei doch seinerseits verfassungsrechtlichen Bindungen. Eine Eigentumsbeschrän-kung muss durch hinreichende öffentliche Belange gerechtfertigt sein. Dies entspricht auch der Bestimmung des Art. 1 II 1. ZP-EMRK, wonach die Benutzung des Eigen-tums im Allgemeininteresse geregelt werden kann. Eine gesetzgeberische Inhalts- und Schrankenbestimmung des Eigentums ist dann verfassungsmäßig, wenn sie einen ange-messenen Ausgleich der Interessen des Eigentümers mit denen der Allgemeinheit be-wirkt und auch iÜ auf einem verfassungsmäßigen Gesetz beruht. Schließlich darf der Kernbereich des Eigentums nicht verletzt sein – dies wäre der Fall, wenn die Privatnüt-zigkeit des Eigentums aufgehoben wäre und von ihm nur noch eine „leere Hülse" ver-bleibt.[3] Die Bestimmungen des BJagdG, die hier als Inhalts- und Schrankenbestimmung des Eigentums wirken, müssten also in jeder Hinsicht formell und materiell verfas-

---

3   Vgl zB BVerfGE 100, 226 (242 f.).

sungsmäßig sein. Sie müssten auch im Einzelfall ohne Grundrechtsverstoß angewandt worden sein.

b) BJagdG als verfassungsmäßige Inhalts- und Schrankenbestimmung

738 aa) Das Gesetz müsste **formell** verfassungsmäßig sein.

(1) Es müsste vom zuständigen Gesetzgeber erlassen worden sein. Es handelt sich um ein Gesetz des Bundes. Nach Art. 70 GG müsste sich die Zuständigkeit des Bundes aus den Bestimmungen über die ausschließliche oder konkurrierende Gesetzgebungszuständigkeit ergeben. Für das Jagdrecht besteht nach Art. 74 I Nr. 28 GG eine konkurrierende Zuständigkeit für das Jagdwesen. Unter welchen Voraussetzungen der Bund von einer konkurrierenden Zuständigkeit Gebrauch gemacht hat, bestimmt sich nach Art. 72 II GG. Das Jagdwesen nach Art. 74 I Nr. 28 GG fällt unter keine der Materien, für die die Erforderlichkeit einer bundesgesetzlichen Regelung nach Art. 72 II GG nachgewiesen werden muss. Diese Regelung gilt allerdings erst seit der Föderalismus-Reform 2006. Wann die einschlägigen Bestimmungen des BJagdG erlassen wurden, geht aus dem SV nicht hervor. Darauf kommt es jedoch nicht an. Denn seit der Neuregelung des Art. 72 II GG gilt das BJagdG jedenfalls uneingeschränkt als Bundesrecht fort.

(2) Vom formell ordnungsgemäßen Zustandekommen des Gesetzes ist mangels entgegenstehender Anhaltspunkte im SV auszugehen.

739 bb) Das Gesetz müsste auch **materiell** verfassungsmäßig sein.

(1) Voraussetzung für eine verfassungsmäßige Inhalts- und Schrankenbestimmung ist zunächst, dass der Gesetzgeber ein **legitimes Regelungsziel** verfolgt hat. Durch die Bestimmungen des BJagdG über die Größe der Jagdbezirke und die Bildung der Jagdgenossenschaften soll gewährleistet werden, dass die Jagd auf hinreichend großen Flächen erfolgt, um eine an dem Ziel einer natur- und umweltverträglichen Regulierung des Wildbestandes orientierte Jagd zu ermöglichen. Dies liegt im Interesse der Allgemeinheit, zumal die Erhaltung der Umwelt nach Art. 20a GG ein verfassungsrechtlich bedeutsames Staatsziel ist, und stellt daher einen legitimen Regelungszweck dar. Dem dient eine ökologisch sinnvolle Regulierung des Wildbestandes.

740 (2) Die Regelungen des BJagdG müssen zur Verwirklichung dieses legitimen Gesetzeszwecks **geeignet** und **erforderlich** sein. Die Eignung könnte sich hier aus der Erwägung ergeben, dass nur hinreichend große Jagdbezirke eine sinnvolle und praktisch effiziente Regulierung des Wildbestandes ermöglichen und dies nicht in gleicher Weise gewährleistet wäre, wenn jeder Eigentümer auf seinem Grundstück nach seinem Belieben der Jagd nachgehen würde. Diese Erwägung ist jedenfalls nicht fernliegend; der Gesetzgeber durfte daher im Rahmen seines Ermessens davon ausgehen, dass die grundstücksübergreifende Regelung des Jagdausübungsrechts geeignet ist, den Gesetzeszweck zu verwirklichen. Weniger eingreifende Regelungen sind nicht ersichtlich. Dies betrifft auch die Verpflichtung des Eigentümers, die Jagd auf seinem Grundstück zu dulden.

741 (3) Zu fordern ist weiterhin **Angemessenheit** der Regelung. Der Gesetzgeber muss Eigentümerinteressen und die von ihm verfolgten Gemeinwohlziele in einen angemessenen Ausgleich gebracht haben. An einer Regulierung des Wildbestandes besteht ein er-

hebliches Allgemeininteresse; Natur- und Landschaftsschutz sind Gemeinwohlbelange von erheblicher Bedeutung. Wenn der Gesetzgeber nun die Eigentümer von Grundstücken in Natur und Landschaft in die Pflicht nimmt, um diese Zielsetzung zu verwirklichen, so knüpft er damit an die besonderen Gegebenheiten des Grundeigentums in dieser Lage an, entsprechend einer besonderen Situationspflichtigkeit des Grundeigentums. Dabei ist zu berücksichtigen, dass es auch im Interesse anderer Eigentümer liegt, den Wildbestand zu regulieren, um Wildschäden zu begrenzen. Auf der anderen Seite berührt die gesetzliche Regelung nur einen eher untergeordneten Teilaspekt des Eigentums. Auch wird nicht etwa das Jagdrecht gänzlich aufgehoben; der Eigentümer wird nur in seiner Ausübung bestimmten, sachbedingten Beschränkungen unterworfen. Es verbleibt ihm auch der wirtschaftliche Ertrag des Rechts. Insofern ist die durch das Gesetz vorgenommene Inhalts- und Schrankenbestimmung verhältnismäßig. Die Einschränkungen der Eigentümerbefugnisse stellen sich nicht als übermäßig gravierend dar und überwiegen daher nicht die mit der gesetzlichen Ausgestaltung von Jagd und Hege verfolgten Gemeinwohlbelange.

(4) Das Eigentum bleibt also auch in seiner **Privatnützigkeit** erhalten. Es wird nicht in seinem **Kern** berührt.

Im Ergebnis ist also mit der grundstücksübergreifenden Regelung der Jagdausübung von einer verfassungsmäßigen Inhalts- und Schrankenbestimmung des Grundeigentums durch den Gesetzgeber auszugehen. Die gegenteilige Auffassung des EGMR nötigt nicht zu einer anderen Beurteilung des Gesetzes, wenn dem danach geforderten Schutz des Eigentums bei der Anwendung des Gesetzes Rechnung getragen werden kann.

c) Anwendung des Gesetzes

Das Gesetz müsste gegenüber der A in verfassungskonformer Weise angewandt worden **742** sein. A könnte durch die Anwendung des Gesetzes deshalb unzumutbar in ihrer Stellung als Eigentümern beeinträchtigt sein, weil Behörden und Gerichte nicht berücksichtigt haben, dass sie die Jagd aus ethischen Gründen ablehnt. Hierin ist im Einklang mit dem EGMR eine besondere Belastung der A zu sehen. Dies haben Behörden und Gerichte verkannt. Sie haben deshalb deren Eigentum nicht hinreichend beachtet.

Ergebnis: A ist also in ihrem Grundrecht aus Art. 14 GG verletzt.

II. Art. 4 I GG

A könnte weiterhin in ihrem Grundrecht auf Gewissensfreiheit aus Art. 4 I GG verletzt **743** sein.

1. Schutzbereich

Hierfür müsste zunächst der Schutzbereich des Art. 4 I GG eröffnet sein. Wenn die A aus Gewissensgründen die Jagd ablehnt, so müsste es sich hierbei um eine durch das Grundrecht der Gewissensfreiheit in Art. 4 I GG geschützte Gewissensentscheidung handeln. Hierunter fällt jede ernsthafte, an den Kategorien von gut und böse orientierte Entscheidung, die der Einzelne in einer bestimmten Lage für sich als bindend und unbedingt verpflichtend empfindet, so dass er gegen sie nicht ohne ernste Gewissensnot handeln könnte. Auch die grundsätzliche Einstellung, Tiere nicht töten zu wollen, kann hierunter fallen. Da die A vorgebracht hat, aus Gewissensgründen sich nicht an der Jagd auf Tiere beteiligen zu wollen und nicht ersichtlich ist, dass dieses Vorbringen nicht einer ernsthaften Entscheidung ihrerseits entspricht, ist der Schutzbereich des Art. 4 I GG hier eröffnet.

2. Eingriff

744 Ein Eingriff in dieses Grundrecht könnte hier darin liegen, dass die A gezwungen ist, einerseits Mitglied einer Jagdgenossenschaft zu sein und damit gegen ihr Gewissen an der Jagd mitzuwirken, andererseits auf ihrem Grundstück die Jagd zu dulden. Die A wird jedoch nicht gezwungen, selbst an der Jagd teilzunehmen. Sie wird auch nicht gezwungen, selbst die Jagd auf ihrem Boden frei zu geben, was sie in der Tat in einen erheblichen Gewissenskonflikt bringen könnte. Vielmehr ergibt sich die entsprechende Verpflichtung bereits unmittelbar aus dem Gesetz. A ist also nicht gezwungen, gegen ihr Gewissen zu handeln. Ein Eingriff könnte allenfalls darin liegen, dass das Gesetz die Ausübung der Jagd auf den zu einem Jagdbezirk gehörenden Flächen zulässt, ohne dass der Eigentümer, der jedoch nicht selbst das Recht der Jagdausübung innehat, dies verhindern kann. Art. 4 I GG verleiht aber dem einzelnen kein Recht darauf, dass die Rechtsordnung so ausgestaltet wird, wie es seiner individuellen Gewissenseinstellung entspricht. Auch insoweit ist daher ein Eingriff zu verneinen.

III. Allgemeine Handlungsfreiheit als negative Vereinigungsfreiheit, Art. 2 I GG

1. Schutzbereich

745 A könnte dadurch, dass sie gegen ihren Willen Mitglied in der Jagdgenossenschaft ist, in ihrem Grundrecht auf negative Vereinigungsfreiheit verletzt sein. Insoweit könnte die allgemeine Handlungsfreiheit aus Art. 2 I GG im Tatbestand anwendbar sein. Da öffentlich-rechtliche Zwangsverbände keine Vereinigungen iSv Art. 9 I GG sind, tritt hier Art. 2 I GG nicht als subsidiär zurück. Die zwangsweise Zugehörigkeit zu einem derartigen Verband mit den damit zusammenhängenden Verpflichtungen bedeutet vielmehr eine Freiheitsbeschränkung, die in den Schutzbereich des Grundrechts der allgemeinen Handlungsfreiheit fällt.

2. Eingriff

746 Wenn das BJagdG bestimmt, dass die Eigentümer von Grundstücken innerhalb eines Jagdbezirks kraft Gesetzes Mitglieder in einer Jagdgenossenschaft sind, so bedeutet dies nach dem Vorgesagten einen Eingriff in das Grundrecht des Art. 2 I GG.

3. Rechtfertigung

747 Dieser könnte jedoch im Rahmen der verfassungsmäßigen Ordnung nach Art. 2 I GG gerechtfertigt sein. Dann müsste das Gesetz Bestandteil der verfassungsmäßigen Ordnung sein. Es müsste in jeder Hinsicht formell und materiell verfassungsgemäß sein.

Ein formeller Verfassungsverstoß wurde verneint.

Die Regelung müsste auch materiell verfassungsmäßig sein. Zwangsverbände sind nur zulässig, wenn sie öffentlichen Aufgaben dienen und ihre Errichtung im Hinblick darauf gegenüber den betroffenen Zwangsmitgliedern verhältnismäßig ist. Dass hier der Gesetzgeber ein legitimes Ziel verfolgt, wurde bereits zu Art. 14 I GG festgestellt. Die Erwägungen, die die grundstücksübergreifende Regelung der Jagdausübung rechtfertigen, treffen auch für die Bildung der Jagdgenossenschaft zu. Wenn aber der Verband insgesamt einen verfassungsrechtlich legitimen öffentlichen Zweck verfolgt, so ist es gerechtfertigt, alle in Betracht kommenden Personen einzubeziehen, wenn dies zur effektiven Aufgabenwahrnehmung beiträgt.

Anhaltspunkte für eine verfassungswidrige Anwendung des Gesetzes im Einzelfall ergeben sich auch nicht in Bezug auf das Grundrecht des Art. 2 I GG.

Das Grundrecht der negativen Vereinigungsfreiheit aus Art. 2 I GG ist also nicht verletzt.

C. Entscheidung des BVerfG

Das BVerfG wird feststellen, dass die A in ihrem Grundrecht aus Art. 14 GG verletzt ist und die Sache an das letztinstanzliche Gericht zurückverweisen, § 95 BVerfGG.

Wiederholung und Vertiefung

A. EMRK in der Fallbearbeitung

Der vorstehende Fall ist kennzeichnend für die zunehmende Bedeutung der EMRK bei der Auslegung der Grundrechte des Grundgesetzes. Vor allem die Entscheidungen des EGMR in Sachen *Caroline* und des BVerfG in Sachen *Görgülü* warfen die Frage nach dem Verhältnis der Grundrechte der EMRK zu denen des Grundgesetzes und nach ihrer Bedeutung für die Rechtsanwendung auf.

I. Geltung und Rang der EMRK

Die EMRK als völkerrechtlicher Vertrag gilt innerhalb der Rechtsordnung der Bundesrepublik an sich nur mit dem Rang eines einfachen Gesetzes. Das BVerfG misst daher Normen zB des StGB nicht unmittelbar an den Gewährleistungen der EMRK. Es zieht jedoch die Rechte der EMRK und deren Interpretation durch den EGMR maßgeblich für die Auslegung der Grundrechte und der rechtsstaatlichen Grundsätze des Grundgesetzes heran[4] – so auch im vorstehenden Fall. Es stützt sich hierfür auf die „völkerrechts- **748**

---

4 Vgl BVerfGE 74, 358 (370); 82, 106 (120) zur Unschuldsvermutung nach Art. 6 EMRK; BVerfGE 128, 326 (366 ff.).

freundliche Tendenz" des Grundgesetzes.[5] Sie wird aus einer Zusammenschau des Art. 25 GG, aber auch des Art. 24 III GG und des Art. 9 II GG entnommen. Das BVerfG bezieht sich weiterhin auf das Rechtsstaatsprinzip: die Gesetzesbindung nach Art. 20 III GG fordert die Berücksichtigung der Grundfreiheiten der Konvention im Rahmen „methodisch vertretbarer Gesetzesauslegung",[6] aber ohne „schematische Parallelisierung".

II. Der methodische Ansatz: schonende Einpassung in methodisch vertretbarer Gesetzesauslegung

748a Das BVerfG war daher nicht gehalten, Sicherungsverwahrung oder Unterbringung als Strafe iSv Art. 103 II, III GG zu qualifizieren, während der EGMR hier von einer Strafe iSv Art. 7 I EMRK ausgeht.[7] Die verfassungsrechtlichen Anforderungen an die Sicherungsverwahrung müssen jedoch auch denen der EMRK Rechnung tragen; das BVerfG nennt hier die strikte Beachtung der Verhältnismäßigkeit, die nur ausnahmsweise Zulässigkeit und die Wahrung eines Abstandsgebots gegenüber dem Strafvollzug. Die staatlichen Organe haben auch die Auswirkungen auf die nationale Rechtsordnung in ihre Rechtsanwendung einzubeziehen. Dies gilt insbesondere dann, wenn es sich bei dem einschlägigen nationalen Recht um ein ausbalanciertes Teilsystem des innerstaatlichen Rechts handelt, das verschiedene Grundrechtspositionen miteinander zum Ausgleich bringen will. Diese letztere Formulierung ist in besonderer Weise zugeschnitten nicht nur auf die familienrechtlichen Bestimmungen über Sorge- und Umgangsrechte, wo es um den Ausgleich unterschiedlicher Grundrechtspositionen der Beteiligten aus Art. 6 GG geht, sondern auch für das Äußerungsrecht des BGB und den dort vorzunehmenden Ausgleich zwischen Meinungsfreiheit und Persönlichkeitsrecht.

748b In der Grundrechtsprüfung bezeichnen die Garantien der EMRK keinen eigenständigen Prüfungspunkt. Sie sind innerhalb der Prüfung der thematisch einschlägigen Grundrechte des GG einzubeziehen, dies in der Weise, dass bei der Bewertung bzw verfassungsrechtlichen Rechtfertigung eines Grundrechtseingriffs auch die Anforderungen der EMRK zu berücksichtigen sind. Die Grundrechte des Grundgesetzes werden also auch **unter Berücksichtigung der EMRK ausgelegt**. In den Fällen der Kollision zwischen Persönlichkeitsrecht und Privatsphäre auf der einen, Meinungs- und Medienfreiheit auf der anderen Seite würde schonende Einpassung bedeuten, im Rahmen der Abwägung nach Art. 5 II GG auch die EMRK bzw die Position des EGMR hierzu in die Wechselwirkungen zwischen Grundrecht und grundrechtsbeschränkendem Gesetz einzubeziehen,[8] nicht aber etwa bestimmte Teile der Presse von Vornherein aus dem Schutzbereich des Art. 5 I 2 GG auszuklammern.

---

5 BVerfGE 75, 1 (17); 111, 307 (319); BVerfGE 128, 326 (366 ff.).

6 BVerfGE 111, 307 (317).

7 Vgl BVerfGE 128, 326 (335).

8 So auch *Bölke/Gostomzyk*, JURA 2005, 336 (338).

III. Rügefähigkeit in der Verfassungsbeschwerde

Haben die staatlichen Organe dies unterlassen, oder haben sie die Bedeutung der Ge- **748c**
währleistungen der EMRK grundlegend verkannt, so kann dies einen Grundrechtsverstoß bedeuten. Dieser ist im Wege der Verfassungsbeschwerde auf das thematisch einschlägige Grundrecht des Grundgesetzes iVm Art. 20 III GG zu stützen.

Aus der Ausbildungsliteratur: *Braasch*, Einführung in die Europäische Menschenrechtskonvention,
JuS 2013, 602; s. auch *Degenhart* Rn 285 ff.

B. Art. 14 GG in der Fallbearbeitung

I. Schutzzweck und Struktur des Grundrechtes

Bei den Freiheitsgrundrechten des Grundgesetzes geht es regelmäßig darum, ob ein **749**
Grundrechtseingriff gerechtfertigt ist – dann hat er Bestand, und Rechtsbehelfe haben
keine Aussicht auf Erfolg – oder nicht – dann ist er aufzuheben bzw für nichtig zu erklären. Darum geht es, wie der vorstehende Fall zeigt, auch beim Eigentum. Lediglich
Art. 14 III stellt gegenüber den anderen Freiheitsrechten eine Besonderheit dar: bestimmte hoheitliche Maßnahmen greifen besonders intensiv in das Grundrecht ein, indem sie Eigentum entziehen (s **Fall 19**), sind aber gleichwohl unter der Voraussetzung
verfassungsmäßig, dass dem Grundrechtsträger Entschädigung gewährt wird. Dies besagt Art. 14 III für die Enteignung. In den allermeisten Fällen geht es jedoch um die
Frage, ob ein Eigentumseingriff gerechtfertigt oder verfassungswidrig ist – dies richtet
sich nach Art. 14 I GG.

In der Argumentation ist stets der maßgebliche Schutzzweck des Eigentumsgrundrechts
zu berücksichtigen, wie er vom BVerfG zugrunde gelegt wird: das Eigentum soll seinem Träger einen Freiraum im wirtschaftlichen Bereich sichern und ihm hierdurch die
materielle Basis für die freie Persönlichkeitsentfaltung sichern. Es steht daher in engem
Zusammenhang mit den Freiheitsrechten. Dieser personale Bezug des Eigentums spielt
eine wichtige Rolle in der Abwägung: je stärker er ausgeprägt ist, desto höhere Schutzwürdigkeit genießt das Eigentum.[9]

Die Grundstruktur der Eigentumsgarantie ergibt sich aus den unterschiedlichen Gewährleistungen des Art. 14: Art. 14 I 1 GG enthält den Grundrechtstatbestand des Eigentums,
Art. 14 I 2 GG ermächtigt den Gesetzgeber, dessen Inhalt und Schranken zu bestimmen,
den Inhalt des Grundrechts also auszugestalten. Hierbei muss eine gerechte Abwägung
der Interessen des Eigentümers und der Allgemeinheit erfolgen. Art. 14 II GG benennt
mit der Sozialpflichtigkeit des Eigentums einen maßgeblichen Anhaltspunkt. Art. 14 III
GG regelt schließlich die Zulässigkeit von Enteignungen.

Eine Maßnahme, die den Schutzbereich des Eigentums berührt, kann also entweder
eine Inhalts- und Schrankenbestimmung iSv Art. 14 I 2 GG oder eine Enteignung iSv
Art. 14 III GG sein. Hiernach richten sich die verfassungsrechtlichen Anforderungen.

---

9   Vgl BVerfGE 101, 54 (75 f.); *Pieroth/Schlink/Kingreen/Poscher* Rn 1033 f.

Grundsätzlich gewährt das Grundrecht ein Abwehrrecht gegen rechtswidrige Maßnahmen; iFd Art. 14 III GG besteht für rechtmäßige Enteignungen ein Entschädigungsanspruch. In bestimmten Fällen besteht bei rechtswidrigen Maßnahmen, die nicht abgewehrt werden können, ein Entschädigungsanspruch; der Eigentümer hat aber kein Wahlrecht zwischen Abwehr des Eingriffs und Entschädigung.

II. Grundrechtsprüfung

1. Schutzbereich des Grundrechts

749a   Eigentum: jedes vermögenswerte private Recht (Grundeigentum, Eigentum an Rechten). Eigentum ist ein Rechtsbegriff: es müssen also die rechtlichen Befugnisse aus dem Eigentum betroffen sein: die Inhaberschaft (das „Behalten" – **Fall 4**), die Nutzung des Eigentums, das Verfügungsrecht des Eigentümers, seine Ausschließungsbefugnis gegenüber Dritten. Nicht geschützt sind: Chancen, Erwerbsaussichten, Lagevorteile. Eigentum ist nach BVerfGE 89, 1 auch das Besitzrecht des Mieters; Eigentum sind auch subjektive öffentliche Rechte, wenn sie „erdient" sind – zu Erlaubnissen und zum Gewerbebetrieb s **Fall 19**.

2. Eingriffe

749b   Hierbei zu unterscheiden: Inhalts- und Schrankenbestimmung nach Art. 14 I 2 GG oder Enteignung, Art. 14 III GG.

a) **Inhalts- und Schrankenbestimmungen** sind generelle Bestimmungen der Rechte und Pflichten des Eigentümers durch den Gesetzgeber, sowie deren Vollzug durch die Exekutive. Enteignung ist der konkret-individuelle Entzug einer Eigentumsposition. Auf die Intensität der Eigentumsbeeinträchtigung kommt es nicht an (**Fall 4**).

> Typische Fälle von Inhalts- und Schrankenbestimmungen sind im Naturschutzrecht die Festlegung eines Schutzgebietes,[10] Bestimmungen über die bauliche Nutzung von Grundstücken im Bauplanungsrecht, Veränderungsverbote und die Verweigerung der beantragen Genehmigung durch die Behörde in Umsetzung des Gesetzes,[11] die Notschlachtung BSE-verdächtiger Tiere,[12] die Verpflichtung zur Ablieferung von Pflichtexemplaren an die Deutsche Nationalbibliothek.[13]

b) **Enteignung** ist der konkret-individuelle Entzug einer Eigentumsposition; ob damit gleichzeitig eine Güterbeschaffung, also eine Eigentumsübertragung einhergehen muss, ist str, s **Fall 19**.

---

10   BVerwGE 112, 373, bearbeitet von *Hermanns*, JA 2002, 26.
11   BVerfGE 100, 226.
12   *Seiler*, JuS 2002, 679.
13   BVerfGE 58, 137.

3. Rechtfertigung

• **Inhalts- und Schrankenbestimmung** 750

a) Befugnis zur Inhalts- und Schrankenbestimmung durch Gesetz: Art. 14 I 2 GG

b) Formelle Verfassungsmäßigkeit des Gesetzes (Zitiergebot gilt nicht)

c) Materielle Verfassungsmäßigkeit der Inhalts- und Schrankenbestimmung

    aa) Legitimes Regelungsziel

    bb) Geeignetheit, Erforderlichkeit

    cc) **Angemessenheit:** Im Mittelpunkt der materiellen Prüfung steht hier der angemessene Ausgleich von Eigentümerinteressen und Gemeinwohlbelangen. Angemessen bedeutet verhältnismäßig; für die Abwägung kann auf typische Argumentationsmuster zurückgegriffen werden.

> So kommt es auf Seiten des Eigentümers auf den personalen Bezug an, während andererseits auf die Sozialpflichtigkeit des Eigentums abzustellen ist; bei Grundstücken ist das Kriterium der Situationsbedingtheit relevant: die Intensität des Eigentumsschutzes bestimmt sich nach der konkreten Situation, in die das Grundstück eingebunden ist. Ein angemessener Ausgleich kann auch dadurch herbeigeführt werden, dass dem Eigentümer ein finanzieller Ausgleich (ausgleichspflichtige Inhalts- und Schrankenbestimmung) gewährt wird. Aber auch sonstige Härtefallregelungen sind denkbar, wie zB Übergangsregelungen. Kein angemessener Ausgleich wird erzielt, wenn vom Eigentum nur eine „leere Hülse" übrigbleibt, der Eigentumsgegenstand nur noch dem öffentlichen Interesse und nicht dem Eigentümer dient, wie zB ein denkmalgeschütztes Gebäude, das im öffentlichen Interesse erhalten werden muss, das der Eigentümer aber keinerlei sinnvollen Nutzung zuführen kann.[14]

    dd) „Institutsgarantie" des Eigentums als Schranken-Schranke: der Gesetzgeber darf nicht eine Form von Eigentum schaffen, die diesen Namen nicht mehr verdient.

d) Verfassungsmäßigkeit der Anwendung des Gesetzes im Einzelfall

Rechtsfolge: liegt keine zulässige Inhalts- und Schrankenbestimmung mehr vor, so ist das Gesetz bzw die auf ihm beruhende Entscheidung als verfassungswidrig aufzuheben.

• **Enteignung**

a) Enteignungsgesetz (Kompetenz, Verfahren)

b) Vorrang der Administrativenteignung?

c) Materielle Gemeinwohlrechtfertigung: Enteignung zum Wohl der Allgemeinheit

d) Beachtung der Junktim-Klausel

Rechtsfolge: Fehlt es an den Voraussetzungen nach a) – d), so ist das Gesetz nichtig und deshalb aufzuheben; im Fall der Enteignung unmittelbar durch Gesetz ist diese unwirksam; im Fall der Enteignung auf Grund eines Gesetzes ist der Enteignungsakt

---

14 BVerfGE 100, 226.

rechtswidrig und aufzuheben. Andernfalls ist das Enteignungsgesetz verfassungsmäßig, der Eigentümer kann dann Entschädigung fordern.

III. Aktuelle Fragestellungen

750a Nicht abschließend geklärt ist weiterhin der verfassungsrechtliche Eigentumsschutz des Rechts am Gewerbebetrieb (s. *Pieroth/Schlink/Kingreen/Poscher* Rn 1006). Das BVerfG ist insoweit eher skeptisch: der Gewerbebetrieb genießt keinen weitergehenden Eigentumsschutz als seine wirtschaftlichen Grundlagen.[15] Deshalb sind Absatzchancen uÄ nicht geschützt. Beschränkungen der unternehmerischen Entfaltungsmöglichkeiten, zB durch gesetzliche Vorgaben an die Produktbeschaffenheit, durch Verkehrsbeschränkungen, aber auch durch Auskunftspflichten, durch behördliche Warnhinweise uÄ, sind daher idR eine Frage des Art. 12 GG.[16] Zum **„Atomausstieg"**[17] s **Fall 19**. Sozialversicherungsrechtliche Ansprüche sind im Kern jedenfalls Eigentum, wenn sie „erdient" sind, wie zB Rentenanwartschaften.[18] Eine bestimmte Höhe ist verfassungsrechtlich nicht garantiert. Für Steuern und Abgaben wurde zunächst vertreten, dass sie nicht konkrete Eigentumsrechte tangieren – anders nunmehr BVerfGE 93, 121 für die Vermögenssteuer, die die Nutzung des erworbenen Vermögens einschränkt, und BVerfGE 115, 97 für die Einkommensteuer. Der in BVerfGE 93, 121 (138) angesprochene „Halbteilungsgrundsatz" wurde von BVerfGE 115, 97 allerdings nicht bestätigt. Danach soll wegen der Formulierung „zugleich" in Art. 14 II 2 GG der Staat nicht mehr als die Hälfte des vom Bürger erworbenen Eigentumsrechts diesem durch Steuern und Abgaben entziehen (rechnet man Steuern auf das Einkommen, indirekte Steuern und sonstige Abgaben zusammen, wird die Grenze ohnehin häufig überschritten).[19]

Aus der Ausbildungsliteratur: *Kemmler*, Ersatzansprüche wegen Beeinträchtigungen des Eigentums, JA 2005, 156; *Fehling/Faust/Rönnau*, Durchblick: Grund und Grenzen des Eigentums- und Vermögensschutzes, JuS 2006, 18; *Berg*, Entwicklung und Grundstrukturen der Eigentumsgarantie, JuS 2005, 961; *Jochum/Durner*, Grundfälle zu Art. 14 GG, JuS 2005, 220, 320, 412; *Kingreen*, Die Eigentumsgarantie (Art. 14 GG), JURA 2016, 390.

Aktuelle Rechtsprechung: BVerfGK 4, 210 = NJW 2005, 589 (Eigentumsschutz der Internet-Domain); BVerfG (K) NVwZ 2005, 203, bespr. von *Selmer* in JuS 2005, 477 (Art. 14 GG und Schwarzbauten); BVerfG (K) 10, 66 = NVwZ 2007, 808 (Jagdgenossenschaft); BVerfGE 126, 233 (Rentenansprüche von DDR-Funktionsträgern); EGMR NVwZ 2012, 1529 (Zwangsmitgliedschaft).

Fälle im thematischen Zusammenhang: *Hösch*, Campingplatz im Landschaftsschutzgebiet, JA 1998, 571; *Seiler*, Die Sorgen der Landwirte, JuS 2002, 679; *Fischer*, Referendarexamensklausur – Öffentliches Recht: Entschädigung in den Zeiten von BSE, JuS 2005, 52; *Droeger/Wismeyer*, „Ownership unbundling", JuS 2009, 706.

---

15 BVerfGE 58, 300 (353).
16 S dazu *Grote/Kraus*, Fall 2, 24.
17 S dazu den Fall von *Gundel/Schubert*, JURA 2001, 847.
18 Dies gilt auch für in der DDR erworbene Ansprüche und Anwartschaften – zum Abbau ungerechtfertigter Leistungen für Funktionsträger s BVerfGE 126, 233 (256 ff.).
19 Zutr *Hufen*, Staatsrecht II § 38 Rn 56.

Fall 21

Rettung um jeden Preis?

Anspruchsvoller, umfangreicher Fall für die Zwischenprüfung, 2–3 Std.

Um Finanz- und Währungskrisen künftig besser bewältigen zu können, beschließen die **751** Mitgliedstaaten der Europäischen Union (EU), einen „Finanz- und Wirtschaftsrat" (EFWR) einzurichten. Der von den Staats- und Regierungschefs beschlossene EFWR-Vertrag sieht vor, dass dem Finanz- und Wirtschaftsrat die Finanzminister aller mittlerweile 28 Mitgliedstaaten der EU angehören sollen. Dem Finanz- und Wirtschaftsrat sind die Haushaltspläne der Mitgliedstaaten anzuzeigen; er kann diese unter bestimmten Voraussetzungen beanstanden und die Kreditaufnahme der Mitgliedstaaten begrenzen. Er kann des Weiteren Mitgliedstaaten zu Sanierungsfällen erklären und ihnen Kredite bewilligen, für die die Mitgliedstaaten bürgen, im Gegenzug aber Sparmaßnahmen wie die Kürzung von Renten und Sozialleistungen, die Privatisierung von Staatseigentum und Steuererhöhungen anordnen. Die Entscheidungen des Finanz- und Wirtschaftsrats sollen mit einfacher, in bestimmten Fällen mit Zwei-Drittel-Mehrheit getroffen werden.

Durch die Fraktion der A-Partei wird daraufhin der Entwurf des Zustimmungsgesetzes zum Vertrag über die Einrichtung des Finanz- und Wirtschaftsrats im Bundestag eingebracht. Artikel 1 des Gesetzes enthält die Zustimmung zum Vertrag; Artikel 2 bestimmt die Beteiligung des Bundestags. Danach hat der Bundesfinanzminister vor der Beschlussfassung im Finanz- und Wirtschaftsrat den Haushaltsausschuss des Bundestags zu informieren, diesem Gelegenheit zur Stellungnahme zu geben und dessen Stellungnahme maßgeblich zu berücksichtigen. Die Frist für die Stellungnahme soll drei Wochen betragen; sie kann in Eilfällen auf 24 Stunden verkürzt werden.

Das Gesetz wird vom Bundestag mit 466:103 Stimmen beschlossen; der Bundesrat gibt seine Zustimmung mit einer Mehrheit von 59:10. Wegen der Eilbedürftigkeit war entgegen der Geschäftsordnung der Entwurf im Bundestag in nur einer Lesung beraten und sogleich beschlossen worden; die Bundesregierung hatte das Vorhaben als „alternativlos" hingestellt. Die Beratung und Beschlussfassung waren bereits am Tag nach Verteilung der Drucksachen – also der Gesetzesvorlage mit Begründung – an die Abgeordneten erfolgt. Das Gesetz wird daraufhin dem Bundespräsidenten zur Ausfertigung zugeleitet, der es zunächst auf seine Verfassungsmäßigkeit überprüfen möchte.

Rechtsanwalt Dr. Joseph Filser, Mitglied des Bayerischen Landtags, hält all dies für verfassungswidrig und möchte hiergegen, ohne das Ergebnis der Prüfung durch den Bundespräsidenten abzuwarten, das BVerfG anrufen. Der Vertrag bedeute das Ende der Souveränität der Bundesrepublik und das Ende der Demokratie. Er ersucht um rechtsgutachtliche Auskunft, was das zweckmäßige Vorgehen und dessen Erfolgsaussichten betrifft. Die Bundesregierung hat bereits in Erwartung möglicher gerichtlicher Schritte verlauten lassen, es handle sich hier um hochpolitische Fragen, die sich der Prüfung durch das BVerfG entzögen.

Der Fall ist angelehnt an das Verfahren um die Verfassungsbeschwerden gegen den Europäischen Stabilitätsmechanismus ESM und das Anleiheprogramm der Europäischen Zentralbank OMT, BVerfGE 132, 195; 134, 366; 135, 317; BVerfG, U. v. 31.6.2016 – 2 BvR 2730/13 –; der Sachverhalt ist modifiziert und vereinfacht.[1] Insbesondere fehlen die Vorbehalte, die nach BVerfGE 132, 195 dem Vertrag beigefügt werden mussten, um die Integrationsverantwortung des Bundestags zu wahren.

---

1 Der Verfasser war in diesem Verfahren Verfahrensbevollmächtigter von insgesamt 37 000 Beschwerdeführern. Seine Schriftsätze im Verfahren können abgerufen werden unter www.home.uni-leipzig.de/degenhart.

Vorüberlegungen

Der aktuelle Fall behandelt verfassungsrechtliche Grundsatzfragen der europäischen Integration, setzt aber keine weiteren Kenntnisse des europäischen Rechts voraus – könnte also etwa in der Zwischenprüfung gestellt werden. Erforderlich ist allerdings die Kenntnis der Rechtsprechung des BVerfG, insbesondere des Lissabon-Urteils, in ihren Grundzügen, keineswegs in allen Verästelungen. Sie ist insbesondere zur Einschätzung und Einordnung der prozessualen Konstellation erforderlich. Der potenzielle „Kläger", also – je nach Verfahrensart – Beschwerdeführer oder Antragsteller müsste, um erfolgreich vor dem BVerfG gegen das Gesetz vorgehen zu können, geltend machen, dass er in eigenen, verfassungsmäßigen Rechten verletzt. Denn auf dieses Erfordernis wird nur im Verfahren der abstrakten Normenkontrolle nach Art. 93 I Nr. 2 GG verzichtet. In diesem Verfahren ist Dr. F aber nicht beteiligtenfähig. Beteiligtenfähig wäre wie jede Landesregierung auch die bayerische Staatsregierung, doch ist nicht davon auszugehen, dass Dr. F als einzelner Landtagsabgeordneter diese zur Antragstellung veranlassen kann. Wäre er Mitglied des Deutschen Bundestags, könnte immerhin noch ein Organstreitverfahren erwogen werden – als Mitglied eines Länderparlaments bleibt ihm aber nur die Verfassungsbeschwerde, die er als „jedermann" erheben kann.

752

Dann muss er sich aber auch auf Grundrechte berufen können, die „jedermann" zustehen, und er muss in diesen Grundrechten auch unmittelbar betroffen sein – was bei Verfassungsbeschwerden unmittelbar gegen Gesetze ja stets besonderer Begründung bedarf. Dies ist die entscheidende „Weichenstellung" des Falles, und an dieser Stelle kommt es entscheidend auf die Kenntnis der Grundaussagen des Lissabon-Urteils an. Das BVerfG hat dort – wie schon im Maastricht-Urteil – das Wahlrecht des Bürgers aus Art. 38 I 1 GG um eine materielle Komponente erweitert:[2] Der Bürger hat nicht nur ein Recht darauf, den Bundestag zu wählen, sondern er kann auch beanspruchen, dass dieser Bundestag mit hinreichenden Befugnissen in der Sache ausgestattet ist. Dieses Recht ist dann verletzt, wenn staatliche Befugnisse in einem Maße auf die EU übertragen werden, dass dem Bundestag keine hinreichenden substantiellen Befugnisse verbleiben. Das BVerfG führt hierzu aus: „Der Wahlakt verlöre seinen Sinn, wenn das gewählte Staatsorgan nicht über ein hinreichendes Maß an Aufgaben und Befugnissen verfügte, in denen die legitimierte Handlungsmacht wirken kann."[3] Dies ist auch wegen der prozessualen Konsequenzen bedeutsam: Der einzelne Bürger kann dann unmittelbar im Wege der Verfassungsbeschwerde gegen ein Gesetz vorgehen, das sich nicht in den Grenzen der Integrationsermächtigung des Art. 23 GG hält, weil es dazu führt, dass Hoheitsgewalt nicht in demokratischer, Art. 20 GG entsprechender Weise ausgeübt wird.

753

Die Prüfung der Verfassungsbeschwerde hat hier also beim Wahlrecht des Art. 38 I 1 GG anzusetzen. Der Beschwerdeführer muss geltend machen, dass der Bundestag mit seiner Zustimmung zu dem Vertrag über den Europäischen Finanz- und Wirtschaftsrat in zu weitgehendem Maße auf seine Befugnisse verzichtet hat. Dabei ist zu vergegenwärtigen, dass das Budgetrecht des Parlaments seit jeher zu den zentralen Errungenschaften der parlamentarischen Demokratie zählt.

754

---

2 BVerfGE 123, 267 (341 ff.).
3 BVerfGE 123, 267 (330).

755 Ausdrücklich wird im Sachverhalt die Frage angesprochen, ab wann Verfassungsbeschwerde gegen ein Gesetz eingelegt werden kann. Der Beschwerdeführer möchte sich hier bereits vor Ausfertigung des Vertragsgesetzes an das BVerfG wenden. Grundsätzlich muss allerdings ein „fertiges" Gesetz abgewartet werden. Für Zustimmungsgesetze zu völkerrechtlichen Verträgen gilt eine Ausnahme. Denn ist das Gesetz erst einmal ausgefertigt, im Bundesgesetzblatt veröffentlicht und damit in Kraft getreten, ist es im „Außenverhältnis" wirksam.

756 Im Rahmen der Begründetheit ist es erforderlich, sich mit dem Einwand mangelnder Justiziabilität auseinander zu setzen; dies geschieht zweckmäßig beim Einstieg in die Begründetheitsprüfung, kann aber auch an anderer Stelle, etwa bei der Frage der materiellen Verfassungsmäßigkeit, gebracht werden.

757 # Gliederung

Geeignete Verfahrensart

A. Zulässigkeit der Verfassungsbeschwerde
   I. Beschwerde- und Prozessfähigkeit
   II. Beschwerdegegenstand: Zustimmungsgesetz vor Ausfertigung
  III. Beschwerdebefugnis
      1. Behauptete Grundrechtsverletzung: Art. 38 I 1 GG
        a) Art. 38 I 1 iVm Art. 20 I, II GG – Kompetenzverlust des Bundestags
        b) Über Art. 38 I 1 GG: Staatlichkeit der Bundesrepublik
      2. Eigenes, gegenwärtiges, unmittelbares Betroffensein
  IV. Form und Frist
   V. Rechtswegerschöpfung/Subsidiarität

B. Begründetheit der Verfassungsbeschwerde
   I. Verletzung des Wahlrechts, Art. 38 I 1 iVm Art. 20 I, II, Art. 79 III GG: Verstoß gegen das Demokratieprinzip
      1. Eingriff in den Schutzbereich des Art. 38 I 1 GG – materielle Verkürzung des Wahlrechts
      2. Verfassungsmäßigkeit des Eingriffs?
        a) Kompetenzgrundlage für das Zustimmungsgesetz
        b) Gesetzgebungsverfahren
          aa) Bundesgesetz
          bb) Verstoß gegen § 78 I, V GeschOBT?
        c) Materielle Verfassungsmäßigkeit? – Integrationsermächtigung – Demokratiegebot und Beteiligung des Bundestags
   II. Verlust der Staatlichkeit der Bundesrepublik?

C. Entscheidung des BVerfG

Musterlösung

Für das Anliegen des Dr. F könnte hier eine Verfassungsbeschwerde nach Art. 93 I **758**
Nr. 4a GG, §§ 90 ff. BVerfGG in Betracht kommen. Ein Verfahren der abstrakten Normenkontrolle scheidet demgegenüber schon deshalb aus, weil der Antrag nach Art. 93 I
Nr. 2 GG zwar von einer Landesregierung, nicht aber von einem Landesparlament und
erst recht nicht von einem einzelnen Landtagsabgeordneten gestellt werden kann. Auch
ein Organstreitverfahren vor dem BVerfG scheidet aus, dies schon deshalb, weil Dr. F
als Landtagsabgeordneter nicht Verfassungsorgan und auch nicht Teil eines Verfassungsorgans des Bundes ist. Als Bürger steht ihm jedoch wie jedermann die Verfassungsbeschwerde zum BVerfG offen, wenn er sich durch ein staatliches Handeln – das
Zustimmungsgesetz zur Errichtung des EFWR – in einem seiner Grundrechte bzw
grundrechtsgleichen Rechte verletzt sieht.

A. Zulässigkeit der Verfassungsbeschwerde

I. Beschwerde- und Prozessfähigkeit

Dr. F ist als natürliche Person grundrechtsfähig und damit beschwerdefähig; an seiner **759**
Prozessfähigkeit (Verfahrensfähigkeit) zu zweifeln, besteht kein Anlass.

II. Beschwerdegegenstand

Die Verfassungsbeschwerde muss sich gegen einen Akt öffentlicher Gewalt richten. **760**
Darunter fallen Akte der Legislative, Exekutive oder Judikative: Es muss sich aber stets
um einen Akt der dem Grundgesetz unterworfenen deutschen öffentlichen Gewalt handeln. Als ein solcher Akt öffentlicher Gewalt kommt hier das Zustimmungsgesetz zum
Vertrag über die Errichtung des EFWR in Betracht. Das Zustimmungsgesetz ist ein
Akt der Legislative des Bundes und damit geeigneter Gegenstand einer Verfassungsbeschwerde.

Der Zulässigkeit der Verfassungsbeschwerde könnte jedoch entgegenstehen, dass das
Gesetz noch nicht ausgefertigt und verkündet und deshalb nicht in Kraft getreten ist.
Grundsätzlich ist zwar zu fordern, dass der Hoheitsakt, der mit der Verfassungsbeschwerde angegriffen wird, bereits erlassen wurde. Dies könnte hier aber deshalb anders
zu beurteilen sein, weil es sich um ein Zustimmungsgesetz zu einem völkerrechtlichen
Vertrag handelt. Da dieser mit Ratifizierung – also mit Inkrafttreten des Zustimmungsgesetzes – verbindlich wird, kann das Zustimmungsgesetz ausnahmsweise schon vor
seinem Inkrafttreten Gegenstand der Verfassungsbeschwerde sein.[4]

---

4   Vgl BVerfGE 123, 267 (329).

III. Beschwerdebefugnis

Dr. F müsste auch beschwerdebefugt sein.

1. Er müsste also **plausibel geltend machen**, durch den angegriffenen Hoheitsakt in einem seiner **Grundrechte** oder grundrechtsgleichen Rechte nach Art. 93 I Nr. 4a GG **verletzt** zu sein.

761 a) Wenn der Beschwerdeführer hier ausführt, der angegriffene Hoheitsakt bedeute „das Ende der Demokratie" in der Bundesrepublik, so macht er damit der Sache nach einen Verstoß gegen das Demokratieprinzip des Grundgesetzes aus Art. 20 I, II GG geltend. Art. 20 GG ist in Art. 93 I Nr. 4a GG jedoch nicht als beschwerdefähiges Recht genannt. Die Beschwerdebefugnis des Dr. F könnte sich jedoch aus der Gewährleistung des Wahlrechts zum Bundestag in **Art. 38 I 1 GG** ergeben. Die Einrichtung des EFWR bzw das Zustimmungsgesetz hierzu lässt zwar das Recht zur Wahl nach Art. 38 I 1 GG selbst unberührt, der Beschwerdeführer wird nicht in seinem Recht auf Teilnahme an den Wahlen zum Deutschen Bundestag eingeschränkt. Der Bürger hat aber nicht nur ein Recht darauf, in freier, gleicher, geheimer und unmittelbarer Wahl den Bundestag zu wählen, sondern er hat auch ein Recht darauf, dass der Bundestag, zu dem er sein Wahlrecht ausübt, mit substanziellen Befugnissen ausgestattet ist. Dieses Recht kann dann verletzt sein, wenn dem Bundestag wesentliche Befugnisse entzogen werden. Dr. F könnte als Beschwerdeführer hier geltend machen, dass der Bundestag in seiner Haushaltshoheit, seinem Budgetrecht, aber auch in weiteren wirtschafts- und sozialpolitischen Gestaltungsmöglichkeiten eingeschränkt wird und dass es sich hierbei um eines der wichtigsten Rechte des Parlaments in einer parlamentarischen Demokratie handelt. Es erscheint daher nicht ausgeschlossen, dass hierdurch das Wahlrecht des Art. 38 I 1 GG in verfassungswidriger, gegen das Demokratieprinzip des Art. 20 I, II GG verstoßender Weise verletzt würde.

762 b) Über Art. 38 I 1 GG könnte auch gerügt werden, dass die Bundesrepublik Deutschland ihre **Staatlichkeit aufgibt**, da dies nur im Rahmen des Art. 146 GG möglich wäre.[5] Mit dem Einwand, die Errichtung des EFWR bedeute eine Entwicklung der EU hin zu einem Bundesstaat und das Ende der Bundesrepublik als eines souveränen Staates, wird eben dies geltend gemacht. Eine Verletzung des Art. 38 I 1 GG erscheint auch insoweit nicht von vornherein als ausgeschlossen.

763 2. Dr. F müsste weiterhin geltend machen, in seinem Recht aus Art. 38 I 1 GG **selbst**, **gegenwärtig** und **unmittelbar** betroffen zu sein.

Er ist selbst betroffen, da er Träger des Grundrechts aus Art. 38 I 1 GG ist. Gegenwärtiges Betroffensein könnte fraglich sein, da das Gesetz noch nicht in Kraft getreten ist, ist jedoch aus den unter II. dargelegten Gründen zu bejahen. Unmittelbares Betroffensein bedeutet, dass das Grundrechtsbetroffensein des Bf. keinen weiteren hoheitlichen Vollzugsakt mehr voraussetzt. Für das Recht des Bf. aus Art. 38 I 1 GG ist diese Voraussetzung zu bejahen, da der Eingriff in das Budgetrecht des Bundestags bereits mit Inkrafttreten des Vertrags über den EFWR erfolgen würde und hierfür keine weitere

---

5 BVerfGE 123, 267 (332).

hoheitliche Maßnahme erforderlich ist. Es ist also nicht erforderlich, erst ein Handeln des EFWR abzuwarten. Ebenso liegt der geltend gemachte Eingriff in die Staatlichkeit der Bundesrepublik Deutschland bereits unmittelbar in der Errichtung des EFWR.

IV. Form und Frist

Die Fristenproblematik stellt sich nicht, da Verfassungsbeschwerde noch vor Inkrafttre- **764** ten der beschwerdegegenständlichen Gesetze eingelegt wurde. Von der Wahrung der Form des § 23 I BVerfGG ist auszugehen.

V. Rechtswegerschöpfung/Subsidiarität

Gegen die Gesetze ist kein Rechtsweg eröffnet. Unter dem Gesichtspunkt der Subsidiarität könnte gefragt werden, ob der Beschwerdeführer Maßnahmen des EFWR abwarten müsste. Dies ist aber schon deshalb zu verneinen, weil hiergegen kein verfassungsgerichtlicher Rechtsschutz erlangt werden könnte. Denn Maßnahmen einer zwischenstaatlichen Einrichtung wie des vorgesehenen EFWR könnten nicht vor dem BVerfG angegriffen werden.

Eine Verfassungsbeschwerde des Dr. F wäre also zulässig.

B. Begründetheit der Verfassungsbeschwerde

Die Verfassungsbeschwerde ist begründet, wenn das Zustimmungsgesetz verfassungs- **765** widrig und der Beschwerdeführer hierdurch in seinem Recht aus Art. 38 I 1 GG iVm Art. 20 I, II GG verletzt ist. Dabei prüft das BVerfG nur die Verletzung von Verfassungsrecht. Es prüft insbesondere nicht die politische Zweckmäßigkeit. Der Einwand der Bundesregierung, es handle sich hier um politische Fragen, greift jedoch nicht durch. Denn das Budgetrecht des Parlaments und seine Integrationsverantwortung sind verfassungsrechtlich begründet.

I. Verletzung des Wahlrechts, Art. 38 I 1 iVm Art. 20 I, II GG, Art. 79 III GG: Verstoß gegen das Demokratieprinzip

1. Eingriff in den Schutzbereich des Art. 38 I 1 GG – materielle Verkürzung des Wahlrechts

Das Zustimmungsgesetz zur Errichtung des EFWR müsste den Schutzbereich des Wahl- **766** rechts des Bürgers aus Art. 38 I 1 GG berühren. Das Zustimmungsgesetz zum EFWR berührt allerdings nicht unmittelbar das Recht, sich an den Wahlen zum Bundestag nach den Grundsätzen der freien, gleichen, geheimen und unmittelbaren Wahl zu beteiligen. Wie schon für die Beschwerdebefugnis ausgeführt wurde, schützt Art. 38 I 1 GG jedoch nicht nur das Wahlrecht als Recht auf Teilnahme an den Wahlen zum Bundestag. In der parlamentarischen Demokratie des Grundgesetzes hat der Bürger durch das Wahlrecht Teilhabe an der Staatsgewalt. Wenn nun durch Gesetz auf eine zwischenstaatliche Einrichtung Hoheitsrechte übertragen werden, was das Grundgesetz in Art. 24 I und in

Art. 23 I 2 GG ja ausdrücklich vorsieht, so muss gewährleistet sein, dass auch dann die Ausübung der Hoheitsrechte nach demokratischen Grundsätzen erfolgt, und dass dem demokratisch gewählten Bundestag hinreichende substanzielle Befugnisse verbleiben, so dass das Wahlrecht des Art. 38 I 1 GG in seiner materiellen Substanz gewahrt bleibt.

767 Mit Inkrafttreten des Gesetzes zur Errichtung des EFWR würden Hoheitsbefugnisse auf eine zwischenstaatliche Einrichtung übertragen werden. Denn dieser soll die Kontrolle über die Haushalte der Mitgliedstaaten ausüben. Er soll insbesondere die Befugnis haben, haushaltspolitische Entscheidungen, etwa Ausgabenentscheidungen zu beanstanden und andererseits finanzielle Verpflichtungen für die Mitgliedstaaten zu begründen, ohne dass deren Parlamente zustimmen müssten. Damit würden dem Bundestag wesentliche parlamentarische Rechte entzogen. Seine Budgethoheit würde geschmälert. Die Budgethoheit zählt im System der parlamentarischen Demokratie des Grundgesetzes jedoch zu den zentralen Rechten des Parlaments. Aber auch weitere Gestaltungsmöglichkeiten würden dem Bundestag entzogen. Die Errichtung des EFWR bedeutet also einen Eingriff in das demokratische Prinzip des Grundgesetzes und damit auch eine relevante materielle Verkürzung des Rechts aus Art. 38 I 1 iVm Art. 20 II GG.

2. Verfassungsmäßigkeit des Eingriffs?

a) Kompetenzgrundlage für das Zustimmungsgesetz

768 Der Bund müsste für den Erlass des Gesetzes die Zuständigkeit haben. Da es sich um ein Vertragsgesetz handelt, könnte sich die Zuständigkeit bereits aus Art. 59 II 1 GG ergeben. Da es hier aber darum geht, auf den Finanz- und Wirtschaftsrat als eine zwischenstaatliche Einrichtung Hoheitsrechte zu übertragen, ist auf die Bestimmungen des Art. 24 I bzw des Art. 23 I 2, 3 GG zurückzugreifen. Es fragt sich, welche der beiden Vorschriften hier einschlägig ist. Art. 24 I GG spricht allgemein von zwischenstaatlichen Einrichtungen, während es in Art. 23 I 2 GG um die Übertragung hoheitlicher Befugnisse im Zuge der Entwicklung der EU geht. Hier sind es aber die Mitgliedstaaten der EU, die die Errichtung des EFWR beschlossen haben. Diese erfolgt also im Rahmen der Entwicklung der EU. Daher ist hier auf die speziellere Norm des Art. 23 I 2 GG zurückzugreifen. Wenn hier die Rede ist von einem Bundesgesetz, so wird damit dem Bund eine ausschließliche Gesetzgebungszuständigkeit verliehen.[6] Der Bund ist also zuständig für den Erlass des Gesetzes.

b) Gesetzgebungsverfahren

769 aa) Nach Art. 23 I 2 GG muss die Übertragung von Hoheitsrechten in der Form eines **Bundesgesetzes** erfolgen. Dies ist hier gewahrt. Ob nach Art. 21 I 3 iVm Art. 79 II GG eine verfassungsändernde Mehrheit erforderlich war, kann hier dahinstehen, da das Gesetz tatsächlich mit der verfassungsändernden Mehrheit von zwei Dritteln der Mitglieder des Bundestags und der Stimmen des Bundesrats beschlossen wurde.

---

6 Vgl *Degenhart* Rn 167.

bb) Das Gesetzgebungsverfahren könnte jedoch fehlerhaft sein, da gegen die Geschäfts- **770** ordnung des Deutschen Bundestags verstoßen wurde. Gem. **§ 78 I GeschOBT** finden drei Lesungen statt; gemäß § 78 V GeschOBT hätte die Beratung erst drei Tage nach Verteilung der Drucksachen beginnen dürfen.

Verstöße gegen die Geschäftsordnung führen jedoch als solche noch nicht zur Nichtigkeit des Gesetzes. Denkbar wäre die Annahme eines in verfassungswidriger Weise fehlerhaften Verfahrens möglicherweise aber dann, wenn schwerwiegende Verstöße gegen die GeschO dazu führen, dass das parlamentarische Verfahren die ihm durch die Verfassung zugeordneten Funktionen der Beratung und Entscheidungsfindung nicht mehr erfüllt. Der Umstand allein, dass Sorgfalt und Intensität der parlamentarischen Beratung darunter gelitten haben könnten, führt jedoch noch nicht zur Verfassungswidrigkeit des Gesetzes.

c) Materielle Verfassungsmäßigkeit?

Die Errichtung des EFWR könnte materiell deshalb verfassungswidrig sein, weil dem **771** Bundestag hierdurch wesentliche Befugnisse entzogen werden und das Wahlrecht des Art. 38 I 1 GG in verfassungswidriger Weise materiell entwertet wird. Dies wäre dann der Fall, wenn die in der Errichtung des EFWR liegende Übertragung von Hoheitsrechten nicht mehr von der Ermächtigung des Art. 23 I 2, 3 GG getragen ist. Dafür könnte hier sprechen, dass mit den Beschränkungen des Budgetrechts des Bundestags, seiner Haushaltshoheit, aber auch den wechselseitigen Einstandspflichten und weiteren Verpflichtungen, die gegenüber dem EFWR eingegangen werden müssen, die Gestaltungsmöglichkeiten der nationalen Parlamente, also auch des Bundestags, in einem zentralen Bereich, dem der Haushaltspolitik, nachhaltig beeinträchtigt werden. Dass für die Bundesrepublik ein Mitglied der Bundesregierung in das Direktorium entsandt werden soll, gleicht dies nicht aus.

Für die Verfassungsmäßigkeit einer Zustimmung zum EFWR könnte demgegenüber **772** sprechen, dass Art. 23 I GG die Bundesrepublik dazu verpflichtet, zur Verwirklichung eines vereinten Europas bei der Entwicklung der Europäischen Union mitzuwirken. Es handelt sich hierbei um einen verbindlichen Verfassungsauftrag.[7] Diese Verpflichtung umfasst auch die Übertragung von Hoheitsrechten und rechtfertigt es daher, Befugnisse des Bundestags zu beschneiden. Sie kann auch die Eingliederung in ein System der Währungssicherung rechtfertigen, das mit einem Verzicht auf Souveränitätsrechte einhergeht.

Dies darf jedoch nicht so weit gehen, dass der Deutsche Bundestag nicht mehr dem Volk **773** gegenüber verantwortlich über wesentliche Ausgaben des Staates entscheiden kann.[8] Diese Entscheidung darf nicht „supranationalisiert" werden. Sie darf nicht auf die Europäische Union übertragen werden, und ebenso wenig auf eine zwischenstaatliche Einrichtung. Dafür, dass diese Integrationsschranke hier überschritten würde, spricht insbesondere, dass der Bundestag nach einmal erteilter Zustimmung zur Gründung des

---

7 BVerfGE 123, 267 (346 f.).
8 BVerfGE 123, 267 (361).

EFWR keine weiteren Mitspracherechte mehr haben soll – wäre Letzteres der Fall, dann könnte die Verantwortung des Bundestags noch gewahrt sein. Würde sich aber die weitere Beteiligung des Bundestags auf eine bloße Benachrichtigung des Haushaltsausschusses beschränken, so würde der EFWR als zwischenstaatliche Einrichtung weitgehend frei von demokratischer Legitimation und Kontrolle agieren.[9] Die vorgesehene Ausgestaltung des EFWR ist also mit dem Prinzip der parlamentarischen Demokratie nach dem Grundgesetz nicht vereinbar. Es verletzt den Beschwerdeführer in seinen Rechten aus Art. 38 I 1 iVm Art. 20 II GG.

II. Verlust der Staatlichkeit der Bundesrepublik?

774   Wenn der Beschwerdeführer hier geltend macht, die vorgesehene Errichtung des Finanz- und Wirtschaftsrats bedeute das Ende der Souveränität der Bundesrepublik Deutschland, so könnte auch hierin eine Verletzung des Rechts aus Art. 38 I 1 GG liegen. Denn auch die Ermächtigung des Art. 23 I 2, 3 GG, zur Entwicklung der EU Hoheitsrechte zu übertragen, ermächtigt nicht dazu, die Staatlichkeit der Bundesrepublik aufzugeben, etwa durch Eintritt in einen europäischen Bundesstaat. Die Errichtung des EFWR würde also dann nicht mehr durch Art. 23 I GG gerechtfertigt sein, wenn hierdurch die EU zum Bundesstaat würde. Denn dies würde nach Art. 146 GG eine Entscheidung der verfassungsgebenden Gewalt des Volkes voraussetzen. Der gewählte Bundestag würde seine Legitimation, die er durch den Wahlakt erhalten hat, überschreiten. Damit aber wäre das Wahlrecht des Art. 38 I 1 GG selbst verletzt. Der Bundestag würde aus der Wahlentscheidung eine Befugnis ableiten, die er tatsächlich nicht hat.

775   Es ist also zu fragen, ob mit der Errichtung des EFWR sich die EU zu einem Bundesstaat wandelt. Dafür könnte sprechen, dass die Verpflichtung zu wechselseitiger finanzieller Solidarität ein wesentliches Merkmal des Bundesstaates des Grundgesetzes ist. Dafür könnte auch sprechen, dass wesentliche staatliche Funktionen im Bereich der Haushaltspolitik auf eine zentrale Einrichtung übertragen werden. Da aber andererseits es sich nur um Teilbereiche der Haushaltspolitik handelt, und da auch dem EFWR gegenständlich begrenzte Zuständigkeiten übertragen werden, ist hier die Schwelle zur Errichtung eines Bundesstaates noch nicht überschritten. Die Rüge einer Aufgabe der Staatlichkeit der Bundesrepublik Deutschland ist also unbegründet (*abw. Auffassung gut vertretbar*).

Da aber der Beschwerdeführer in seinen Rechten aus Art. 38 I 1 iVm Art. 20 II GG verletzt wird, ist die Verfassungsbeschwerde begründet.

C. Entscheidung des BVerfG

Das BVerfG wird auf die Verfassungsbeschwerde des Dr. F das Zustimmungsgesetz zum Vertrag für nichtig erklären, sofern es nicht die Ratifikation unter Auflagen für zulässig erklärt. So könnte zB ein Vorbehalt erklärt werden, dass der Vertreter der Bundes-

---

9   Zur notwendigen Beteiligung des Bundestags s BVerfGE 129, 124 (Griechenlandhilfe); BVerfGE 130, 318 (Neunergremium); BVerfGE 132, 395; 134, 366.

regierung bei bestimmten Entscheidungen die vorherige Zustimmung des Bundestags einholen muss.[10]

Wiederholung und Vertiefung

Der vorstehende Fall wirft die Frage nach den **verfassungsrechtlichen** Bedingungen und Schranken der europäischen Integration auf – sie muss mittlerweile zum staatsrechtlichen Grundwissen gezählt werden, ebenso das grundsätzliche Verhältnis von europäischem und nationalem Recht.

I. Schranken der Integrationsermächtigung in verfassungsgerichtlicher Kontrolle

Die Ermächtigung zur Übertragung von Hoheitsrechten ist in **Art. 23 I** GG enthalten, **776** der gleichzeitig einen Verfassungsauftrag zur Integration enthält.[11] Voraussetzung für die Übertragung von Hoheitsrechten ist jedoch, dass die EU ihrerseits den Anforderungen des Art. 23 I 1 GG, also demokratischen, rechtsstaatlichen, sozialen und föderativen Grundsätzen verpflichtet ist. Dies ist Voraussetzung für die Verfassungsmäßigkeit des Übertragungsaktes und kann daher vom BVerfG geprüft werden. Der Übertragungsakt, bei dem es sich nach Art. 23 I 2, 3 GG um ein Gesetz handeln muss, unterliegt als Akt der deutschen staatlichen Gewalt der Prüfungszuständigkeit des BVerfG.

Voraussetzung ist insbesondere auch, dass die EU in ihren Entscheidungen demokratisch legitimiert ist.[12] Diese Legitimation wird über zwei Wege hergestellt: zum einen über den **Rat** als entscheidendes Organ der Union. Er besteht aus Mitgliedern der Regierungen der Mitgliedstaaten, Art. 16 EUV.[13] Ein für die Bundesrepublik dem Rat angehörender Bundesminister ist seinerseits dem Bundestag verantwortlich. Hierdurch erhalten die Entscheidungen der EU eine wenn auch über mehrere Stufen vermittelte Legitimation aus dem Volk. Zum anderen wird demokratische Legitimation über das **Europäische Parlament** hergestellt, dessen Mitglieder von den Bürgern der Mitgliedstaaten gewählt werden. Deshalb spricht man vom **Konzept der doppelten Legitimation**. Allerdings bestehen gewisse, strukturell bedingte Demokratiedefizite:[14] Für das Europäische Parlament ist die Wahlrechtsgleichheit nur unvollkommen verwirklicht. Die kleineren Mitgliedstaaten entsenden proportional deutlich mehr Vertreter in das Europäische Parlament. Die Beteiligungsrechte des Europäischen Parlaments im Bereich der Rechtsetzung sind auch nach dem Vertrag von Lissabon eingeschränkt – so fehlt ein generelles Initiativrecht. Entscheidend kommt hinzu: Die Mitglieder des Rats sind

---

10 S BVerfGE 132, 395.
11 BVerfG aaO.
12 Näher *Degenhart* Rn 125 ff.
13 Hierzu und zum Folgenden informativ: *Ambos/Rackow*, JURA 2006, 505 ff.
14 *Degenhart* Rn 126 ff.

nicht in der Weise dem Parlament verantwortlich, wie dies für die Bundesregierung im Verhältnis zum Bundestag gilt. Das Parlament hat keinen Einfluss auf die Zusammensetzung des Rats. Der Rat als das zentrale Organ der Rechtsetzung geht nicht aus Wahlen hervor. Es fehlt an der entscheidenden demokratischen Zäsur der Wahlperiode.

777 Auch wegen dieser **strukturellen Defizite** ist die Integrationsermächtigung des Art. 23 I GG nicht unbeschränkt. Die Bundesrepublik darf nicht auf ihre staatliche Souveränität verzichten. Dem Bundestag müssen hinreichende substanzielle Räume zu eigener politischer Gestaltung bleiben.[15] Dazu zählt auch die Haushaltsautonomie wie im vorstehenden Fall: Der Deutsche Bundestag muss weiterhin dem Volk gegenüber verantwortlich über wesentliche Ausgaben des Staates entscheiden.[16] Je weniger „demokratisch" zudem Entscheidungsprozesse auf europäischer Ebene ablaufen, umso stärker muss der Bundestag eingebunden bleiben. Deshalb sind bloße Informationsrechte nicht ausreichend.

778 Das BVerfG prüft den Übertragungsakt daraufhin, ob die Staatlichkeit der Bundesrepublik und ihre Verfassungsidentität gewahrt bleiben, ob der EU etwa eine unzulässige Generalermächtigung erteilt wurde, ob der Bundestag hinreichend eingebunden ist und ob ihm hinreichende Befugnisse verbleiben. Dies kann im Verfahren der Normenkontrolle nach Art. 93 I Nr. 2 GG geschehen; die Bereitschaft der antragsberechtigten Verfassungsorgane zur Einleitung dieses Verfahrens kann allerdings nicht vorausgesetzt werden. Deshalb ist von entscheidender Bedeutung, dass das BVerfG dem einzelnen Staatsbürger die Befugnis zuerkannt hat, unmittelbar im Wege der **Verfassungsbeschwerde** gegen ein Gesetz vorgehen, das sich nicht in den Grenzen der Integrationsermächtigung des Art. 23 GG hält. „Vehikelfunktion" hat hier das Wahlrecht des Art. 38 I 1 GG, das vom BVerfG um eine materielle Komponente erweitert wird: Der Bürger hat nicht nur ein Recht darauf, den Bundestag zu wählen, sondern er kann auch beanspruchen, dass dieser Bundestag mit hinreichenden Befugnissen in der Sache ausgestattet ist.[17] Das BVerfG unterscheidet hier zwischen Identitätskontrolle und **Ultra-Vires-Kontrolle**.[18] Bei Letzterer prüft das BVerfG, ob ein Organ oder eine sonstige Stelle der EU ihre Kompetenzen offensichtlich überschritten hat und dies zu einer „strukturell bedeutsamen Verschiebung zulasten der Mitgliedstaaten" führt[19]. Allerdings ist die Frage, ob sich die Organe der EU, zB auch die EZB, an die Vorgaben des europäischen Rechts gehalten haben, vom EuGH zu entscheiden, ggf im Wege einer Vorlage wie bei BVerfGE 134, 366, dessen Einschätzung das BVerfG grundsätzlich respektiert; es gesteht dem EuGH „Fehlertoleranz" zu. Bei der Identitätskontrolle geht es darum, ob die Verfassungsidentität der Bundesrepublik „materiell" ausgehöhlt wird. Nach Art. 23 I 3 GG iVm Art. 79 III GG müssen auch bei einer Übertragung von Hoheitsrechten auf die EU die in Art. 79 III GG genannten Grundsätze unangetastet bleiben, also insbesondere Demokratie- und Rechtsstaatsprinzip und die Achtung der Grundrechte in ihrem Menschenwür-

---

15 BVerfGE 123, 267, 359 f., s bereits BVerfGE 89, 155, 185.

16 BVerfGE 123, 267, 361.

17 *Degenhart* Rn 43.

18 BVerfGE 123, 267, 353 f.; 126, 286, 302 f.; vgl hierzu *Koch/Ilgner*, JuS 2011, 540; *Voßkuhle/Kaufhold*, JuS 2013, 309; *Hillgruber/Goos* Rn 960b; BVerfG, U. v. 21.6.2016 Rn 143 ff. – zitiert nach juris; näher *Degenhart* Rn 268.

19 BVerfGE 126, 286, 304 ff., 398.

dekern. Diese Grundsätze machen die Verfassungsidentität der Bundesrepublik aus. Sie muss gewahrt werden. Das BVerfG beansprucht deshalb das Recht, Akte der EU daraufhin zu überprüfen, ob sie diese Grundsätze einhalten. Es übt dieses Recht aber „gemeinschaftsfreundlich" aus, also so zurückhaltend, dass kaum vorstellbar ist, wann es einmal praktisch werden sollte.

II. Unionsrecht und Verfassungsrecht – Prüfungskompetenz des BVerfG?

Von der Kontrolle des Übertragungsaktes zu unterscheiden ist die Frage, wie sich das Recht der EU zum nationalen Recht, insbesondere zum nationalen Verfassungsrecht verhält. Auch dies ist eine Frage der Prüfungszuständigkeit des BVerfG.   **779**

Die Rechtsgrundlagen der EU sind in den Verträgen, nunmehr also EUV und AEUV enthalten – es ist dies das **primäre** Unionsrecht. Auf der Grundlage der Verträge ergeht das **sekundäre** Unionsrecht.[20] Im Kollisionsfall kommt dem europäischen Recht grundsätzlich Vorrang gegenüber innerstaatlichem Recht zu. Dies ist Konsequenz auch der Integrationsermächtigung des Art. 23 I GG als innerstaatlichen Anwendungsbefehl:[21] Wenn Hoheitsgewalt auf die EU als zwischenstaatliche Einrichtung übertragen wird, so liegt hierin ein Verzicht auf die Ausübung innerstaatlicher Hoheitsgewalt, sind die Hoheitsakte der zwischenstaatlichen Einrichtung anzuerkennen. Rechtsakte der EU sind daher auch nicht am Grundgesetz zu messen.

Die Identitätskontrolle erstreckt sich auch darauf, ob auf Unionsebene **Grundrechts-**   **780** **schutz gewährleistet** ist, der den Anforderungen des Art. 79 III GG entspricht. Dies sieht das BVerfG derzeit als gegeben an. Deshalb sind derzeit Verfassungsbeschwerden oder Richtervorlagen, die sich auf einen Grundrechtsverstoß durch Unionsrecht berufen, unzulässig. Auch mittelbar darf das Unionsrecht nicht am Maßstab des Grundgesetzes gemessen werden. Deshalb kann Verfassungswidrigkeit eines Gesetzes nicht geltend gemacht werden, soweit dies lediglich ohne eigenen Spielraum eine Richtlinie umsetzt[22] – Richtlinien verpflichten den Mitgliedstaat zur Anpassung des nationalen Rechts und können dabei in unterschiedlicher Weise Spielräume für den nationalen Gesetzgeber eröffnen. Soweit dieser Spielraum reicht, sind die Grundrechte des Grundgesetzes Prüfungsmaßstab. Das Recht der EU, also deren Richtlinien und Verordnungen, muss jedoch seinerseits mit höherrangigem Unionsrecht, insbesondere den europäischen Grundrechten vereinbar sein. Dies zu prüfen, liegt in der Zuständigkeit des EuGH. Die nationalen Gerichte haben dies ggf. dem EuGH vorzulegen.[23]

---

20 Näher *Degenhart* Rn 264 ff.
21 *Kloepfer* I § 42 Rn 10 f.
22 BVerfGE 121, 1 (15); *Degenhart* Rn 272; *Kloepfer* I § 21 Rn 64 f.
23 Vgl *Degenhart* Rn 275.

Aktuelle Rechtsprechung: BVerfGE 123, 267 (Lissabon); BVerfGE 126, 286 (Mangold); BVerfGE 132, 195 (ESM – einstweilige Anordnung); BVerfGE 134, 366 (OMT-Vorlagebeschluss); BVerfG 135, 317 (ESM); BVerfG, NJW 2016, 2473 (OMT).

Aus der Ausbildungsliteratur: *Terhechte*, Grundwissen – Öffentliches Recht: Der Vorrang des Unionsrechts, JuS 2008, 403; *v. Arnauld*, Die Europäisierung des Rechts der inneren Sicherheit, JA 2008, 327; *Kretschmer*, Das Urteil des BVerfG zum Europäischen Haftbefehlsgesetz, JURA 2005, 780; *Böhm*, Grundlagen und Rechtsquellen der Europäischen Union, JA 2008, 838; *Voßkuhle/Kaufhold*, Offene Staatlichkeit, JuS 2013, 309; *Thiemann*, Verfassungsbeschwerde und konkrete Normenkontrolle im Lichte des Unionsrechts, JURA 2012, 902; *Kramer/Hinrichsen*, Die Europäische Zentralbank, JuS 2015, 673.

Fall im thematischen Zusammenhang: *Koch/Ilgner*, Referendarexamensklausur: Mangold, Lissabon, Honeywell – Von der Rechtsfortbildung des EuGH zur Ultra-vires-Kontrolle durch das BVerfG, JuS 2011, 540.

Sachverzeichnis

Verwiesen ist jeweils auf die Randnummer sowie auf den im Schwerpunkt einschlägigen Klausurfall (F).

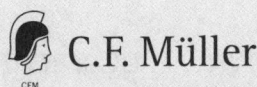

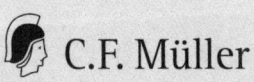